中国学术大师系列 ZHONGGUO XUESHU DASHI XILIE

DONGFANG XUEREN JI XIAN LIN

东方学人季羡林

蔡德贵/著

东方学人

季羡林

北京大学出版社
PEKING UNIVERSITY PRESS

图书在版编目(CIP)数据

东方学人季羡林/蔡德贵 著. —北京：北京大学出版社，2006.8
(中国学术大师系列)
ISBN 978-7-301-10950-2

Ⅰ.东… Ⅱ.蔡… Ⅲ.季羡林—生平事迹 Ⅳ.K825.4

中国版本图书馆 CIP 数据核字(2006)第 089531 号

书　　　　名：	东方学人季羡林
著作责任者：	蔡德贵　著
系 列 策 划：	王炜烨
组 稿 编 辑：	王炜烨
责 任 编 辑：	王炜烨
标 准 书 号：	ISBN 978-7-301-10950-2/K・0454
出 版 发 行：	北京大学出版社
地　　　　址：	北京市海淀区成府路 205 号　100871
网　　　　址：	http://www.pup.cn
电　　　　话：	邮购部 62752015　发行部 62750672　编辑部 62750673
	出版部 62754962
印　刷　者：	北京大学印刷厂
经　销　者：	新华书店
	787 毫米×1092 毫米　16 开本　22.75 印张　393 千字
	2006 年 8 月第 1 版　2008 年 9 月第 3 次印刷
定　　　价：	36.00 元

未经许可，不得以任何方式复制或抄袭本书之部分或全部内容。
版权所有，侵权必究
举报电话：(010)62752024　　电子信箱：fd@pup.pku.edu.cn

远离妄想
随顺於实

季羡林

东方学人 季羡林

181	第六章	任教北京大学
215	第七章	成为「不可接触者」
263	第八章	学界泰斗
301	第九章	学人本色
331	第十章	我有两个母亲
358	后记	

目录

001　引　子　「谜」一样的学术大师

007　第一章　童年的变故

035　第二章　中小学的转变

063　第三章　清华园的岁月

117　第四章　留德十年

161　第五章　漫漫回国路

> 按我出生的环境,我本应该终生成为一个贫农。但是造化小儿却偏偏要播弄我,把我播弄成了一个知识分子。从小知识分子把我播弄成一个中年知识分子,又从中年知识分子把我播弄成一个老知识分子。
>
> ——季羡林:《一个老知识分子的心声》

东方学人
DONGFANG XUEREN

季羡林

引　子　『谜』一样的学术大师

对于当代人来说,季羡林这个名字是太熟悉了。从地方报刊、中央媒体到普通读物、学术杂志,对他的报道、介绍和研究比比皆是。他的形象出现在银屏中,他的学术业绩登载在报刊上。人们这样评价他:融会百家、学贯中外的学界泰斗,中国最杰出的文化人物之一……

经常接触季羡林的人,会在他身上发现一种奇特的吸引力。他既有学术的吸引力,也有人格的吸引力。

季羡林在书房

胡适对台湾"中央研究院"李亦园说:"做学问应该像北京大学的季羡林那样。"香港学界泰斗饶宗颐说:"他(季羡林)是一位笃实敦厚的人们乐于亲近的博大长者,摇起笔来却娓娓动听,光华四射。他具有褒衣博带从容不迫的齐鲁风格和涵盖气象,从来不矜奇、不炫博,脚踏实地,做起学问来,一定要'竭泽而渔'";"季老领导下的多种重要学术工作,既博综,又缜密,放出异彩,完全是'海涵地负'的具体表现,为中华学术的奠基工程做出人人称赏的不可磨灭的劳绩"。刚刚过世的国学大师张中行也曾说过:"季羡林先生是中外知名的学者。知名,这'名'确是实之宾,与有些人,舍正路而不由,也就真像是抟扶摇而上者九万里的不同。可是这'实',我不想说,也不能说。因为他会的太多,而且既精且深,我等于站在墙外,自然就不能瞥见宗庙之美,百官之富。"他"以一身而具有三种难能:一是学问精深,二是为人朴厚,三是有深情。三种难能之中,我以为,最难能的还是朴厚⋯⋯像他这样的难于找到第二位"[1]。中央文史馆馆长、北京大学国学研究院院长袁行霈说:"和他在一起,矜可平躁可释,一切多余的雕饰的东西都成为不必要的了。"他"是集中了朴实的美德并展现了朴实的力量的典范",他的"朴实带有豪华落尽的真淳,好像元好问所称颂的陶诗,这就更加令人尊敬"[2]。著名学者谢冕说:"他是那样的普通,普通得无法和周围的人加以区分。他如同一滴最平凡的水珠,无声地消融在大江大河的激流之中;他如同一粒最平凡的泥土,加入了无比浑厚的黄土地的浑重之中。""伟大无须装饰,也不可形容,伟大只能是它自身。""他是极为单纯的,单纯到不染毫纤的自然","从他那朴素、平淡和普通中感受到那种崇高人格的震撼力"[3]。英籍华裔女作家韩素音说:"我在他身上发现的不只是博学,而且是睿智。不仅是睿智,而且还有非常的谦恭有礼和幽默。他的博识给人留下深刻的印象⋯⋯""他是一位完全具备知识分子品格的人,决心要做出最好的学术成果","他尊严的人格,他的对于物质利益的毫不动心,他对于书的热爱,他的耐心,还有他的充分的真诚。对我来说,他将永远是气节的象征"[4]。梁披云为季羡林题写了这样的条幅:"为天地立心,为万民请命,为往圣继绝学,为万世开太平。"题写的对联是:"德寿无量,日月长明。"

东　方　学　人

李羡林

2005年8月6日,中国孔子基金会在北京举行季羡林研究所成立暨揭牌仪式,汤一介教授、郝斌教授等都发表了热情洋溢的讲话,他们高度赞扬了季羡林对中国人文学术的伟大贡献。郝斌教授深情地指出,季羡林已经当之无愧地成为北京大学的"镇校之宝"。

著名诗人臧克家不无深情地歌颂道:

　满头白发,

　　根根记录着你的寿长,

标志着你的业绩受到众多的赞扬。

你兼有诸家的同能,

你的独秀孤芳,

有几个能够赶上?[5]

  季羡林自己说:"我向不敢以名人自居,我更没有什么名作。""我追求的风格是:淳朴恬澹,本色天然,外表平易,秀色内涵,形式似散,经营惨淡,有节奏性,有韵律感,似谱乐曲,往复回还,万勿率意,切忌颟顸。"[6]对于自己一生的学识,季羡林一向都非常谦虚谨慎,自我评价十分低调。他不止一次地说过:"不要提什么'国学大师',真正的大师是王国维、陈寅恪、吴宓,我算什么大师?我生得晚,不能望大师们的项背,不过是个杂家,一个杂牌军而已。"[7]

  初次和季羡林接触的人,从他身着的中山装往往会得出他又像一个农民的印象。季羡林自己也曾多次说过,他是一个农民的儿子,是一个"土包子"。

  两种印象综合在一起,构成了"谜"一样的季羡林。

  是什么力量,使一个农民的儿子取得丰硕的学术成果,成为名闻遐迩、卓尔不群的国学大师?又是什么力量,使一个留学德国十载的学者,没沾染上一点洋味而终生保持着一种朴厚的农民气象?有人说岁月把季羡林塑造成北京大学的"元老"和"活字典",塑造成高等院校内硕果仅存的文科大儒,但他的成功并不是简单的岁月积累的结果,而是他一生勤奋的结果,还有他那爱国主义情怀激发的结果。他在《留德十年》一书中深情地写道:"我一生有两个母亲:一个是生我的那个母亲;一个是我伟大的祖国母亲。我对这两个母亲怀着同样崇高的敬意和同样真挚的爱慕。"[8]爱国情怀使他家事、校事、国事事事萦心,爱国情怀使他中学、东学、西学学学贯通。成为著名学者是来自于这一情怀的激发,终生保持农民气象也是来自于这一情怀的激发。

  解开季羡林这个"谜",对于卑微者来说,他们能从季羡林身上看到自己未来的成才之路;对于成功者来说,他们能从季羡林身上发现自己的不足。对于任何人来说,季羡林都是可圈可点的。阅读季羡林,会给人以很多。

  季羡林说自己的一生"没有大激荡,没有大震动,是一个平凡人的平凡的经历"[9]。他认为自己的生活,包括治学经验,都是卑之无甚高论的,比较有点价值的也许是一些近乎怪话的意见。我们看季羡林的经历,视点截然不同。他丰富的人生,是平淡中有传奇,严肃中有幽默,是一个"非凡人"的"非凡经历"。他的一生,历清朝、中华民国、中华人民共和国三个不同的历史时代,正好是20世纪的一个缩影。它给我们展现的是一个农民的儿子本来命中注定要当农民的,然而靠社会的造就,靠自己始终如一的艰苦奋斗,最后成长为一个国内外著名的学术大师的艰难历程。成才后的季羡林不谋名利,用自己的所学报效祖国、报效人民。他一生重精神轻物质,具有典型的东方文化的丰富内涵。

季羡林的历程给人们一个启示:一个普通农民的儿子,经过坚持不懈的努力,完全可以成为国家的栋梁之材。季羡林把自己最重要的经验压缩成两个字,就是"勤奋"。他经常给自己的学生讲鲁迅讲过的一个笑话:一个江湖郎中在市集上大声吆喝,叫卖治臭虫的妙方。有人出钱买了这个郎中的一个纸卷,它是层层用纸严密裹住的,打开一看,里面写着的妙方只有两个字——"勤捉"。你说它不对吗?不是,它是完全对的,但是说了等于不说。治学靠勤奋,也是人人皆知的道理,人们都知道,灵感这东西不能说没有,但是,它不是从天上掉下来的,而是勤奋出灵感。季羡林的历程,无一不在证明着这样一个真理。

东　方　学　人

季羡林的历程还给人们另外一个启示:一个成了名的人,只有不图私利,勤勤恳恳地为民族、为社会、为国家尽职尽责,不图回报,才能名垂青史;两眼只盯着钱,争名于朝,逐利于市,即使腰缠万贯,也只能是一只空躯壳。所以,一个人要把精神世界的超升作为一生永不松懈的奋斗目标。

季羡林的历程,将会让人们真切地发现,它浓缩的是百年人生,再现的是泰斗风范。

注释

[1] 张中行:《季羡林先生》,见《人格的魅力——名人学者谈季羡林》,延吉:延边大学出版社,1996年版,第3页。

[2] 袁行霈:《朴实的力量》,同上书,第119页。

[3] 谢　冕:《那朴素和平易让人敬畏——我心目中的季羡林先生》,同上书,第80—81页。

[4] 韩素音:《谈谈季羡林教授》,同上书,第12—13页。

[5] 臧克家:《长年贡献多——贺季羡林老友八五华诞》,同上书,第1页。

[6] 季羡林:《赋得永久的悔·自序》,北京:人民日报出版社,1996年版,第3页。

[7] 季羡林:《此情犹思——季羡林回忆文集》,哈尔滨:哈尔滨出版社,2006年版,第1页。

[8] 季羡林:《留德十年》,北京:东方出版社,1995年版,第50页。

[9] 季羡林:《季羡林自传》,载《文献》1989年第2期。

山东清平一个既穷又小的官庄出生了一个野小子,竟走出了官庄,走出了清平,走到了济南,走到了德国;后来又走遍了几个大洲,几十个国家。如果把我的足迹画成一条长线的话,这条长线能绕地球几周。我看过埃及的金字塔,看过两河流域的古文化遗址,看过印度的泰姬陵,看过非洲的撒哈拉大沙漠,以及国内外的许多名山大川。我曾住过总统府之类的豪华宾馆,会见过许多总统、总理一级的人物,在流俗人的眼中,真可谓极风光之能事了。然而,我走过的漫长道路并不总是铺着玫瑰花的,有时也荆棘丛生。我经过山重水复,也经过柳暗花明;走过阳关大道,也走过独木小桥。我曾到阎王爷那里去报到,没有被接纳。终于曲曲折折,颠颠簸簸,坎坎坷坷,磕磕碰碰,走到了今天。

——季羡林:《相期以茶》

DONGFANG XUEREN
东 方 学 人

季羡林

1. 临清的破落人家

2. 贫穷而快乐的童年

3. 母爱与乡情

4. 从故乡到济南

5. 严而慈的叔父

第一章 童年的变故

1. 临清的破落人家

季羡林在1934年1月24日写的《年》这篇散文中说,当我们还没有达到一个目标脚下又正在踏着一块界石的时候,"我们命定的只能向前看,或向后看。向后看,灰蒙蒙,不新奇了。向前看,灰蒙蒙,更不新奇了,然而,我们可以做梦。再要问:我们要做什么样的梦呢?谁知道。——一切都交给命运去安排吧"[1]。但是,后来他对命运的理解似乎更为灵活了,命运、缘分、偶然性、必然性,都有其相通之处了:

> 缘分一词似乎有点迷信。如果我们换一个词儿,叫做偶然性,似乎就非常妥当了。缘分也罢,偶然性也罢,其背后都有其必然性。[2]

> 佛家讲因缘,中国老百姓讲缘分。我不是宗教家,但缘分我却是相信的。原因何在呢?原因就是你非信不行。哲学上讲偶然性,你能把偶然性说清楚吗?偶然性其实就是除掉迷信成分的缘分。[3]

这种命运、缘分、偶然性、必然性,被季羡林用几句话就说透了:"按我出生的环境,我本应该终生成为一个贫农。但是造化小儿却偏偏要播弄我,把我播弄成了一个知识分子,从小知识分子把我播弄成一个中年知识分子,又从中年知识分子把我播弄成一个老知识分子。"[4] 这几句话看似简单,透过季羡林九十多年的生活历程,我们却会看到:一个农民之子付出了始终如一的艰辛努力,最后才成为一个名闻遐迩的著名学者。他的一生,正突现了与命运抗争的鲜明主题;他的一生,处处都布满了求索者踽踽前行的足迹。

1911年农历的辛亥年,这是中国历史上不寻常的一年。清朝的最后一位皇帝宣统即位仅三年,便遭到南方各省资产阶级革命派的激烈反对。这年的春夏之交,两湖地区的革命党人积极准备着发动推翻满清王朝的武装起义。9月14日,中部同盟会联合革命团体文学社和共进会,成立了领导起义的指挥部,决定在中秋节(10月6日)这一天发动起义。只是因为准备不足,起义日期被推迟了。10月9日,革命军参谋长孙武在汉口配制炸药不慎爆炸,起义机密泄露,革命党人或被捕,或逃离。10月10日清晨,被捕的革命党人彭楚藩、刘复基、杨洪胜惨遭杀害,革命形势极为危急。10月10日晚,武昌城内革命党人熊秉坤、金兆龙等四十多名士兵,打死镇压革命党人的反动军官,占领了楚望台军械库,打响了武昌起义的枪声。革命党人纷纷起义响应,到11月下旬,陕西等14个省宣布脱离清政府而独立。革命领袖孙中山结束了16年的流亡生活,于1911年12月25日回到上海,1912年元旦在南京就任中华民国临时大总统,宣告中华民国成立。

东方学人

季羡林

1999年9月,季羡林在给故乡小学捐赠图书时讲话。

几乎和辛亥革命从准备到发动同时,在山东西部清平(今临清)的一个小村庄——官庄,季姓家庭一个年轻而贫穷的农村妇女,在经历着怀孕的痛苦。这一年闰六月,夏天长得难耐而可怕。就在最热的闰六月初八,这位农村妇女成功分娩,顺利地生下一个男孩。这一天是1911年8月2日,它距离辛亥革命爆发的10月10日仅有两个月多一点。正是由于有了这两个多月的经历,严格说应该是履历,季羡林常戏称自己是"满清遗少"。不管怎样,这段履历使他经历了清朝末年的"末"。但是在当时的临清乡间,人们对这种消息一开始是将信将疑的,他们不知道宣统帝竟会成为满清王朝的"末代皇帝",他们甚至对什么是皇帝、什么是朝廷也并不清楚。因此,乡民们嘴里说起清朝,仍然是肃然起敬地谈论着的北京"朝廷",而且仿佛皇帝仍然高踞于金銮殿的宝座之上。这也就使小时候的季羡林,并不理解什么是"朝廷",它是人,还是神?反正是极有权威、极有力量的一种东西。留在他幼小心灵中的清代残影,也不过如此而已。按照当时农村的习惯,他辈分是"林"字辈,就叫季羡林,乳名被取为喜子,他后来有字希逋、齐奘,但不常用。季姓在官庄是小姓,只有几户人家。季羡林的家在官庄村南头。他们的先祖是春秋时的季文子。官庄周围最大的地方是康庄镇,它离官庄很近,是原清平县政府所在地,属原清平四境中心。而官庄则是一小村庄,无法与康庄镇相比。季家在官庄又是最贫穷的,用官庄村民们的话来说,连贫农都不是,其地位还远在贫农之下。

季羡林祖父的名字怪怪的,叫季老苔。季老苔兄弟三人,都是老实巴交的农民,足不出"县",从来没有离开过清平农村。过去在山东农村,为了显示一个家族的势力,往往用大排行。季老苔是官庄的小姓人家,更要借助大排行,以壮自己家族的声势。他兄弟三人共生下11个儿子,这11个第二代后辈就实行大排行。季老苔膝下有三子,老大季嗣廉就是季羡林的生父,在大排行中行七。老二季嗣诚是季羡林的叔父,在大排行中行九。老三生下不久,就因为实在无法养活而送了人,连名字还没来得及起,就跟着来领养的人姓了刁。11个兄弟中的其他六人,则因为家贫而被迫下了关东,后来他们都客死在那里,再也没能返回故乡。

季老苔虽非出身于书香门第,但对中国的传统伦理道德还是颇为了解的。他为自己的儿子取名为嗣廉、嗣诚,正体现了儒家的道统,也表现出让他们接续道统的殷殷之心。只是名字虽然起得响亮,但两个孩子命苦,只得生活在官庄的小天地里,无法沾上高雅文化的光。因为家里穷,他俩经常是食不果腹,肚子里咕咕叫的滋味实在难以忍受,便到村南口大户人家的枣树林子里,捡一些掉在地上的烂枣充饥。季老苔夫妇年龄还不到五十,就过早地离开了人世。他们的两个儿子,孤苦伶仃,只得寄人篱下。

季羡林的叔父、婶母、夫人彭德华及子女等人合影

季羡林的父亲和叔父渐渐长大,而日子越发难以忍受。兄弟俩一商量,为何不到外头去闯荡世界呢?

出去闯荡要有路费,可穷得连饭都吃不饱,到哪儿去弄路费呢?

听人说,离清平最近的大城市是山东省会济南,那里或许能给人一条活路,而且去济南也是花路费最少的。对,就去济南!从清平到济南也就有一百多公里旱路,又是一马平川,没有什么难走的山路,兄弟俩几乎没费多大劲,便来到了济南。两个毛头毛脚的小伙子——纯粹的乡巴佬,到了济南以后,举目无亲,人地两生,也就只有望"市"兴叹了。他们当时碰到过多少困难,遭受过多少波折,后人谁也不知道。因为碍于面子,父亲和叔父从来也没给孩子们说过。他们觉得这经历太可怕、太悲惨,不愿意再揭过去的伤疤,更不愿意让后代在心中留下那惊心动魄的阴影。父亲和叔父的善良,于此也可见一斑。不知熬过了多少个艰难的日子,兄弟俩东奔西跑,拉过洋车,扛过大件,当过警察,卖过苦力,受尽了无数难耐的煎熬。后来,兄弟俩报考济南武备学堂,父亲名落孙山,叔父却考上了。叔父毕业后在济南黄河河务局找了个差事，总算在济南立住了脚，虽然哪怕只是像石头缝里的一棵小草一样艰难困苦地挣扎着，但总算是有了一条生路。为了保险起见，兄弟俩决定弟弟继续留在济南挣钱，而哥哥则回家务农，弟弟寄钱给予接济。季老苔留下了很少的几亩地，季嗣廉返乡后就靠这一点地来维持生活。生活虽然艰难，但还勉强过得下去。几年后，他娶了媳妇，媳妇姓赵，不是本村的，而是邻村的，家境也很穷，连个名字都没起，嫁到季家后，就成了季赵氏。她就是季羡林的母亲。

在济南的季嗣诚，希望有朝一日能混出点名堂来，即使不衣锦还乡，也得让乡亲们刮目相看，为自己的祖宗争一口气！但是，偌大个济南，穷人要混出点名堂来，谈何容易！他虽然尽力挣扎，终于还是在济南失了业。没混出名堂来，不能光宗耀祖，有何脸面回故乡见乡亲们呢？

在走投无路时，季嗣诚想起了闯关东的六个弟兄，他们能去，自己何不也去闯一闯呢？真是天无绝人之路。他流落到关东，身上一贫如洗，仅剩下了一元钱，可奇迹就发生在这充满希望的一元钱上。他用这一元钱，买了正在东北上市的湖北水灾赈灾奖券。当奇迹出现时，季嗣诚简直惊呆了：他竟然中了头彩！一下子，6 000两白花花的银子到了他的手里。季家没想到在一夜之间成了暴发户。当捧着这些银子回到故乡时，兄弟俩那高兴劲任是什么笔墨都形容不出来。哥哥拿出一部分银子买了60亩带水井的地，为了炫耀财富他还要盖大房子。一时买不到砖头，他性子又急，于是便昭告全村：谁愿意拆掉自己的房子，把砖卖给他，他可以付高出几十倍的砖钱。这真叫"重赏之下，必有勇夫"。村子里有些农户贪图卖好价钱，就拆掉了自己的房子，砖头被用来盖季家的房子。

这是季家祖祖辈辈以来最气派的时候：东、西、北房各五大间，大门朝南，是一个典型的农村三合大院。这个大院和周围的低泥平顶房子形成了鲜明的对比。按照清平的风俗，在北屋正房屋门的东墙壁上，设了神龛，供奉上了宅神。兄弟俩将东屋作为"配房"，不住人，只当储存室用，有谚说，有钱不住东厢房，冬不暖，夏不凉。兄弟俩总算争到了一口气，着实感到神气了。这成为季家第一次出现的"偶然"，意外之财改变了季家的境遇。哥哥继续留在官庄，守住这15间大房子和60亩水浇地；而弟弟有了钱也就不再回东北，又到自己已经很熟悉的济南去了。

季嗣廉不像世人那样看重钱。他不善于聚敛财富，而是仗义疏财，他属于乡村中朱家、郭解一流的人物。朱家是汉初鲁人，郭解是西汉河内轵县人，二人均以"任侠"而闻名于世。朱家与汉高祖同时，当时鲁人皆以儒教，而朱家以侠闻。他"所藏活豪士以百数,其余庸人不可胜言。然终不伐其能,歆其德,诸所尝施,唯恐见之。振人不赡,先从贫贱始。家无余财,衣不完采,食不重味,乘不过车牛。专趋人之急,甚己之私",所以"自关以东,莫不延颈愿交"。郭解则是"折节为俭,以德报怨,厚施而薄望",他为人态度温和善良,泛爱众生,帮助和接济陷入穷困潦倒之人,谦虚退让,又不居功自傲。朱家和郭解这般游侠人物,相貌不及中人,言语不足采纳,但当时"天下无贤与不肖,知与不知,皆慕其声,言侠者皆引以为名"。他俩的事迹在整个鲁西北颇有影响。季嗣廉虽不能断文识字,但对朱家、郭解的故事,却也耳熟能详。他一旦有了钱,便想做这一类游侠式的人物,仗义疏财,忘乎所以。

清平农村有赶集的习惯,一般是五天一个集。没有钱的时候,季嗣廉不敢去赶集,现在手里有了钱,赶集的欲望强烈起来,几乎每集必赶。而一赶集,便显出朱家、郭解的侠客作风。他一时兴起,全席棚里喝酒吃饭的人,也不管是多是少,都被他请了客。全席棚的人自然都高兴,吃了肉,喝了酒,还不用自己付钱,这可真是天上掉下来的好事。这样,慕季嗣廉之名去赶集的人越来越多,他请客的范围也越来越大。天长日久,这样下去,手中积存的那点银子不但全部花光,还欠了人家的钱。没办法,60亩良田被一亩一亩地卖掉,结果还是还不清债。这又得拆新盖起来的房子。东房和北房都被拆掉卖了砖瓦,只留下了五间西房。这些砖瓦买进时似黄金,卖出时似粪土。想不到钱这东西能呼之即来,也可以挥之即去。一场春梦终成空,季家重又成了破落户。

季羡林出生的时候,家里已经破落得不像样子了。长大后听叔父说起这段往事,季羡林感到十分可笑。但父亲的这种性格,不能说对季羡林没有影响。后来他要到德国留学,有人劝他学保险发大财,他对这种赚大钱的行当竟然不屑一顾,可能就是受到父亲这种性格的影响。

2. 贫穷而快乐的童年

季羡林开始记事了,家境也变得越来越穷。旧时,山东农村把用小麦面做成的食品称为面饭,只要是吃到一次面饭,就算是吃到好的了。季羡林在家一年最多能吃到一两次面饭,所以吃顿"白的"面食,便成了他最大的愿望。

那时候,季羡林家里已经从万丈高楼跌落到了平地,只能常年以红高粱饼子为主食,小孩称为吃"红的",用玉米面做成的黄饼子也成为珍品。季羡林在家里很难吃到玉米面饼子,为吃顿玉米面饼子,还得想点办法。春夏之交,机会来了。那时青草已经长出来,高粱也长高了。他便去割点青草,或劈点高粱叶,当然都不多,送到二大爷家里,用一两个叶子喂他的老黄牛,就赖在二大爷家里不肯离开,等着给奖励。最高奖励就是吃上一顿玉米面饼子,打一打牙祭,这才兴高采烈地离开二大爷家。在过年时,家里才能偶尔吃到一次"白的"面食,那时的感觉就像吃龙肝凤髓,甜美的滋味似乎永远也赶不走。他多么想多吃上一顿"白的"面食啊!

机会终于盼来了。

季羡林对门的邻居家,住着宁大婶和宁大姑,她们和季家来往挺多,也很喜欢季羡林这孩子。夏天麦收完了,她俩便带小小的季羡林到村外人家收获过的麦田里,拾一点掉落在地上的麦穗。不知道跑多少趟积攒多少次,才能堆成一小堆,这时母亲才能勉强用双手搓出点麦粒,磨成白面,让自己的儿子吃上一顿"白的"。善良的母亲坐在旁边,看着自己的儿子狼吞虎咽地吃着"白的",心里又高兴又难过,可怜的孩子只能吃到这么可怜的一点面食,她的眼泪直往肚子里咽。面对着可怜的孩子,母亲自己从来不舍得尝一口。季羡林清楚地记得,有一次母亲高兴地把麦粒磨成了面粉,因为面少,不值得发酵,就在锅里贴了一些没发酵的死面饼子。吃着这白的死面饼子,季羡林很快就进入了角色,吃出味道来了。但吃完了饭,他感到还不满足,趁母亲不注意就又偷了一块。吃着吃着,被母亲看到了,母亲赶着要打他。当时正值盛夏,季羡林身上赤条条一丝不挂,看到母亲要打他,便跑出屋外。房后是一片有苇子的水坑,他往水坑里一跳,母亲没有法子再追,他就站在水中,把剩下的白面饼子尽情地享受了。[5]

这种如诗如画的风情,每每回忆起来,季羡林总感到回味无穷。

夏天很快过去,再也没有麦穗可拾了。季羡林开始动脑筋,要另觅新路了。

季羡林的父亲有一个堂伯父,是一个举人,住在官庄村北头。

方圆几十里最有学问的人是他,做官做得最大的也是他,据说他做到一个县的教谕,主持过文庙祭祀,传授儒家经典、皇帝训诫,教诲所属生员,在清末是县里有地位的人。他对季羡林一家都很好,在生活方面还接济过他们。可他的家是一个大家庭,人多是非多,也顾不了别人那么多了。季羡林记事时,举人已经去世。季羡林管举人的太太叫奶奶,她是个善良而宽厚的人,自己虽有两个儿子,但却非常喜欢这个本家但不是亲孙子的季羡林。

在季羡林三四岁的时候,他的家境异常艰苦。家里连买盐的零钱都没有,只能把盐碱地上的土扫起来,在锅里煮成咸水,用来腌咸菜。什么酱油、香油,从来是看不到的,季羡林简直不知这些东西是何物。一年到头,吃着红高粱面饼子,就着这种苦涩的咸菜,这就叫生活!

看出大奶奶喜欢自己,季羡林每天一睁眼就往村北头的大奶奶家跑。跑到家门口,大奶奶已经站在那儿等他了。他早早跑来是有所图的,而她则是有所施予的。季羡林甜脆地叫一声:"奶奶!"奶奶这时开始变戏法,只见她把手一蜷,蜷曲到肥大的袖子里面。手再伸出来的时候,就会有半个白面馒头拿在手中了。她免不了再逗季羡林多叫几声"奶奶",听着清脆的叫声,她心里乐开了花,白面馒头也就递给小小的季羡林了。但是,每次他只能吃到半个馒头,还没等真正尝到是啥滋味,馒头已不见了。想再吃,没有了。因为这白面馒头是大奶奶的两个儿子特别孝敬她的。虽然他俩已经独立过日子,每家都有几十亩地,但家里人口多,生活也不算很富裕。孝敬来的白面馒头,大奶奶舍不得都吃了,每天总要省下半个,留给自己喜欢的本家孙子吃,于是就有了每天早晨这令人激动的一幕。在6岁离开家乡以前,季羡林记忆中每天最高的享受、最大的愉快,莫过于吃到这半个白面馒头。季羡林一生愿吃烤馒头片,这一习惯的形成,就与小时候的这种最高享受有关。

东 方 学 人

季羡林

在故乡度过的童年中还有三件事,深深地印在季羡林的记忆里。这是三件与吃有关的事,至今还深深地刺伤着他的心。

第一件事发生在一年的中秋节,母亲意外地不知从哪里弄了点月饼。她掰了一块给自己的丈夫,剩下的一点给了自己的儿子。季羡林是生平第一次见到月饼,他兴冲冲地接到这一小块月饼,就蹲在院里的一块石头边吃起来。月饼太小,他不舍得大口大口地吃,只是一小口一小口慢慢地品尝着月饼的滋味。母亲只是站在一边,默默地看着心爱的儿子拿着这一小块月饼大快朵颐似的享受着,她心里不知是什么滋味。儿子不知道母亲在想什么,只知道母亲一口也没有尝。不但是月饼,连其他"白的",母亲也从来没沾过边,都留给儿子吃了。

第二件事是偶尔吃到的一小块牛肚,这是发生在外祖母家的事。一次,季羡林到五里地外的外祖母家走亲戚。外祖母家的隔壁邻居,是一家卖煮牛肉的小作坊。农村集市上往往有一些不再能役使耕作的老牛,它们不能耕作就无别的用处,便被出卖给屠户。邻居的小作坊就用极其低廉的价格买下老牛,用极其野蛮的办法杀死,将肉煮烂,然后卖出去赚钱。但是,老牛的肉难煮,实在没有办法,作坊主就在肉锅里小便一通,这样肉就好烂了。作坊主对邻居心肠挺好,碰到这种情况就昭告四邻:"今天的牛肉你们别买!"邻居们心里也就明白是怎么回事了。外祖母家也是穷户人家,平常买不起牛肉。外祖母看到外孙来了,又高兴又疼爱,便抱上一个小土罐子,花几个制钱,去买一罐子牛肉汤回来给外孙喝,也算聊胜于无吧。季羡林是第一次喝这么好喝的汤，那肉香真让他陶醉。喝着喝着，突然罐子里多了一块东西，是一小块带进肉汤里的牛肚！这块小牛肚，自然又成了季羡林的专利。他舍不得一口气吃掉，就找了一把生了锈的小铁刀，一星一点地割着吃，慢慢地、仔细地吃，琢磨着其中的滋味。他感到这一小块牛肚，真可以同月饼媲美了。

第三件事是吃到另一种"黄的"。"黄的"有两种，一种是玉米面、小米面做成的饼子。这种饼子在季羡林家里也不是能经常吃的东西，但相对来说还是有机会吃的。另一种是黍谷做成的黄黏糕，则一年只能见一次。5岁时，为了能多吃一顿玉米面、小米面饼子，季羡林常给二大爷家打牛草。每当他这个不到三块豆腐高的孩子背着"一大捆"草或高粱叶子，走进二大爷家的大门，便觉得是立了功，"赖"在二大爷家里不走，总能蹭上一顿饭。黏糕——年糕，就是在二大爷家吃到的，但这种机会很难得，因为只有过年的时候才有这种好吃的东西：

> 到了过年的时候，自己心里觉得，在过去的一年里，自己喂牛立了功，又有了勇气到二大爷家里赖着吃黄面糕。黄面糕是用黄米面加上枣蒸成的。颜色虽黄，却位列"白的"之上，因为一年只在过年时吃一次，物以稀为贵，于是黄面糕就贵了起来。[6]

季羡林虽然家境十分贫困，但父亲同祖父一样深知文化对于后代的重要性，他的希望就寄托在这根独苗苗身上。

大约在季羡林4岁到6岁间，父亲开始让他跟着别人学着认字。他家穷上不起私塾，但邻居家有认得几个字的。印象虽然已经有些模糊，但季羡林还记得他认识的第一位老师是本村的马景功，"功"字有时也写作"恭"。马姓在官庄是比季姓大的姓氏，但也没有什么富裕人家。这位马景功肚子里大概也没有多少墨水，当时没教给季羡林多少知识，甚至连《千字文》《百家姓》之类的儿童启蒙读物，也没有教过，只不过教给他几个字罢了。因为自己的家徒有四壁，在家里既没有一本书，也没有见过带字的什么纸条子，认得的几个字，全是来自马景功。[7]就是教了这几个字，马景功的名字在季羡林脑海里永志不忘。

没有机会进私塾，也没有同窗好友，但季羡林有两个很要好的小伙伴，他们是邻居家的孩子：一个叫杨狗，一个叫哑巴小。杨狗是乳名。山东农村起乳名，男孩有以属相干支起的，如小虎、小狗之类。杨狗比季羡林大一岁，是1910年生人，这年农历是庚戌年——狗年，所以名字中有狗字。哑巴小姓甚名谁，已无法确知，只知道因为他是哑巴的儿子，便给了他这一个诨号。那时候，三个孩子家里虽然都很穷，但因为年龄小，从来不知什么叫愁苦。夏天来了，是他们最高兴的时候，他们经常光着屁股在一起玩，在村南头屋后的水坑里凫水、捉知了、摸虾、打枣，几乎天天都泡在一起玩。

季羡林和妹妹（前右二）、妹夫（前右四）在一起

杨狗一直活到20世纪80年代，去世之前仍然是一字不识的文盲。季羡林经常捎点钱接济他。哑巴小听说后来当了"山大王"，练就了一身功夫，蹿房越脊，飞檐走壁，还能用手指抓住大庙的椽子，身子悬空，围绕着大殿走上一遭。他杀富济贫，颇有点"英雄"气概。有一次他被官府捉住，在寒冬腊月天里剥光衣服，赤身露体，再浇上凉水，捆起来倒挂在梁上，一夜下来竟然还能活着。哑巴小虽然没有文化，但懂得"兔子不吃窝边草"的道理，所以从来不到官庄来作案。他最后被杀掉了。

3. 母爱与乡情

6岁以前，季羡林一直生活在母亲身边。他和同龄的其他孩子一样在母亲跟前撒娇、淘气，有时也难免遭到母亲的怒嗔，但这正是母爱在另一方面的表现。

夏天，黄昏时节。小小的季羡林耐不住寂寞，常出去走走。房后面是一个大苇坑,汪洋一片水,差不多有一个小湖那样大。坑里丛生着芦苇,郁郁葱葱,密不透风。夏末,芦苇都顶着白茸茸的小花,望过去像一片银海。芦苇的稀疏处,能看到碧绿的水面。

季羡林经常在黄昏独自坐在这水边的芦花丛里,欣赏着水面反射的静静清光。不时有一两条小鱼冲出水面,唼喋着嬉戏在水面。一时兴起,他自然要下水洗洗澡,那种惬意是自不用说了。早晨,在太阳还没出来的时候,水面还在闪着蓝黑色的光,显不出碧深的静美。季羡林经常早早起来,就沿着这水坑走去,很小心地向浅滩边上的水里看去。偶尔会看到暗黑的水面下有东西在发着白色的微弱亮光,伸手下去一摸,是一个又白又大的野鸭蛋。他兴冲冲地拿给母亲看,母亲的微笑在他童稚的心灵里开成了一朵花。

有时候,季羡林也淘气。母亲被逼急了,就跟在后面追着打。季羡林有的是对付母亲的办法,最有效的办法就是赶快跳下水坑,站在水里,回头对着站在岸上的母亲。无可奈何的母亲,却被孩子这过分顽皮的举动逗笑了。母亲在岸上笑,儿子在水里也笑。矛盾于是化解,母子又重归于好了。

初秋,庄稼开始熟了。一望无际的鲁西北大平原上,谷子黄,高粱红。玉米啦,黄豆啦,绿豆啦,也都报告着丰收的喜悦。五六岁的季羡林最喜欢走进高粱地,他感到高粱很神奇,高粱比他的身体还要高出一倍多,走进高粱地,便有如同走进大森林的感觉。透过密叶的间隙,才能看到上面的蓝天。每天早晨朝露还未退去,季羡林便来到高粱地里劈高粱叶子。叶子上的露水,像一颗颗珍珠闪着淡白的光。有的大水珠,还能照出自己像一粒芝麻那样小的有点变形的面影,小小的他自然感到又新鲜又有趣。老玉米也长得比季羡林高出许多,踮起脚尖,才能掰到棒子。黄豆和绿豆都比小孩矮,他也喜欢在黄豆地、绿豆地里走。走在里面,他觉得爽朗,一点也不闷气,颇有一种趾高气扬之感。他喜欢在豆子地里帮助大人干点活。那时候,他总是缠着母亲,母亲走到哪里,他便跟到哪里。午饭以前,母亲到地里去摘绿豆荚,好把豆粒剥出来,回去煮午饭吃。季羡林也跟着母亲来到地里,正午时光,天高云淡,蝉声四起,蝈蝈也爬到豆枝上去,纵声欢唱着。空气中还飘拂着一股股淡淡的草香和泥土香。太阳晒在身上,热自然还是热,但已不像盛夏那样令人难以忍受了,反而会给人一种暖烘烘怪舒服的感觉。跟在母亲身后,季羡林的兴致非常高。他跑来跑去,欢呼雀跃。一会儿,捉住一只蚱蜢,赶快拿给母亲看;一会儿,掐到一朵野花,也赶快拿给母亲看。玉米棒子上长个乌霉,他感到奇怪,一定要问母亲个究竟。有的豆荚长得又短又粗,也要向

母亲追问原因。对这段生活,季羡林后来回忆说:

> 总之,这一片豆子地就是我的乐园,我说话像百灵鸟,跑起来像羚羊,腿和嘴一刻也不停。干起活来,更是全神贯注,总想用最高的速度摘下最多的绿豆荚来。但是,一检查成绩,却未免令人气短:母亲的筐子里已经满了,而自己的呢,连一半还不到哩。在失望之余,就细心加以观察和研究。不久,我就发现,这里面也并没有什么奥妙,关键就在母亲那一双长满了老茧的手上。[8]

季羡林离开母亲后,母亲那双长满了老茧的手,却时时出现在他眼前。公共汽车上,偶尔发现老妇人一双长满老茧的手,他也马上会想到母亲的手,母亲的面影也就同时出现在面前。虽然只有六年的时间和母亲生活在一起,但母亲的面容却是终生都不会忘记的。

季羡林6岁离开家后,虽然也有回去看望母亲的时候,但都住不了多长时间。

东方学人
季羡林

1933年初秋,离开母亲17年后,距离最后一次见到母亲已有八年,在清华大学读书的季羡林突然接到母亲逝世的噩耗。在火车里闷了一天,在长途汽车里又颠荡了一天,季羡林回到了八年未曾回过的故乡。踏上故乡的土地,路边的树丛里虽然还残留着一点浮翠,他已经看不到了。他看到的只是淡远的长天下,一片凄凉的黄雾。从远处一看到在烟云笼罩下的小村,忽然想到死去的母亲就躺在这烟云里的某一个角落,便感到有一团烈焰在心里烧着,又感到好像严冬里的厚冰堆积在心头。他迷惘地撞进了自己的家,一切都在泪光里浮动。在寂寞冷落的屋子里,墙上满布着灰尘和蛛网,正中放着一个大而黑的棺材。棺材装走了母亲,也装走了季羡林的希望和幻影。

母亲去世不到一年,季羡林悲凉地写道:

> 母亲的死使我对一切都灰心。以前也曾自己吹起过幻影:怎样在十几年的漂泊生活以后,回到故乡来,听到母亲的一声含着温热的呼唤,仿佛饮一杯甘露似的,给疲惫的心加一点生气,然后再冲到人世里去。现在这幻影终于证实了是个幻影。……屋外是一个用黄土堆成的墙围绕着的天井。墙上已经有了几处倾地的缺口,上面长着乱草。从缺口里看出去是另一片黄土的墙,黄土的屋顶,黄土的街道,接连着枣树林里的一片淡淡的还残留着点绿色的黄雾,枣林的上面是初秋阴沉的也有点黄色的长天。我的心也像这许多黄的东西一样的黄,也一样的深沉。一个丢掉希望和幻影的人,不也正该丢掉生趣吗?[9]

悲凉侵袭着季羡林这个年轻人的心,他只觉得自己的心,虽然像黄土一样的黄,却不能像黄土一样安定。他被圈在一个小小的天井里。天井的四周,都栽满了树,榆树最多,也有桃树和梨树。他凝望着这些树,每棵树上几乎都有母亲修剪、砍伐过的刀痕。在被油烟熏黑了的小厨房里,母亲生前吃剩的半个茄子、半根葱,还在案板上摆着。母亲用过的碗筷、手巾,依然还印有她的手泽和口泽。地面的每块砖上,几乎都印有母亲的足印。现在却是人去屋空了,他所能看到的只是母亲躺在棺材里。看不到,再也看不到母亲的身影会在榆树和桃树中间,会在这房间里,会在这黄的墙、黄的枣林、黄的长天之下移动了。

夜晚,季羡林枕着母亲枕过的枕头,想着母亲怎样在这枕头上想着自己的儿子,怎样在这枕头上流着泪水。他再也止不住,枕着这枕头,流起泪来。他怎么也睡不着,朦胧中看到淡淡的月光从门缝里流进来,黑漆的棺材上反射出丝丝清光。这一天到了,这是乡间阴阳先生按照天干地支找出的所谓"好日子"。从早晨开始,季羡林就穿上了白布孝衫,听着一个人的暗示。暗示他哭,他就跪在地上冲着棺材嚎啕地哭上一阵;正哭得淋漓的时候,又暗示他停止,他也只能顺从地收了眼泪。就这样,不知循环了多少次,被这个人牵着东走西走,跪下又站起,站起又跪下,一直弄到莫名其妙,不知该是站起还是跪下,终于看到有几十个人去抬母亲的棺材了。跟着棺材,沿着水坑,走过了一段长长的路,到了墓地。在墓地又被人拖着转了几个圈子,不知道怎的脑筋里一闪,又让人给拖到家里来了。

母亲活着时,不在身边;母亲去世,总算赶回来为母亲送了葬。季羡林似乎得到了一点安慰。后来季羡林就是到德国留学,也时常在夜里梦到母亲,会哭着醒来。他经常怅望灰天,在泪光里幻出母亲的面影。听别人告诉他,母亲说过一句话:"要知道一去不回头的话,我拼了命也不放那孩子走!"[10]这一句不是他亲耳听到的话,却终生都回荡在他的耳边。"谁言寸草心,报得三春晖?"从这句话里,季羡林领悟出:母爱是一种最无私的爱。他庆幸自己有这样一位伟大的母亲,享受到这种永远抹不掉的母爱,享受到人世间这最真挚的爱……

季羡林在临清只待了六年,到底在临清受过多少文化的熏陶,谁也无法说得清楚。留在他心中的印象,是故乡的姣好,还有故乡的贫穷。

小时候,季羡林从来没有见过山,也不知山为何物。他曾幻想,山大概是一个圆而粗的柱子吧,顶天立地,好不威风。在故乡望月,他从来不同山联系。苏轼所说的"月出于东山之上,徘徊于斗牛之间",完全是他无法想象的。

官庄虽是个小村,但有很多湖坑水湾,几个大苇坑几乎占了小村面积的一半。在季羡林这个小孩子眼中,这些苇坑虽不能像洞庭湖"八月湖水平"那样有气派,但也颇有一点烟波浩渺之势。

1997年10月,季羡林在故乡官庄小学办公室。

到了夏夜,季羡林便来到坑边的场院里,躺在地上数天上的星星。有时候,他常常待在自家的天井里等候黄昏的来临。他坐在很矮的小凳上,看墙角里渐渐暗了下来,四周的白墙上也布上了一层淡淡的黑影。幽暗中夜来香的花香一阵阵地沁入他的心田,天空里不时地有蝙蝠在飞着、嬉戏着,屋檐角上的蜘蛛网映着灰白的天空。朦胧中网上的线和黏在上面的小生物依稀可见,在不经意的时候蓦地再一抬头,暗灰的天空里已经嵌上眨着眼的小星星了。有时候,季羡林也和小伙伴们在村外玩。古柳下面,点上一堆篝火,然后将树一摇,成群的知了都往火堆上飞落。白天常用嚼烂的麦粒做成的黏筋去黏知了,这可比晚上用火堆吸引难得多了。为此,季羡林天天盼望着黄昏早早来临,一到晚上便玩这种游戏,经常是乐此不疲。到更晚一点的时候,季羡林便常走到苇坑边上,抬头去看那晴空中的一轮明月,只见月亮清光四溢,与苇坑水中的那个月亮正好相映成趣。他当时还没背过苏东坡"明月几时有?把酒问青天",没背过秦观的"夜月一帘幽梦,春风十里柔情",也没背过欧阳修的"夜凉吹笛千山月,路暗迷人千种花"和郑板桥的"夜深更饮秋潭水,带月连星舀一瓢",自然还不懂什么叫诗兴。但他仍然顾而乐之,心中油然有什么东西在萌动。有时候在坑边流连忘返,玩很久才回家睡觉。梦中,他还见到两个月亮叠在一起,清光更加晶莹澄澈。后来,季羡林到过几十个国家,在不同的地方看过月亮:在风光旖旎的瑞士莱芒湖上,在平沙无垠的非洲大沙漠中,在碧波万顷的大海上,在巍峨雄奇的高山上……月亮虽然美妙绝伦,但是看到它,他立刻想到故乡苇坑水中的那个小月亮。对比之下,无论如何他都感到,这个广阔世界的大月亮,万万比不上他那心爱的小月亮。不管他离开自己的故乡多少万里,他的心一想到这轮小月亮就仿佛飞回到了故乡。他在心中默念着:我的小月亮,我永远忘不掉你![11]在他看来每个人都有个故乡,人人的故乡都有个月亮,人人都爱自己故乡的月亮。

冬天家中天井里满铺着白雪。季羡林常蜷伏在屋子里,他看到白色的窗户纸渐渐灰了起来,炉子里的火焰渐渐红起来、亮起来的时候,他就知道这不是黄昏了。这时,他常常从风门的缝里望出去看灰白的天空和那灰白的盖着雪的屋顶。半弯惨淡的凉月印在天上,虽然有点凄凉,但仍掩饰不了黄昏的美丽。

所以,无论是夏天,还是冬天,季羡林都忘不了对黄昏的赞美:

> (黄昏)漫过了大平原,大草原,留下了一层阴影;漫过了大森林,留下了一片阴郁的黑暗;漫过了小溪,把深灰的暮色溶入琮琤的水声里,水面在阒静里透着微明;漫过了山顶,留给它们星的光和月的光;漫过了小村,留下了苍茫的暮烟……给每个墙角扯下了一片,给每个蜘蛛网网住了一把。
>
> 在门外,它却不管人们关心不关心,寂寞地,冷落地,替他们安排好了一个幻变的又充满了诗意的童话般的世界,朦胧,微明,正像反射在镜子里的影子,它给一切东西涂上银灰的梦的色彩。牛乳色的空气仿佛真牛乳似的凝结起来。但似乎又在软软地粘粘地浓浓地流动着。它带来了阒静,你听:一切静静的,像下着大雪的中夜。但是死寂吗?却并不,再比现在沉默一点,也会变成坟墓般的死寂。仿佛一点也不多,一点也不少,优美的轻适的阒静软软地粘粘地浓浓地压在人们的心头,灰的天空像一张薄幕;树木,房屋,烟纹,云缕,都像一张张的剪影,静静地贴在这幕上。这里,那里,点缀着晚霞的紫曛和小星的冷光。黄昏真像一首诗,一支歌,一篇童话;像一片月明楼上传来的悠扬的笛声,一声缭绕在长空里亮唳的鹤鸣;像陈了几十年的绍酒;像一切美到说不出来的东西。说不出来,只能去看;看之不足,只能意会;意会之不足,只能赞叹。[12]

真的,季羡林故乡的黄昏,简直就是一首诗!

季羡林常说,我是大地之子,我渴望着再回到大地的怀里去。故乡的黄昏那么优美,故乡的平原那么辽阔,故乡的童趣永远让他回味无穷!

单说这乡间的路,就有说不尽的乐趣。小时候的季羡林,一边走在乡村的路上,一边欣赏着似水的流云笼罩着远村,欣赏着金海似的麦浪。后来他走过其他许许多多的路,看红的梅,白的雪,激溅的流水,十里谡谡的松壑,死人的蜡黄的面色,小孩充满了生命力的踊跃。在这许许多多的路上,他接触到种种面影,熟悉的,不熟悉的,但这一切的一切,都在他走着的时候,蓦地成轻烟、成细雾、成淡淡的影子,储存在他的记忆里。有的则干脆被埋在回忆的暗陬里,忘了。只有这故乡村间的小路,是他永远永远也不能忘的。这种体会,没有乡情的人,是断断不会有的。

故乡的秋,是更有韵味的。季羡林小时候常喜欢走到场院里去。豆子、谷子、高粱已经熟透,它们都从田地里被牛车拖了回来,堆成一个小山似的垛。谷子堆,黄黄的;高粱堆,红红的;豆子堆,褐褐的,豆荚在日光下毕剥地炸裂着。周围是飘浮着云烟的田野,屋后的水坑里是银白的一片秋芦,一切都充满了静态的美。谷穗摊在场院里晒干了,老牛拖着石碌碡在谷场上转,有节奏地左右摆动着头。毛驴也摇着耳朵,在拉着车走。中午小憩时,老牛被拴到柳树下,稍一沉心,仿佛能听到老牛的喘气声。柳树上的蝉,曳长了声在鸣着。风从刚刚割净了庄稼的田地里吹过来,带着泥土的香味,一切似乎又都充满了流动的美。过午时分,季羡林常沿着房后的大坑去踱步,看银色的芦花在阳光里闪着光,看天上的流云,看流云倒在水中的影子。芦花流着银光,水面上反射着青光,夕阳的残辉照在树梢上发着金光,一切都沉默。夏花之绚烂,秋叶之静美,均在这里达到了和谐。

季羡林的童趣,在兔子身上得到更为淋漓尽致的发挥。他清楚地记得,官庄的许多人家里都养着一窝兔子,而唯独他家没有。越是自家没有的东西就越感到新奇,也就愿意去看个究竟。季羡林就喜欢到别人家去看兔子。邻居家在地上掘一个井似的圆洞,不深,在洞底再开几个向旁边通的小洞,兔子就住在里边。他家里没有这样的洞,也没有兔子,他每次便只能随大人去别的养兔子的邻居家里去玩。当大人们在扯不断拉不断絮絮地谈得高兴时,季羡林则总是放轻了脚步,走到洞口偷偷地向洞里面瞧。小兔正在洞底的小洞口徘徊着,白的最好玩,黑影里眼睛红亮得好看,透亮的长耳朵左右摇摆着,三瓣嘴也仿佛战栗似的颤动着,在嚼着菜根呀,豆芽呀之类的东西。兔子看到洞上边有人影,便迅速地跑进小洞里去,像一缕缕白色的、黑色的烟。他再伏下身子去看,在洞底的薄暗里,便只能看见一对对莹透的、宝石似的眼睛。真喜欢这种可爱的小动物,但季羡林故乡的家里,始终没有这种小动物。直到随叔父去了济南,才圆了一个自己养兔子的梦。

季羡林在官庄的家里,没养过兔子,但他记得母亲养过一条狗。

季羡林小时候住在官庄村里,终日与狗为伍。那时,他一点都没有感觉到狗这种东西有什么稀奇的地方。狗是食肉目犬科动物,有强腭、利齿、健腿,嗅觉和听觉敏锐,既是高度社会化的动物,又有集群合作的本能。狗的健康和正常心理发展,决定于它与群中其他成员间的关系。狗是最早的家养动物,难以换群换主,难以在野外独立生活。狗可分为猎犬、看守犬、警犬、牧羊犬、玩赏犬、表演犬、赛犬、向导犬、拉橇犬和科学实验犬。对狗的这些知识,少年的季羡林并不知道,甚至也没有想去知道,但狗却给他留下了极其深刻的印象。母亲去世时季羡林回故乡为她送葬。故乡的家中已经空无一人,母亲养过的一条狗仍然日日夜夜地守卧在家门口。女主人已经离开人世,再没有人喂它了。它好像已经意识到这一点,但是它却宁愿忍饥挨饿,也决不离开那个破烂不堪的家门口。黄昏时分,季羡林从村里走回家,屋子里停放着母亲的棺材,门口卧着这一只失去了主人的狗。它泪眼汪汪地望着季羡林这个失去了慈母的孩子,有气无力地摇摆着尾巴,嗅他的脚。他一下子感到,茫茫宇宙好像只剩下这只狗和他自己。面对此情此景,季羡林连泪都流不出来了。他流的是血,而这血还是流向他自己的心中。他想到本来应该同这只狗相依为命,互相安慰,但他必须离开这个小村庄,而又无法将它带走。离别的时候,季羡林紧紧地搂住了这只狗。他因为遗弃了它,而受到良心的谴责。

直到今天,季羡林一闭眼,便想到了这只狗,有时还会不由自主地流下眼泪。他离开家以后,这只狗是决不会离开这个破烂的家门口的,而它的结局也就可想而知了。如果母亲有灵,会从这只狗身上,得到他这个儿子无法给她的慰藉。[13]从此以后,季羡林爱天下的一切狗,甚至延及一切植物、小动物、天地万物,博大无私的胸怀使他加深了对"天人合一"思想的理解。

既有姣好,也有贫穷,故乡是一个复合体。

季羡林自己常说,回忆起自己的童年来,眼前没有红、没有绿,有的只是一片灰黄。

20世纪80年代,季羡林经过长期反复的考虑,终于冒着溽暑,带着哮喘,回到自己的家乡。他在临清看到绿树满院,浓阴匝地,鲜红的花朵在骄阳中迎风怒放。在这里,他看到了南国的青翠与红艳,眼睛一下子

亮起来,心头洋溢着快乐的激情,便情不自禁地写道:

> 我记忆中的临清不是这样子的,完完全全不是这样子的。我生在过去独立成县、今天划归临清的清平县。在那个地方,除了黄色和灰色之外,好像什么都没有。我把自己的回忆翻腾了几遍,然而却找不出半点的红色。灰色,灰色,弥漫天地的灰色啊!如果勉强去找的话,大概也只有新娘子腮上涂上的那一点点胭脂,还有深秋时枣树上的黄叶已将落尽、在树顶上最高枝头剩下的几颗红枣,孤零零地悬在那里,在冷冽的秋风中,在薄薄的淡黄色中,红艳艳,夺人眼目。[14]

这样的一个故乡,姣好与贫穷交织在一起。它既给季羡林无穷的乐趣,使他始终对故乡有一种亲情,又让季羡林无时无刻不牵肠挂肚,到济南、到北京、到国外,也永远想着自己的故乡,一想到家乡的贫穷就忧从中来,他也就能始终如一地为故乡的发展尽自己的力量。他希望看到红色的故乡,在自己眼前出现一片繁花似锦的景象,灿烂夺目,熠熠生光,使残留在脑海里的那种灰色——弥漫天地的灰色,一扫而光,只留下红彤彤的一片,宛如黎明时分东边天空的朝霞。[15]这就是季羡林对居住了六年的故乡永久的一种美好祝愿。

4. 从故乡到济南

季羡林父亲一辈大排行的兄弟11个,有6个因为穷得受不了下了关东,后来都客死在关东;留下的5个,还有1个送了人。这剩下的4个人中,只有季羡林的大大爷有过一个儿子,但又不幸夭亡。这样,季羡林生下以后,就成了季家唯一的男孩子。在儒家传统根深蒂固的山东,季羡林也就成了传宗接代的唯一希望。

季羡林的亲叔叔已经在济南扎下了根。虽然生活得不是很富裕,但总还是过得去。叔父膝下只有一个女儿,而父亲在官庄又贫困不堪,于是兄弟俩一商量,决定把季羡林送到济南。当时母亲是如何想的,年幼的季羡林完全不能确知,而他自己也并没有想到从此就永远离开了父母,成了叔父、婶母的子嗣,而济南也就成了他一住就是13年的又一个故乡。那时候,季羡林6岁,是一个刚开始懂事的孩子。

回想起当时进济南的情景,季羡林现在还觉得可笑。

1917年刚过了春节不久,季羡林离开了故乡官庄。他跟着父亲骑在一头毛驴上,骑了两天来到了济南。

季羡林和家人在一起

在平原上生活了六年的孩子,虽然听说过山这种东西,但并不知道山是什么样子。临到济南,季羡林眼前换了一个世界,他生平第一次见到了只是听说过的山,这让他又惊又喜。下了毛驴,又随着父亲走了许多路。从一排排楼房的空隙里,季羡林看到了一线蓝蓝的天,这里的天怎么会是这样的呢?官庄的天是蓝蓝的像个锅盖覆盖着,而这里却只有一线。这里看不到远方笼罩着一层轻雾的树,也看不到天边上飘动的水似的云烟;这里嗅不到乡间特有的泥土的气息,只感到像是生活在灰之国里。

一直走得自己莫名其妙,季羡林爷俩才走到一条古旧的黄土街,然后转进一个有石头台阶颇带古味的大门里去。进了大门,迎头是一棵大枸杞树。他刚刚走过了迷宫似的长长又曲折的街,走进屋里眼前还只是一片花,没有看到一个人,定了定神才看到了婶母。不久,在屋内黑暗的角隅里,发现了一个老人在起劲地同父亲谈着话。这个老人并没有什么特异的地方,但第一眼就在季羡林心里留下了一个莫大的威胁,形成了一个"神怪老人"的印象:白色稀疏的胡子,白色更稀疏的头发,夹着一张蝙蝠形的棕黑色的面孔,和父亲说话的时候灰白色的胡子在一上一下地颤动着。这样一个综合体,给一个乡下孩子造成的,只能是恐怖的幻想。

初到一个陌生的地方,季羡林晚上怎么也睡不安宁。一躺下就先想到故乡,想到故乡的母亲。迷离凄凉的梦萦绕在他的身旁,他时时会在黑暗里发现离奇的幻影。这时候,一进屋见到的这个老人蝙蝠形的面孔,就浮现在他的面前,把他带到一个神秘的境地。在故乡常听的一些老人讲的神怪故事和这位老人连成一片,这个蝙蝠形脸的"神怪老人"也就成了故事里的主人公了。半夜里,都市的喧嚣终于停止,夜静下来,但不时还有小贩的喊声从远处的小巷里飘过来。这真让人难以忍受。季羡林小小的心灵已经感到阵阵的悲哀,他是地之子,他渴望着再回到大地的怀里去。

第二天起来,第一个看到的偏又是这个长着蝙蝠形脸的"神怪老人"。

> 我不敢再看他,我只呆呆地注视着那棵枸杞树,注视着细弱的枝条上才冒出的红星似的小芽,看熹微的晨光慢慢地照透那凌乱的枝条。小贩的叫卖声从墙外飘过来,但我不知道他们叫卖的什么。对我,一切都充满了惊异。故乡里小村的影子,母亲的影子,时时浮掠在我的眼前。我一闭眼,仿佛自己还骑在驴背上,还能听到驴子项下的单调的铃声,看到从驴子头前伸展出去的长长又崎岖的仿佛再也走不到尽头的黄土路。在一瞬间这崎岖的再也走不到尽头的黄土路就把自己引到这陌生的地方来。在这陌生的地方,现在(一个初春的早晨)就又看到这样一个神秘的老人在枸杞树下面来来往往地做着事。[16]

东方学人 季羡林

季羡林在1935年写下的这段文字,真实地记录了他进入济南之后的恐惧。

老人却一点也没有孩子似的幻觉。他见了季羡林,仿佛很高兴,打一个招呼,接着就笑起来。这是怎样可怕的一种笑啊!鲇鱼须似的灰白胡子向两旁咧了咧,眼与鼻子之间的距离,被牵掣得更近了,中间耸起了几条皱纹。这时的"神怪老人",看起来就更像一只蝙蝠,而且像一个跃跃欲飞的蝙蝠了。季羡林害怕极了,不敢再看他。而他也就拖了一片笑声,消逝在枸杞树下面。留给季羡林的仍然是蝙蝠形脸的影子,混合了一串串的金星,在眼前晃动着,一直追到梦里去。

终日里,季羡林只听到闹嚷嚷的车马声。平凡的日子就这样在不平凡之中消磨下去。随着时间的流逝,终于把他与"神怪老人"之间的隔膜磨去了。他开始从别人的嘴里,知道了一点老人的事情。原来老人在年轻时,从济南南边山里的一个小村飘落到了济南,打着光棍在一种极勤苦极艰难的状况下活下来了。到变成一个白须老人,他的生活却更加艰难了。不得已,老人只得借住在叔父家房子后院的一间草棚里,做泥瓦匠的活计,偶尔也帮叔父做点杂事。季羡林这时才发现,在老人那强发出来的微笑下面,隐藏着一颗怎样为生活磨透的、悲苦的心。这样一来,季羡林便同老人亲近起来,他应邀到老人的屋里去玩。老人的屋子其实并不像个屋,只是靠着墙打成的一个低矮的小棚。一进小棚的门,就仿佛走进一个黑洞里去,阴森森的,有霉湿的气息钻进鼻子里。棚子四周全是烟熏火燎的痕迹,棚顶上垂着浓密的蜘蛛网。棚子中央有一张床,旁边是一张三条腿的桌子。当季羡林正要抽身往外走的时候,他忽然看到在贴屋墙的一个壁龛里,居然放着一个肥白的大泥娃娃。老人看他注视泥娃娃的神情,就把泥娃娃拿下来送给了他。他那时并不了解,这样一位奇异的神怪老人,怎么还有这样的童心。他慢慢地才理解,原来天下还有比自己家更穷的人,而再穷的人也会有自己的精神追求。就是这样的一个普普通通的泥娃娃,却把季羡林的想象带到很远很远的地方,并且让他产生了莫大的欣慰。他渐渐感觉到,这张蝙蝠形的脸原来就是一张穷人的脸,这张脸不但不是恐怖可怕的,反而变得可爱起来。

季羡林和"神怪老人"渐渐地熟了起来。老人闲下来的时候,便带着他出去玩。

这一老一少常去玩的地方,有一个是圩子墙。在这墙上面,季羡林可以看到南面云似的黛黑的山峰,那就是著名的千佛山,又叫历山、舜耕山。《水经注》说:"雷泽西南十许里,有一小山,孤立峻上,停停(亭亭)嶕峣,谓之历山。山北有小阜,南属巡泽之东,北有陶墟,缘生言舜耕陶所在,墟阜联属,滨带瓠河也。"郑玄云:"历山河东,今有舜井。"皇甫谧曰:"或言今济阴历山是也,与雷泽相比。"当然,季羡林和"神怪老人"他们两个在圩子墙上看不到岩壁上北魏及隋时的石刻佛像。从这里往北看去,华不注山也隐约可见。《水经注》说:"华不注山,虎牙桀立,孤峰特起,青崖发翠,同点黛焉。"

这些山的顶峰,成为季羡林常幻想飞到的地方。

"神怪老人"还领着季羡林看过济南的护城河。济南是个有名的泉城,"家家泉水,户户垂柳",早已是尽人皆知。但看到这护城河,他真想不到河里的水这么清,水草这么绿。他们常去的地方,是一所古庙。出了自家大门不远,就到那里了。古庙不大,院子里栽了不少柏树,浓阴铺地,森冷幽渺。阴森森的大殿里列着几座神像,布满了蛛网和尘土,檐头上有燕子筑的窝。这样的一座破庙只会引起成年人苍茫怀古的情绪,想不到对一个6岁的孩子,竟也有那么大的诱惑力。"神怪老人"几乎每天都领他到那里去,他都是很高兴地随老人去。在柏树下面,老人开始讲一些故事给他听。一个放牛的小孩遇到一只狼,后来又设法脱了险,绘声绘色,一直讲到黄昏。每次回家,都有说不尽的欢欣。

就在这年的夏天,叔父一家搬了家,从一条铺满了石头的古旧的街北头,搬到了南头。这样,老人原先住的那间草棚也归了别人。黑洞似的草棚也难以住下去了,他只好移到那个古庙里去存身。

一个夏天,季羡林都没有见到老人。在夏末的一个黄昏,他突然想到要去看看老人。

古老的庙堂仍然同先前一样的衰颓,柏树仍然遮蔽着天空。一进庙门,四周是一片寂静,城市的喧嚣突然隐遁起来。季羡林终于看到老人的背影在大殿的一个角隅里晃动。老人回头看到是他,马上高兴起来,立刻忙着搬来一条凳子,又忙着倒水给他。老人告诉他自己再也不能做泥瓦匠了,同街住的好心人常常给他送饭吃,他的身体处处都显出了弱相。老人兴奋地告诉季羡林,昨天夜里做了个梦,梦见自己托着一个太阳,人说梦见托太阳是个好征兆,他相信自己的身子会慢慢地好起来,希望能壮壮实实地再活几年。但是,老人再也没有康复。他得了病,病后变成了另一个人,身体伛偻得简直要折过去,嘴里随时都在哼哼着,面孔苍黑得像涂过一层灰。他哼哼着,吐着痰,再也不能做别的事情,只能在近似行乞的情况下,把自己的生命延续下去。

东 方 学 人

李羡林

叔父把家搬到街南头之后不久就外出了。当他从望口山回到家中时,随行的仆人挑了一担子东西,上面是用蒲包装着的有名的肥城桃,它们散发着诱人的香气。下面是一个木笼子,季羡林正想探究里面会装些什么东西,仆人已经把木笼子举到他的眼前了。这一惊可非同小可,原来里面装着三只兔子:一只大的,黑色;两只小的,白色。战栗似的颤动着的嘴,透亮的长长的耳朵,红亮的宝石似的眼睛。季羡林在官庄梦寐以求的兔子,现在竟这样容易地得到了。这真让他又惊又喜,想不到在叔父去望口山以前,也不过随意一说让他带几只兔子回来,现在居然带回来了。他顾不得去吃那美味的肥桃,而是东跑西跑,忙着找白菜,找豆芽,喂这三只可爱的小动物。然后又替它们张罗住处,先后找了几个地方都不合适,最后就决定让它们住在他自己的床下。

6岁多的孩子,一下子得到自己盼望了许久的心爱之物,那个高兴劲自然是可以想象得出的。在官庄的时候,要伏在邻居家兔子洞口才能看到的东西,现在居然有三只伏在自己的床下,季羡林感到自己简直是活在童话世界中了。他把兔子从笼子里放出来,立刻就有猫挤上来。兔子伏在地上,一点也不敢动,耳朵紧贴在头上,三瓣嘴颤动得更加厉害。兔子虽然没有意识,但显然知道猫是自己的天敌,那种胆怯劲已经暴露无遗了。季羡林把猫赶走,兔子这才慢慢地试着跑。可一转眼,三只兔子都窜到花盆后边了。再一转眼,又都跑到床下边去了。

季羡林有了这三只兔子,躺在床上,高兴着,辗转着,怎么也睡不沉了。听着兔子在床下嚼着豆芽,发出轻微的咯吱咯吱声,他仿佛浮在云堆里,不知道自己在做着什么奇异的梦。到了白天,兔子和他熟了起来,并且开始捉迷藏。他刚一坐到靠窗的一张桌子边,开始按叔父的要求读书,兔子偷偷地从床下面溜了出来,没有一点声音。他从书页上面屏息看着它们:先是大的一探头,又缩回去;再一探头,蹦跳着出来了,一溜黑烟似的快。紧随着是两只小白兔,白得一团雪似的,眼睛红亮得像玛瑙,但比玛瑙还光莹。小白兔就用这红亮的眼睛四面看着,蹦跳到花盆下面,躲在拂着地面的草叶下面,嘴战栗似的颤动几下,停一停便蹦到书架旁边,蹦到小凳下面。忽然间,季羡林觉得有个软茸茸的东西靠到脚上了,他忍耐着,不敢动。可不知怎的,他的腿忽然一抽,只见一缕黑烟,两缕白烟,三只兔子便都藏到床下面了。季羡林忙伏下身子去看,床下面暗黑的角隅里,莹透的宝石似的三双眼睛,闪着亮光……

大半个秋天,朝夕和三只兔子相处在一起,季羡林的日子就在这种颇具诗意的氛围里过去。提心吊胆的事是有的,那就是得防备猫。为了不让猫进屋,他总是把门关得严严的。但窗外有一棵海棠树,猫有时就从这棵树上跳到屋里。最担心的是晚上,只要窗外风吹落叶,有蟋蟀的响声,他总疑心是猫从海棠树上爬进屋子的窗户。看看周围,不见有猫进屋,他刚要朦胧睡去的时候,忽然听到"咪"的一声,看看窗子上破了一个洞的地方,两只灯似的猫眼向里瞅着,闪着攫取的光。为此,他不得不常常把猫赶跑。

早晨起来,最让季羡林放心不下的事,就是床下的兔子丢了没有。日子一天天过去,三只兔子和他更熟了,当有一只小白兔第一次很驯顺地让他抚摸的时候,他简直高兴得想流泪。兔子的胆子也渐渐大起来,黑色的大兔子胆子更大了,常常自己偷跑到天井里去,往往要找一圈才能找到它。就在秋末一个晴朗的早晨,季羡林起了床,又照例伏下身子去看床下的兔子丢了没有。奇怪,床下好像空空的,仿佛少了什么东西。他仔细一看,两只小白兔依偎在一起,可那只黑色的大兔子呢?它哪里去了呢?他立刻慌了,汗流遍了全身。这只黑色的大兔子,从一开始就被季羡林当做两只小白兔的母亲。母亲丢了,他赶快去为它俩找母亲,可是各处找遍了,屋里、屋外、床下、花盆边、海棠树下……都找过了,还是没有踪影。他回头再看看两只依偎在一起的小白兔,一种莫名的凄凉袭进了他的心。他哭了,他想到自己也是远离母亲的,为此他时常想到母亲,时常感到凄凉和寂寞,他从两只小白兔身上似乎看到了自己的影子。但小白兔更可怜,因为他至少还可以在梦里倾诉凄凉和寂寞,可小白兔又会在哪里倾诉呢?他和它俩同命相怜,他想用自己的爱抚去弥补它们失掉母爱的悲哀,但他回天无力,眼看着它们渐渐消瘦下去。看到它们蹰蹰地走开,他小小的心里,充满了无名的悲哀。

5. 严而慈的叔父

季羡林的父亲和母亲都留在故乡官庄，只有他自己住在叔父家里。他虽然还管他们叫叔父和婶母，但实际上他们是等同于自己的父亲和母亲的，他们把季羡林当做亲生儿子来抚养。叔父第一次在济南没有立住脚，在关东买了湖北赈灾奖券中了头奖后，他又回到了济南。这次，他虽然经过不知多少艰难险阻，但终于立定了脚跟，在黄河河务局谋得了一个小职员的位置。家境虽说不上富裕，但总算无衣食之虞。

对于叔父，季羡林一向是又佩服又尊敬的，他在20世纪90年代写成的一篇文章里，充满感情地说：

季羡林的叔父季嗣诚

叔父是一个非常有天才的人。他并没有受过正规教育。在颠沛流离中，完全靠自学获得了知识和本领。他能做诗，能填词，能写字，能刻图章。中国古书也读了不少。按照他的出身，他无论如何也不应该对宋明理学发生兴趣；然而他竟然发生了兴趣，而且还极为浓烈，非同一般。这件事我至今大惑不解。我每看到他正襟危坐，威仪俨然，在读《皇清经解》一类十分枯燥的书时，我都觉得滑稽可笑。[17]

季羡林是季家唯一传宗接代的人，叔父自然很关心对他的教育。但是，他当时不理解，为什么要把他送到济南，让他离开父母亲。他知道叔父对自己的期望很高，会对自己很好，但自己总感到这是寄人篱下。这种感觉越到后来越明显，尤其是在与叔父的亲生女儿秋妹进行比较的时候,他总有一种受虐待的滋味。其实,他也知道叔父的不易。叔父本来是在万般无奈的情况下逃到济南去谋生的,经过不知多少艰难险阻,终于立定了脚跟。在叔父家里比起在故乡官庄来,简直是天上地下了。

对于叔父季嗣诚,季羡林一生都是非常敬重和佩服的。在季羡林眼里叔父是一个非常了不起的人,他虽然没有受过什么正规的教育,却完全靠着自学,掌握了不少文化知识。他还能写一些诗文,有一首七绝是写春天景色的,季羡林至今还记得:

　　杨花流尽菜花香,
　　弱柳扶疏傍寒塘。
　　蛙鼓声声向人语,
　　此间即是避秦乡。

叔父的文学修养和哲学涵养都是很高的,他自然想让下一代也能像他一样成为一个有文化的人,最好能够超越他,为祖宗争气。因此,叔父下决心把季羡林培养成有出息的人,他要让季羡林上学。

注释

[1] 季羡林:《年》,见《季羡林小品》,北京:中国人民大学出版社,1993年版,第27页。

[2] 季羡林:《日本人之心》,同上书,第199页。

[3] 季羡林:《我的心是一面镜子·自序》,延吉:延边大学出版社,1996年版,第1页。

[4] 季羡林:《一个老知识分子的心声》,载《收获》1995年第5期。

[5] 季羡林:《我的童年》,见《季羡林小品》,北京:中国人民大学出版社,1993年版,第174—176页。

[6] 季羡林:《赋得永久的悔》,北京:人民日报出版社,1993年版,第81页。

[7] 季羡林:《我的童年》,见《季羡林小品》,北京:中国人民大学出版社,1993年版,第177页。

[8] 季羡林:《一双长满老茧的手》,见《季羡林散文集》,北京:北京大学出版社,1986年版,第231—232页。

[9] 季羡林:《母与子》,同上书,第41—42页,

[10] 季羡林:《我的心是一面镜子》,载《东方》1994年第4期。

[11] 季羡林:《月是故乡明》,见《季羡林小品》,北京:中国人民大学出版社,1993年版,第305页。

[12] 季羡林:《黄昏》,同上书,第3—4页。

[13]　季羡林:《尼泊尔随笔》,同上书,第209—210页。
[14]　季羡林:《临清县招待所》,见《季羡林散文集》,北京:北京大学出版社,1986年版,第466页。
[15]　季羡林:《临清县招待所》,同上书,第470页。
[16]　季羡林:《老人》,同上书,第64页。
[17]　季羡林:《我的心是一面镜子》,载《东方》1994年第4期。

我过去曾多次说到,自己向无大志,我的志向是一步步提高的,有如水涨船高。自己绝非什么天才,我自己评估是一个中人之才。如果自己身上还有什么可取之处的话,那就是自己是勤奋的,这一点差堪自慰。我是一个富于感情的人,是一个自知之明超过需要的人,是一个思维不懒惰,脑筋永远不停地转动的人。我得利之处,恐怕也在这里。

——季羡林:《新年抒怀》

DONGFANG XUEREN
东方学人

季羡林

1. 接受启蒙教育

2. 初中依然淘气

3. 高中开始省悟

第二章 中小学的转变

1. 接受启蒙教育

季羡林一到济南,叔父就把他送进了一所设在曹家巷的私塾念书。大概有几个月,他就一直进出在这所私塾。从那时起,他才算开始正式上学。私塾是叔父的朋友任晓麓办的,几个月里他只念一些《三字经》、《百家姓》、《千字文》、《四书》之类的古籍。私塾先生是一个白胡子老头,面色严峻,令人望而生畏。每天上学,总是先给孔子的牌位行礼,然后再念"赵钱孙李"。后来,私塾先生见他野性不改,顽劣成习,怕败坏了私塾的校风,再也不愿意教他了。

20世纪60年代,季羡林在山东故乡。

季羡林寄住到叔父家里以后,性格发生了很大变化。他6岁离开母亲,童心的发展在无形中受到了阻碍,躺在别人的怀抱中打滚撒娇,这是不可能的事情。叔父、婶母总起来说对他很好,从来没有虐待过他,但是他们毕竟还有自己的女儿秋妹。因此在日常生活中,他也是可以感觉到一些不同的。比如说,做衣服有时就不给他做。在平常琐屑的小事中,偏心自己的亲生女儿,这也是人之常情,不足为怪。一个七八岁的孩子对于这些事情并不敏感。积之既久以后,在潜意识中难免留下些印记,从而影响到他的行动。他清晰地记得,向婶母张口要早点钱竟成了难题。有一个夏天的晚上,他们在院子里铺上席,躺在上面纳凉。他想到要早点钱,但不敢张口,几次欲言又止,时间已接近深夜才鼓起最大的勇气,说要几个小制钱。钱拿到手,他心中狂喜,立即躺下,进入甜蜜的梦乡,酣睡了一整夜。对一件事来说,这样的心理状态影响不大,但是时间一长,性格就会受到影响。这样长期下去,他由一个在母亲跟前蹦跳撒欢的孩子,变为一个内向的孩子。

无奈,叔父把季羡林送到一所新式的小学——济南第一师范附属小学,它设在南城门内升官街西头。所谓"升官街",与升官发财毫无关系。"官"是"棺"的同音字,这一条街上棺材铺林立,济南人忌讳这个"棺"字,所以改称"升官街",礼也。济南第一师范的校长是王士栋,字祝晨,绰号"王大牛",由他兼任附属小学校长。季羡林在这所学校只待了不到两年的时间,在那里升过一次级。残留在他记忆中的一件小事,就是认识了一个"盔"字,也并不是在国文课堂上,而是在手工课堂上。老师教用纸折叠东西,其中有头盔,老师知道孩子们不会写这个字,所以用粉笔写在黑板上。学生人数不少,老师写完了这个字以后,回头看学生,他那戴着近视眼镜的脸上有一丝笑容。在这里,李长之是他的同班同学,还有一个叫卞蕴珩的同学大概长得非常漂亮,行动也极潇洒。他竟记住了卞蕴珩,只是因为他觉得这个名字美妙无比。

在这里季羡林做过一次"生意"。他叔父家住在南关佛山街,走到西头,过马路就是正觉寺街。街东头有一个地方,叫新桥。这里有一处炒卖五香花生米的小铺子,铺子虽小,名声却极大。这里的五香花生米(济南俗称长果仁)又咸又香,远近闻名。季羡林经常到这里来买花生米。他去学校上学,一出佛山街就是新桥,正好顺路。有一天,他用自己从早点费中积攒起来的一些小制钱买了半斤五香长果仁,再用纸分包成若干包,带到学校里向小同学兜售。"他们都震于新桥花生米的大名,纷纷抢购,结果我赚了一些小制钱,尝到了做买卖的甜头,偷偷向我家的阿姨王妈报告。这样大概做了几次。我可真没有想到,自己在七八岁时竟显露出来了做生意的'天才'。"

当时的季羡林很贪玩,而玩也没有什么玩具,只有一个简单的铁圈。他课后的乐趣就是滚铁圈,用一根前面弯成钩的铁条,推着一个铁圈,在升官街上从东向西飞跑,耳中仿佛还能听到铁圈在青石板路上滚动的声音。有一阵子,他迷上了滚铁圈这种活动。在南门内外的大街上没法推滚,因为车马行人喧闹拥挤,一转入升官街,车少人稀,就大有用武之地了。他几乎用不着拐弯,一气就能推到学校的大门口。

季羡林后来离开这所学校的原因有点离谱。校长王大牛是新派人物,在山东教育界得风气之先。五四新文化运动的时候,他和山东教育界的其他人一起响应号召,在学校里推行白话文,废弃文言文。他受五四新文化运动的影响,在济南首先采用白话文教科书。学生不再念《百家姓》、《千字文》、《三字经》之类的古书,而是念"人"、"口"、"手"、"足"、"刀"、"尺"了。在小学生眼里,他们的校长应该是个大人物,轻易是见不到面的。对老师见了面要老远鞠躬如也,但是一般学生都害怕老师,因为老师很严厉,他们经常受到体罚。老师用手拧耳朵,用戒尺打手心,学生则自然是逆来顺受。

季羡林在这里照样野性不改。学校规定写墨笔字,每到上课的时候,他便和孩子们互相往脸上涂墨汁。回家以后,婶母马上训斥他,为什么跟人家打架?季羡林还不明白婶母怎么知道自己打架的,问秋妹,秋妹大笑,说你自己照镜子看看嘛!这一看,他也哈哈大笑起来。在家里,婶母有时候也让兄妹两人一起写大仿。他就让秋妹往自己的脸上画胡须,他也往秋妹脸上画上一些图案,那练毛笔字的劳什子早就抛到一边去了。在小学国文课本里有一篇《阿拉伯的骆驼》的课文,是说一个冬天里,主人在沙漠里扎了帐篷,骆驼站在外边感到太冷,于是与主人商量说,我能不能把头伸进帐篷里暖和暖和,主人答应了。可是过了一会儿,骆驼又跟主人商量说,让我把身子伸进去吧,主人又答应了。最后骆驼的全身都进去了,而主人却被挤出帐篷,冻死了。没有在意的时候,叔父发现了这篇课文。叔父看了以后非常生气,怎么骆驼还会说话,荒唐,荒唐!转学,转学!

季羡林离开了济南第一师范附属小学转入新育小学。同时转学的还有季羡林的一个表兄孙襄城。转学的时候,他因为认识一个"骡"字,受到老师垂青,从高级小学一年级开始念起。而那个表兄不认得这个"骡"字,被分发到小学三年级。

新育小学不算小,但是校园里有点乡村味。用一个木架子支撑着一座柴门,上面悬着一块木匾,上书四个大字:循规蹈矩。对学校的老师,季羡林几乎没有什么好印象。老师们不管是沙着嗓子念古文的语文老师，还是教数学的老师，大多都不讨人喜欢，他们有的老是板着脸，装出一副威严的样子吓人。这里的课自然引不起他的兴趣。上课的时候，他和其他顽皮的孩子一样，在课桌上用小刀刻花，在书本上画小人头。课后他自由了，约几个小朋友飞跑到离学校不远的一个小池子边去捉蝴蝶，或者捡小石头子打水漂玩。幼小的心灵倾注到蝴蝶的彩色翅膀和小石头子的螺旋似的花纹上了，他从中获得了快乐。

　　季羡林的班主任姓李，是个四十多岁的中年人，他在学生的眼里诚恳忠厚，朴实无华。他从来也不训斥学生，说话总是和颜悦色，让孩子们感到很亲切。他教的课很多，连劳动也和学生们在一起。他带着学生们到一个大圆池子旁边去种菜，芸豆、辣椒、茄子都种了。一直到现在，季羡林还把去种菜的那一天当做自己一生中最快乐的一天。李老师还开始给季羡林教英语，他教学生认字母，有自己的一套办法。他说英文字母 f 就像一只大马蜂，两头长，中间粗。这个比喻，季羡林现在还记得。语文课的教科书上有一些寓言故事，他觉得蛮有趣味。有一篇写乞丐的文章，说一个乞丐要满了一罐子残羹剩饭，便对着罐子幻想起来：怎样卖掉这些残羹剩饭，怎样用赚来的钱买成鸡，鸡又怎么样下蛋，鸡蛋又怎样孵出小鸡，小鸡又换成了马牛羊，终于成了一个大富翁，娶了太太，生了孩子。乞丐越想越高兴，不禁手舞足蹈。在狂欢之余，猛然一抬脚，把个罐子踢了个粉碎……这样的故事，季羡林当然觉得好玩，类似的故事在韦居安的《梅磵诗话》、江盈科的《雪涛小说》和《苏东坡诗注》等书里都有记载。后来季羡林研究了印度文化，才知道这些故事的源头在印度，《嘉言集·和平篇》和《五卷书》的第七个故事就是源头。当时，他非常害怕文言作文，好像有语言障碍，而且最难的是不知怎样开头。老师的作文题写到黑板上，季羡林立即在作文本上写上"人生于世"四个字，然后就穷了词，再也不知道写什么了，憋好久才能憋出一篇文章来。有一次，他实在憋不出来了，就在不知什么书上抄了一段话："空气受热而上升，他处空气来补其缺，遂流动而成风。"因为句子通顺，老师表扬了一番。后来季羡林一想起此事总感到羞愧有加，下决心再也不剽窃别人的文字，从那以后没有剽窃过任何人的文字。

东　方　学　人

李羡林

　　学校里有趣的一个地方，是设在一间幽暗小屋里的学校图书室。每天下午放学以后，季羡林就往那里跑，进去欣赏那些封面很美插图色彩也很鲜艳的儿童读物。这些读物把他带进植物的世界、动物的世界、月的国里、虹的国里去翱翔。他深深地被有趣的童话吸引了，不止一次地在幻想里驰骋，看到金色翅膀的天使在一团金色的光里飞舞，他也仿佛加入到里面去了,他高兴得不知道自己是天使还是什么,反正天使的样子一直陪伴着他。

学校里的课堂生活实在是乏味,老师的要求又刻板又严厉。同学们动辄受罚挨打,实在受不了,他们就起来造反。

有一个珠算老师姓孙,眼睛长得凸出来,同学们给他起了个外号"稍迁"——"知了"。他对孩子特别蛮横,打算盘不准错,规定错一个数打一板子。同学们打算盘都是初学,错上十个八个数,甚至数十个数,是常有的事,因此同学们都挨过他的不少板子。实在忍不下去了,同学们决定造反,把他"架走"(赶走)。他们商定等他来上课时,就上去把他的教桌弄翻,然后大家一起离开教室,跑到假山背后的树丛中,每人口袋里装上一些树上长出来的黄豆豆,准备用这东西打孙老师的脑袋。他们觉得老师会无颜见人,非卷铺盖走人不可。但是等他们要用黄豆豆打老师的时候,才知道结果不妙,有三分之一的学生想拍老师的马屁,没有离开教室。他们坐在那里听课,课桌早就翻过来了。这样一来,老师反而长了气焰,用大竹板打这几个造反的学生的手心,打得手心很快肿起来了。季羡林自己也被叫起来,挨了十几竹板子。他的手立即红肿起来,走出教室的时候,他忍着热辣辣的疼痛,把口袋里的黄豆豆掏出来倒在地上。

这次造反没有成功,但是有一次却成功了。那是对一个图画老师,他脾气暴烈,伸手就打人。孩子们团结一致向他示威,他知难而退,辞职不干了。

在新育小学时,季羡林是一个非常外向的学生。他喜欢打架,欺负别人,也经常被别人欺负。他的小学同学李长之说,他打架的时候,抱着双拳闭着眼睛的样子,是十分滑稽的。有一个男同学,个子比季羡林高半头,劲也大,总是欺负他。季羡林忍了几次,受不了,于是起来反抗。他个子高,打季羡林的上身;季羡林个子矮,就打他的下身。后来两人抱成一团,滚在沙堆里打,各有占上风的时候,到上课铃响,也没有决出胜负。从此以后,他再也不敢欺负季羡林了。季羡林不受别人的欺负,他自己倒欺负起别人来了。被他欺负得最厉害的是一个远房亲戚刘志学。他的个头和季羡林差不多,但岁数偏小,懦弱无能,一眼被季羡林看中,就欺负起他来。季羡林命令他跪下,不听就拳打脚踢。他也不反抗,叫怎么着就怎么着。这样一来更增加了季羡林欺负他的劲头,助长了他的气焰,欺负的次数和力度也就有所增加。直到他告状告到婶母那里时,这种恶作剧才告结束。

季羡林回到家里,叔父对他的管教很严。《红楼梦》、《三国演义》、《水浒传》等古典小说,叔父认为是闲书,绝对不允许他看。他为了让季羡林成才,亲自编了"课侄选文",选了不少宋明理学的文章让他读。但叔父越管得严,季羡林反而越有逆反心理,越是要起劲地去看那些闲书,不少旧小说,什么《西厢记》、《金瓶梅》、《三侠五义》等几十种,他都偷着看了个遍。他的书桌下面,有一个放白面的大缸,上面盖着一个用高粱秸编成的盖垫。季羡林坐在桌旁,桌上放着《四书》,看的却是闲书。除了《红楼梦》,大概因为里边的人物老是哭哭啼啼的,他不喜欢,其他书他都看得津津有味。冷不防,叔父闯了进来,他眼疾手快,赶忙把闲书放到盖垫底下,口里马上又念起"子曰"、"诗云"来。夜里他还用手电筒照着,在被窝里看一些小说。在外边的时候,则到砖瓦堆里躲着看。他看了那么多的闲书,并没有去当强盗,但是有一阵子他确实想过当"绿林好汉"。在家里,他用袋子装满了绿豆,挂在房间里练打拳。或者用手指头不停地往盛着大米或绿豆的缸里插,想练铁砂掌。练得次数多了,把手插出血来,手指甲和肉连接的地方血肉模糊,他才意识到这"绿林好汉"是不容易当的,才放弃了这个念头。铁砂掌练不成,就练隔山打牛。在屋里帐子顶上,悬上一个纸球。每天早晨起来之前,先向空中打上一百掌,倘若能够把纸球打动,据说就能百步打人了。到晚上,夏夜的蚊子再多,他也不顾,常常在后背上斜插一把婶母量布用的尺子,就算挂了宝剑,在同时玩的小孩面前便显得凛凛然,仿佛有不可一世的气概。

东 方 学 人

季羡林

这样一个孩子,是十分难管的。叔父为了季家的未来,履行着父亲的职责,对幼小的季羡林严厉地进行着教育。

季羡林在新育小学考过甲等第三名、乙等第一名,不是拔尖的学生,也不怎样努力念书。三年高小,平平常常。这个小学在开始的时候还是教文言文,但是后来也改为白话文了,课本里不光骆驼会说话,连乌龟、蛤蟆都说起话来,叔父管不过来,只有听之任之了。在这时候季羡林有了一个意外的收获:叔父让他开始学英语。当时正规小学并没有英语课。这个学校的正课也没有英语,但是小学里的李老师会一点英语,他答应晚上可以教,但是需要交学费,叔父很痛快地答应出这份额外的费用。愿意学英语的还有其他十几个孩子,就凑合成了一个班集体。课堂不是在小学里,而是在校外。他学英语是利用业余时间,上课是在晚上。

对于季羡林来说,外语真是一种非常神奇的东西。他当时认为,中国的方块字是天经地义的,不用方块字,只写一些曲曲弯弯的、像蚯蚓爬过的痕迹一样的东西,居然也能发出音来,还能表达出意思来,简直是不可思议的。越是神秘的东西,就越是有吸引力。英语对于季羡林来说,就有极大的吸引力。他万万没有想到,望起来如海市蜃楼一般可望而不可即的东西,竟然唾手可得了。事实上,当时学习英语的时间并不长,学的东西也不多,只不过学了一点语法、一些单词而已。他当时提出一个怪问题:"有"和"是"都没有动的意思,为什么叫动词呢?他问老师,老师也说不清楚,其他人也说不清楚。后来才逐渐了解到,这只不过是一个译名不妥的问题。最让季羡林难以忘怀的是,他开始学习外语的感觉是非常的好,一下子刺激起他学习外语的积极性,这样一发而不可收拾。他每次去参加晚上举办的英语学习班,总有一种好的感觉。一次去这个英语班学习,竟在眼前出现了一团凌乱的花影,那是绛紫色的芍药花。在新育小学校长办公室前的院子里,有几个花畦,春天一到,芍药盛开,都是绛紫色的花朵。白天走过的时候,紫花绿叶,那是很分明的。可是到了晚上,英语课结束了,再走过这个院子,紫花与绿叶已化为一个颜色,朦朦胧胧的,一堆一团,可白天的印象还在,所以觉得它们的花叶还是分明的。夜晚的朦胧增加了花影的神秘,但扑鼻的花香确实证明着花的存在。这样的印记便永远地印在了季羡林的脑海里。一到学习英语的时候,他便好像走过一片种满了芍药花的花畦,紫色的芍药花同绿色的叶子化成了一个颜色,清香似乎扑入鼻管。从那以后,他在几十年的时间里,每到学习外语的时刻,总是会同芍药花的香气联系在一起,成为学习外语的无限动力。这个动力是叔父给他提供的。他万万没有想到,这样的英语课竟然给他枯燥的学习生活带来了极大的乐趣。

2. 初中依然淘气

1924 年季羡林 13 岁。这一年,他小学毕业,要考初中了。

但是考哪一所初中呢?当时的济南,乃至山东全省,最好的中学是山东省立第一中学,孩子们把它称之为山东中学的"拿摩温"。季羡林因为少无大志,自知小学成绩不是最好的,他不敢奢望当时鼎鼎大名的山东省立第一中学,甚至连报名的勇气都没有。他觉得按自己的成绩,只配入名声不大好的"破"正谊中学,或者"烂"育英中学。这两个学校的招生标准都不高,对学生的条件要求不严,尤其是一些官宦人家的子弟,在这两所学校里的自由度比较大。思来想去,季羡林决定报考正谊中学。那当然是一考就中。

报考正谊中学,季羡林自己觉得捡了个大便宜。正谊中学虽"破",但新生入学考试居然考了英语。他万万没有想到,由于在上小学时叔父给自己创造机会,让他跟李老师在晚上学了一点英语,使他报考初中时沾了半年的光。英语考试的题目很简单,只是把"我新得了一本书,已经读了几页,可是有些字我不认得"这句话让学生翻译成英语。季羡林把它翻译出来了,只是当时对"已经"这个词颇费了一些周折。由于有了英语的成绩,他被录取为初中一年半级,而不是一年级。

正谊中学坐落在济南大明湖旁边。刘鹗在《老残游记》中描绘济南"家家泉水,户户垂柳"的景色,其实就是指大明湖周围和芙蓉街这一带。这里泉系发达,泉水穿墙入院,遍地皆是,街区周围有大小名泉三十余处,属珍珠泉泉群。到了夏天,这里就更好玩了。杨柳参天,蝉声满园,后面又有万顷苇绿,十里荷香,不啻人间仙境,天堂乐园。

在这个乐园里,季羡林和他的同学们仍然不断地出演一些恶作剧。优美的学习环境并没有激发季羡林的上进心,他依然像以前那样学习不努力,但靠天分成绩也还不算坏,总是徘徊在甲等后几名、乙等前几名之间,属于中上水平。正谊中学重视英语教学,为学生们开了英语课。一次,换了一个新英语老师,学生们都觉得他不怎么样,出于一种少年使坏的心理,他们便想出一个高招来测试他。他们从字典里找了一个短语 by the by。这个短语并不稀见,但孩子们却从来没有读到过,觉得很深奥,便以此去问老师。老师没有答出来,脸上露出了愧色。在下次的课上,老师说你们大概是从字典上查出来的吧?孩子们笑而不答。这位老师颇宽宏大量,不对恶作剧的学生进行打击报复。

从年龄上看,季羡林是班上最小的,孩子的玩心很浓。班主任叫王烈卿,学生们给他起了个外号,叫"王劣子",因为他水平不高,不受学生的欢迎。上课之余,季羡林大多是跑到学校后面的大明湖畔去钓虾、捉青蛙,不知用功是何物。生活自然是找不出什么有声有色的东西来,单调、呆板、固执,是他当时的写照。玩起来,从来也没有什么玩具。他自己有时候弄个细铁丝,把它弯成一个圆圈,再弄个小铁钩,手拿小铁钩推铁丝圆圈,铁圆圈就能跑起来,他也就非常高兴了。

正谊中学的课程,除了英语以外,还有国文、数学、物理、生物、地理、历史等。英语课念《泰西五十佚事》、《天方夜谭》、《莎氏乐府本事》等,也布置写作文。英语老师郑又桥是南方人,英文水平相当高,发音很好,教学也很努力。但是他当时抽大烟,早晨起得很晚,往往上课铃响了,还不到教室,学生只好去宿舍里叫他。他教书的特点是在作文上很下功夫。学生们的作文交上以后,郑又桥往往是一字不改,而是自己根据学生的原意重新写一篇。他的改写是地地道道的英文,这是多年的学养修炼而成的,可见他的英文水平之高。这种英文思维所形成的作文,对季羡林的启发特别大。因为在开始写英文作文的时候,季羡林是根据汉语思维而写出来的,结果当然是中国式的英文。而郑又桥的英文则是纯粹的英文,完全是英文思维的结果,所以季羡林对郑又桥十分感激。1947年暑假,季羡林从德国留学回来后到济南又看到他,改写了杜甫的诗,以表达当时师生相见的喜悦心情:

人生不相见，
动如参与商。
今日复何日，
共此明湖光。

1935年，季羡林和中学同事在一起。

国文课教材主要是《古文观止》一类的书，老师要求学生们去背诵。国文老师一个姓杜，另一个叫徐金台。杜老师是一位饱学之士，上课的时候总是挺着大肚子步履蹒跚地走进教室，学生们因此给他起了个外号叫"杜大肚子"，以至于把他的真名给忘记了。他熟读了不少经书，古文水平非常高，一手小楷写得俊秀遒劲，书法造诣很深。季羡林在正谊中学初中毕业后又念了半年的高中，老师就是他。他给学生布置了一篇写景抒情的作文，要求用文言文写。季羡林独出心裁，试着用骈体文写了一篇作文，想得到老师的表扬。结果作文发下来了，老师却在上面密密麻麻地写了很多，等于是另外重新写了一篇。他的批语给季羡林的教育很大："要做花样文章，非多记古典不可。"这句击中要害的批语，使季羡林猛醒：仅仅凭自己读过的几篇骈体文，就写这样的文章，等于是癞蛤蟆想吃天鹅肉。自己看闲书很多，什么《彭公案》、《七侠五义》等，但是对骈体文下的功夫不大。杜老师一下子看出了自己的问题，戴着老花镜给学生改作文，使季羡林有感动又有惭愧。因此，杜老师成为季羡林经常怀念的老师之一。徐金台是正谊中学的资深教员，受到学生的普遍尊敬，但是季羡林没有上他的正课，而是上了他的古文补习班。在阎公祠大楼的一间教室里,每天下午放学以后开课。他教的课主要是《左传》、《史记》之类。这些课开的时间不长,但季羡林还是有收获的。

生物课的老师水平相当低,认识的字不多。甚至连"玫瑰"这两个字也不认得,念成"久块",让学生们很是失望。

总的来说,学校里的这些课程除了英语以外,他的兴趣都一般,没有下功夫去学习。只是对小说的兴趣越来越浓,《西游记》、《封神演义》、《说唐》、《说岳》、《济公传》、《玉历至宝钞》等却读了不少。小说之外,他还开始读"五四"新诗人宗白华的《三叶集》。

白天是在学校上课,晚上则要到一个叫尚实学社的地方学英语。校长叫冯鹏展,是广东人,说一口蓝青官话。他家的房子大得很,前面的一进院子学社占用,有四五间教室,按年级分班,后面的院子则是他全家的住处。冯鹏展最喜欢养蛐蛐,经常不惜重金购买良种。他斗起蛐蛐来,舍得下很大的赌注。季羡林也喜欢斗蛐蛐,但是他没有钱去买良种蛐蛐,便约同院住的几个孩子到荒山野外蔓草丛中去找,碰巧抓住一只好蛐蛐,他会欣喜若狂。季羡林无论如何不敢去赌,他没有那个胆量,他只不过是玩玩而已。教英语的除冯鹏展以外,还有钮威如、陈鹤巢两位老师。钮威如满脸胡子,身体肥胖,用英语教历史。陈鹤巢则是翩翩公子,注重衣饰,穿得很讲究。这些老师英文水平都很高,教学也很努力,使他学到不少东西。《纳氏文法》这部教材因为艰深,学得很费劲,反而激起孩子们的学习兴趣,从中学到了不少丰富的语法。只是到后来才知道,这本书是英国人专门写出来给殖民地的人学习英语用的。

东 方 学 人

季羡林

正谊中学真正让季羡林永远怀念的是校长鞠思敏。鞠思敏个子魁梧,步履庄重,表情严肃却又可亲,给季羡林以非常深刻的印象。他是正谊中学的校长,并不教课,只是在上朝会时,总是亲自对全校学生讲话。在这种每周一次或几次的朝会上,他讲的无非是一些待人处世的道理,并没有什么惊人之论。但是这些普通的道理,从他嘴里讲出来,那缓慢而低沉的声音,认真而诚恳的态度,却总是能打动这些初中学生的心。从大一点的孩子们那里,季羡林了解到鞠思敏的一些情况。早在1913年,作为同盟会员的鞠思敏从荣成来到济南。有一天,他到商务印书馆买书,店面里的柜台很高,像当铺一样,来买书的人需仰头才看得到。自命清高的他无法接受,就联络了山东教育界两百余人,集资大洋五千多块,办起了教育书社,位置就在商务印书馆旁,与其分庭抗礼。鞠思敏不是一个卖嘴皮子的人,他一生着力追求的是言行一致和民族气节。到季羡林考上山东大学附设高中时,鞠思敏受聘上伦理学课,用的课本是蔡元培的著作《中国伦理学史》。后来他成为山东省立济南师范的第一任校长。日本侵略者占领了济南,他们慕鞠思敏的大名,想方设法劝他出来为自己做事,以壮声势。鞠思敏为人正直,富有正义感和爱国热忱。他同情、支持学生的抗日活动,对到南京请愿的学生大力赞扬、鼓励,并亲自到火车站为候车的学生送茶送饭。对被捕的学生,他总是设法营救。共产党员于一川、王路宾、张宏凡、姚仲明等人当年都受到过他的保护。鞠思敏爱憎分明,刚直不阿。1937年以后,日伪当局多次派人登门敦请他出任教育厅长,但是鞠思敏总是严词拒绝。再到后来,他的生计已经非常困难了,只能每天吃开水泡煎饼,再加上一点咸菜,勉强度日。但他却始终未为五斗米折腰,终于在极度忧患之中郁郁而逝。鞠思敏毕生致力于教育,被后人誉为"山东的蔡元培"。

这样的一位老师,季羡林后来离开高中以后再也没有见到过,但是每每想到他那热爱青年的精神、热爱祖国的民族骨气,眼前总会浮现出他的身影,时间愈久反而愈显得鲜明。每次想到济南,他首先就会想到鞠老师。济南曾经把一条街道命名为鞠思敏街,但是在"文革"中被取消了,以后再也没有恢复。每念及此,季羡林总感到不解,他希望有朝一日再恢复鞠思敏街,以永远纪念这位爱国人士。

3. 高中开始省悟

1926年上半年,季羡林在正谊中学上了半年高中,夏天转入位于北园的山东大学附设高中。山东大学的校长是前清状元、当时的教育厅长王寿彭,他实际上也兼任着山东大学附设高中的校长,虽然名义上还有一个校长,但那位校长却从来没有露过面。王寿彭在学校提倡读经,在高中教读经课的有两位老师:一位是前清翰林或者进士,一位则是个顽固的前清遗老。两位老师的姓名后来季羡林都忘记了,只记住了绰号。他们上课,都不带课本,教《书经》和《易经》连注疏在内,都背得滚瓜烂熟,据说还能倒背。国文老师是王崑玉。季羡林成为山东大学附设高中的高才生,而促使他成为高才生的恩师就是王崑玉。

在山东大学校史上,名流辈出,如星光灿烂。这些学者在校史上留下了自己的名字,成为激励后辈的楷模。但是也有一些学者,因为种种原因没有被写进校史,王崑玉就是其中的一个。季羡林的成才,与王崑玉的培养和爱护有着直接的关系。王崑玉,山东莱阳人。他8岁入私塾,初从师读,继受庭训。1908年考入山东登州中学,1910年转入济南优级师范附设中学,毕业后升入该校英语部。1912年加入同盟会。1914年考入北京大学文科,1917年夏末毕业。他父亲是当地有名的文士,也写古文。所以王崑玉有家学渊源,从小受过良好的教育,特别是在古文写作方面更为突出。他为文遵"桐城派"义法,结构谨严,惜墨如金,逻辑性很强。王崑玉有两次在山东大学任职:一次是1926年至1928

年,在济南山东大学附设高中;一次是1930年至1932年,在青岛山东大学国文系和附设高中。王崑玉在济南山东大学附设高中担任国文教员两年,是季羡林的恩师,整整教了他两年国文。王崑玉上课,课本就使用现成的《古文观止》。不是每篇都讲,而是由他自己挑选出若干篇,加以讲解。文章中的典故,当然在必讲之列,而重点则在文章义法。他讲的义法基本是"桐城派"的,虽然他自己从来没有这样说过。《古文观止》里的文章是按年代顺序排列的,不知道什么原因,王崑玉选讲的第一篇文章是比较晚的明代袁中郎的《徐文长传》,讲完后出的第一个作文题目是《读〈徐文长传〉书后》。季羡林从小学起作文都用文言文来写,到了高中仍然没有改变。他驾轻就熟地写了一篇作文,自觉并没有什么了不起,不意竟获得了王崑玉的青睐,定为全班压卷之作,评语是"亦简劲,亦畅达"。老师这一捧,他就来了劲。于是就拿来韩、柳、欧、苏的文集,认真读过一阵。实际上,全班国文成绩最好的是一个叫韩云鹄的同学,可惜他别的课程成绩不好,考试总居下游。王崑玉有一个习惯,每次把学生的作文簿批改完后,总是在课堂上占用一些时间,亲手发给每一个同学。排列是有顺序的,他把不好的排在最上面,依次而下,把最好的却放在最后。作文后面都有批语,但有时候他还会当面说上几句。"我的作文和韩云鹄的作文总是排在最后一二名,最后一名当然就算是状元,韩云鹄当状元的时候比我多。"但是一二名总是被他俩垄断,几乎从来没有过例外。

季羡林的中学老师王崑玉

北园的风光是非常美丽的。每到春秋佳日,风光更为旖旎。最难忘记的是夏末初秋时分,炎夏初过,金秋降临。每天晚自习以后,同学们大都走出校门,到门前荷塘边上散步,消除一天学习的疲乏。这时月明星稀,柳影在地,草色凄迷,荷香四溢。王崑玉大概也是常在这样的时候出来散步。他抓住这个机会,出了一个作文题目:《夜课后闲步校前溪观捕蟹记》。季羡林平生最讨厌写说理的文章,对哲学家那一套自认为是极为机智的分析十分头痛,除非有文采的,像庄子、孟子等,其他的他都看不下去。他喜欢写的是抒情或写景的散文,有时候还能情景交融,颇有点沾沾自喜。王崑玉这个作文题目正合他意,他写起来很顺畅,很惬意。他的作文又一次成为全班压卷之作。[1]

在王崑玉的影响下,季羡林的国文学习发生了很大变化。他对古文产生了浓厚的兴趣,过去用来读武侠小说的劲头,现在都用到读古文上了。他弄到不少古文的代表作,如韩愈的《韩昌黎集》、柳宗元的《柳河东集》,以及欧阳修、苏轼、苏辙、苏洵等唐宋八大家的文集。读《古文观止》的时候,司马迁的《报任少卿书》、陶渊明的《桃花源记》、李密的《陈情表》、韩愈的《祭十二郎文》、欧阳修的《泷冈阡表》、苏轼的前后《赤壁赋》、归有光的《项脊轩志》等千古名篇,以及吴均的《与宋元思书》,他都百读不厌,背诵如流,这为他打下了雄厚的古文基础。从这时起,他开始喜欢抒情散文,而且也写了不少,因此同学给他起了个外号,叫他"诗人"。对于古文的不同风格,如《史记》的雄浑,六朝文章的秾艳,陶渊明、王维的朴素,徐摛、庾肩吾的华丽,杜甫的沉郁顿挫,李白的流畅灵动,《红楼梦》的细腻,《儒林外史》的简明,他都注意到无不各擅胜场。从这些名作佳篇中吸取的营养,滋润了他一生的文学创作。

在山东大学校史上,王寿彭是任期最短也是遭非议被误解最多的校长,而季羡林是享誉最高的校友之一。然而,季羡林一生的学术道路,却与这位任期短、遭非议、被误解的校长有密切的联系。历史太复杂了,它不应该是被任意打扮的小姑娘。王寿彭遭非议,表现在两方面:其一,认为他没有什么真才实学,是因为自己的名字讨慈禧太后的喜欢而中状元的;其二,认为他反对孙中山领导革命运动,思想上是一个保守派、顽固派。

事实却证明,王寿彭绝非等闲之辈。王寿彭(1874—1929),1874年出生在山东潍县南关(今潍坊市寒亭区)的一个城市贫民家庭。这个地方在清光绪二年(1876年)已经出过一个状元曹鸿勋,他虽然出任的是湖南学政,对湖南儒学兴盛起过作用,但在当地潍县人中也有很大影响。王寿彭从小承祖训,刻苦读书,所以17岁就考中秀才,26岁考中进士。《清史稿·本纪二十四》载:"壬午,赐王寿彭等三百一十五人进士及第出身有差。"进士名次的确定决定于殿试。殿试并不考经义和诗,而是出学术上或政治上的一些问题,让考生回答,卷子就称殿试策。董仲舒的《天人三策》就是典型的殿试策。光绪二十九年(1903年),王寿彭参加在北京举行的会试,时值慈禧太后的68岁生日前后。读卷官一看王寿彭的名字有利用价值,为讨慈禧太后的欢心,把不是第一名的王寿彭的试卷调到第一名进呈。这次殿试共录取了180名,前五名依次是梁士诒、杨度、李熙、宋育仁、张一麟。当试卷和名单送至慈禧"御批"时,慈禧大为恼火。梁士诒是广东人,又姓梁,她怀疑是梁启超的同党;杨度是湖南师范出身,她怀疑是唐才常(主张变法维新,戊戌变法失败后流亡日本,后被张之洞杀害)的同党;而宋育人,她又认为是宋教仁的弟弟。一气之下,慈禧将这次的状元定为前五名之外且很靠后的山东人王寿彭。慈禧太后一眼看到这个名字十分吉祥,征兆自己(王)寿如彭祖。彭祖本是个神话传说中的人物,据说活了800岁,是个名副其实的老寿星。"王寿彭"这三个字居然能巧合到象征慈禧太后长寿,她内心的喜欢自然是可以想象的。所以她点王寿彭为状元,并对读卷官赏赐有加。就这样在王寿彭27岁那年,命运之神降临到他的身上,他中了状元。那时宣布殿试结果叫传胪,在天安门举行。状元、榜眼、探花从天安门中道出宫。长安左门外,临时用芦席搭起龙棚,黄榜出自长安左门,张挂在龙棚里。封建王朝按照"五行"的原理,东方属青龙,西方属白龙,所以长安左门被称为青龙门,长安右门被称为白龙门。根据民间传说,中状元叫跳龙门,就是指从长安左右门出入。这一天是五月二十四日,光绪帝在乾清宫召见一甲10名进士,王寿彭在其列。他当时站在乾清门外,猛然听到读卷官首先点到他的名字,简直茫然不知所措。他的同乡官员机灵,代他答应:"在此!"这才给他解了围。这位同乡帮他整理衣冠,为他佩带忠孝带、荷包,督促他进乾清宫拜见光绪帝。第二天,顺天府尹在长安左门外照例为他披上大红带,佩上大红花,献上喜酒,最后扶他跨上骅骝马,接受满街文武官员的祝贺。

东方学人 李其栋

王寿彭是不是不学无术呢?他显然不是不学无术。单就书法一项,王寿彭的知名度就非常高。在福建福鼎资国寺内有他题写的对联:"清香满室佛入定,明月出海天为高。"在毛泽东的遗物中,有一只铜墨盒和正方形黄铜砚。墨盒有盖,盖上有王寿彭恭录楷体"黎明即起,洒庭院,要内外整洁"的铭文。这个墨盒被定为国家二级文物。

王寿彭在中状元后,被授翰林院修撰,光绪三十一年(1905年)被派往日本考察政治、教育和实业。在日本时,他在政治上敌视孙中山,暴露了他的保守甚至保皇的立场。在回国后,他写出《考察录》一书,倡导改良教育与实业。后来,王寿彭在官场并不得志,干脆赋闲在家。但也算是命运吧,该他得骂名的事发生了。1925年4月,绰号"狗肉将军"的张宗昌督鲁。这位将军真正是斗大的字不识一升,以"三不知"闻名于世:不知自己手下有多少兵,不知自己有多少钱,不知自己有多少小老婆。但在一个文化底蕴丰厚的省份,他又不甘心被文化人瞧不起,于是他要附庸风雅。为了标榜自己敬重文化人,显示自己礼贤下士,便力邀赋闲在家的王寿彭出任山东省教育厅长,并拜他为师。这还不够,在厅长之外又让他操办恢复山东大学,并出任校长一职。为了把自己变成文化人,张宗昌拜王寿彭为师,学习诗文。但一个文盲要成为诗人,谈何容易!学了半天,只能写一些歪诗。他居然有胆量把这些歪诗编成《效坤诗钞》,印装虽然精美,内容却是糟糠。他把诗集赠送到哪里,哪里就留下"狗肉将军"的臭名。比如诗集中有一首模仿刘邦《大风歌》的诗,名为《俺也写个大风的歌》:

大炮开兮轰他娘,
威加海兮回家乡。
数英雄兮张宗昌,
安得巨鲸兮吞扶桑。

在这样的背景下,季羡林于1926年15岁的时候,考入山东大学附设高中。这所学校的校长却从来不露面,季羡林记得只见过他一面,那是在祭孔典礼上。全体高中学生集合在山东大学校本部,校内有金钱泉,离趵突泉不远。校园挺大,庭院深深,季羡林进去后,不知身置何处,校门正对着正觉寺。祭孔典礼的主持人就是这位"狗肉将军"张宗昌,陪祭的则是王寿彭。季羡林身在现场,只见他们穿着长袍马褂,行三跪九叩之礼。他当时涉世不深,见到这个场面,只觉得滑稽可笑。这个无恶不作的军阀,居然一副正人君子样,满脸正气,义形于色,怎能不叫

王寿彭的书法作品

这个少年默默好笑呢!

王寿彭的保守表现在反对孙中山的革命和尊孔上,在他影响下学校的老师也尊孔成风。无论如何,这所高中的老师们水平是极高的,尤其是国文教师王崑玉。从进入高中后,季羡林的所谓虚荣心一下子被提起来了,他一改过去贪玩不用功的习惯,开始用起功来,学习成绩在期末是甲等第一名,当时有五个班,所以有五个第一名,但是相当于现在的95分以上的甲等第一名,却只有他一个人。第二学期,他同样得了甲等第一名,又超过95分。王寿彭有言在先,谁如果连续两个学期得甲等第一名,他就给谁题写一幅字。到1927年5月,季羡林连续两个学期的甲等第一名地位已经确定,于是王寿彭兑现了自己的诺言,给这位16岁的少年题字。王寿彭给季羡林题写的对联中的上联是:

才华舒展临风锦

下联是:

意气昂藏出岫云

题头是:

羡林老弟雅督(察)

这副对联季羡林20世纪60年代从济南搬家到北京后,不知道放到什么地方了,一直没有找到,后来不经意被李玉洁发现,那种失而复得的喜悦笼罩着在场的所有人。

王寿彭彻底兑现诺言,另外又写了一个扇子面,把清代诗人厉鹗的一首诗恭录在上面赠给季羡林:

净几单床月上初,
主人对客似僧庐。
春来预作看花约,
贫去宜求种树书。
隔巷旧游成结托,
十年豪气早消除。
依然不坠风流处,
五亩园开手剪蔬。

在扇面末端,王寿彭题写:"录《樊榭山房诗》,丁卯夏五,羡林老弟正,王寿彭。"一个教育厅长兼大学校长的硕学之士,对一个乳臭未干的高中生称"老弟",看来还是没有架子的。从这一点上看,他还有其开明之处。这幅扇面一直完整地保存到现在,是1927年赠给季羡林的,已经有近八十年的历史了。厉鹗(1692—1752),浙江钱塘人。工诗词,风格俊秀淡雅,曾影响大江南北诗坛数十年。其诗作以五言古诗为工,但王寿彭为何不录五言古诗,而录这首七言古诗呢?原因不明。王寿彭给季羡林题写字幅后没过多长时间,就因为思想守旧,不得人心而辞职离校,"五亩园开手剪蔬"去了。这之后,张宗昌短期兼任山东大学校长,一时间被视为教育界丑闻。

季羡林是在山东大学附设中学学会用功的。从这时起,他开始在天津《益世报》上发表小说和散文,养成了舞文弄墨的习惯。这习惯一直延续到老年,兴趣没有稍减。对这段历史季羡林铭感至深,他非常感谢山东大学附设高中的几位老师。

1928年,山东大学停办,设在北园的山东大学附设高中也关了门。后来新成立了一所山东省立高级中学,是全省唯一的一所高中。

1929年季羡林没有经过考试,就转入山东省立高级中学学习,这在他的一生中是个重要阶段,尤其是在国文方面。当时,胡也频、董秋芳、夏莱蒂、董每戡等几位全国闻名的作家在这里执教,这些人对他的影响很大。这使他在学习写作时,潜移默化地于无意识中形成了自己对写作的一套看法。校内的精神面貌焕然一新,最明显不过的是国文课。"大清国"没有了,经书不念了,文言作文改成了白话作文,国文教员大多是当时颇为著名的新文学家。

季羡林在山东省立高级中学的第一个国文教员是胡也频。他是一个革命作家,与丁玲的一段姻缘留下了非常浪漫的一笔。胡也频(1903—1931),现代著名作家。据沈从文《记胡也频》所说,他少年时代曾当过学徒,1920年就学于上海浦东中学,后入设在山东烟台的国家海军预备学校。学校解散以后,他同几个朋友流落到了北京,1924年起开始文学创作。1925年前后在北京出版的《京报》副刊《民众文艺》周刊上,开始用"胡崇轩"这个名字发表文章。那时编辑这个刊物的是项拙与胡崇轩,他们都是学习海军不成的青年。1926年以后他开始使用"胡也频"这个名字。他1928年在上海和沈从文等人主编过《红黑》杂志。曾经有一段时间里,胡也频和丁玲的经济出了问题,有点入不敷出。恰巧在1930年初,山东省立高级中学向陆侃如、淦女士(冯沅君)夫妇探询,有没有人愿意去教书。为了还债胡也频于当年春即1930年2月22日,离开上海赴山东省立高级中学教书。这时的胡也频已完全不同以往,学校成了他革命实践的阵地。他在同学中宣传马克思主义,宣传唯物史观,宣传普罗文学,深得广大同学拥戴。由他发起领导的现代文艺研究会,参加者多达四五百人,连校长、训育主任也常常参加他们的活动,一同谈论普罗文学。现代文艺研究会活动范围和影响的日益扩大,招致了地方反动当局的仇恨。胡也频很少讲课本,每一堂课都是宣传普罗文学。对他的这些课一些青年大为兴奋,其中也包括季羡林。他公然在宿舍门外摆上桌子,号召大家参加现代文艺研究会。他们还准备出刊物,季羡林为此写了一篇文章,叫做《现代文艺的使命》,里面生吞活剥,抄了一些从日文译过来的马克思主义文艺理论的文句。

　　胡也频到济南后不到一个月,丁玲也从上海来到济南。季羡林看到的刚到济南时的丁玲,服装代表了上海最新式的潮流。这样的服装在相当闭塞淳朴的济南出现,被季羡林这帮高中生视为"飞来的一只金凤凰",没有见过世面的他们便觉得她浑身闪光,照耀四方。丁玲很年轻,也比较胖,又穿了挺高的高跟鞋。山东省立高级中学校内的路,年久失修,穿平底鞋就不牢靠,更何况穿高跟鞋。丁玲走在这路上,磕磕绊绊,步履维艰,要靠胡也频搀扶着才能迈步行走,胡也频又比丁玲矮。学生们见了这情景觉得好笑,他们就窃窃私语,说胡先生简直就是丁玲的"拐杖",无形之中却增加了对胡也频的敬意。从丁玲这方面来说,她到济南才发现胡也频完全变成了另一个人,她不了解他为什么被那么多的同学拥戴着。天一亮,他的房子里就有人等着他。学校里的一种新生活,自然使他们发生新的兴味。胡也频在学校里大讲普罗文学,宣传马克思主义,引起国民党当局的注意。韩复榘对人说:"高中有个叫胡也频的教员,中央要他,说他是共产党。"胡也频闻讯后,与丁玲迅速躲到青岛。不到三个月,他们又悄悄回到了上海。两人回到上海后,住到环龙路。他们对朋友说山东风潮闹得十分复杂,不愿意受人利用,且不能在那里受人暗算,只好从青岛跑回来了。朋友只听说山东的学生皆身强力壮,仪容可畏,就想也许因为风潮影响,他估量自己瘦瘦弱弱的身个不能同人比武,就及早跑开,也不失古代君子的"明哲保身"之说。可是没过几天,淦女士说,两人是因为另外一件事逃出来的。他们从济南回来是10月,很快就要过年了。胡也频被迫离开学校回到上海后,先参加中国左翼作家联盟,曾任执行委员,后加入了中国共产党。他在参加中共江苏省委负责人何梦熊主持召开的会议后被捕。1930年2月7日,他被国民党当局秘密枪杀于上海龙华。他被捕后,沈从文等人通过胡适参与营救却没有成功。

　　季羡林写出的文章《现代文艺的使命》还没有来得及刊出,胡也频就被国民党当局杀害了。季羡林的"革命梦"像肥皂泡似的破灭了,从此再也没有"革命",一直到了新中国成立。

东　方　学　人

季羡林

胡也频、丁玲是秘密离开山东省立高级中学的,学生们并不知道这件事。季羡林再去上胡也频的国文课时,却来了一个陌生的老师。他的个子和胡也频一样也不高,相貌也没有什么惊人之处,一只手似乎还有毛病,说话绍兴口音很重,不大好懂。这就是接任胡也频的董秋芳(冬芬)。董秋芳(1897—1977),浙江绍兴人,绍兴第五师范学校毕业后考入北京大学。董秋芳与鲁迅是同乡,又算是鲁迅的小友,他们多有交往。1923年4月15日,鲁迅、周作人在共同出席《北京周报》总编辑丸山昏迷为16日归国的爱罗先珂与20日离京的藤塚邻举行的宴会后,又共同出席北京大学学生许钦文、董秋芳等组织的文艺社团春光社的聚会,鲁迅、周作人均为春光社的指导。董秋芳1926年在北京大学英语系学习时,在当年3月30日《京报》副刊上发表《可怕与可杀》一文,指斥陈西滢等把"三一八"惨案的责任"放在群众领袖的身上"。陈西滢便利用北京大学英语系主任的职权,对董秋芳的指斥行为进行打击报复,他拒发英语翻译本给董秋芳,使他得不到该课成绩而影响了毕业。董秋芳还是《北新周刊》的主要撰稿人之一。《北新周刊》1926年8月21日创刊于上海,由北新书局出版发行,孙福熙担任主编。从1927年11月1日第2卷第1期起改为《北新半月刊》,由潘梓年等人担任主编。1930年12月16日后停刊。《北新半月刊》所载内容涉及思想评论、学术研究、社会问题讨论、文学创作等多方面,而以文学书报的介绍批评为主。它的创刊宗旨申明:"北新书局欲与全国读者、著作者及各地出版者互通声气,故特创设本刊。"它以评介各家出版书籍为大事,力求公正客观地介绍各家出版的书籍,以供读者的选择,同时它严厉抨击当时出版界唯利是图的现象。《北新半月刊》主要撰稿人除了董秋芳以外,还有鲁迅、郁达夫、孙福熙、赵景深、许钦文、周建人、冯雪峰、钟敬文等人。

1927年,董秋芳因受国民党浙江省政府通缉而出走,辗转来到济南,在山东省立高级中学教书。

季羡林和他的同学们在董秋芳接替胡也频之前,就知道董秋芳的大名,季羡林已经读了他的译作《争自由的波浪》。因为鲁迅为这部苏联小说的中文版作序,使译者董秋芳声名大振,加之报纸上发表了他写给鲁迅的一封信,更使学生们对他佩服得五体投地。他的教学非常有特点,如果说胡也频讲课带有鼓动性,那么董秋芳讲课则具有启发性。他上课不讲现代文艺,也不讲革命。他讲一点文艺理论,全是鲁迅翻译自日本的,像厨川白村的《苦闷的象征》、《出了象牙之塔》一类的。他踏踏实实地讲课,认真仔细地给学生改作文。他从不给学生出作文题,每到作文课布置作文时,他在黑板上信笔写下四个大字"随便写来",并告诉学生愿意写什么就写什么,愿意怎样写就怎样写。学生有绝对的自由,丝毫不必受约束。有一次,季羡林就用"随便写来"这四个字写了一篇作文,董老师也没有提什么批评意见。

这一"随便",季羡林的天才火花就迸发出来了。他写的一篇记述自己回故乡的作文,把回故乡的情感写得情深意切,真挚动人,发挥出较高的水平。不知道怎么一来,季羡林写的作文得到了董秋芳的垂青。董秋芳发现了他的写作天才,在作文本每一页的空白处,都写了一些批注,"一处节奏","又一处节奏",让季羡林有拨开云雾见晴天的感觉。于是,连自己都没有意识到的苦心孤诣,为董秋芳和盘托出,知己之感,便油然而生。董秋芳把季羡林、王联榜的作文誉为"全校之冠"。季羡林有点飘飘然,是很自然的。一直到现在,不管他从事什么样的研究工作,写散文的笔从来没有放下过。对他自己来说,散文能抒发自己的感情,表露自己的喜悦,缓解自己的愤怒,激励自己的志向。董秋芳的指导对季羡林影响最大,课堂上经他这一点拨,他的积极性、创造性,如趵突泉之水,喷涌而出。这些指教决定了季羡林一生的写作活动。自那以后六十多年里,季羡林从事的一些精深的研究与散文写作虽风马牛不相及,但一有灵感就拿起笔写点什么。今天已至垂暮之年的他,依然舞文弄墨不辍,这不能不感谢董秋芳对他的指导。

东　方　学　人

季羡林

董秋芳在山东省立高级中学的课堂上讲国文的时候,也讲到外国文学。他在课堂上还专门开了一次《苦闷的象征》的讲座。鲁迅的译本于1924年出版,为《未名丛刊》之一,由北京新潮社代售,后又改由北新书局出版。对董秋芳讲的内容,季羡林还不大能理解。后来在大学里重读这部书的时候感觉就不同了,觉得中国有个厨川白村就好了。在董秋芳的影响下,季羡林学习文学,其中当然也有学习外国文学的决心,就这样确定了。季羡林虽然以学习白话文为主,但对古籍的兴趣丝毫未减,他的阅读范围极广,涉及的内容依然很杂,陶渊明、杜甫、李白、王维、李义山、李后主、苏轼、陆游、姜白石等人的作品,他都读了不少。在这样广泛阅读的过程中潜移默化,季羡林在无意识中形成了自己对写文章的一套看法。在他看来,各家时代不同,风格迥异,但却有不少共同之处,最主要的有三点:第一,感情必须充沛真实;第二,遣词造句必须简练、优美、生动;第三,整篇布局必须紧凑、浑然。三者缺一,就不是一篇好文章。而文章的开头和结尾,更为至关重要。他有时甚至想到,写文章应当像谱曲一样有一个主旋律,辅之以一些小旋律,前后照应,左右辅助,要在纷纭变化中有统一,在统一中有错综交叉。他的体会是写文章必须惨淡经营。自古以来一些文章如行云流水,仿佛是信手拈来,毫无斧凿痕迹,但是那是长期惨淡经营终入化境的结果。如果一开始就行云流水,必然走入魔道。[2]

季羡林对外国文学的兴趣极高。他节衣缩食,从每个月的饭钱里省下几块大洋,寄到日本东京丸善书店,订购几本外国文学著作,其中就有英国作家吉卜林的短篇小说集。书寄到后,还要到十几里以外的商埠去取。虽然几块大洋够他一个月的饭钱,但看到省下的钱买来的书,心中的愉快他简直无法形容。从这时起,季羡林开始翻译外国文学作品,向翻译领域进军了。

季羡林最早的作品发表在《益世报》上。《益世报》不仅发表名人名作,而且也发表新人新作。季羡林在1929年仅18岁,还是一个高中生,居然在该报上发表了处女作《文明人的公理》。季羡林在山东省立高级中学上学,受到国文老师胡也频、董秋芳、夏莱蒂等人的影响,喜欢舞文弄墨,小小年纪就写散文、写小说。据季羡林自己说,他的处女作是一篇散文《枸杞树》,发表在天津《大公报》文艺副刊上,该文现在已经收入《季羡林文集》(第一卷)。但从时间上看,这篇散文要晚于《文明人的公理》,因为《枸杞树》写于1933年。但季羡林为什么不说《文明人的公理》是处女作呢?大概是《文明人的公理》是一篇小说,随后他又发表了《医学士》(最初写于山东大学附设高中)、《观剧》两篇小说,而往后他就再也没有发表小说一类的东西。因此他把这三篇小说看作自己"穿开裆裤挂屁股帘的形象",是极不成熟的作品,只是作为附录收入了《季羡林文集》(第一卷)。无论如何,季羡林的第一篇小说《文明人的公理》是与《益世报》联系在一起的。

1937年七七事变后,董秋芳与郁达夫、许钦文、楼适夷等人在福州组织抗日救亡活动。后来董秋芳在福建办《民主报》,这是一份国民党人办的民营报纸。它于抗日战争后期在永安和抗日战争胜利后在福州出版期间,是一份有影响的大报。1943年秋,《民主报》迁到永安出版,总编颜学回请董秋芳兼编副刊。董秋芳受任后,就把《民主报》的副刊命名为《新语》,意在学习当年《语丝》周刊催生排旧的精神。《新语》培养、团结了一批进步文艺青年,成为当时进步青年的文艺园地。从1944年冬季起,国民党《中央日报》连续发表《白话文的危机》、《从子曰到鲁迅说》等署名的星期论文,宣扬复古倒退,污蔑鲁迅、高尔基,攻击革命文艺。董秋芳和他团结的青年作者曾在《新语》上连续发表文章给予驳斥,以其战斗的锐气和较高的艺术水平为文化界所瞩目。《民主报》的编辑朱侃、刘清源办了一个文艺刊物《十日谈》,为了绕过登记的限制和杂志的审查,经颜学回同意,《十日谈》作为《民主报》副页随报发送。改进出版社的《现代文艺》已经停刊,《十日谈》的出版填补了福建文艺刊物的空白,受到文艺界的欢迎。《民主报》的社论也颇有影响,最引人注目的是自1944年8月起连续发表的几篇星期论文。在8月29日发表的《人民的力量是伟大的》一文里,作者说,"在今日的欧洲,解放的浪潮正从四面八方汹涌起来,向法西斯侵略者淹没过去";文章还从"巴黎的解放"、"巴尔干的巨釜沸腾",指出人民的力量是伟大的,一切被奴役者向希特勒法西斯主义总清算的日子即将到来。这篇文章的发表,不仅在福建的报界独树一帜,而且也使《民主报》的论坛面目一新。不久,颜学回就聘杨潮当主笔,杨潮又约请后来在福建省社会科学院任职的李达仁、谢怀丹等撰写社论。这样,《民主报》社论这块阵地就基本上为进步人士掌握了。1945年3月《中央日报》掀起了一阵又一阵的反共反人民的喧嚣。7月,国民党顽固派发动大逮捕,杨潮、董秋芳等人被捕。抗日战争胜利后,《民主报》迁到福州出版,1947年3月29日,《民主报》社被暴徒捣毁,报纸被迫停刊。

董秋芳后来整理了回忆录《回忆鲁迅先生》。建国初期,他在杭州工作过,后来奉调离开杭州,到教育部中小学教材编写组工作,与叶圣陶、吴伯箫、张传宗等共事。季羡林二十多年没有和董秋芳联系,到20世纪50年代初,在北京的一次民盟会议上,他意外地见到了董秋芳。那时候,董秋芳已垂垂老矣。师生相见都激动得说不出话来,他们之间的交往,完全是"君子之交淡如水"的那种,彼此心里都揣着一把火,表面上却颇显冷淡。

王寿彭重建山东大学,集中了当时的一批著名学人,如文学院院长王宪五,他精通经学古文,有"山东才子"之称。陈舸庭、丛禾生、祁蕴璞等教授也都很有名,祁蕴璞还在山东大学附设高中教历史、地理。季羡林在济南一中讲话时说,当时一中的教师在全山东是水平最高的。祁蕴璞那时是真正念书的大名鼎鼎的人物。他是清末秀才,又精通英语和日语,曾在济南第一师范学校教历史、地理,后又在山东大学文学院当教授,教经史方面的课程,同时兼山东大学附设高中历史、地理教师。在历史、地理的教学中,他能称得上是状元,无人能出其右。他不像一般教师那样对付上课,而是不断吸收新知识传授给学生。他勤奋好学,订有多份日文杂志,对世界政治、经济的发展了如指掌。他直接读日文的最新著作,能把一些最新的知识传授给学生。有时候,他还把自己订阅的日文新书拿到教室让学生看。他怕沾有粉笔末的手弄脏了书,便用袖子战战兢兢地托着书让学生看,可见他的细致入微。他订阅新书完全是为了教学生,而不是像当今有些人那样只是为了附庸风雅。他讲课声调高昂,语音铿锵,抑扬顿挫,对学生很有吸引力。他虽然有点结巴,但为了让学生习惯,就努力克服这个毛病,自己还发明了一个办法:在讲话时用几个谁也不知道的字音作铺垫,学生乍听时有点别扭,但只要把这几个字音去掉,就一切都正常了。他除了上课外,还常做公开报告,讲解世界形势的发展。学生愿意去听就可以去听,讲演的时候,他也没有讲稿,只有一个提纲。他经常找两个文笔比较好的学生作记录,季羡林便是其中之一。通过他的时事报告,学生增加了知识,扩大了眼界,得到的帮助极大。祁蕴璞出版的著作相当多,主要有《中国文化史纲要》《国际概况讲义》。由于他在地理学方面做出的贡献,被英国皇家地理学会授予名誉会员称号。1939年,他病逝于重庆。1950年,由其夫人在济南七家村将其治学所用的中外文史地书籍1 736册和地图11张,捐赠给山东省图书馆。

所谓"七家村",是一个教师村落。1917年春天,济南的青龙桥外还是一片荒野。有七位教师看中了这个地方,打算在这里建房居住。1919年春,几处平房院落相继建成,七户人家陆续搬迁完毕。这样就在这里形成了一个小小的村落,定名为七家村。这七位教师中,最年长者姓杨,南方人,曾在山东优级师范学堂(今济南师范学校)任教。其次是田信卿、祁蕴璞、于明信(民国初年山东"四大教育家"之一)、王俊千,他们四人都是山东优级师范学堂毕业生,当时都任职于山东省立第一师范学校。还有吴天墀、孙云台两人,曾是他们四人的学生,也任职于山东省立第一师范学校。村子落成后,又有一些人家搬来居住,但是村名还是叫七家村。1933年,著名教育家王祝晨(民国初年山东"四大教育家"之一)率家人迁入七家村。七家村的教师们通过言传身教,影响着各个家庭,引导孩子们健康向上,很快使整个村子形成了良好的风气。老师们见了面,谈论最多的是教育动态、教学疑难、教学方法,孩子们也耳濡目染,热爱学习,奋发图强,常在一起研习功课。暑假时,村里多处补习班全都义务授课,孩子们可以向不同学科的老师请教。村里的街道都是人们自觉扫除,非常整洁。七家村人格外注重礼节。师生在路上相见,学生必然会尊称"老师",并对老师鞠躬行礼,还要等老师走后自己再起步。逢年过节,全村人互相走访,气氛十分融洽。哪一家有灾有难,村里人都以各种形式帮忙。人们渐渐发现七家村里出来的人,有一种特别的修养和气度,村里的孩子们学习成绩大都非常优秀。这样一来,七家村在济南闻名遐迩,人们都愿意搬来居住。村子又向西、向南扩展,入住的人家达到了一百余户。

教数学的老师姓王。他的水平也相当高,给季羡林讲代数、几何和

◎ 季羡林和中学同学合影

三角等课程。他的讲解非常清楚，没有一句废话，学生不要费什么劲就可以听懂。但文科学生大多敷衍了事，对数学不大重视。结果在高考时吃了亏，后悔也没有用了。还有一位老师完颜祥卿，他本是一中的校长，被聘为山东大学附设高中的论理教师。论理就是现在的逻辑学，这门课高中的学生都不大重视。季羡林也不重视，但到清华大学后选了逻辑学的选修课，就把这门课和这位老师联系在一起了。清华大学上的逻辑是数理逻辑或辩证逻辑，而完颜祥卿讲的逻辑，则是形式逻辑。

季羡林的高中老师真可谓极一时之选。除王崑玉之外，英文教师尤桐、历史地理教师祁蕴璞、伦理教师鞠思敏，还有教经书的"大清国"先生，此先生讲课开始总要说"你们'民国'，我们'大清国'"，因此学生们给他送了个绰号"大清国"，而他的真名反而被学生们忘却了。还有一位王老师，是北京大学毕业生，也是教国文的，他侧重于教诸子。他带着一副深度的近视镜，写了一篇长文《孔子的仁学》，把《论语》中涉及到"仁"字的地方全部搜集起来，加以比较，然后得出结论。这篇文章，他作为讲义印出来发给学生，季羡林的叔父看了以后，大加赞赏。

季羡林在这时的英语学习得到进一步的加强。英语老师一共有三位，尤桐和一位姓刘的老师，后者是北京大学毕业生，水平都是很高的。第三位老师水平极差，学生们把他的姓和名全忘了。季羡林此时正是班长，学生们要求把这位老师"架"走。为此事学生们颇费了一点脑筋，最后达成一致意见：考试都交白卷。结果老师脸上无光，只得卷起铺盖走人。值得回忆的还有尤桐，他是名门之后。尤桐在山东大学附设高中教英语，他带有浓重的南方口音。1928年日寇占领济南后，学校停办了，师生们都风流云散。但是即使学校停办,他还是住在学校里,季羡林和表兄孙襄城特意从城里的家里跑到北园的校舍来看他,在学校里陪着老师聊了很久。尤桐1946年到美国学习考古学,在美国普林斯顿大学的同学有华罗庚、徐贤修、王湘浩、闵嗣鹤、张文裕、吴健雄、袁家骝、梁守槃等人。另一个教英语的老师姓刘,是北京大学英文系毕业的,英语水平非常高。他的个子很矮,学生们仍然很敬重他。他在课堂上有一个习惯,对学生提出的问题自己不回答,而是指定一个学生起来回答。他指定学生的顺序是按照英语学习成绩的高低,先指定比提问题的人略高的学生回答,如果答复不了,再依次而上,指定学生答复。季羡林往往是最后叫到答复的学生,因为他的成绩是最好的。一般的问题,季羡林都能对付,但是有一次,不知怎么犯了糊涂,一个简单的问题:not at all 是什么意思,却没有回答对,最后是刘老师自己解释。正是在尤桐、刘老师这样的一些英语老师的教育和培养下,季羡林的英语有了很大的提高,而且培养出浓厚的学习兴趣,在1930年到北京去考大学的时候,虽然遇到的题目很奇特,但季羡林却把它做出来了。

季羡林在北京同时报考北京大学和清华大学。两个学校的考题各有特色,如国文试题,清华大学的作文题是《梦游清华园记》。到1933年,季羡林的老师陈寅恪给清华大学出的国文入学考试作文题,仍然是《梦游清华园记》。只是外加对对子的一道题,以测试学生对汉语理解的程度,这还引起了一场轩然大波。据冯友兰说,在这以前每年要看成千份入学考试的国文卷子,真正好的和真正坏的都是少数,大多数是不好不坏中流的,很难判分,结果是一份卷子分给几个人看,最后把分数折中平均。所以陈寅恪主张用对对子的方法,因为一副对子虽然只有几个字,但是可以测量出学生对中国语言文字的运用和中国文学的了解,看卷子可以有一个比较客观的标准,阅卷人也省事。这样就请他出了一个对对子的题目。他出的上联是"孙行者",让学生对下联。有一个学生对的下联是"胡适之"。这个学生对什么是实词,什么是虚词,什么是名词,什么是动词,可见是清楚的。而且用"胡"对"孙",说明他还知道猢狲的故事。[3]

北京大学的作文题则是《何谓科学方法?试分析之》。至于英语考试,北京大学的题目奇特得很。除了一般的作文和语法方面的试题以外,还有一段汉译英,选择的是五代时李煜的一首《清平乐》词。让学生把上阕翻译成英语,对一般的高中生来说,这确实是很难啃的硬骨头,不用说翻译成英语,就是翻译成现代汉语,也不是容易的事情。英语考试还出乎考生的意外,在公布的考试科目之外,又加了一道小菜:加试英语听写。听写时,老师念了一段寓言,其中有狐狸、有鸡,季羡林大都写对了。但有一个单词 suffer(经受、忍耐)，他由于临阵惊慌，听懂了却没有写对。考完后，同去的山东老乡都面带惊慌之色，几乎是丈二和尚摸不着头脑，考取的希望破灭了。山东省立高级中学的英语教学从来没有做这样的练习，所以考北京大学的几个同学，被这当头一棒给打懵了，没有几个考生能听得懂。当时去北京赶考的学生有八九十人，大多都报了北京大学和清华大学，机会难得，蒙上就赚了。但考完以后，很多学生傻了眼。清华大学当年招收二百多名学生，北京大学更少，只有一百多名，所以能够考上这两所学校的学生很少。对付不了北京大学和清华大学考试的一些考生，最后被收报名费和学费的朝阳大学录取了。季羡林因为基础比较牢固，很容易就对付过去了。这次考试，季羡林撞上了喜神，北京大学和清华大学同时录取了他，一时间他成了人们羡慕的对象。

注释

[1] 季羡林：《我的高中》，载《文史哲》2002年第5期。

[2] 季羡林：《季羡林小品》，北京：中国人民大学出版社，1993年版，第320页。

[3] 冯友兰：《三松堂自序》，北京：人民出版社，1998年版，第69—70页。

在所有的课程中,我受益最大的不是正课,而是一门选修课:朱光潜先生的"文艺心理学";一门旁听课:陈寅恪先生的"佛经翻译文学"。这两门课对我以后的发展有深远影响,可以说是一直影响到现在。我搞一点比较文学和文艺理论,显然是受了朱先生的熏陶。而搞佛教史、佛教梵语和中亚古代语言,则同陈先生的影响是分不开的。

——季羡林:《季羡林自传》

DONGFANG XUEREN
东 方 学 人

季羡林

1. 初入清华大学

2. 清华"四剑客"

3. 影响终生的课程

4. 西洋文学系的老师

5. 风格独具的先生

第三章 清华园的岁月

1. 初入清华大学

1930年季羡林高中毕业。本来,他想找一个能够拿到"铁饭碗"的职业,以便养家糊口。在季羡林的眼中,有三个职业是可以做到这一点的:一个是邮政局,一个是铁路局,一个是盐务稽核所。这些职业都控制在不同的帝国主义国家手中,在那时候"老外"是上帝,谁也不敢碰。只要从他们手里能够拿到一只饭碗,好好干活,不违"洋"命,终生有饭吃则是没有问题的,可以成为"羲皇上人"。[1]季羡林高中毕业后遵叔父之命,去报考邮政局,想当一名邮务生,借此平平安安地过一辈子。反正他也已经成家,妻子彭德华又非常贤惠。他非常喜欢无风无浪的生活,但是面试的"老外"没有看上他,看他不像那块料,结果他名落孙山。

在没有办法的情况下,季羡林才到北平去考大学。当时大学虽然不像今天这么多,但还是五花八门的,国立的、私立的、教会的,纷然杂陈。当时的国立大学有北京大学、清华大学、北京师范大学等,私立大学有朝阳大学、中国大学、中法大学、北平大学、北平民国大学、孔教大学、北京弘达学院等,教会大学有美国基督教会在协和大学和汇文大学基础上建立的燕京大学、罗马教廷办的辅仁大学等。这些大学教育水平、教学质量参差不齐,对考生的吸引力也就大不一样。最受垂青的同今天完全一样,是北京大学、清华大学。这两所大学是齐名的国立大学,全国所有进京赶考的"举子",几乎没有不报考这两所大学的。这两所大学自然也就成了"龙门",门槛高得怕人,一般人很难跳过这个"龙门",往往是几十个人才能录取一个。

季羡林有一个山东老乡,去北平报考北京大学、清华大学,已经五次了,却次次名落孙山。这一次是第六次,又同季羡林他们一起来报考,结果还是榜上无名。他受刺激太大,几乎精神失常,一个人恍恍惚惚地在西山一带转悠了七天才清醒过来。从此,他终于断了大学梦,回到山东老家,后来不知所终。

季羡林是第一次进北平。他从一个省会城市来到这元、明、清三朝之都的大城市,真有点刘姥姥进大观园的味道。他在几年后的一篇文章里写道:

东 方 学 人

季羡林

我现在还能很清晰地温习一些事情:我记得初次到北平时,在前门下了火车以后,这座老都市的影子,便像一个秤锤,沉重地压在我的心上。我迷惘地上了一辆洋车,跟着木屋似的电车向北跑。远处是红的墙、黄的瓦。我是初次看到电车的,我想,"电"不是很危险吗?后面电车上的脚铃响了,我坐的洋车仍然在前面悠然地跑着。我感到焦急,同时,我的眼仍然"如入山阴道上,应接不暇",我仍然看到,红的墙、黄的瓦,终于在焦急,又因为初踏入一个新的境地而生的迷惘的心情下,折过了不知多少满填着黑土的小胡同以后,我被拖到西城的某一个公寓里去了,我仍然非常迷惘而有点近于慌张,眼前的一切都仿佛给一层轻烟笼罩起来似的,我看不清院子里有什么东西,我甚至也没有看清我住的小屋,黑夜跟着来了,我便糊里糊涂地睡下去,做了许许多多离奇古怪的梦。[2]

季羡林坐着洋车进了北平城。坐这种人力车,不能把背紧靠在座背上,以免惹上能传染伤寒病的虱子。人力车夫希望你乘车,他们可以因此得到一点微薄的车费养家糊口。车夫之间的竞争及无组织状态,使车费低微。这都是由于中国过剩的劳动力所致。[3]

季羡林就这样稀里糊涂地进了北平。他在西单大木仓的一个小胡同里,找了一家公寓住下来,到沙滩北京大学三院去参加考试。当时考名牌大学十分困难,录取的百分比很低。为了得到更多的录取机会,季羡林的八九十位同班毕业生,每人几乎都报七八所大学,他却只报了北京大学、清华大学。两所学校各考三天,晚上回西单公寓,蚊子咬得很厉害。结果老天助他,两所大学都考上了。

那时候考大学不像现在这样,而是同时几所大学都可以录取。比季羡林早一年报考大学的乔冠华,是1929年在上海报考的武汉大学、清华大学,他两所大学也都考取了,后来选上了清华大学。他似乎容易做出选择,因为清华大学比武汉大学名气大多了。但是,到季羡林这里,选择却成了难题,北京大学与清华大学对他来说,成了鱼与熊掌,何去何从?

一时成了挠头的问题,一番艰苦的思考开始了。北京大学建校略早几年,建于1898年,原名为京师大学堂。梁启超为京师大学堂草似的办学方针是"中学为体,西学为用,中西并用,观其会通"。1917年,蔡元培接任北京大学校长,提出"思想自由,兼容并包"的办学方针,北京大学一直保持着民主与进步的传统,自由阅读、独立研究的学术空气比较浓厚,培养了严谨治学的优良学风,并且一直有学术造诣极高的教授、学者执教。上这样的名牌大学,自然是考生梦寐以求的。清华大学是1911年建立的,是清朝政府用美国"退还"的一部分庚子赔款办成的留美预备学校,1925年设立大学部,1928年改名为国立清华大学。清华大学的校址是原来清代的皇家庄园,建筑则是中西合璧的产物。

季羡林认为北京大学强调"兼容并包",自由发展,各极其妙,不可偏执;而清华大学则强调计划培养,严格训练。季羡林对清华大学的印象是:清新、活泼、民主、向上。

> 我左考虑,右考虑,总难以下这一步棋。当时"留学热"不亚于今天,我未能免俗。如果从留学这个角度来考虑,清华似乎有一日之长。至少当时人们都是这样看的。"吾从众",终于决定了清华,入的是西洋文学系(后改名外国语文系)。[4]

季羡林终于走进了清华园。

从西单租住的那个公寓,搬到清华园来,季羡林被清华园的美丽景色陶醉了。他对清华园的印象是这样的:

> 这园子素来是以水木著名的。春天里,满园里怒放着红的花,远处看,红红的一片火焰。夏天里,垂柳指着地,浓翠扑上人的眉头。红霞般的爬山虎给冷清的深秋涂上一层凄艳的色彩。冬天里,白雪又把这园子安排成为一个银的世界。在这四季,又都有西山的一层轻渺的紫气,给这园子添了不少的光辉。这一切颜色:红的、翠的,白的,紫的,混合地涂上了我的心,在我心里幻成一幅绚烂的彩画。我做着红色的,翠色的,白色的,紫色的,各样颜色的梦。[5]

在校园内西隅湖畔,有一个水木清华轩,殷兆镛写了一副楹联:

> 槛外山光,历春夏秋冬,万千变幻,都非凡境;
> 窗中云影,任东西南北,去来澹荡,洵是山居。

"水木清华"由来已久。早在古代,文人们便用"清华"形容清美华丽,如《晋书·左贵嫔传》说:"帝每游华林,辄回辇过之,言及文义,辞对清华,左右侍听,莫不称美。"晋谢叔源的《游西池诗》说:"逍遥越城肆,愿言屡经过。回阡被陵阙,高台眺飞霞。惠风荡繁囿,白云屯曾阿。景昃鸣禽集,水木湛清华。褰裳顺兰沚,徙倚引芳柯。美人愆岁月,迟暮独如何?"这是"水木清华"的最早出处。《南史·隐逸传》也有"岩壑闲远,水石清华"的句子。这些都是在清美华丽的意义上使用的。后来"清华"一词还有引申义,从物之华美,扩大到人之清高显贵,如《北齐书·表聿修传》:"聿修少年平和温润,素流之中,最有规检。以名家子历任清华,时望多相器待,许其风鉴。"于是,建于清朝末年、民国初年的清华学堂,便出尽了"清华"的风头,使"清华园"这名称充满了诗意。对这充满了诗意的清华园,季羡林用诗一样的语言来描述它:

东方学人 季羡林

> 清华园这名称本身就充满了诗意。它的自然风光又是无限的美妙。每当严冬初过,春的信息,在清华园要比别的地方来得早,阳光似乎比别的地方多。这里的清草从融化过的雪地里探出头来,我们就知道:春天已经悄悄地来了。过不了多久,满园就开满了繁花,形成了花山、花海。再一转眼,就听到满园蝉声,荷香飘溢。等到蝉声消逝,荷花凋零,红叶又代替了红花,"霜叶红于二月花"。明月之夜,散步荷塘边上,充分享受朱自清先生所特别欣赏的"荷塘月色"。待到红叶落尽,白雪渐飘,满园就成了银妆玉塑,"既然冬天已经到了,春天还会远吗?"我们就盼望春天的来临了。在这四时变换、景色随时改变的情况下,有一个永远不变的背景,那就是西山的紫气。"烟光凝而暮山紫",唐朝王勃已在一千多年前赞美过这美妙绝伦的紫色了。这样,清华园不是一首诗而是什么呢?[6]

清华学校在1925年成立大学部,后先采用美国风行的初级大学办法,分大学部为普通与专门二科。普通科两年或三年,不分系,所开课程要适应所谓"通才教育"的要求,是一些有关自然、社会与人文方面的概论课程。由于它不文不理,过于空泛,还与国内一般大学学制不相衔接,学生不欢迎,纷纷退学,只好停办。1926年清华学校改为四年制大学后,将普通训练缩短为一年。1927年又将一年的课程规定为全校各系学生的公共必修科目,包括中文与英文、自然科学与社会科学的概念性课程。通才教育并不是要学生在自然、社会、人文方面成为综合的通才,而是在各方面都要有一定的通识,哪怕不一定精研此学。冯友兰曾认为:"清华通才教育应该如此。但也不可一概而论,对一些有特长的人,就不宜用这种框框衡量。"[7]清华大学本科的学制与国内一般大学一样,是实行美国式的学年学分制,即规定毕业期限至少四年,所习课程按学分计算,每学期每周上课一小时或实验二三小时者为一学分。1929年度起取消了毕业考试,改为四年级时撰写毕业论文一篇(相当于一门课,约3~4学分)。1932年度起按教育部1931年的学分制划一办法,将四年总学分由136分改为232分。此外尚必修体育8学分,军事训练6学分,党义2学分。与学分制并行的是选课制。学生于每学期开学时,参照各系规定的课程表自行选定课程,中途亦可增选或退选,但大一应修课程不得中途退选。学生每学年开始选修及事后增选改选课程,都须经系主任签字批准。此外学生于四年中经有关系主任及教务长核准,还可中途转系,其已修课程的学分由所要转入的系重行审定,承认有效或无效,并按学分决定年级。学生毕业后也允许继续留校转系肄业,其已修之该系课程仍可承认其学分。这样,一般可插入他系二三年级肄业。课程有必修和选修两种。各类课程及学分在各系之课程表中均分别有规定,但课程表上所列各课程之学年分配与门数是一般的规定。学生不必严格按课程表选课,可自定计划选修。由于有些课程规定有选修课程,同时学生选课均须经系主任批准,故大致可以控制选课。

在1932年以前,清华大学在社会上和一般考生的心目中,仍然是一所新办的大学,对考生的吸引力远不如北京大学等著名的老牌大学。但考虑到将来有出国的希望,季羡林放弃北京大学而选择了清华大学,就是他觉得清华大学出国机会多。初到学校时季羡林一度想学数学,但是学生入学后,学校对选择院系有一些限制。学生在入学考试时,数学、物理、化学的成绩必须达到及格,才能在大一新生分系时,进入理学院的算学系、物理学系、化学系。成绩及格的这种要求在当时是很高的,从1928年开始录取大一新生总平均成绩最高年份为48分。有不及格的必须重新受到甄别考试,甄别考试不及格的,须重新修读高中物理或补习化学。为此,算学系、物理学系、化学系曾专门设立过这类补习课程。季羡林入学考试的数学成绩并不理想,只得放弃学数学的打算。后来选系时,他选了最容易出国的西洋文学系。

季羡林考上清华大学的时候家庭很困难,故乡清平每年给考上大学的学生补助150元钱,没有那150元他很难上完清华大学。

清华校园是在圆明园废墟上建设起来的。1860年和1900年先后两次被毁的圆明园东部是熙春园、近春园,清华大学的校园就是在这两个园的旧址上建立起来的。咸丰年间将两园改名,统称为清华园。吴宓对陈寅恪介绍清华园说:"提起这清华园,还颇有一段来历呢。你看这一带房舍众多,其实只是当初熙春园的一半。这熙春园是康熙爷的行宫,跟圆明园差不多同时建造。道光皇帝子女多,分赠园子分不过来了,就把熙春园割成东西各半。西边的叫近春园,就是现在靠着西院的荒岛,当年那个地方规模可大呢,道光把它封给四阿哥——也就是咸丰,东边又重建了一百多间房舍,仍叫熙春园,分给了五阿哥,到咸丰登极,就把它改叫清华园了。"

考进清华大学的学生,都有一种奋发图强、洗刷国耻的爱国主义情怀,季羡林和他的同学们也不例外。季羡林入学的时候,梅贻琦正担任清华大学校长。他致力于通才教育的实施,认为办大学的目的,一是要研究学术,二是要造就人才。他提出一段著名的论述"所谓大学者,非谓有大楼之谓也,有大师之谓也"。这话是仿照孟子的"所谓故国者,非谓有乔木之谓也,有世臣之谓也"来的。根据当时担任文学院长的冯友兰回忆,他严格奉行教授治校的方针,以至于当时清华大学有"神仙、老虎"的说法。清华大学强调基础,许多大一课程必须由教授亲自担任,助教只管批改试卷。但教授上课时间可自己选择,许多人一周的三节课是连着上完,这样,除去法定假日,他就有三天的空闲自由支配。而教授的工资相对于其他学校的也要高,所以教授是"神仙"。闻一多跟教务处交涉,把他的课安排在黄昏,因为他是一个诗人,越到晚上精力越旺盛,讲课时灵感也就充分。他上课前总是先跟同学奉烟:"哪位要抽,自己来拿。"学生当然不好意思,他就燃上一根纸烟,摊开《楚辞章句》,一字一顿地道:"痛饮酒,熟读《离骚》,方为名士!""老虎"指的是学生。学生会大权在握,自治力很强,学生的生活水准高,伙食、住宿等条件尽够标准。工字厅的舞会,大礼堂的电影、唱片欣赏,都是绝好的去处。学生们办的《清华周刊》开始只是议校政,后来痛诋时局,一时风靡全国。北京大学校长蒋梦麟有一次对冯友兰说:"我发现一个学校,总有三派势力,校长、教授、学生,只要其中两派联合起来反对另一派,那就非败不可。"学生之力,可见一斑。

东方学人 季羡林

在进了清华大学以后,首先让季羡林感到的是师生之间的隔阂。当时的教授一般工资一百大洋,高级一点的就是四百,那时候学生生活水平一个月是六块大洋,吃的是杏花丸子、叉烧肉、狮子头。清华大学有些教授,不是每一个,进可以攻,退可以守。有的人在清华大学当教授,政府方面让他去当个什么长的就走了,你不做官了再回来教书,所以社会地位很高。这样一个存在决定了教授的自命不凡,也就端出架子。并且教授是架子极大,一般不大与学生来往。当时的学校差别很大,北京大学、燕京大学、清华大学这样的学校,教授的待遇肯定可以得到保证,但有的学校教授的待遇就不一定能得到保证。有的教授同时在四个学校兼课,结果四个大学都发不出工资,被称为"四大皆空",这样的教授就不可能有架子了。学生里边也有一些富贵人家的子弟,有些甚至是纨绔子弟。他们不一定都有架子,但是决不是都没有架子。清华大学有为数不多的日本留学生,季羡林同其中的一个还同屋住过一学期。那人是土肥原将军的部属,本来到清华大学只是一个幌子,是只留不学的。对这样的人,季羡林是一百个看不起。而在中国同学中,季羡林的自卑感也是非常明显的,甚至是很强烈的。他知道来自贫困地区的穷人家的孩子,富贵人家的子弟是看不起的,他很少与那些有架子的富贵子弟交往,但是也有一些富贵子弟是好接触的。

2. 清华"四剑客"

就是在清华园里,季羡林认识了吴组缃。他们都在清华大学读书,吴组缃大他3岁,比他高两年级,又不在一个系,但不知怎么的就混熟了。吴组缃(1908—1994),安徽省泾县茂林人。他在中学时曾主持学生会的文艺周刊《赭山》,开始文学创作,在《赭山》、《皖江日报》副刊上发表了一些散文、白话诗。1923年在上海《民国日报》副刊《觉悟》上发表短篇小说《不幸的小草》,1925年3月在《妇女》杂志上刊出的短篇小说《鸢飞鱼跃》,都具有鲜明的反封建色彩。他1927年结婚,回茂林当小学教员。1929年,他考入清华大学经济系,一年后转学到中文系,1933年毕业后直升清华大学研究院深造。在清华大学这个时期,是吴组缃文学创作的高峰阶段。他创作的小说《一千八百担》、《天下太平》、《樊家铺》等,以鲜明的写实主义风格享誉文坛,尤其是小说《一千八百担》,借宋氏家族的一次宗族集会,形象地再现了20世纪30年代中国农村社会经济制度的衰落。吴组缃的创作朴素细致,结构严谨,擅长描摹人物的语言和心态,有浓厚的地方特色。

共同的文学爱好把季羡林和吴组缃聚拢在一起,他们成了无所不谈的好朋友。同他俩经常在一起的还有林庚、李长之,他们四个人成了清华园里有名的"四剑客"。"四剑客"中季羡林的岁数最小,当时还不到20岁,并且幻想特别多。他们放言高论,无话不谈,个个都吹自己的文章写得好。林庚早晨初醒,看到风吹帐动,立即写了两句白话诗:"破晓时天旁的水声,深林中老虎的眼睛。"当天就得意地念给其他三个人听。他们经常会面的地方是工字厅。这是一座老式建筑,里面回廊曲径,花木葱郁,后临荷塘。那个有名的写着"水木清华"四字的匾,就挂在工字厅后面。这里非常清静,对"四剑客"来说,是高谈阔论的理想场所。茅盾的长篇小说《子夜》出版时,他们四个人又凑到一起大侃《子夜》,意见大体分为两派:季羡林给予否定,觉得茅盾的文章死板、机械,没有鲁迅的那种灵气;吴组缃给予肯定,说《子夜》结构宏大,气象万千。《文学季刊》社请客,李长之、季羡林、林庚都去参加。季羡林还同吴组缃、李长之去看望郑振铎,到他家里去玩。那时下着雪,他们踏着雪,中外古今地谈论着。他们还在李长之房间里讨论创作时的理智和情感的冲突,参加的人除了吴组缃、李长之、季羡林外,还有张露薇等人。他们经常一讨论就是半天,结果还是归结到生活在改变,作品也应该不断改变。

吴组缃上中学时就结了婚,在清华大学上学时把家眷也带了来。他家住在西柳村,季羡林、李长之常去那里看他们。季羡林后来还说,现在听说中国留学生可以带夫人出国,名曰伴读,吴组缃的所为不正是"伴读"吗?真可谓"超前"了。那时,吴组缃有一个女孩,小名叫小鸠子。李长之《孩子的礼赞——赠组缃女孩小鸠子》的文章提到"现在在一起的孩子们中,我得益顶多的,又彼此知道姓名的,是小鸠子。也许是我锐感或过敏,这孩子和我颇有交情。孩子们的爸爸组缃,真是如我们几个朋友所加的'徽号',是一位感伤主义者,他看一件什么事物,无往而没有感伤的色彩。连他的声调也是感伤主义的,虽然在锐利的幽默中,甚而哪怕是讥笑的态度,也有怜悯的伤感的同情在。他的夫人和孩子刚来北平不久,他曾向我介绍过他的孩子,据说是非常想家,常模仿在家里的祖母想她的光景,而且还感到孤寂,因为那时还没有在一块玩的小孩子,孩子才多大呢,不过6岁。我心里想,组缃的话是不能不承认的,因为有他这样伤感的爸爸,孩子难以不伤感,而且纵然不伤感,由感伤主义者的爸爸看去,也会伤感了的"。1993年下半年,季羡林到吴家去看吴组缃,小鸠子正好从四川回北京陪伴父亲。她当时也已60多岁,季羡林叫了声"小鸠子"!吴组缃笑着说:"现在已经是老鸠子了。"时间的流逝竟是如此迅速,季羡林也不禁"惊呼热衷肠"了。

清华大学毕业后"四剑客"各奔前程,但各自怀着对对方的忆念,在寂寞中等待。一直等到20世纪50年代初的院系调整,吴组缃、林庚又都来到了北京大学。此时他们都已成了中年人,当年的少年锐气已经磨掉了不少,平常也难得见面。时光是超乎物外的,季羡林同吴组缃在牛棚中做过"棚友"。1992年,胡乔木来北京大学参加一个会议,会议结束后,季羡林陪他去看了林庚。他执意要看一看吴组缃,说他俩在清华大学时曾共同搞过地下革命活动。季羡林于是从林庚家打电话给吴组缃,但没有人接,胡乔木和吴组缃至终没能再见上一面。

清华大学还有一位季羡林的老乡许振德,他也是西洋文学系的学生。季羡林刚进入清华大学时,出于山东人的豪侠气,他帮助过新来的老乡季羡林。他们两人的交情很不一般,仅次于"四剑客"的关系。

许振德帮助季羡林的事是,清华大学有个不成文的规定,凡是新生入学,都要经过"拖尸"一关。"拖尸"是英文toss的音译,新生在报到前必须先到体育馆,老生中的好事者列队在里边对新生"拖尸"。就是几个长得壮实的老生,把新生的两手两脚抓住,举起来在空中摇晃几次,然后抛到铺在地上的垫子上,这样就算是完成了手续。体育馆的墙上贴着大标语:"反抗者下水!"果然,室内游泳池的门开着,随时恭候入水者。后来又演变出许多花样,包括"搜索敌军"、"测肺活量"、"吃苹果"、"丈量精确度"、"鼻力测验"等。

季羡林很自然地随着人流到了体育馆,接受"拖尸"这一关的考验。正当他做好了准备时,老生中这个叫许振德的人站出来为他"保驾"。他是清华大学的篮球队长,他的出面使季羡林免遭"拖尸"。后来,季羡林才意识到这样的机会十分难得,而以后想补课也没有机会了,至今他甚至觉得有些遗憾。但从此以后他和许振德却成为来往最多的朋友。

季羡林在清华大学时写的日记,只有后两年的,第一次出现林庚的名字是1933年8月22日,那天季羡林正在读林庚、冼岑的诗。他觉得冼岑的诗比较好,而对林庚的诗却未置可否。他和林庚见面是在8月31日。那天下午,林庚去找季羡林。他们一见面,就很谈得来,季羡林觉得他人很好,是个很投缘的人。后来他们经常在季羡林屋里大谈,有时候在李长之屋里,或者在林庚屋里。他们往往谈到很晚,谈得兴致淋漓时直至凌晨1点。有时候季羡林觉得林庚真是个诗人,又像个大孩子。在别人面前他总得时时刻刻防备着,在他面前就用不着防备了。林庚的诗集出版,他马上给季羡林送了一本,而且还请他吃晚饭,他们大吃了一顿。林庚请季羡林替他翻译自己的诗,季羡林推了几次都推不开,只得接受下来。

在庆祝林庚90诞辰的祝寿会上,最感动人心的是一种真挚默契的情感。季羡林与林庚的友谊也有整整的70年了,他深情地忆起当年和林庚、吴组缃、李长之四人在清华大学结下的友谊,笑称那时的他们还是"四个孩子"。他们在一起的时候,各个人都不示弱,都吹自己的文章好,这个是神来之笔,那个是妙笔生花。他们四人之间没有任何芥蒂,几乎是全无遮挡。有一次,林庚写了一首诗,其中有一句"袭来了什么什么",李长之和他争论,认为"袭"字不如"笼"字,"笼来了什么什么",有一"笼"字,境界全出。[8]

这四位当年的"孩子"后来文坛学界的风云人物,有两位已经去世,而季羡林和林庚也已至耄耋之年。季羡林特别赞赏林庚的"童心",他说林庚自少到老都充满了"少年精神"。他们自在清华大学被称为"四剑客"以来,季羡林对林庚可谓知之甚深,因而描画也最真切。正如同为林庚老友的任继愈所说,他们一颗童心尚在,丝毫不为世故所沾染。大概

≈ 季羡林与林庚在一起

也唯因如此,林庚才能在晚年依然不断写出"蓝天为路,阳光满屋,青青自然,划破边缘"这样美丽清新、充满情趣的诗句吧。林庚的弟子袁行霈曾说:"林先生不仅有诗人的气质和学者的襟怀,还有宝贵的哲人的智慧。我追随林先生多年,从林先生那里学到了许多知识和做学问的方法,也受到多方面的熏陶,学到做人的道理。林先生总是高扬精神的力量,力求摆脱物对人的约束。盛唐气象、少年精神、青春气息……林先生一贯提倡的这些,都是人类精神的精华。他的诗歌和学术都在鼓荡精神的力量,他的全部努力集中为一点,就是呼唤和歌唱以充沛的创造力为标志的青春。"[9]正是这种精神的力量和青春的热情,拉近了师生之间的距离;也正是这些,使林庚一代又一代的学生受益终生。

李长之是季羡林一生中最早的同学和朋友。李长之既是诗人,也是一位文艺批评家。他是季羡林在济南时期的小学同学,后来又是清华大学的"四剑客"之一。他们之间的关系在同学中是非常亲密的,互相以兄称呼。李长之(1910—1978),山东利津人。季羡林认识他的时候,只有八九岁,他们同时入济南第一师范附属小学。季羡林是从私塾转入新式小学的,他一点也不知道学习,只是终日嬉戏,并不努力去念书。他经常和李长之在一起玩。当时的校长是王祝晨,他是有名的新派人物,在山东最早接受了五四运动的影响,在学校里首倡文言文改为白话文。季羡林被叔父强迫转学到新育小学后,就和李长之分手了。六年以后,季羡林考入正谊中学,而李长之则考入济南一中,后来李长之于1929年入北京大学预科学习,在校期间就发表了散文作品,《我所认识的孙中山》是他的早期习作。北京大学预科毕业后,李长之没有进入北京大学,而是在1931年考入清华大学生物系。这样,他们又经常在一起了——一块吃饭,一块进城,一块逛街,一块侃书,有时候难免磕磕绊绊,闹点矛盾,还可能争得面红耳赤,但他们谁也离不开谁,他们一直是推心置腹、无话不谈的好朋友。

季羡林在清华大学的时候,头两年没有记日记,1932年8月22日开始写日记,第二天的日记中就有与李长之的会面,第三、四天的日记也有与他的会面。第五天有与他的两次会面:午饭一次,晚上在季羡林宿舍一次。季羡林虽然对李长之有一些偏见,但是他们毕竟是从小学就开始交往的好朋友,因此他们始终联系密切。他们交流的心得,有一个共同的看法:家庭之所以供自己上学,不过是像做买卖似的,投出去的以后要收回来。所以他们想自己多赚点钱,把经济权抓在自己手里才能独立,这样可以脱离家庭的压迫。李长之的成见很深,季羡林说他每发怪论以自得,爱起来就爱得要命,看一个人一好就什么都好,一坏就什么都坏。有时候甚至感到他讨厌,特别是他的主观太厉害,思想也不清楚,对不懂的事情也妄加解释,任性得让人无法承受。他对专业的看法也是这样,看来他入清华大学生物系,从开始就走错了路。有一次,季羡林到他的宿舍去玩,看到墙上贴着一张图,上面密密麻麻的,是他自己画的一些细胞之类的东西,老师给改正的地方很多。他认为细胞的排列应该是很美的,因此按照自己的审美观画细胞。这当然不符合自然科学的规律。季羡林看到这张图,心里纳闷:这样的人能学自然科学吗?他自己说因为生物实验没有做好,对学习生物有点失去信心。人家看见的,他看不见;人家做得快,他做得慢。他能够在一种事情里发现别的原理,本来不通的他却能够说得天花乱坠,他居然能够让歌德与王阳明发生关系,把他们硬是扯到一起。他的主观就是这样深,而且老是坚持自己的意见。后来李长之转入哲学系,同时参加了《文学季刊》的编委会。他们在一起交流心得,谈文学,谈哲学,谈孔子,谈佛教……谈到王国维的死,他们觉得一个大学者的成就并不怎么神奇,其实平淡得很,只是一步步走上去的。这样的看法至少给自己一点兴奋剂,不致自暴自弃。

有一次,季羡林到他宿舍去,见墙上又贴了一张法文试卷,被法文教师华兰德用红笔改得满篇红色,看来他学语言也是有阻力的。他的长处是在思想方面,他很有思想家的天才,喜欢无拘无束地思想,不受任何绳墨的约束。季羡林对他说,一个哲学家无所谓系统思想,除非他生前一分钟的最后一句话是系统思想。因为思想根据知识,而知识是无限的,所以就是死了,也不能决定什么"观"。在季羡林看来,李长之对哲学发生兴趣简直是个奇迹。他才入清华大学时,根本不承认哲学的存在,他认为世上只有科学。现在刚刚转到哲学系,他就说哲学的好话了。他就是这么一个人,只要他说的好人,别人在他面前不能说不好,甚至连半句坏话也不能说。季羡林始终对哲学不感兴趣,看李达翻译的《辩证唯物论教程》,觉得比看英文还费力。

季羡林和李长之多次谈佛教、孔子、鬼神,几乎到了无话不谈的地步。有了什么烦人的事情,也总要找他谈。季羡林在读《新月》杂志"志摩纪念号"上任鸿隽翻译的《爱迪生》时,发出了一通感想,认为理想不管怎样简单,只要肯干就能够成功,干能胜过一切困难、一切偏见。李长之赶快补充说:干者生命力强之谓也。后来季羡林干脆在纸上写了几个字:在旋涡里抬起头来,没有失望,没有悲观,只有干!干!干什么?自然是干德文。

由于受到李长之的影响,季羡林自己也想成为一个作家,在文坛上有点地位,然后再利用这地位到外国去,以翻译或者创作作为经济上的来源。写文章遇到困难的时候,李长之告诉季羡林,不要想它是困难的,自然就不困难了。他从这里得到鼓励,决定试一下。写《枸杞树》的时候,因为把握不住矛盾的心情,也想请李长之帮助给看一下,指点迷津。问他这样写下去是否行,李长之认为这篇文章还不坏,这样写下去就行。季羡林对家庭不太满意,尤其是对秋妹看不惯,心中有些苦恼。他给李长之写信诉苦,说我的前途看不见光明,我渐渐发现自己是一只鸭子,正在被别人填着,预备将来宰了吃肉。

李长之1934年后曾主编《清华周刊》文艺栏、《文学评论》双月刊和《益世报》副刊。在出版第一本诗集《夜宴》前,他开始理论批评的写作。李长之在清华大学读书期间,开始接触德国哲学与文艺理论,对康德哲学多有体会,后来翻译了《判断力批判》等康德的论著,他的多篇论著也受康德影响,以"批判"为名,如《〈红楼梦〉批判》、《王国维文艺批评著作批判》、《鲁迅批判》等。有一年的暑假,他们坐火车一块儿回济南探家。当时老舍在济南齐鲁大学教书,李长之告诉季羡林,他要在家里请老舍吃饭,请季羡林作陪。季羡林第一次见到心仪已久的老舍,正是李长之促成的。从此以后,季羡林和老舍成了好朋友。据《老舍自传》记载,抗日战争时期在重庆北碚,李长之和老舍、陈望道、陈子展、章靳以、马宗融、洪深、赵松庆、伍蠡甫、方令孺、梁实秋、隋树森、阎金锷等人经常在一起。他们之间的关系相当融洽,老舍说虽然他们都穷,但是轮流着每家吃一顿饭,还不至于叫他们破产。

季羡林、李长之共同的老师中,郑振铎、杨丙辰是他们都喜欢的。

郑振铎联系朱自清、章靳以等人筹备创办《文学季刊》时,经常在郑振铎家商议有关事情。还是清华大学学生的李长之参加了刊物编辑工作,李长之回忆说:我没有上过他(朱自清)的课,课外可是常去找他聊天。见面最多的时候,是西谛先生在北平,大家共同编《文学季刊》的一段时间。这段时间虽然不太长,可是因为每一星期(多半是星期六的晚上)大家都要在郑先生家里聚谈,并且吃晚饭,所以起码每一星期总是有一个很充分的时间会晤的。因为朱先生的公正拘谨,我们现在不大记起他什么开玩笑的话,同时别人也不大和他开玩笑。只记得他向郑先生总是全名全姓地喊着"郑振铎",脸上发着天真的笑意的光芒,让我们感觉他是在友情里年轻了。郑振铎在燕京大学任教,住在学校里,从燕京大学到清华大学有一段路。晚上,聚会结束时常是深夜了,朱自清就和李长之结伴踏着月色,冲破四野的犬吠,说说笑笑地沿着崎岖不平的小路回去。

杨丙辰的思想极为复杂,中心是"四大皆空"。教书比较随便,每个学生他都可以毫不吝啬地给高分。有一天,他给季羡林、李长之一本讲文艺理论的德文书,书名中有一个德文字"文艺科学"。他们觉得很新奇,玄机无穷。李长之写文章称杨丙辰为"我们的导师",称他自己的文学批评理论为"感情的批评主义"。季羡林对理论一向不感兴趣,觉得直到今天对他的理论还是一点都不明白。

李长之提到季羡林正在写《现代才被发现了的天才——德意志诗人薛德林》,说明他们在校期间也有共同的兴趣,都从薛德林的诗中读出了力量和信念。他们也有明显不一致的地方。比如,有一位姓张的中文系同学和李长之来往很多,而和季羡林则几乎没有来往。李长之当时张皇"造名运动",就是想快点出名,这和姓张的同学很投机。甚至对这位同学的短处,李长之也听之任之。他常常把从学校图书馆借来的书中的藏书票挖掉,而且还用书来垫床腿。对这样的事情,季羡林是恨得咬牙切齿,因为他爱书如命,容不得别人毁书。而李长之对这样的事情却漠然置之,这引起了季羡林的反感。

1934年季羡林毕业后在济南教书,而李长之仍然在清华大学读书。季羡林考取清华大学与德国的交换研究生后,回到北京办理出国手续,又与李长之天天见面了,两人并且一同去拜访了闻一多。李长之在他主编的《益世报》文艺副刊上写长文为季羡林赴德国留学送行,又邀集朋友在北海为季羡林饯行。季羡林到德国的前两年,他们还不断有书信往来。李长之给季羡林寄了日本学者高楠顺次郎等著的《印度古代哲学宗教史》,还在扉页上写了一封信。

第二次世界大战爆发,邮路阻绝,季羡林和李长之彼此不相闻达八九年之久。季羡林从当时在台湾教书的清华大学校友许振德的信中得知,李长之仍笔耕不辍,著述惊人,重要的著作有《鲁迅批判》、《西洋哲学史》、《迎中国的文艺复兴》、《道教徒的诗人李白及其痛苦》、《德国的古典精神》、《司马迁之人格与风格》、《苦雾集》、《梦雨集》、《陶渊明传论》、《中国文学史略稿》等。1936年李长之自清华大学毕业后留校任教,以后又历任京华美术学院、云南大学、重庆中央大学的教职,1940年任教育部研究员。1944年3月他在《时与潮》文艺杂志后创办《书评副刊》,提出理想的书评应是:"要同情的了解,无忌惮的指责,可以有情感而不能有意气,可以有风趣而不必尖酸刻毒,根据要从学识中来,然而文字仍需是优美而有力的创作。'把握'批评精神的核心是在争一个真是非,是在不徇私(阿其所好和肆意攻击都是徇私)!"李长之认为,《书评副刊》刊出的对冰心的《关于女人》、郭沫若的《今昔集》、姚雪垠的《春暖花开的时候》、舒湮的《董小宛》、张恨水的《水浒新传》、袁俊的《万世师表》、田间的《给战斗者》、吴组缃的《鸭嘴涝》、碧野的《风沙之恋》、沙汀的《淘金记》、胡风的《看云人手记》、巴金的《憩园》、骆宾基的《姜步畏家史》、吴祖光的《夜奔》、无名氏的《北极风情画》进行的评介,有褒有贬,没有空话。李长之1945年到重庆,任国立编译馆编审。抗日战争胜利后,他随国立编译馆由重庆北碚迁到南京,主编《和平日报》副刊。

东 方 学 人

季羡林

1946年夏天,季羡林历尽千辛万苦从德国辗转到了上海。当时北京大学还没有开学,他还没有正式去工作,也拿不到工资,就变卖一些东西卖了十两黄金,又换成法币给济南家中寄回一点,手头已经所剩无几。在上海他住不起旅馆,就住在臧克家的榻榻米上。他知道同学李长之在南京国立编译馆工作,就去南京投奔于他,借住在他的办公室内。开始的一些日子,白天李长之他们要上班,季羡林就只好到南京各处游荡。季羡林看到近处的一道红墙,上面长满了薜荔,问李长之那是什么地方,李长之告诉他那就是有名的台城。由此引起季羡林的兴趣,何不趁机出去走走呢?反正在屋里也没有落脚之地,他就出去到处闲逛。南京的几个名胜离国立编译馆不远,台城、鸡鸣寺、胭脂井,他几乎天天都去。第一次去鸡鸣寺,是李长之陪着去的,他们在大殿里徘徊,看佛像看累了就在大殿里喝茶。再去的时候就是他一个人了,看完了佛像,看完了湖,他觉得无聊便到各处去逛。在半山的一个亭子旁,他看见了一口古井,探头往下看,黑洞洞的,看不见底,上边的地方长了一些青苔。在亭子的另一面,他看到了一个躺在那里的古碑,上面有四个大字"胭脂古井"。稍远一点的,有玄武湖,多走几步也就到了,所以他也常去。在玄武湖闲逛的时候,他还拿着书,逛累了就看一会儿,出出神,这样也就把回国时四五个月的舟车劳顿忘得一干二净了。

那时候,他的处境没着没落,梦想着自己有朝一日能混上一间房子安顿下来。能有一张固定的书桌,可以写一点东西。别的心思什么也没有,连玩兴也没有。晚上回来,睡在李长之办公室的办公桌上,早晨就赶快离开。

李长之在国立编译馆工作之余,可以陪陪季羡林。后来的一段时间,他给季羡林找到了一张桌子,季羡林可以在上面写点东西了。每天他就在上面堆满了书和纸,有时候写写什么,有时候什么也不写。他看到李长之戴了一副大眼镜,伏在桌子上在努力地写着。他手里有时候会点上一支香烟,烟雾袅袅向上升腾。工作间隙他们也聊聊天,话匣子一打开往往就聊半天,忘记了时间。他们一向是无话不谈的,他们很自然地说起在济南上小学的日子,虽然有隔世之感,但一旦回忆起来,小学长长走廊里自己的影子也就依稀可见了。李长之老是说起在济南上小学的时候,季羡林和别人打架的样子,闭紧了眼睛,乱挥拳头。说到热闹处,他们不禁大笑起来。李长之向季羡林介绍抗日战争胜利后,国民党派出很多大员,也有中员和小员,到各地去接收敌伪的财产,你争我夺。他讲得绘声绘"形",可见他对国民党是不满的。李长之常带季羡林到鼓楼附近的一条大街上,那里有新华社的对外报栏,可以去看中共中央的《新华日报》,这是危险的行动,会有人盯梢照相。李长之还介绍季羡林认识了梁实秋。梁实秋当时也在国立编译馆工作,他设盛宴招待季羡林,从此季羡林和他成了忘年交。

深秋,季羡林回到了阔别11年多的北京。1946年10月李长之也到北京师范大学工作,以后季羡林的另一位初中同学张天麟也到北京师范大学工作,他们的来往还是很经常的。后来接二连三地搞起了运动,每次运动,李长之和张天麟总是首先被冲击的对象。李长之最大的罪名恐怕还是那部《鲁迅批判》,结果他被"加冕"为"右派",被剥夺了教书的权利。"四人帮"垮台后,李长之终于摘掉了"右派"帽子。有一天他到燕园来看季羡林,这是他们的最后一次会面。季羡林和他握手时发现,他的右手已经弯曲僵硬得如鸡爪子一样了,他受了多少痛苦,季羡林怎么也说不清。面对这位几十年的老友,季羡林的泪水直往肚子里流,一时竟相对无言。

李长之去世的时候,季羡林正随中国人民对外友好协会代表团访问印度,回国后听说李长之已经去世,他只有又吃惊又痛苦了。而现在,他年纪越老,李长之入梦的时候就越多了。

还有一位让季羡林时常梦到的是著名散文家、文学评论家李广田。在季羡林上清华大学时结识的朋友中,家庭背景最接近的就是他了。他们都是从小就过继出去的人,只是季羡林过继给了自己的亲叔叔,姓氏没有改。李广田则是过继给了自己的舅舅,连本姓王也废弃了,跟着舅舅姓了李。

李广田1929年从济南第一师范学校毕业后,考入北京大学外语系预科,在《未名》杂志上发表了第一篇散文《狱前》,以后在《华北日报》副刊和《现代》杂志上发表散文、诗歌。他与本系同学卞之琳、哲学系同学何其芳出版三人诗合集《汉园集》,被人称为"汉园三诗人"。

李广田(1906—1968)

季羡林在清华大学上学的时候,就和李广田、卞之琳、何其芳认识了。那时候,北京大学和清华大学距离很远,但是他们却经常见面。李广田有时候会从城里的沙滩走很远的路,走到清华园去看季羡林。他无意中看到季羡林写的骂臧克家的文章《再评〈烙印〉》,以为有伤忠厚,劝他不要发表。但因为稿子已经寄出,抽回已经不可能,最后还是发表了。季羡林也在进城的时候去看他。有一次,季羡林在他那里看到他正在翻译英国作家格雷汉姆的儿童文学经典之作《柳林风》。在季羡林看来,李广田的为人正如他的为文一样,朴实无华,恳切真挚。

李广田1935年北京大学毕业后回到济南教书,正好季羡林也从清华大学毕业,回到山东省立高级中学教书,此时他们又成了同事。20世纪40年代末至50年代初,他们两人都在北京工作,都担任了北京一个中学的校董,开会的时候,经常见面,叙旧谈新,其乐也融融。

3. 影响终生的课程

晚年陈寅恪

季羡林在清华大学的四年中,受益最大的是选修朱光潜的文艺心理学、陈寅恪的佛经翻译文学、朱自清的陶渊明诗等,他还旁听过郑振铎、冰心的课。文艺心理学、佛经翻译文学对季羡林后来的学术发展产生了潜移默化的影响,比较文学、文艺理论、佛教史、佛教梵语和中亚古代语言研究,成为季羡林终生的学术研究方向。

在季羡林几十年的学术研究中,陈寅恪无疑是对他影响最大的一位恩师。陈寅恪(1890—1969),江西义宁(今修水)人。他早年赴日本留学。1910年赴欧洲留学,先后在德国柏林大学和瑞士苏黎世大学学习语言学。1913年赴法国巴黎高等政治学校经济部留学。1918年入美国哈佛大学学习梵文和巴利文。1921年转往德国柏林大学研究院梵文研究所学习东方古文字。在这样长的时间里,他以主要精力攻语言学,学习多种语言,如藏文、蒙古文、西夏文、满文、朝鲜文、梵文、俄文、希伯来文、东土耳其文等,以便为研究佛经的文学翻译和历史学打下宽厚、扎实的基础。[10]陈寅恪没有按照哪个大学的规定去读博士学位,而是宁可沿着自己选定的治学道路前进。如此,他可享受很大的自由,不必费时间去写博士论文,去参加博士学位答辩。他虽然没有拿博士学位,而学术地位却是公认的,"中国近代许多学者,比如王国维、梁启超、陈寅恪、郭沫若、鲁迅等,都没有什么博士头衔,但都会在学术史上有地位"[11]。他的学术道路充满了个性化的色彩,厚积薄发,影响越来越大。

陈寅恪1925年应清华学校之聘,任国学研究院导师。虽然这之前他并没有多少论文和专著,但他的哈佛大学同学吴宓却非常了解他的学识,提出聘请他的方案,这个方案在学校没有遭到反对,他顺利地被聘为导师。陈寅恪刚到北京的时候,人们对他的名字到底应该怎么念,都是不清楚的。吴宓、赵元任与陈寅恪闲谈时,赵元任对吴宓问道:"雨僧,是叫陈寅kè,还是陈寅què?"吴宓诧异道:"大家都叫他寅què,难道不对吗?"一面又看着陈寅恪。陈寅恪微微一笑:"大家都那样念,也就没有办法。"赵元任严肃地说:"总要有个标准。这个字,就是该念kè,我是在民国十三年才发现寅恪自己拼写的德文,是写作YinKo Tschen的。寅恪是谦谦君子,不好意思纠正别人。但是我是喜欢咬文嚼字的,这个字念错了,以讹传讹,可不得了。"陈寅恪微笑着说:"我的江西口音比较重,其实这个字是应该念kè,不念què。说到咬文嚼字,《说文》这部书就是榜样。"

吴宓在陈寅恪进清华学校之后,写过一首《赋赠陈寅恪》的诗:

经年瀛海盼音尘,
握手犹思异国春。
独步美君成绝学,
低头愧我逐庸人。
冲天逸鹤依云表,

堕溷残英怨水滨。

灿灿池荷开正好，

名园合与寄吟身。

清华国学研究院解散以后，陈寅恪仍然在清华大学任教授，并兼任中央研究院历史语言研究所研究员、第一组（历史）主任，故宫博物院理事，清代档案编委会委员。

恰巧就在这时，季羡林进入清华大学学习。

陈寅恪先生的佛经翻译文学参考用书是《六祖坛经》。寅恪师讲课，同他写文章一样，先把必要的材料写在黑板上，然后再根据材料进行解释、考证、分析、综合，对地名和人名更是特别注意。他的分析细入毫发，如剥蕉叶，愈剥愈细愈剥愈深，然而一本实事求是的精神，不武断，不夸大，不歪曲，不断章取义，他仿佛引导学生走在山阴道上，盘旋曲折，山重水复，柳暗花明，最终豁然开朗，把他们引上阳关大道。读他的文章，听他的课，简直是一种享受，无法比拟的享受。他被海内外学人公推为考证大师。他一生涉猎的范围极广，但又有中心，有重点。从西北史地、蒙藏绝学、佛学义理、天竺影响，进而专心治六朝隋唐历史，晚年又从事明清之际思想界之研究。从表面上看起来，变化莫测，但是中心精神则始终如一。……他喜欢用的一句话是发前人未发之覆。在他的文章中，不管多长多短，他都能发前人未发之覆。没有新意的文章，他是从来不写的。他有时立一新意，骤视之有如石破天惊，但细按之则又入情入理，令人不禁叫绝。寅恪先生从来不以僻书吓人。他引的书都是最习见的，他却能在最习见中，在一般人习而不察中，提出新解，令人有化腐朽为神奇之感。[12]

后来陈寅恪在抗日战争时期赴香港大学任中文系主任，1941年任西南联合大学教授。1945年赴英国任教，兼治眼疾。这一年德国法西斯垮台，英国人接管了哥廷根。这时季羡林得知陈寅恪在英国治眼疾，就给他写了一封长信，汇报10年来的学习情况。季羡林很快得到复信，陈寅恪说他很快就要回国，他想向北京大学校长胡适、代校长傅斯年、文学院长汤用彤几位先生介绍季羡林到北京大学任教。季羡林喜出望外，立即回信表示同意和感激。1946年秋，季羡林如愿到了北京大学。季羡林在内心里感激老一辈学者对后辈的提携与爱护。

陈寅恪1947年重新任清华大学教授，又来到北京，仍然住在清华园。1948年，他当选为中央研究院院士。季羡林听到老师的这一消息，立即去拜见他。当时从北京城到清华园是要费一些周折的，宛如一次短途旅行。梁实秋把出西直门城楼直通清华园的路,描述为垂柳轻拂的夕阳古道,两边是纯粹的乡村景象。季羡林知道,这里的秋天,青纱帐起,还真有绿林人士拦路抢劫的,现在的年轻人很难想象了。但是,有陈寅恪在那里,季羡林决不会惮于这样的旅行。陈寅恪在北平几年的时间里,季羡林不知到清华园去过多少次。他知道陈寅恪最喜欢当年住在北平的天主教外国神甫亲手酿造的栅栏红葡萄酒,他便到神甫们住的静修院的地下室中买过几次栅栏红葡萄酒,又长途跋涉送到清华园,交到先生手中。几瓶红葡萄酒在现在不算什么,但是,在当时通货膨胀已经达到了钞票上每天加一个零,还跟不上物价飞速上涨的情况下,几瓶酒已非同一般。

有一年春天,中山公园的藤萝开满了紫色的花朵,累累垂垂,紫气弥漫,招来了众多的游人和蜜蜂。季羡林和一群陈寅恪的弟子们,其中有周一良、王永兴、汪篯等,知道先生爱花。他们觉得先生现在虽患目疾,几近失明,但大片藤萝花的紫光先生或许还能看到。而且在那种兵荒马乱、物价飞涨、人命微浅、朝不虑夕的情况下,他们想请先生散一散心,便征询先生的意见,他怡然应允。他们大喜过望,在来今雨轩藤萝深处,找到一个茶桌,侍先生观赏紫藤。陈寅恪显然兴致极高。师生们谈笑风生,玩了一天,尽欢而散。这也许是陈寅恪在那样的年头里最愉快的时刻。

建国前夕,国民党政府的经济已经完全崩溃。从法币改为银元券,又从银元券改为金元券,越改越乱,后来到粮店买几斤粮食,携带的这币那券的,有时要超过粮食本身,都要用麻袋装。学术界泰斗、被著名史学家郑天挺称为"教授的教授"的陈寅恪,也一样不能例外,到冬天他连买煤取暖的钱都没有。季羡林把这告诉了已经回国的北京大学校长胡适。胡适想赠陈寅恪一笔数目颇大的美元,但是陈寅恪却拒不接受。最后陈寅恪决定用卖掉藏书的办法来取得胡适的美元,于是胡适就派他自己的汽车——当时北京汽车极为罕见,北京大学只有校长的一辆,让季羡林到清华园陈寅恪家,装了一车关于佛教和中亚古代语言的极为珍贵的西文书。陈寅恪只收2 000美元。这个数目在当时虽不算少,然而同书比起来,还是微不足道的。在这一批书中,仅一部《圣彼得堡梵德大词典》,其市价就远远超过这个数目了。这一批书实际上带有捐赠的性质,陈寅恪对于金钱一介不取的狷介性格,由此也可见一斑了。

在这个时期,季羡林同陈寅恪往来颇频繁。季羡林写了一篇论文《浮屠与佛》,首先读给他听,想听听他的批评意见,不意竟得到他的赞赏,他把此文介绍给《中央研究院史语所集刊》发表。这个刊物在当时是最具权威性的刊物,他简直有点"一登龙门,身价十倍"的威风,感到受宠若惊。在那篇论文的基础上,他几十年以后又写了一篇《再谈浮屠与佛》,用大量的新材料重申前说,得到学术界同行们的赞许。

1949年底,陈寅恪转任广州岭南大学教授,1952年任中山大学教授、中央文史馆副馆长、中国科学院哲学社会科学部委员等。从此留在广州再也没有动,他在台湾有很多亲友,他们动员他到台湾去,然而他却岿然不为所动,其中的详细情况,季羡林并不知道。在陈寅恪晚年的诗中不能说没有欢快之情,更多的却是抑郁之感。季羡林回想起来,仍然觉得他的这种抑郁之感不能说没有根据。

1951年,季羡林奉命随中国文化代表团,访问印度、缅甸。在广州停留了相当长的时间,准备将所有的重要发言稿都译为英文。他没有放过这个机会,到岭南大学陈寅恪家中去拜谒他,相见极欢,陈师母也殷勤招待。陈寅恪此时目疾虽日益严重,仍能看到眼前的白色东西。有关领导,据说就是陈毅和陶铸,命人在先生楼前草地上铺成了一条白色的路,路旁全是绿草,碧绿与雪白相映照,供先生散步之用。从这一件小事中也可以看到我们国家对陈寅恪尊敬之真诚。然而,世事如白云苍狗,变幻莫测。建国后不久,正当众多的老知识分子兴高采烈、激情复燃的时候,华盖运便降临到头上。运动一个接着一个,几乎针对的全是知识分子。批完了《武训传》,批俞平伯;批完了俞平伯,批胡适;一路批,又批到了陈寅恪头上。此时,大规模的遍及全国的反右斗争还没有开始。老年反思,季羡林觉得自己在政治上是个蠢材,对这一系列的批和斗,他当时是心悦诚服的,一点都没有感到其中有什么问题。他虽然没有明确地意识到,但在自己的灵魂深处确实真切地认为中国老知识分子就是"原罪"的化身,被批是天经地义的。但是,一旦批到陈寅恪头上,他心里却感到不是滋味了。虽然经人再三动员,他还是始终没有参加到这一场"闹剧式"的大合唱中去。季羡林说自己不愿意厚着面皮,充当事后的诸葛亮,他当时的认识也是十分模糊的,但是他毕竟没有行动。现在时过境迁,在多年之后想到自己没有出卖良心,差堪自慰,能够对得起老师的在天之灵了。陈寅恪于1969年在空前浩劫中被折磨得离开了人世。晚年的季羡林还时常翻读先生的诗文。每读一次,都觉得有新的收获。他明确意识到,自己还未能登陈寅恪的堂奥。哲人其萎,空余著述。而自己却是进取有心,请益无人,因此更增加了对他的怀念。他们虽非亲戚,但季羡林却感到时有风木之悲。

在季羡林这位学生的眼中,陈寅恪最值得尊敬的还是他是一个爱国主义者。陈寅恪的家庭是中国唯一三代人进入《辞海》的学术世家。学问是不必说的了,其家"三世爱国"的历史这一点,令他这个作为弟子的深以为荣幸。季羡林在《陈寅恪一家三代的爱国情》一文中历数他们祖孙三代的爱国事迹:

东方学人 季羡林

> 陈寅恪先生的祖父陈宝箴生于1831年(道光十一年)。1860年,他在北京参加会试,英、法联军焚毁圆明园时,他正在酒楼上饮酒,目睹西面火光冲天,悲愤填膺,伏案痛哭。1894年,中国被迫签订《马关条约》时,宝箴曾痛哭道:"无以为国矣。"他这种爱国真情,是属于狭义的爱国主义的。
>
> 1895年8月,陈宝箴被任命为湖南巡抚。他认为新政是富国强兵的有效措施,于是在湖南奋力推行,振兴实业,开辟航运,引进机器制造,另设时务学堂、算学堂、湘报馆、南学会等,开展教育文化事业。他的儿子陈三立(散原)也以变法为己任,湖南风气一时为之大变。戊戌变法失败后,宝箴受到严惩,革职永不叙用。在这里,他的爱国主义是广义的。
>
> 陈三立继承了父亲的热爱祖国的精神。戊戌政变以后,他也受到革职处分。此后终其一生,没有再从政,但他一刻也没有忘怀中国人民的疾苦。卢沟桥事变爆发,他正在北京,忧愤成疾。8月8日,日寇入城,老人已届耄耋之年,拒不进食,拒不服药,终于以身殉国。散原老人也可以说是集狭义爱国主义与广义爱国主义于一身的。
>
> 寅恪先生曾游历各国,较之前辈,其眼光因而更为远大,胸襟更为广阔,在他身上体现出来的爱国主义,含义也就更为深刻。
>
> 寅恪先生一生专心治学,从未参与政治;但他绝非脱离现实的象牙塔中的学者。他毕生关心国家民族的兴亡,关心传统文化的继承与发展。
>
> 日军攻占香港时,寅恪先生正在香港大学任教,处境十分危险。他是国际上的著名学者,日寇当然不会轻易放过他。日军曾送麦粉给陈家,这正是濒于断炊的陈家所需要的。然而寅恪先生全家宁愿饿死,也决不受此不义的馈赠。又据传说,日军馈米两袋,他拒不受,并写诗给弟弟隆恪,其中有"正气狂吞贼"之句。

从学术方面来说,季羡林与陈寅恪之间有连续性,尤其是在敦煌学领域。陈寅恪是敦煌学的奠基人之一,1930年在《敦煌劫余录序》中首先提出敦煌学的概念,提出"敦煌学者,今日世界学术之新潮流也",他指出东起日本,西迄法、英,诸国学人都有所贡献,而国内学者能列入世界敦煌学学术之林者,当时仅有三数人而已。

陈寅恪对敦煌学做出了开拓性的贡献,而他的学生季羡林则完善了敦煌学的学科建设,使之成为国内外的显学。季羡林提出的"敦煌学在中国,敦煌学研究在世界"这一观点得到众多学者的认可。季羡林对敦煌学进行了系统总结,从宏观的角度谈论敦煌学及吐鲁番学的意义,得出了一个科学的结论:

> 敦煌学、吐鲁番学的内容异常丰富,甚至有点庞杂。要笼统地来谈它在中国文化史上的地位和作用,不容易说清楚。
>
> 第一,对研究中国历史和地理的价值。在敦煌和吐鲁番(以及新疆其他地区)新发现的史料,弥补了许多以前意想不到的空白。比如,在唐朝,吐蕃趁"安史之乱"占领了敦煌,到了大中二年(848年),张仪潮驱逐吐蕃镇将,归唐后受赐号为归义军节度使。其后,张氏归义军和曹氏归义军相继统治敦煌地区,前后达200年。这一段历史牵涉到的中国国内民族及民族文化交流的关系,都是过去所不详者,只是靠着敦煌文献的帮助才弄清楚。敦煌石室中藏有不少地理佚书,比如《沙州图经》、《西州图经》、《贞元十道录》等,连著名的玄奘的《大唐西域记》,石室中也藏有残抄本。所有这些地理书,对研究中国中古史地有重要作用。
>
> 第二,对研究中国文学艺术的价值。首先是变文的发现。所谓变文是一种韵文和散文混合在一起用于说唱的通俗文学体裁,这种新文体实际上开了宋代平话的先河,可过去我们对此毫无所知。其次是诗歌。著名文学家韦庄的《秦妇吟》,在他的全集中未收入,却在敦煌石室中发现了。诗中保存了许多晚唐农民起义的史料,对研究唐代历史和文学都有极大的帮助。在艺术方面,包括壁画、绢画、雕塑、书法、石窟建筑、音乐、舞蹈等,内容丰富,数量巨大,从六朝一直到宋、元各朝,都可以在这里找到它们的作品。
>
> 第三,对研究语言学、音韵学的价值。敦煌石室中保存了一些同中国语言学和音韵学有关的古籍残卷,在这些卷子中常常可以碰到一些俗字和俗语,在别的文献中是找不到的。敦煌石窟中发现的一些少数民族语言的卷子,其中有古藏文、巴利文、西夏文、于阗文、龟兹文、回鹘文。在新疆发现的古代民族语言也有回鹘文、吐火罗文(A 焉耆文 B 龟兹文)、巴利文、于阗文。于阗文和巴利文都属于伊朗语系。今天我国新疆帕米尔高原还有说属于伊朗语系方言的民族。至于吐火罗文,其价值更为突出,它的发现,给印欧语系比较语言学提出了新问题,促进了这一门学问的发展。
>
> 第四,对研究宗教问题的价值。首先是佛教,石室藏书中,佛典

约占95%。道教的经典有大量发现,最引人注目的是老子的《道德经》、《老子道德经序诀》、《老子道德经义疏》,河上公简注和释文等。儒家经典也有不少,如《孝经》、北齐写本《春秋左传集解》和唐写本《春秋穀梁传集解》、《尚书》、《论语》等。这些都对校勘古籍有极其重大的价值。

第五,对研究古代科技及其他方面的价值。石室中有《本草》残卷,医文残卷;有天文历算的书籍,如二十四节气七曜日历。从石室写本用的纸张可以看出中国古代造纸、潢纸、印刷术的进展。我国是发明印刷术最早的国家,敦煌石室保存了一份唐咸通九年(868年)刻印的《金刚般若波罗经》,是全世界现存有明确纪年的印刷物。它刻印的精美、纯熟程度告诉人们,印刷术在此之先至少经历了约一百多年的发展过程。

东　方　学　人

李羨林

第六,对研究中外文化交流史的价值。敦煌、吐鲁番和新疆其他地区是东西文化交流的孔道,沿着丝绸之路,文化交流的痕迹,像石窟、古庙、古城到处可见。在敦煌石室中发现了梵文本《心经》,在新疆吐鲁番地区发现了大量的梵文佛经写本,也有文学作品。如佛教大诗人马鸣的著作,在印度久佚,它的发现,弥补了印度梵文文学史上的一个空白。我还想提一下有关中印技术交流的敦煌残卷。[13]这个残卷只有九行字,里面讲到印度甘蔗的种类以及造糖的方法。过去虽然有人注意到了,但没有加以探讨。其实这是一件十分重要的文献,它透露了中印在科学技术方面交流的一个侧面。

世界上历史悠久、地域广阔、自成体系、影响深远的文化体系只有四个:中国、印度、希腊、伊斯兰,而这四个文化体系汇流的地方只有一个,就是敦煌和新疆地区。从人类发展的远景来看,对文化汇流的研究,有其特殊的意义。目前研究这种汇流现象和汇流规律的地区,最好的、最有条件的恐怕就是敦煌和新疆。在敦煌492个大大小小的洞窟中,宝物之多、之精,不能不令人惊叹,仅那个小小的石室,典籍就达四万余件。作为一个中国人,看到我们的祖国有如此丰富的宝藏,看到先民在创造文化方面,既能给予,也能拿来,怎能不感慨万端。

爱国主义情感之所以能够产生,看到自己民族过去的光辉的成就,是一个重要因素。因此,我们从事敦煌学、吐鲁番学的研究,其意义决不仅仅限于学术方面,在启发爱国主义情感方面,在鉴古知今方面,也能够起重要的作用。我想,这个想法会得到我国各民族的同意吧。

1980年,季羡林参加《中国大百科全书·外国文学卷》审稿会时,在莫干山与朱光潜(前右四)等人在一起。

季羡林在清华大学获益终生的课程,还有一门是朱光潜开的文艺心理学选修课。朱光潜(1897—1986),美学家、文艺理论家、翻译家。1933年获法国斯特拉斯堡大学文科博士学位后回国执教于北京大学,担任教授,他在清华大学是兼课。季羡林在清华大学记的日记里,1932年10月14日提到朱光潜开的文艺心理学课。当时,季羡林刚刚因为母亲故去还乡治丧回到学校不久,脑子里一直不相信母亲会真的死去,心情极其不好。文艺心理学课是在晚上上的,他听得是一塌糊涂。后来的课朱光潜讲心理距离与近代的形式主义问题,季羡林联想很多,把一切事情放到某一种距离中去看,对实际人生看到的只有抽象的美好、友谊等,但是这些东西,实在又都包括在实际人生里面,对人生不太远也不太近,是不即不离。一方面使人能够看到美,另一方面也感觉不太玄虚。由此他又联想到当时读薛德林诗作的感受,觉得他是把自己禁闭在"自己"里,通过构想作成诗,在幻想里创造了美,再把这美捉住便成了诗。后来朱光潜又讲移情作用,他觉得非常有意思。朱光潜的课非常有启发性,所以在他的课上,季羡林的联想就特别的多。朱光潜讲感情移入的理由,他又忽然想到一些东西,自己平常所想而没有解决的问题也被他给解决了。他去拜访朱光潜,与他闲谈,向他请教,更觉得他真是十八成好人,非常坦率。朱光潜讲游仙派诗人的课,他觉得很有趣,也想读一读这些游仙派诗人的作品。

但是朱光潜的课并不是都让季羡林满意的。有一次,他讲笑与喜剧,引用了许多大哲学家关于笑的理论。对这些理论季羡林没有一个是满意的,觉得都不免牵强附会,不同之处就只是在荒谬的程度不同。在这以前季羡林总以为哲学家多么深刻,到这时才觉得其实不然。当时他产生了一个很滑稽的念头:自己未必就不能成为一个大哲学家。还有一次,他从杭州集体旅游回来,累得不行,上课的时候总是觉得时间长,在课堂上简直要睡过去。但是大多数情况下,季羡林对于朱光潜的课还是相当满意的。朱光潜不是那种口若悬河的人,口才并不好,讲一口安徽味的蓝青官话,听起来并不"美"。他不是一个演说者,讲课从来不敢看学生,两只眼向上翻,看的是天花板或者窗户上的某一块地方。然而却没有废话,每一句话都清清楚楚。他介绍西方各国流行的文艺理论,有时候举一些中国旧诗词做例子,显得非常自然,学生们一听就懂。对于那些古里古怪的理论,他确实能讲出一个道理来,听起来津津有味,学生们觉得他是一个有学问的人、一个在学术上诚实的人。他不哗众取宠,更不用连自己都不懂的洋玩意去欺骗、吓唬年轻的中国学生。因此在开课之后不久,季羡林就爱上了朱光潜的文艺心理学课,每周都期盼上课,成为他的一种乐趣。

东方学人

李羡林

朱光潜当时年富力强,三十四五岁的样子,人也长得潇洒,很讨学生的喜爱。他在清华大学的课堂上介绍了许多欧洲心理学家和文艺理论家的新理论,比如里普斯的感情移入说,还有布洛的距离说,等等。这些西方学者从心理学方面,甚至从生理学方面来解释关于美的问题。他也有自己的美学观点,认为在美感经验当中,心所以接物者,只是直觉;物所以呈现于心者,只是形象。因此美感的态度,只是聚精会神地对于一个孤立绝缘的意象的观赏。作为中国现代比较美学和比较文学的拓荒者之一,他的《诗论》也是比较美学的典范作品,用西方诗论来解释中国古典诗歌,用中国诗论来印证西方著名诗论,触类旁通,潇洒自如,美不胜收。这一点也是朱光潜自己感到自豪的,他说过去的写作中,如果说还有点什么自己独立的东西,那还是《诗论》。《诗论》对中国诗的音律,为什么中国诗后来走上律诗的道路,做了一些科学的分析。他的《文艺心理学》就是在讲课的基础上写成的,是融会中西的经典著作。他讲的许多理论,季羡林觉得受益匪浅,一直到今天仍能记忆不忘。让季羡林感动的是,朱光潜不但把20世纪30年代之前欧洲、美国文艺批评的理论成果都带了回来,而且他讲的西方文艺理论,能用中国的文学作品来印证。

在清华大学除了听课,季羡林和朱光潜的个人接触并不多。季羡林离开清华大学以后,朱光潜先后任四川大学教授、文学院院长,武汉大学教授、教务长。一直到1946年,季羡林到北京大学任教授,并兼任东语系主任,而朱光潜也在这一年回到北京大学任教授,并兼任西语系主任。他们的办公室是隔壁,从这个时候起交往才多起来。季羡林跟朱光潜讲,你是不是再写一部《文艺心理学》,把20世纪30年代到60年代西方文艺理论的成果告诉我们中国人?他回答说,不行了,没有时间了。季羡林认为自己对美学的兴趣,离不开朱光潜的引导。

季羡林奉行"三不"主义:不锻炼、不挑食、不嘀咕。朱光潜信奉"三此"主义,即此身、此时、此地:"此身应该做而且能够做的事,就得由此身担当起,不推诿给旁人。""此时应该做而且能够做的事,就得在此时做,不拖延到未来。""此地(我的地位、我的环境)应该做而且能够做的事,就得在此地做,不推诿到想象中另一地位去做。"季羡林的"三不"主义是养生之经;而朱光潜的"三此"主义是作风,是不尚空谈而着眼现在、脚踏实地的治学精神的体现。

在"文革"当中,朱光潜被关进了"牛棚",季羡林也自己"跳"出来进了"牛棚",过去的师生此时成了"棚友"。改革开放以后,朱光潜夜以继日地写作,并翻译黑格尔、维柯的著作。1980年,他写出了《谈美书简》、《美学拾穗集》,1983年,他又把自己1932年用英文写成的《悲剧心理学》翻译成中文出版。他多年如一日与时间赛跑,终于在1986年把维柯的巨著《新科学》翻译成中文出版,使广大读者能有机会一睹这部经典著作。朱光潜从1921年7月在《东方杂志》发表处女作《福鲁德的隐意识与心理分析》,一直到1986年,历经65年的时间,著译多达七百多万字,其中,他翻译的《柏拉图文艺对话集》、莱辛《拉奥孔》、《歌德谈话录》、黑格尔《美学》,他的著作《文艺心理学》、《西方美学史》,都产生了广泛的影响,在中国美学史上的意义将是不可磨灭的。朱光潜逝世以后,季羡林满怀深情地写了《他实现了生命的价值——悼念朱光潜先生》来纪念自己的恩师。

4. 西洋文学系的老师

清华大学当时开的课很多,几乎应有尽有。从古希腊、罗马的荷马史诗、悲剧、喜剧、维吉尔等,经过中世纪文学、文艺复兴时期的但丁等,一直到18世纪、19世纪的塞万提斯、歌德等,直至近代文学,无不包罗在内。关于莎士比亚专门开课,英国浪漫诗人、欧洲文学史、欧洲文艺思想史、中西诗之比较、文艺心理学等,也都有专门课程讲授。但是平心而论,课讲得好的老师并不多。

那时清华大学西洋文学系主任是王文显。王文显,生于英国,伦敦大学文学学士。他的英文是很好的,能直接用英文写剧本,学生们没怎么听他说过中国话。他是莎士比亚研究专家,写过有关莎士比亚的讲义,只是没有出版。他隔一年开一次莎士比亚的课,在教莎士比亚戏剧的时候,一到下课时间,每节课不管是念到哪一句,不管是结束没结束他都合上课本就走人。他也写过戏剧讲义,讲义恐怕用了十几年,大概都没怎么改。讲戏剧照例是进了教室以后,什么招呼也不打就念讲义,铃一响就停下来,不管这句子断了没断,停下来就走,也不跟学生们讲话。那时候也没有说是教授进来站起来,没有这个习惯。王文显的课每次都让季羡林做笔记,每堂课下来季羡林的手累得又疼又酸,所以最怕上他的课。戏剧课结束的时候,王文显强调非将他指定的戏本看完不行。王文显给学生印象最深的是充当冰球裁判时的洋相,他脚踏溜冰鞋可在冰上的功夫明显是不够的,他如履薄冰的神态让学生们大笑不已。

东方学人

李羡林

教授里边的外籍人士居多,不管是哪一国人,上课都讲英语,甚至教德语的老师也是多数用英语讲课。只是在大一开始的时候,教了一段德语的课。任课的德语老师是杨丙辰,他当时任北京大学德语系主任,在清华大学是兼职教授。他的德语水平不错,在德国留学多年,并且翻译过德国的名著,如席勒的《强盗》就是他的译作。他没有教授架子,平易近人,常请学生吃饭。1932年中秋节前夕,杨丙辰约学生们到合作社南号喝咖啡,弄了一桌子月饼。吃完了,他又提议到燕京大学去玩,一行人载谈载行到了燕园。看到燕园和蔚秀园林木深邃,庭院幽琼,杨丙辰赞叹不止,说现代人提倡接近大自然,而中国古人早就知道接近自然了。但他教课,却不负责任。教第一个字母a时,说a是丹田里的一口气,到教c、b、d,也都说是丹田里的一口气。学生们便窃窃私语,是不是丹田里的一口气我们不管,我们只想把音发准确。从此,"丹田里的一口气"几乎成了他的代号。杨丙辰在生活上也很有趣。他同时在五所大学里兼课,月工资可达上千银圆。他在北京大学沙滩,有一处大房子,侍候他的人一大群。太太年轻貌美,天天晚上要去看戏。他推崇佛教的"四大皆空",这种人生哲学用在教学上,则表现出游戏人生的态度。甚至考试打分,他也不负责任。学生交上卷子,他连看也不看,就立刻把分数写上。

当时清华大学的计分方法采取等级制,分为五等:超、上、中、下、劣(用英文字母 E、S、N、I、F 表示)。学生管 E 叫"金齿耙",管 S 叫"银麻花",N 是"三节鞭",I 叫"当头棒",F 则是"手枪"。季羡林有一个姓陈的同学,脾气黏黏糊糊,交上卷子站着不走,杨丙辰以为他嫌分数低,立即把 S 改为 E。跟这样的老师学德语,基础自然就脆弱了。

杨丙辰对季羡林还是厚爱有加的。在季羡林的眼里他是一个十足的好人,虽然有时候上课大发议论,宇宙问题,天人问题,谈锋极健,生气勃勃,但往往也能够自圆其说。他讲《浮士德》讲得非常精彩。拜访他的时候,他也谈到各种学术上的问题,他劝学生们要多读书,还替学生们介绍书,学生们觉得他热情可感。拜访他时谈的晚了,就在他家吃饭。一次杨丙辰请客吃饭,季羡林发现巴金也在座,他感到这是个意外的收获。他读巴金的《死亡》时,就对他很留心了,觉得他是个很了不起的作家。还有一次,季羡林和李长之拜访杨丙辰,他给他们讲了许多话,有很多独到的见解。他还鼓励季羡林,叫他不要放弃英文、德文,将来可以去留洋。

教大三德语的是德国人狄特尔·冯·石坦安。他是德国柏林大学哲学博士,在清华大学讲授拉丁文。他讲课比较认真,要求也严格,季羡林也得到过他的指导。

大四法语是德国人古斯塔夫·艾克教的,他是德国爱尔冷根大学哲学博士。来清华大学以前,在厦门大学工作过一段时间,其时鲁迅也在那里,鲁迅写的文章中还提到过他。他是季羡林的业师,也是他毕业论文的指导教师。这又是一位马虎先生,对教书心不在焉,他的德语课只用英语讲授。有一次学生们要求他用德语讲授,他便哇啦哇啦讲一通德语,速度快得如悬河泻水,使学生们谁也反应不过来,他还问学生你们听懂了什么吗?结果这位老师还是用英语教德语,学生们自然是哑巴吃黄连,有苦说不出来。

艾克不是没有水平,他对艺术很有兴趣,在德国主修艺术史,拿到了博士学位。他用德文写过一部《中国的宝塔》的学术专著,在国外颇受好评。他还有一部专著是研究明代家具的,书中收集了很多有价值的图表。他在清华大学任教,但是却住在辅仁大学旁边的一座王府银安殿里。他的工资非常高,又孤身一人,家里雇了几个听差,还有厨师。侍候他的人不少,都住在殿前面的一个大院子里。他对中国名画极感兴趣,收藏了不少名贵字画。他坐拥书城,享受着王者之乐,尤其是他喜欢德国古典诗歌。这对季羡林产生了影响,季羡林的学士学位论文《现代才被发现了的天才——德意志诗人薛德林》就是在他的指导下写出来的。

这篇毕业论文是用英文写成的,里边半是想象,半是学术探讨,幻想力很强,受到艾克的一定影响。艾克自然也很喜欢这篇论文,给的成绩是 E。当时季羡林的经济情况很不妙,写了几篇文章,拿了一点稿费挺高兴的,还特意从德国订购了一套薛德林豪华本的全集,虽然念了一些,但觉得是不甚了了的。这套书季羡林一直珍藏至今。

1933 年暑假,季羡林回济南度假。艾克到济南旅游,住在瀛洲旅馆。季羡林请他到唐楼吃饭,陪他去图书馆,逛了大明湖。艾克对张公祠的戏台大加赞赏,说自己要到灵岩寺去工作。第二天,季羡林买了四盒罗汉饼去瀛洲旅馆送给他,结果他已经走了。

季羡林毕业前夕,艾克请他吃饭,饭后他送给季羡林一张阿波罗神的照片,季羡林非常高兴。后来艾克成了家,娶了一位中国的女画家,岁数比他小一半,年轻貌美。1946 年季羡林回国,去看他们的时候,他们请季羡林吃烤肉。

东方学人
季羡林

华兰德小姐也是德国人,但是她不教德语,而是教法语。她年纪很大,头发全白了。由于独身,性情反常,专在课堂上骂人,并以此为乐。学生越学得好,她挑不出毛病来火气就越大,学生挨骂就越厉害。结果学法语的学生让她骂走了一半,只有季羡林、华罗庚等少数几个不怕骂的留了下来,有一次上课竟然只有季羡林一个学生。后来学生们予以反抗,治了她一次,她反而屈服了,还请这些学生到自己家去吃饭,终于化干戈为玉帛。

季羡林这时还旁听过俄语课。教员是一个白俄,中文名字叫陈作福,个子极高,一个中国人站在他身后,从前面看什么都看不见。他既不会英文,也不会汉文,只好被迫用直接教学法,但是他的教学又不得法,学生们听不懂,所以结果并不理想,季羡林只听到讲"请您说",其余则不甚了了。有一次,季羡林去旁听他的课,他把 32 个字母念了两遍,就写出字来,让学生念。他的字写得很不清楚,弄得季羡林头昏眼花。上了几次课,只能大瞪其眼,却没有收获,大概只学了一些生词和若干句对话。季羡林旁听的兴趣也越来越小,最后终于放弃不听了。他第一次学习俄语的过程就此结束。

毕莲是一位美国女教授,美国斯坦福大学的英语硕士,教英语文字学。在大二第一学期的时候,她拿了一本丹麦语言学家论普通语言学的教材当教本,结果把本来不是很难懂的格林定律越讲越糊涂,原来她对古典语言一窍不通。第二学期,换了课本,她第一堂课讲乔叟的杰作《坎特伯雷故事集》时,大出风头,高声背诵了书中的第一段,让学生们大惊失色。课接着上下去,学生们才发现她的本领也就是会背诵这一段。她不懂中古英文文法，学生们只得读翻译成近代英语的乔叟著作。

教欧洲文学史的翟孟生也是美国人，他用自己著的一部五六百页的巨著当教材，一开始挺能吓唬人，但学生们很快就发现，这部教材除了厚以外，没有任何别的长处。里面涉及到许多世界名著，有一个内容提要，但是却不可靠。原来他对原著根本就不熟悉，连译本都没有读几本，只是抄了别人书中的一些内容，抄得又极不细心，错误百出。就是这样一个人，却成了当时清华大学的名教授，简直可笑之至。

温德是教大三法语的美国教授，也教过欧洲文艺复兴文学。他的英文讲得非常好，当时季羡林觉得像吴宓这样高水平的中国教授，再读十年书，也讲不到这个水平。他看了不少书，但没有人知道他是否有学术文章发表。他作为美国人，喜欢的却是伊斯兰教，觉得伊斯兰教的天堂符合他的口味。遗憾的是，伊斯兰教戒酒，而他却总是喝得醉眼矇眬，戴着装反了镜片的眼镜，在清华园里也算是一景了。他终身未娶，在中国去世，活了100岁，在中国起码待了70年。

还有一位英国人吴可读教授，教三年级的中世纪文学。他上课不拿课本，顺口讲，学生则顺手记录。他还讲授现代小说，选了《尤利西斯》、《追忆逝水年华》以及伍尔芙和劳伦斯的各一部小说做教材，至于懂不懂，则只有天知道了。季羡林当时的感觉是迷迷糊糊，不知所云。他还经常缺课，学生们等半天，他也不到教室。他好歹敷衍了一学期，让学生们很失望。而一旦学生到的少了，他就拿考试来吓唬学生。有一次考试居然考法国作家福楼拜的《包法利夫人》，季羡林和同学们只得拼命看，看得头晕眼痛，终于看完了，就大骂这位"老外"老师。

这些外国教授，除了个别的，大多是草包。他们都在本国大学毕业，但肯定在本国大学当不了教授，有的可以做大学助教，有的可以做中学老师，有的只配当小公务员之类，找不到太好的工作，但到中国后却成为名教授。更为可笑的是，他们在中国并不老老实实地当教授，而是来这个神秘的国度猎奇。受好奇心驱使，有的人学了一脸假笑，挤鼻子弄眼，打躬作揖，能说上三句半中国话，便成为所谓的"中国通"回国了，居然还写出大论中国的书，名也有了，财也有了，皆大欢喜。殊不知，这些人花钱雇中国人给他们翻译古籍，但是书出版的时候，译者的名字不见了，只剩下他自己的名字。个别"杰出"者，还靠这本著作在本国大学当了汉学教授，真是滑天下之大稽。在清华大学，这些非正常途径出身的洋教授，讲课都有点野狐谈禅的味道。所以在规定的所有必修课中，洋教授教的课没有一门让学生们满意。季羡林自己觉得四年下来，收效甚微，尤为可笑的是学了四年的德语，只能看书，却不能听和说，根本张不开口。

那个时候对老师的教学态度，学校没有一个统一的要求，好像根本就没有这样的概念，教师也不准备教学大纲和教案。教授在课堂上可以信口开河。谈天气，可以；骂人，可以；讲掌故，可以；扯闲话，可以。老师愿意怎么讲就怎么讲，愿意讲什么就讲什么。天上地下，唯老师独尊，谁也管不着老师。有的老师竟然能够在课堂上睡过去，有的上一年课也不和学生说一句话。有的教授同时在八个大学兼课，必须制定出一个轮流请假表，才能解决上课的冲突。勤勤恳恳的老师不能说没有，但是却是少数。老师这样对待学生，学生则以其人之道，还治其人之身。所以师生之间不是互相利用，就是互相敌对。师生关系竟然变成这样子的关系：老师为了混饭吃，学生为了拿文凭。

教外语的中国老师中，值得尊重的是叶公超，但是当时的学生还没有这个意识。叶公超(1904—1981)，广东番禺人，生于江西九江。叔父叶恭绰是清末民初大学者、大藏书家，并以诗书画名世。叶公超自幼失怙，由叶恭绰抚育成人。叶公超家学渊源，后来所继承的也是这祖上的风气。叶公超五四运动时在天津南开中学读书，是南开救国 10 人团的核心人物。他中学没有读完，就远涉重洋赴美求学，先后在伊利诺州的尔宾纳中学、缅因州的贝兹大学和麻州的爱默思特大学攻读。他后来到英国剑桥大学玛地兰学院深造，获文学硕士学位，接着又到法国巴黎大学研究院作短期研究。1926 年秋回国，他即任北京大学及北京师范大学英文系讲师，兼编《北京英文日报》和《远东英文时报》，并很快成为新月社中的一员，与胡适、徐志摩、梁实秋等人建立了友谊。他用中文写的第一篇文章，即介绍英国戏剧家辛额其人其剧的《辛额》，就发表在徐志摩主编的《晨报副刊》剧刊上。那时叶公超年仅 23 岁，就显示出他的少年英才，风发意气。[14]

东方学人
季羡林

季羡林在清华大学上学期间，叶公超对他的帮助是很大的。他大一的英语课是叶公超上的，季羡林觉得他的教学方法非常奇特。叶公超教的是基础英语，用的课本却是英国女作家奥斯汀的小说《傲慢与偏见》。季羡林说："他的教学法非常离奇，一不讲授，二不解释，而是按照学生的座次（学生的座次是并不固定的）从第一排右手起，每一个学生念一段，依次念下去。念多么长？好像也并没有一定之规，他一声令下：Stop（停）！于是就 Stop 了。他问学生'有问题没有'？如果没有，就是邻座的第二个学生念下去。有一次，一个同学提了一个问题，他大声喝道：'查字典去！'一声狮子吼，全堂愕然、肃然，屋里静得能听到彼此的呼吸声。从此天下太平，再没有人提任何问题了。"[15]季羡林很佩服他的英文水平，而且他对英国的散文很有研究，只是季羡林对他的作品还接触不多，以为他惜墨如金，没有写过文章。

叶公超的书法作品

季羡林眼里的叶公超很少着西装,经常是夏天绸子长衫,冬天绸缎长袍、绸子棉裤,裤腿用丝带系紧,而丝带的颜色又和棉裤不同,非常鲜艳。裤腿上打的结子呈蝴蝶状,一走起路来,蝴蝶的翅膀就微微抖动。脚下穿的是皮鞋。头发或者梳得光可鉴人,或者干脆不加梳理,让它像乱草一样。这种"潇洒相",季羡林这些学生在背后议论纷纷,说他是在那里学名士。但觉得他又不是真名士,真名士是俞平伯。俞平伯有直率天真一任自然的风格,而叶公超则难免有引起"轰动效应"之嫌。所以他们把叶公超归为"假名士",把俞平伯归为"真名士"。

季羡林对叶公超印象不好,认为他很乖戾,一直不愿意去拜访他。后来李长之告诉季羡林,说他一点也不乖戾。1933年,有一次季羡林与林庚晚上去找他,谈到很晚,一直谈到11点。他们谈中国文坛上的人物,当时叶公超要办一个刊物,有约季羡林帮忙的意思。季羡林对他说自己很喜欢写随笔,叶公超鼓励他,给了他许多具体的指导意见,还笑着说中国文坛上缺少写随笔的人,让季羡林努力去做。叶公超竟然对季羡林在第一年的事情,都记得非常清楚。这使季羡林很是感动,改变了以往对他不好的印象。以后季羡林写了文章,便给叶公超看。季羡林的《年》、《枸杞树》、《兔子》都给他看过。叶公超看过后写了一封信,说他已经看过了,印象很好,并且约季羡林到他家去面谈。季羡林便约了李长之去他家。叶公超说,他喜欢《年》,因为《年》写的不是小范围的感情,而是扩大的意识。他希望季羡林以后写文章一定要朴实,要写扩大的意识,一般人的感觉,不要只写个人的怪癖。经叶公超这么一说,季羡林有茅塞顿开之感。他觉得以前实在没有把眼光放这样大,觉得他给自己指出了一条路,而这条路又是自己愿意走的。对于《年》这篇散文,他自己喜欢,但是生怕别人不同意自己的观点,几天来他一直在为此事苦恼。现在得到叶公超的赞同,自己怎么能不高兴呢?叶公超还建议把《年》改动几个字,在《寰中》杂志上发表。

季羡林把叶公超归入文坛上的新月派。叶公超主持过《新月》后期的编务工作,这期间《新月》的作者中出现了葆华(曹葆华)、中书君(钱锺书)、常风、灌婴(余冠英)、长之(李长之)、曦晨(李广田)、孙毓棠、卞之琳、杨季康(杨绛)等一批新人的名字。这些人都是叶公超的学生,他们在叶公超的关心指导下写出了一些作品,并且都是因在《新月》上发表作品而成名的。"他主持《新月》期间,是杂志最浪漫、最醇厚的一段,他理想中的《新月》,不是刀光剑影的古战场,而是月下把酒论诗的田园梦。他看人论物,也不以圈子为重,能够超越党派之争,持公正之论。"可惜这时的《新月》杂志已经衰微下来。

1933年《新月》停刊后,叶公超又与闻一多、林徽因、余上沉创办《学文》月刊。这个刊物的同人基本上是《新月》的原班人马,作者队伍中也有一批北京大学、清华大学的高材生,其中有钱锺书、季羡林、杨联陞等人。季羡林的散文《年》受到叶公超好评后,自然一下子把他美得不得了,他欣然自得,大有受宠若惊的感觉,于是又写了一篇《我是怎样写起文章来的》送给叶公超。没有想到,叶公超大发雷霆,把季羡林叫去,铁青着脸,一脸的怒气,大吼一声:"我一个字也没有看!"把季羡林吓得目瞪口呆,赶忙拿了文章走人。叶公超杂志办得很有影响,可惜的是出版到第四期,就因为经费问题以及他出国休假而停刊了。叶公超是一个愿意动脑筋的人,他还经常和学生进行讨论。有一次,他告诉几个同学,正考虑一个问题:中国古代诗歌中人的感觉转换问题。他举了一句唐诗:"静听松风寒。"最初只是用耳朵听,然而后来却变成了躯体的感受"寒",其实他考虑的正是一些文艺理论问题。[16]季羡林当然也愿意讨论这些问题,于是在天津的《大公报》文学副刊上发表了一篇散文,谈了自己对叶公超观点的看法。

季羡林在大三的时候,叶公超仍然给他们上课,用的课本是学校订购的《主要的现代诗人》,打7折还卖9.7元,印刷非常精美。有一次上课的时候,叶公超在黑板上写了美国诗人卡明斯的一首诗,字很少,但是给人很深的震动。叶公超给学生们说,卡明斯是哈佛大学的毕业生,对他的评价颇有争议,有人称他为最伟大的诗人,有人则骂他。无论如何,他的诗形式独特,语言优美,对现代诗人是有广泛影响的。有时候,叶公超的课讲得很好,让学生对诗发生兴趣;有时候,叶公超的课讲得不高明,甚至也有胡诌八扯的;有时候,他还有干脆缺课,不知道干什么去了。他给学生指定的杂志,使季羡林对现代诗产生了很大的兴趣,他想把这些杂志都读读,然后写一篇现代诗歌的论文。

在学生们的眼里,叶公超的脾气古怪,几乎是喜怒无常。季羡林和李长之去拜访他,明明他在家里,却偏让家人说出去了。学生们感到莫名其妙。后来,叶公超又到西南联合大学任教,还在北京大学当过外文系主任。在西南联合大学任教时,闻一多曾说过叶公超是"二毛子",因为他的英文比中文好。胡适对他的评价也甚高,说他的"英文是第一等的英文,他说得更好,就是外国一般大政治家也不见得说得过公超"。1998年北京大学百年校庆时,西语系把叶公超和当时的美国总统艾森豪威尔谈话的照片摆出来,说明他在当时的地位是多么的显赫。叶公超还和诺贝尔文学奖得主艾略特有过交往,他是第一个在我国介绍艾略特的人,他的学生赵萝蕤是第一个把艾略特的名作《荒原》翻译出版的学者,她谈"才华出众的叶公超先生",无不表示自己的敬意:"他一目十行,没有哪本书的内容他不知道,作为老师,我猜他不怎么备课,只是凭自己的才华信口开河,说到哪里是哪里,反正他的文艺理论知识多得很,用10辆卡车也装不完的。"

季羡林是非常感激叶公超的,他认为自己一生舞文弄墨,受影响最深的有三个人:董秋芳、叶公超,还有郑振铎。

5. 风格独具的先生

吴宓到清华工作,始于清华研究院的成立。

吴宓(1894—1978),陕西泾阳以北嵯峨山麓安吴堡人。吴宓生于一书香门第,他幼读孔孟,1910年考取清华留美预备学校,由陕西提学使咨送赴京。1913年外务部所属令各省提学使招考游美第二批学生,规定考生年龄最大限是15岁,但这年他已经17岁。为报考游美生,他便更改年龄和名字。他取过手中携带的《康熙字典》,闭目翻开某一页,用手指确指一字,得"宓"字,即报填"吴宓,泾阳人,年十五"。"于是吴宓之名遂立,而后所犯之错误,所加之罪名,悉与吴宓二字相连属,相终始矣!"[17]这一招终于使他得以赴弗吉尼亚大学留学,后来因为慕美国著名保守主义文论家白璧德(Babbitt)之名,又进入哈佛大学,与梅光迪一同师事白璧德。吴宓以倡导古典主义、捍卫固有文化为己任,在文学研究上特别重视文学的伦理作用,是白璧德的中国真传弟子。1921年他获硕士学位回国,到东南大学(今南京大学前身)担任教授。但是,是时的东南大学人际关系复杂,内部斗争激烈,正直的、有才学的人寡不敌众。吴宓坚辞了东南大学的教职。他1924年底被聘为清华的教授,此事的促成与梁实秋有关。原来在1923年3月,清华高等科四年级学生梁实秋等三人到东南大学游览、参观,梁实秋连续听了吴宓两三天的欧洲文学史课。当时吴宓讲的内容是卢梭的生活和著作。听课之后,梁实秋并未去拜访他,回校后却在《清华周刊》上发表文章,评论东南大学的学风之美,教师饱学而尽职,学生好读而勤业。梁实秋的文章述及吴宓讲的课程,他不开书本,不看笔记,却讲得井井有条,滔滔不绝。他说当时清华大学正缺吴宓这样的教授,并说吴宓亦是清华学校游美同学,而母校未能罗致其来此,是非常遗憾的事情。吴宓说:"此亦与清华之聘宓往,有关。"后来梁实秋游美留学也到了哈佛大学,同样师从白璧德,明显是受到吴宓的影响。

东方学人

李赋林

1924年,曹云祥校长觉得清华学校应该改办大学,同时设立研究院。他同年2月22日致函胡适,想聘请他担任筹备大学顾问。同时,他又动员胡适出任筹建中的清华研究院院长(职位同各系科主任)。胡适推辞不就院长(后改为吴宓任主任),但建议曹云祥应采用宋、元书院的导师制,并吸取外国大学研究生院的学位论文专题研究法。因此清华研究院的导师制,是曹云祥根据胡适的提议设立的。曹云祥首先从国学来开始建设,就请胡适到清华来做研究院的导师。胡适说:"我没有资格,给你推荐几个人。"这几个人就是梁启超、王国维、章太炎、赵元任。后因

吴 宓
(1894—1978)

章太炎不就,而改聘陈寅恪(由吴宓推荐)。梁启超是胡适少年时代的精神偶像,赵元任是胡适留美时的挚友,王国维的学问是胡适很敬重的。清华研究院当时决定聘用王国维为研究院院长。

1924年12月8日,胡适陪同曹云祥拜访了王国维。第二天,曹云祥在致胡适的信中这样写道:

适之先生台鉴:

　　昨承偕访王静庵先生,晤谈之后,曷胜钦佩。敝校拟添设研究院,即请王君为该院院长。兹将致王君一函并聘书送请察阅,如蒙同意,即祈转致,并恳玉成是荷。

　　此颂

道安

曹云祥谨启
12月9日

王国维无意任院长之职,于是聘请了研究院筹备处主任,就是哈佛大学毕业的吴宓。但是吴宓自己谦虚,始终不愿意称主任,而是自称秘书。清华研究院一成立，吴宓就宣称本院与其他大学的不同之处在于重视科学方法。

清华研究院和"四大导师"，是清华人文学科最初的辉煌，也是最终的辉煌，后来一直没有超过"四大导师"那个时期。

吴宓作为筹备处主任，亲自去请王国维来担任导师。他到了王国维家里，行三叩首礼，使得王国维很感动，觉得吃洋面包的这个年轻人还很尊重自己，所以很痛快地就来了。1925年，王国维住进清华园南院靠西的中式房屋。每天上午，他从这里走到清华学堂上课。下午和晚上，他回到书房读书和写作，过着内向而不善交际的生活。就是在这里，他写出了20世纪中国美学的重要著作《人间词话》。王国维精通英文、德文、日文，使他在研究宋元戏曲史时独树一帜，成为用西方文学原理批评中国旧文学的第一人。

吴宓、梁启超又向曹云祥极力推荐陈寅恪，吴宓是最早发现并惊服陈寅恪才能的人，他早在留美结识陈寅恪时，即驰书国内，断言"合中西新旧各种学问而统论之，吾必以寅恪为全中国最博学之人"。经过他的推荐，清华研究院三天之内就下聘书。当时，陈寅恪还在柏林大学学习。1925年，陈寅恪从德国回来，走进清华园。

吴宓又聘请了赵元任。

除了吴宓，还有一位导师没有进入国学院"四大导师"之列，他就是"中国人类学和考古学之父"李济。李济1911年考入清华学校，因为善于辩论和演话剧而闻名全校。清华研究院成立时，梁启超、王国维、陈寅恪、赵元任是教授，李济是讲师，年仅29岁。可能是因为年龄太小，也因为人类学和考古学不被视为"国学"，李济有大师的身价，却没有大师的称号。

吴宓到清华研究院，是其人生的转折点。季羡林说："他坦诚率真，十分怜才。学生有一技之长，他决不掩没，对同事更是不懂得什么叫嫉妒。……也许就是由于这个缘故，他在清华作为西洋文学系的教授而一度兼国学研究院的主任。"研究院的四位学术大师几乎不分伯仲，成为一时美谈。《吴宓自编年谱》云："宓持清华曹云祥校长聘书，恭谒王国维（静安）先生，在厅堂向上行三鞠躬礼。王先生事后语人，彼以为来者必西服革履、握手对坐之少年，至是乃知不同，乃决就聘。后又谒梁启超先生，梁先生极乐意前来。"

"四大导师"都比吴宓学问大、影响大，他如果没有大家的胸襟，是不会怀着崇敬之情，聘请比自己强的人来自己主事的研究院任职的。吴宓一生聘用、推荐、造就、培养了一批优秀的后学，如王力、钱锺书、贺麟、季羡林、李赋宁等,正所谓英雄惜英雄,惺惺惜惺惺。

从1928年1月起,吴宓为天津《大公报》主编文学副刊,到1934年1月停止,吴宓总共编辑了三百多万字,在文学副刊上面发表的文章大约有一百多篇,所撰编者按语更是不计其数。在他的努力下,文学副刊获得各界好评。副刊以报道文学发展动向、发表文学作品为主,以学院派风格见长。在形式方面不拘一格,新诗、旧诗纷呈,文言文、白话文并用。副刊还通过纪念世界文化名人,介绍中外杰出的文学家、史学家、艺术家和他们的作品,广开读者心智。当时吴宓任教于清华大学,副刊的编辑通讯处也设在清华园。每期稿件都是由他在北平编好后再寄往天津,交《大公报》发表。他精选材料,不畏不惧,不慌不急。"他对工作十分认真负责,从组稿、写稿、编稿到版面都由他一个人来组织筹划。所有的稿件,都是字字工整,非常清楚,就是别人的稿件,字迹不清楚的,都要重抄一遍,生僻的字,在旁边空白处另外写一个大的,还画上一个小圈。至于用什么字号,用什么格式,均用红笔加以说明,字迹同样是工工整整,一笔不苟,为排字房提供了诸多便利,同时也表现出一个文学家的严谨,对编排技术的追求。他对编辑业务的严肃认真给《大公报》人留下深刻的印象,受到赞誉。"[18]他在选稿的时候,非常注意稿件的质量。对于一些有潜力的作者极力推荐,还积极鼓励他的学生,如贺麟、季羡林等给文学副刊撰稿,并给予切实的帮助,以促进青年的成长。

吴宓在清华大学给季羡林上的课有两门:英国浪漫诗人、中西诗之比较。前一门课,他让学生们背诵浪漫诗人的诗句,有时候要求背得很长很长;后一门课,他讲的是一些中国的古诗和西方的诗,也讲一点有关的理论,只是季羡林已经没有什么印象了。在他的影响下,季羡林当时也写了一篇中西诗学比较的论文,是把陶渊明与英国的一个什么浪漫诗人做了一点比较,自己觉得因为有点"拉郎配"的味道,所以也比不出什么名堂。

吴宓的比较文学研究没有什么文章发表,季羡林没有看到这方面的文章,季羡林看到他的文章大多是连篇累牍地论述白璧德的。1933年,季羡林结束了大三的课程上了大四,与吴宓的接触才多起来。听同学王岷源说吴宓流露过一个意思,想找学生们帮忙办《大公报》文学副刊,季羡林一时冲动,很想一试。他自己曾经翻译过一篇《从马洛到歌德、浮士德传说之演变》的文章,便抄好了稿子,在歌德百年祭的日子,找了几次总算找到了吴宓。吴宓和他谈系里的各种功课,谈《大公报》文学副刊。他让季羡林读英国《泰晤士报》文学副刊。季羡林以后便经常去拜访吴宓,感到他说话非常坦率,也感到他性情古怪。季羡林写的一些文章,请吴宓指正后在报上发表了。当他从吴宓那里拿到10元稿费时,那个高兴劲是可以设想到的。吴宓也出一些题目让他写,如纪念美国诗人萨拉·蒂斯代尔的文章,就是吴宓布置给他的任务。季羡林从图书馆借了美国自由派的评论周刊《新共和》和其他参考书,忙着来写这篇文章。西洋文学系开会,吴宓作为系主任摇头直臂,神气十足,令人喷茶。吴宓开的课中西诗之比较,季羡林的论文他只给了个Ⅰ分,这仅是第四等。季羡林觉得受了好大的委屈,因为不如自己的论文,却拿到了高分。他拿到分数的那天晚上,心里那个不痛快一直没有办法扭转。他觉得自己是受了侮辱,在心里骂了一句:真混天下之大蛋!

在吴宓的鼎力推荐下,季羡林和几个舞文弄墨的青年学生,经常给《大公报》文学副刊写些书评和散文一类的文章,因而他们无形之中形成了一个小团体。学生们经常到他那在工字厅的住处去做客。工字厅这个院落,荷花摇曳,藤萝缠绕,吴宓的住处被称为"藤影荷声之馆",屋里挂着黄节题写的"藤影荷声之馆"字幅。吴宓自称"奠居",希望有更合适住这里的人来住,自己不过是为他们将来在这里住得更好打个前站,他甘做名师的护卫走卒。有时候,他也请学生们到工字厅的教授餐厅去吃西餐。过去他请吃饭的时候经常是一角五分钱的客饭,所以对他请客,学生们不是太感兴趣。但是他们去了,才发现这次是颇耗费的。那是在1933年11月24日,吴宓请季羡林他们正式吃西餐,他因为是第一次吃西餐,刀叉布前,眼光耀目,他只得模仿别人的样子拿刀拿叉。在饭局上,季羡林看到了年轻教师王力。王力谈到他在法国留学的经验,他既没有公费也没有私费,只得凭着给商务印书馆翻译书稿挣钱。他的这种精神,给了季羡林很大的勇气。虽然没有机会与王力说上几句话,但从此却认识了他。这在当时教授和学生间存在着一条看不见但能感觉到的鸿沟的情况下,是非常难能可贵的。每念及至此,季羡林就感到一阵温暖。季羡林感到温暖的当然还不止这些,学生们还可以无拘无束地通过刊物与教授开玩笑。当时他们常开玩笑的教授有两人:一个是俞平伯,一个就是吴宓。学生们办的杂志《清华周刊》,形式活泼多样,文章生动犀利,图文并茂。有一天,俞平伯大发豪兴,剃了个光头,大摇大摆地走上讲台上课,学生们感到愕然。于是学生们就在周刊上发表文章,讽刺俞平伯要去当和尚。

东方学人 季羡林

在季羡林他们这些学生眼里,吴宓是一个奇特而矛盾的人。李森在《吴宓:在联大受气》一文中这样形容吴宓:吴宓真是举世无双,只要见他一面,就再也忘不了。吴先生的面貌呢,却是千金难买,特殊又特殊,跟一张漫画丝毫不差。他的头又瘦削,又苍白,形如炸弹,而且似乎就要爆炸。胡须时有进出毛孔欲蔓延全脸之势,但每天清晨总是被规规矩矩地刮得干干净净。他的脸上七褶八皱,颧骨高高突起,两腮深深陷入,两眼盯着你,跟烧红了的小煤块一样——这一切,都高踞在比常人高半倍的颈脖上;那清瘦的身躯,硬邦邦,直挺挺,恰似一根钢棍。[19]季羡林认为,他古貌古心,表里如一;在别人写白话文、写新诗的时代里,他写古文、写旧诗;他反对白话文,但又十分推崇用白话文写成的《红楼梦》;他能同青年学生们来往,但是又显出一副俨然凛然的样子;他看起来严肃、古板,但却又有一些浪漫的恋爱史。而和吴宓开的玩笑正是由于他谈恋爱引起的。

有一次,吴宓高兴起来,把自己写的爱情诗《空轩十二首》在课堂上发给同学们。大概是在1933年,吴宓与毛彦文恋爱失败后,写成《海伦曲》这首长诗,以旧体诗写西洋故事;又做《空轩十二首》,每首咏与其相知的现代女性,自题"中国诗人,自离骚以下,常以男女喻君臣之际会。西方诗人如但丁,罗色蒂女士等,则以男女喻天人之接引。……均以男女至情,可以深托思慕,其苦乐成败,又极变化奇诡之致故也"。就在毛彦文出嫁之日,吴宓独坐在空房作组诗,发泄烦恼:

> 吴宓苦爱毛彦文,
> 三洲人士共惊闻。
> 离婚不畏圣贤讥,
> 金钱名誉何足云!
>
> 做诗三度曾南游,
> 绕地一转到欧洲。
> 终古相思不相见,
> 钓得金鳌又脱钩。
>
> 赔了夫人又折兵,
> 归来悲愤欲戕生。
> 美人依旧笑洋洋,
> 新妆艳服金陵城。
>
> 奉劝世人莫恋爱,
> 此事无利有百害。
> 寸衷扰攘洗浊尘,
> 诸天空漠逃色界。

当时吴宓苦恋毛彦文已经多年,而且已办理了与原妻陈心一离婚的手续,正无所顾忌地追求着毛彦文,不料毛彦文竟不顾他的一片深情,嫁给了一垂垂老翁——国民党的要员熊希龄,在南京结了婚。吴宓悲愤欲绝,写成这组诗,用以消除胸中块垒。诗中的"三洲"是欧、亚、美,说明知道他的浪漫韵事的人包括了三洲人士。这虽是夸大其词的说法,但知道的人确实不少。甚至当时的一些大报上也不断有借此攻击吴宓的。针对这些攻击,吴宓声明:"你们攻击我的学术,那么来吧,要是攻击我的名誉,我吴宓本无名誉可言,随你们去!"

　　吴宓继续用自己的诗来发泄失恋之情:

　　　　渐能至理窥入天,
　　　　离合悲欢各有缘。
　　　　侍女吹笙引凤去,
　　　　花开花落自年年。[20]

东 方 学 人

李羡林

　　吴宓发给学生的这12首诗,季羡林知道都是意有所指的。但确切地指什么,学生们并不清楚。学生们只知道,他追求毛彦文是非常辛苦的。诗句中有一句说"吴宓苦爱毛彦文,三洲人士共惊闻",是夫子自道。编《清华周刊》的秀才们把这些旧诗翻译成白话,刊出一首《七律今译》,与吴宓开了一个不大不小的玩笑。这首七律的前半阕,直到现在季羡林还记得:

　　　　一见亚北貌似花,
　　　　顺着秫秸往上爬。
　　　　单独进攻忽失利,
　　　　跟踪盯梢也挨刷。

　　季羡林还记得下半阕的最后一句,是"椎心泣血叫妈妈"。诗中的人物简直呼之欲出,亚北代指一位姓欧阳的女同学,是西洋文学系的学生,吴宓当时正追求她。玩笑开到这个份上,吴宓也一笑置之,不以为忤。

　　学生们与俞平伯、吴宓这样的教授开玩笑,自然觉得好玩,而威严方正的教授们也不以为忤,无形之中就填平了老师和学生之间的鸿沟。

　　季羡林离开清华大学以后漫长的几十年里,他们师生之间很少见面。只有在1961年的八九月间,吴宓从重庆北上北京,会晤贺麟、钱锺书、季羡林、李赋宁等旧日的朋友和学生。季羡林在北京大学燕东园李赋宁的家里,拜见过他。那次会面,师生之间娓娓语家常,谈往事,其乐也融融。吴宓在抗日战争期间去了西南联合大学,北京大学和清华大学复员回到北京后,他没有回去,而是留在了重庆。

　　吴宓虽然不关心政治,但也偶有出人意料之举。

　　有一次在陕西,国民党三青团的党棍通过吴宓的嗣父邀请他去讲

《红楼梦》，被他拒绝，理由是他不想对牛弹琴。1972年，全国掀起"批林批孔"运动，小将们问他对此运动的看法，他说："我只批林，不批孔。"小将们强迫他喊"批林批孔"，他大声说："宁可杀头，也不批孔！"这一点，跟梁漱溟的立场完全一致。吴宓后半辈子被整得很惨，在弥留之际，他大声喊道："我是吴宓教授，给我水喝！我要吃饭，我是吴宓教授！"喊声十分悲惨。至今，他的声音还让当时的极少听者潸然泪下。吴宓曾被红卫兵脱光衣服后，置于旷地，水浇棒击；变相监禁期间，求喝小便而不得，真是一切的感慨都给打上不堪的烙印。

季羡林后来在为《第一届吴宓学术研讨会论文选集》所作的序言中写道："将近60年前，我在清华大学西洋文学系读书时，听过雨僧先生两门课……一方面我们觉得他可亲可敬"，"但是另一方面，我们对他非常不了解"。"我们对他最不了解的是他对当时新文学运动的态度"，"这种偏见在我脑海里保留了将近60年，一直到这一次学术讨论会召开，我读了大会的综合报道和几篇论文，才憬然顿悟：原来是自己错了。""我痛感对不起我的老师，我们都应该对雨僧先生重新认识，肃清愚蠢，张皇智慧，这就是我的愿望。"事实上，季羡林和他当时的同学有一个成见，把胡适、陈独秀和鲁迅等人划在新派，把吴宓等人所代表的学衡派划在旧派，认为旧派复古保守，开历史倒车，他们无不崇拜新派，厌恶旧派。

多年以后，季羡林发现，五四运动的大方向虽然是正确的，但是主张有些过激，也有一些偏颇之处，甚至是严重的错误，如主张"打倒孔家店"，对中国的旧文化不分青红皂白地一律放弃，得到当时青年们的拥护，这错误是显而易见的。吴宓在当时能够挺身而出，反对这种偏颇，季羡林感到他了不起，觉得他是有先见之明的。

季羡林在清华大学西洋文学系读书时，冰心已蜚声文坛。1921年文学研究会就出版了她的小说集《超人》、诗集《繁星》，1926年北新书局又出版了她的诗集《春水》和散文集《寄小读者》，1932年北新书局出版了《冰心全集》，她大名震神州。冰心在燕京大学教大一国文写作课时，有别具一格的指导方法。清华大学当时也请她来教了一门课。学生中大有"追星族"在，季羡林和李长之、林庚、吴组缃也在其中。他们都到三院去旁听，屋子里面座无虚席，连走廊上也站满了人。冰心当时不过三十二三岁，头上梳着一个信基督教的妇女常梳的簪，盘在后脑勺上，满面冰霜，不露一丝笑意，一登上讲台便威严地发出警告："凡不选本课的学生，统统出去！"季羡林他们相视一笑，伸伸舌头，立即弃甲曳兵而逃。20世纪50年代，季羡林同冰心熟了，曾跟她说起这件事，她笑着说："早已忘记了。"

季羡林特别欣赏冰心给别人题写的座右铭:"知足知不足,有为有不为。"他觉得,每个人都能满足于已经得到的东西,则社会必能安定,天下必能太平。"学如逆水行舟,不进则退。"只有"知不足"的人才能为人类文化做出贡献。"有为"是应该去做的事情,"勿以善小而不为,勿以恶小而为之"。凡是对国家、对人民、对人类发展有利的事情,都是应该去做的。正是非常欣赏这个座右铭,季羡林也给别人题写过。

季羡林考入清华大学后,学校规定全校的大一新生设有共同必修的课程。凡所修课程不及格者不给学分,系必修课则须重读;系选修则可不再选而改选其他,只要学满规定之学分即可。凡已修及格的课程,本人降级时也不必重修。一方面学生可以不按一定目标、一定次序来选课,另一方面教师也自由开课。文科生必须修理科的课,如果实在不行就用逻辑代替。文科出身的季羡林自然选择了逻辑,他的老师是金岳霖。金岳霖是清华大学最早的哲学教授,原先只有他一个人教哲学,后来成立了哲学系,加聘了邓以蛰、冯友兰为教授。学文科的学生没一个选纯理科课程的,结果是选逻辑的人太多了。

金岳霖是著名的逻辑学家。以一个学者研究的领域来称谓一个学者极为少见,可金岳霖却得到了这样一个名衔:金逻辑。在20世纪三四十年代,金岳霖先后完成的《逻辑》、《论道》和《知识论》,从方法论、本体论和认识论层面构建了一个完整的哲学框架。金岳霖是湖南长沙人,生于1896年,是美国哥伦比亚大学的政治学博士,以后他在英、德、法等国留学,并从事学术研究工作。1925年金岳霖回国,他的外国女友秦丽莲也随之来到中国。1926年他任清华大学教授,并创办清华大学哲学系。金岳霖有一种天赋的逻辑感,而且幽默感十足。中国有句古谚,金钱如粪土,朋友值千金。金岳霖说,他在十几岁的时候,就觉得这个谚语有问题,如果把这两句话做前提,得出的逻辑结论应该是"朋友如粪土"。金岳霖的学生中有胡乔木、乔冠华这样的政治家,也有沈有鼎、王宪钧、王浩那样的逻辑学家。正是他使西方逻辑,特别是现代逻辑在中国这块土地上扎下根来。他以中国哲学界第一人的崇高威望,讲授现代逻辑,撰写现代逻辑著作。在清华大学20世纪30年代的校刊上,对于金岳霖有这样的描写:"初见马约翰先生,你未必能知道他是体育教授;初见郑桐荪先生,你也未必敢断定他是教务长;金岳霖先生,你却一望而知他就是哲学大师。他眼镜厚厚的,帽子的边缘务求正好遮眼前的光;他有时西装外面套件大褂,有时大褂外面又套件棉袍,反正都有理。"

金岳霖属于那种批判型的学者,早年他在学术批评中的用语,也常常是辛辣中有尖刻,如在为冯友兰的《中国哲学史》所写的审查报告中,提到胡适竟用了"美国商人"这样的字眼。在清华大学校史上还流传着另一件趣事：解放初艾思奇三进清华园讲课，由金岳霖主持。艾思奇在报告中过于强调辩证逻辑，却批评形式逻辑是形而上学。金岳霖最后致谢时说："艾思奇同志的讲话很好，好就好在刚才他说的每一句话都符合形式逻辑。"他在学术上当仁不让，于此可见一斑。在西南联合大学时期，有学生问他："逻辑这门学问这么枯燥，您为什么要研究呢?"金岳霖的回答是那样孩子气："我觉得它很好玩。"1927年，他写下了这么一段文字："坦白地说，哲学对我们来说是一种游戏……正是在这里，游戏是生活中最严肃的活动之一。"在清华园里，金岳霖几乎被看成一个不食人间烟火的人物，整天沉浸在他的逻辑世界中。他为心中的挚爱林徽因终身不娶；家中除了书，就是一只与他同食一桌饭的大斗鸡。冯友兰对这位数十年的老友的评价是：他的风度很像魏晋大玄学家嵇康。嵇康的特点是"越名教而任自然"，天真烂漫，率性而行，金岳霖亦然。

  冯友兰和金岳霖都讲形式逻辑，张松年讲的逻辑有点罗素的味道，可是，最叫座的还是金岳霖的课。一到他的课，好几百人，几乎满堂。季羡林虽然在高中学过逻辑，不过金岳霖讲的逻辑跟他学的不一样，所以考不好，后来他才知道，金岳霖讲的形式逻辑跟自己学过的不是一个体系。金岳霖有一次讲到"我吃饭"一句话，说重读"我"，就表示："我"吃饭，不是"你"吃饭。重读"吃"，就表示：我"吃"饭，不是我"拉"饭。在1932年9月14日清华大学的开学典礼上，有那么多名人致辞，梅贻琦、朱自清、郭彬和、萧公权、金岳霖、顾毓琇、燕树棠等，季羡林觉得金岳霖的致辞最好。金岳霖说他在巴黎看了一出剧，描写一个病人(象征各国国民)，有许多医生围着他看，有的说是心病，有的说是肺病，有的主张是"左"倾，有的主张是右倾。纷纭杂陈，莫衷一是。这表示各种学说都是看到现在世界危机而想起的一种救治办法，但最终也是没有办法。金岳霖还说，在动物园里有各种各样的动物，而猴子偏是最小气、最不安静的。人偏与猴子有关系，所以结论是人类不亡，是无天理。当时季羡林觉得他真是个怪物，竟敢这么说。

  冯友兰在《中国哲学史新编》中，认为中国能称得上哲学家的，只有很少的几个人，金岳霖就是其中之一。

  金岳霖是美国著名逻辑学家怀特的学生，他用中文讲课讲不了，他的思维是英文思维，必须用英文讲。反正，那时能考上清华大学的，听英文课也不成问题。当年金岳霖为中国引进了数理逻辑，但学习苏联后这条路理所当然地被否定了。20世纪50年代，毛泽东嫌金岳霖迂腐，希望他多了解社会。金岳霖租了辆黄包车去天安门,他手搭凉棚,左看看,右看看,后来报告毛泽东说,按照指示已经了解了社会。但他心里一定在想,这个社会怎么就那么讨厌他的数理逻辑呢?

在季羡林看来,金岳霖是杰出的学者、杰出的哲学家,他平时非常随便,后来他在政协待了很多年,两人同时又待了十几年,开会时常同在一组,一起说说话,非常随便。有一次开会,金岳霖非常严肃地作自我批评,决不是开玩笑的,什么原因呢?原来他买了一张古画,不知是唐伯虎的还是祝枝山的,不清楚,他说这不应该,现在革命了,买画是不对的,玩物丧志,我这个知识分子应该作深刻的自我批评,深挖灵魂中的资产阶级思想,不是开玩笑,真的!老先生认真到这种程度,简直有些迂腐了。

东　方　学　人
季羡林

季羡林在清华大学读书时,郑振铎是燕京大学中文系教授,在清华大学兼课。郑振铎(1898—1958),生于浙江永嘉,1919 年 11 月与瞿秋白、耿济之等人创办《新社会》杂志,宣传"五四"新文化思想。1921 年他到上海,与沈雁冰等人一起组织文学研究会,先后主编《时事新报》的《学灯》和《文学旬刊》,1923 年起主编《小说月报》。1931 年 9 月后,他到北平燕京大学中文系任教,并主编《文学月刊》和《文学季刊》。燕京大学是当时全国十多所教会大学之冠,拥有非常优秀的师资。美国耶鲁大学的建筑师亨利·克拉姆·梅菲设计的办公楼和教学楼上,用现代钢筋水泥建筑与传统的琉璃瓦大屋顶相结合,形成了新式的对称型宫殿建筑,连自来水塔也隐藏在钢筋水泥的宝塔内,取名为博雅塔。

郑振铎在清华大学兼课时,季羡林旁听过他的课。那时他来清华大学讲他刚出的一本书《插图本中国文学史》,季羡林经常去旁听。那本书预定是三块大洋一本,三块大洋这个数目在当时不是小数,学生们包饭一个月是六块大洋,可以天天吃肉。三块大洋,就是半个月的饭费。当时,李长之、林庚、吴组缃和季羡林这"四剑客",和其他希望搞点文学的同学,都预订了郑振铎的书。

郑振铎是一个渊博的学者,掌握了大量的资料,讲起课来,口若悬河,滔滔不绝。他透过高度的近视眼镜从讲台上向下看挤满教室的学生的神态,学生们的印象是非常深刻的,他们回忆起来仍宛然在目。因为当时的教授一般是有架子的,高高在上,学生们感到他们威严得不得了。郑振铎当时在被称作贵族学校的燕京大学教书,挣多少钱不清楚,但恐怕要高于四百圆现大洋。这种经济地位决定了一个人在社会上的地位,穷学生们一个月吃饭六块大洋,那些教授们一个月拿四百圆,甚至更多,有架子很自然。清华大学的学生们原以为郑振铎一定也是有架子的教授,但是他们同他一接触,就感到他同别的教授不同,在他身上看不到半点教授的架子。他自己也好像并不觉得比学生们长一辈,有时就像一个大孩子,不失其赤子之心。他说话非常坦率,不装腔作势,也从来不想教训人。郑振铎豁达大度,在当时既不围小圈子,也不搞小动作,学生们在背后常常说他是一个"宋江式"的人物。

郑振铎(右四)和友人合影

1934年1月1日,郑振铎正同巴金、章靳以主编一个大型刊物《文学季刊》。按惯例是要找些名人来当编委的,这样可以给刊物镀上一层金。他确实也找了一些名人,但是像季羡林这样一些无名又年轻之辈,他也决不嫌弃。他们当中有人当上了编委,有的当上特约撰稿人,名字都煌煌然印在杂志的封面上,学生们难免有些沾沾自喜。郑振铎对青年人的爱护,恐怕别人都很难做到。当时,丁玲的《夜会》刚刚出版,季羡林读过以后觉得有些意见要说,就写出一篇书评,发表在他主编的《文学季刊》的创刊号上。在这样的情况下,季羡林既景仰他学问之渊博,又喜爱他的为人之亲切平易,只要有机会总去旁听他的课。

在一个秋天的夜晚,季羡林和几个同学从清华园走到燕园,到郑振铎家去拜访他。他的房子是旧式平房,外面有走廊,屋子里有地板,是一个非常高级的住宅。旧式平房的屋子里排满了书架,都是珍贵的红木做成的,上面整整齐齐地摆放着珍贵的古代典籍。屋子里的气氛是典雅的,书香飘浮在画栋雕梁之间,学生们狠狠地羡慕了一番。这样一位大学者,在清华大学的学生看来,自然像长江大河汪洋浩瀚,像泰山华岳庄严敦厚。当时的一些名人同他一比,简直如小水洼、小土丘一般,有点微不足道了。

郑振铎是燕京大学的名教授,兼职很多,常常奔走于城内城外。有时坐校车,有时候要骑驴,有时候坐人力车。他的近视眼镜的度数很深,但他走路又总是愿意跨大步,风尘仆仆地奔走于燕京大学、清华大学和北京城里的其他大学之间。他老是挟着一个大皮包,里边总是装满了稿子,鼓鼓囊囊的。学生们在背后说笑话,说他走路就像一只大骆驼。可他一坐上校车,就打开皮包拿出稿子写起文章来。郑振铎爱书如命,他买书的方式也很特别。他认识许多书贾,一向不同书贾讲价钱,只要有好书,他就留下。手边也不一定有钱偿付书费,什么时候有了钱就还账,没有钱就用别的书来对换。他自己也印了一些珍贵的古籍,比如《插图本中国文学史》、《玄览堂丛书》等,有时他就用这些书去还书债。书贾愿意拿他的什么书,就拿他的什么书。

季羡林在1946年夏天从国外回到上海,住在臧克家家里。这时郑振铎也在上海。季羡林便和臧克家、王辛笛诸友去看他。有一次,郑振铎请季羡林他们吃饭。他的母亲不顾高龄,亲自下厨为他们做了家乡饭菜。几个同去的人个个都很感动,季羡林至今难忘那次会面。当时上海的反动势力极为猖獗,郑振铎追求进步,自然成了反动势力的对立面。他主编了一个争取民主的刊物,推动民主运动,更成了反动派的"眼中钉",被列入黑名单,必欲置之死地而后快。当郑振铎与季羡林谈到这个问题的时候,一向和蔼的他,出人意料地大发雷霆,声震屋宇,流露出极大的义愤和轻蔑。季羡林这才认识到郑振铎的另一面:嫉恶如仇、横眉冷对、疾风迅雷、金刚怒目。他对友和对敌,完全是两种态度。季羡林告诉他自己已应北京大学之聘,担任梵文教席。他听后喜形于色,认为在北京大学教书简直是理想的职业。在自己主编的《文艺复兴》"中国文学专号"的题词中,特意写了一段话,肯定季羡林的梵文研究会给研究工作者们以相当的感奋。郑振铎对待后学溢于言表的热爱和鼓励之情,使季羡林非常兴奋和感动。

除陈寅恪之外,季羡林在建国初期接触最多过从甚密的老师有两位:郑振铎、冯友兰。他们一个在政治上大红大紫,一个在政治上被一批再批。季羡林与他们都保持着友好关系。在第一次赴缅甸、印度访问期间,他们几乎天天在一起。季羡林和郑振铎、冯友兰同坐一列火车,同乘一艘轮船,同登一架飞机,增进了相互间的友谊。郑振铎是代表团副团长,他身躯高大魁梧,说话声音洪亮。冯友兰是代表团团员,他长须飘胸,道貌岸然。两人年龄相若,风格却迥异。郑振铎当时已经渐入老境,但仍不失其赤子之心,他同谁都谈得来,也喜欢抬杠,开玩笑。恰好代表团中有几个人都愿意抬杠,于是成立了一个"抬杠协会",简称"杠协"。会员们想选一个会长,领袖群伦,月旦朱紫,唇吻雌黄,最后都觉得郑振铎喜欢抬杠,又不自知其为抬杠,已经达到圆融无碍的抬杠圣境,便一致推举他为"抬杠协会"会长。和郑振铎相比,冯友兰是威严有余,活泼不足。他说话有点口吃,偶尔也愿意说点笑话,是一个懂得幽默的人。而郑振铎开玩笑,爱找的对象恰恰是冯友兰,他管冯友兰叫"大胡子",不时地和他说些开玩笑的话。

有一次,冯友兰正在理发、刮脸的时候,郑振铎在旁边起哄,连声对理发师高呼:"把他的络腮胡子刮掉!"理发师被呼得不知所措,一失手,真把冯友兰的胡子给刮掉了一块。郑振铎胜利似的大笑,旁边的人也陪着笑。冯友兰只是微微一笑,神色一点也不变。冯友兰大度包容若此,难怪"文革"中,他白天挨斗,晚上回家还读《庄子·逍遥游》。在长达几个月的时间里,季羡林对郑振铎更为了解了,感到他胸怀坦荡,耿直率真,豁达大度。出国前检查身体,他的糖尿病已到相当严重的程度,有几个"+"号。团里的成员都替他担忧,他自己从来不放在心上,喝酒、吃点心依然如故。回国以后,季羡林也经常同郑振铎接触,有一段时间,他在北海团城办公,担负的行政工作更为繁重了,但他对书籍的爱好却一点也没有减少。有一次,他请季羡林在家里吃饭,季羡林看到他满屋里都堆满了书,大都是些珍本小说、戏剧、明清刻本,满床盈案,累架充栋。一谈到这些书,他仿佛早把繁重工作造成的劳累都丢在了一边,眉飞色舞地谈起来没个完。

没想到晴天一声霹雳,1958年10月郑振铎竟在飞机失事中罹难,过早地离开了人间。郑振铎乘坐的飞机失事时,季羡林正好在莫斯科,他回国时乘坐的飞机中放着郑振铎等六人的骨灰盒。

季羡林在清华大学上学期间和沈从文就有较多的接触。当时季羡林喜欢读沈从文的作品,觉得在所有并世的作家中,文章有独立风格的人并不多见,除了鲁迅就是沈从文。他的作品只要读上几行,就能立刻辨认出来,决不含糊,季羡林对他给予很高评价。沈从文出身于湘西的一个破落小官僚家庭,年轻时当过兵,没有受过多少正规教育。湘西那一片有点神秘的土地,其风土人情通过他的笔而大白于天下。湘西如果没有像沈从文这样的大作家、黄永玉这样的大画家,恐怕一直到今天还是一片充满了神秘的 terra incognita（没有人了解的土地）。

在清华大学读大三的一个学期,季羡林写了一篇散文《枸杞树》,请李长之帮忙看一看,结果李长之认为这篇散文写得还不坏,就寄给了沈从文。在李长之那里,季羡林看到沈从文的信,他说稿子收到了。当时季羡林的感觉是这篇文章不会刊登,也搞不清什么原因,他心里很痛苦。但是到了第二天,文章居然刊登了。他万没有想到会登得这么快,而且还有几个人夸,这简直让季羡林有点飘飘然了。但是接着他又感到很懊丧,心里想倘若这文章不刊登,自己以后写文章大概也不会起劲,也许干脆就不再写了。文章没有刊登以前,李长之告诉他沈从文很想认识他,但觉得不好去见面。现在登出来了,觉得万事皆了了。

青年沈从文

丁玲 1932 年在《文学月报》上发表了《夜会》,其婉约的风格,奔放于纸上的热烈的情感,被认为是抓住了时代青年的心而使之奋起的。季羡林也写了一篇评《夜会》的文章,发表以后《世界日报》有人发表文章骂他。又听李长之说,从巴金那里得来消息：姚蓬子看见那篇文章非常不高兴。季羡林知道以后,心里颇不痛快。后来在李长之那里看到沈从文的信,沈从文也很不满意。这样一来,季羡林更难过了。倘若别人这样说,他可以骂他。而沈从文则不然,他是非常尊敬他的。于是他赶紧给沈从文写了一封长信,对这篇文章的写作进行辩解,他不希望自己崇拜的人对自己有丝毫的误解。他很快接到沈从文的回信,这封信上说对他坦白诚恳的态度很佩服。这封信写得很长,劝他写批评文章要往大处看。看了这封信,季羡林心里踏实了。季羡林当时是一个穷学生,沈从文是著名的作家。社会地位虽不能说如云泥之隔,毕竟差一大截子。沈从文当时已经是名人,可是他一点名作家的架子也不摆,这使季羡林非常感动。他同张兆和结婚时,在北京前门外大栅栏撷英番菜馆设盛大宴席,季羡林居然也被邀请。当时出席的名流如云,证婚人是胡适。从那以后有很长的时间,他们并没有多少接触。季羡林在德国留学时,沈从文在昆明住了很久,任西南联合大学国文系教授。彼此音讯断绝,他的作品季羡林也读不到了。但是,有时候不知是出于什么原因,季羡林在饥肠辘辘、机声嗡嗡中,竟会想到他。季羡林还是非常怀念这位可爱、可敬、淳朴、奇特的作家的。

注释

[1] 季羡林:《学海泛槎——季羡林自述》,太原:山西人民出版社,2000年版,第3页。

[2] 季羡林:《枸杞树》,见《季羡林散文集》,北京:北京大学出版社,1986年版,第12页。

[3] 费正清:《费正清自传》,天津:天津人民出版社,1993年版,第50页。

[4] 季羡林:《我的心是一面镜子》,载《东方》1994年第4期。

[5] 季羡林:《枸杞树》,见《季羡林散文集》,北京:北京大学出版社,1986年版,第15页。

[6] 季羡林:《清华颂》,见《季羡林散文集》,北京:北京大学出版社,1986年版,第438—439页。

[7] 冯友兰:《三松堂自序》,北京:人民出版社,1998年版,第316—321页。

[8] 季羡林:《季羡林文集》(第2卷),南昌:江西教育出版社,1998年版,第324页。

[9] 张洁宇:《文边小语"蓝天为路 阳光满屋"——林庚先生九秩寿诞华会侧记》,北京:新世界出版社,2002年版。

[10] 季羡林:《从学习笔记本看陈寅恪先生的治学范围和途径》,见《季羡林文集》(第3卷),南昌:江西教育出版社,1998年版,第272—285页。

[11] 季羡林:《留德十年》,见《季羡林文集》(第2卷),南昌:江西教育出版社,1998年版,第464页。

[12] 季羡林:《季羡林文集》(第13卷),南昌:江西教育出版社,1998年版,第124页。

[13] 《敦煌遗书总目索引》,北京:商务印书馆,1962年版,第3303号。

[14] 陈子善:《水木清华地 文章新月篇》,见《叶公超批评文集》,珠海:珠海出版社,1998年版。

[15] 季羡林:《学海泛槎——季羡林自述》,太原:山西人民出版社,2000

年版,第 10—11 页。
- [16] 同上书,第 11—12 页。
- [17] 吴　宓:《吴宓自编年谱》,北京:生活·读书·新知三联书店,1995年版。
- [18] 侯　杰　秦　方:《吴宓与〈大公报·文学副刊〉》,载《大公报》2002年6月2日。
- [19] 李　森:《吴宓:在联大受气》,载《作家》,2001年第4期。
- [20] 赵毅衡:《吴宓没有写出的长篇小说》,载《世纪中国》2002年5月17日。

谈到工作态度,我的德国老师们都是楷模。他们的学风都是异常的认真、细致、谨严。他们写文章,都是再三斟酌,多方讨论,然后才发表。德国学者的"彻底性"(Grundichkeit)是名震寰宇的,对此我有深切的感受。可惜后来由于环境关系,我没能完全做到,真有点愧对我的德国老师了。

——季羡林:《季羡林自传》

DONGFANG XUEREN
东方学人

季羡林

1. 无奈时的转折

2. 踏上留学路

3. 德国的教授

4. 在德国的生活

5. 有国难回

第四章 留德十年

1. 无奈时的转折

1934年季羡林在清华大学面临毕业的时候，出现了两大难题：其一，在济南河务局小清河水文站当站长的叔父刚好在这时失业，家中的经济来源几乎中断；其二，他自己陷入毕业即失业的困境，大学毕业生就业并不容易，尤其是人文社会科学受到歧视，文科毕业生找工作就更难。正在走投无路之时，季羡林从山东省立高级中学时期的老同学、正在北京大学数学系读书的王联榜那里听到，北京大学历史系应届毕业生梁竹航曾说，已经在山东省立高级中学当了两年多校长的宋还吾希望他能够到母校任国文教员。

宋还吾(1894—1938)，是一位年轻早逝的风云人物，出生于书香之家，1918年从山东省立第六中学毕业，考入北京大学中文系。1919年参加五四运动，亲身经受了反帝、反封建运动的洗礼。1922年北京大学毕业后在山东省立第一师范学校文学专修科任主任教师，经常向学生宣传新思想。1928年任设在曲阜的山东省立第二师范学校校长。1929年6月8日该校因为排演《子见南子》一剧，得罪了"圣裔"孔传钢等人。他们邮呈国民政府教育部，以"侮辱宗祖孔子"的罪名控告宋还吾。《子见南子》这部独幕话剧，是林语堂根据有关孔子见卫灵公夫人南子的历史记载编写而成，最初发表于1928年11月《奔流》第一卷第六号。于是，宋还吾1932年改任山东省立高级中学校长。

那天在北京大学二院的门口，季羡林听了王联榜带来的消息以后非常高兴，但他还有个矛盾的心理：一方面希望能够入一年研究院，觉得自己想从事的事业才刚刚开头，如果离开北平就不容易继续下去；另一方面也希望能回济南做高中教员，这样对家庭固然有个交代，对那些看不起自己的人也可以告诉他们自己还饿不死。他后来接到王联榜的信，说聘请他做高中教员大概有成的可能。但是他转念一想，倘若真成了，学生生活将于此终结，因此颇有凄然之感。他到北京大学去拜访王联榜，也见到了梁竹航。梁竹航说宋还吾的信上说请季羡林做教员，不是像他原先想的是教英文，而是教国文。后来梁竹航来到清华园正式告诉他，宋校长托他询问季羡林是否愿意回母校任国文教员时，他又担忧起来，自己学的那套洋玩意教高中语文能行吗？季羡林因为在各种报刊上发表了不少散文，几乎被炒作成了作家。而那时有一种逻辑，凡是作家肯定国文好，自然就能够教国文课。梁竹航走后，他向李长之征求意见，结果李长之没有一个明确的答复，只是王顾左右而言他。他自己决定答应了再说，反正总是会有办法的。他就给王联榜复信，答应可以到山东省立高级中学去，尽管他觉得有点冒险，但也管不了那么多。

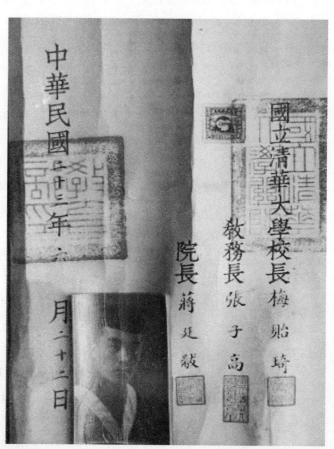

~ 季羡林的清华大学毕业证

这件事基本确定下来后，季羡林在1934年6月29日专门回了一趟济南。他7月1日晚上去拜访蒋程九，又和蒋程九一起去拜访宋还吾，谈了一些教务上的事情。他7月5日早晨又到学校去拜访宋还吾,也见到了蒋程九,落实了教务上的事。回到清华大学以后,季羡林到琉璃厂去看能不能买一些书,因为要教书,事前不能不预备一些材料。他又到图书馆去读《梦忆》自序及《西湖七月半》,查《辞源》、《康熙字典》,感到很吃力。他还把郑振铎的《插图本中国文学史》里预定选的文章抄了一遍。别人当教师,谈话多为教师的事情,自己感到很可笑。现在自己也要当教师了,脑筋里所想的无一而非教师的事情,他自己也感到非常滑稽。还有几个早晨,他到图书馆去读《瑯嬛诗序》和其他几篇张宗子的文章,查《康熙字典》。在屋里就看明末的小品文,读《陶庵梦忆》、《近代散文钞》。他这样做一些准备工作,前途是吉是凶,自己已经难以把握。

宋还吾的邀请算是给季羡林救了急。他在1934年快到秋天的8月11日,回到了已经离开四年的济南。

这一年秋天,季羡林生平第一次登了泰山,那时是23岁。同行者有另外两位同校的老师,一位姓周,另外的那位,他已经忘记了。当时的泰山非常幽静,路上基本没有游人。斗母宫、经石峪、五大夫松,他都游遍了。路上也没感觉到怎么累,快活三里倒真是很快活。路很长,当时他觉得不爬十八盘就等于没有登泰山。在下面看,泰山不算太高。到了泰山顶上一看,其他山都很小,泰山确实最高,他觉得泰山可以用"雄伟博大"这四个字来形容。泰山精神对他的影响是终生的。2005年7月,国务院总理温家宝到解放军总医院去看望他的时候,他正在撰写《泰山颂》,初稿的第一句就是"上连九天,吞吐日月"。

季羡林到了学校心里开始打起鼓来,在清华大学学了四年西洋文学的他,带着满脑袋的荷马、但丁、莎士比亚、歌德,而现在要教国文,要把这些东西换成屈原、李白、杜甫,一时间换得过来吗?他进学校大门时的心情是复杂的,一则为喜,一则为惧。喜的是终于抓到了一只饭碗,简直是绝处逢生;惧的是自己比较熟悉的那一套现在用不上了,要往脑袋里装屈原、杜甫、李白。他考虑最多的是面子问题,他知道这所学校的学生们是颇不好对付的,他们有"架"老师的习惯。但是他考虑到饭碗,面子的问题也只好退居"二线"了。

学校里的师资队伍相当雄厚,国文教师的待遇很高,每月160块大洋,是大学助教的两倍,竞争当然非常的激烈。季羡林从其他老师口中得知,他之所以被聘到母校并非发表了几篇散文出了名,其中还有更复杂的原因。原来是宋还吾在这所学校已经当了两年多校长,他碰到的最大问题是帮派斗争。学校里以师范大学毕业生为一派,以北京大学毕业生为一派,两派的斗争相当激烈。斗争的核心是抢饭碗,常常在斗争中校长被更换。而只要校长一换，一大批教员也要换。一个校长身边都有一个行政班子，教务长、总务长、训育主任、会计等，一应俱全。在外围还有一个教员队伍，这些人都是与校长共进退的。宋还吾是"北大派"的首领，但是他的压力很重。有人说他因为和教育厅长何思源既是老乡，又是北京大学的毕业生，才当了校长的。所以在斗争中，他非常需要援军，季羡林正好符合他的要求。

在如此复杂的背景下，季羡林开始了中学教师生涯。开始备课的时候，他发现问题远比原来估计的要大。这个高中共有三个年级，每个年级四个班。国文教师已经有了三个，加上季羡林就是四个，分工就是每个教师教三个班。其余的三个老教师都是中文科班出身，教国文根本用不着备课。季羡林还记得其中的两个，一位是山东籍的资深国文教员，一位是江西籍的童经立，另外一个无论如何也回忆不起来了。据季羡林当时的学生，后来成为北京大学教授郑天挺的学生的杨翼骧回忆，那一位应该是作家李何林，他后来成为南开大学的著名教授。三位老教师资格摆在那儿，他们每人挑了同一个年级中的三个班，剩下的一、二、三年级的各一个班，便留给了新来的季羡林。

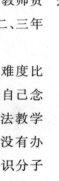

要教三个年级的三个班，不仅备课要兼顾三头，而且还都是难度比较大的古典文学作品。《诗经》《楚辞》，季羡林是念过很多的，但自己念和要讲课是大不一样的。要教人自己当然先要弄懂，不然就没法教学生。可真正弄懂这三个年级的古典文学作品，又谈何容易呀？没有办法，季羡林只好随时都要冒险。他怕学生"架"自己，就要保住知识分子的面子，日夜抱着一部《辞源》加紧备课。他自己选的课文中有的典故在《辞源》里查不到，有时急得半夜还在学校里绕着宿舍彷徨。整个宇宙都静了下来，而他自己却心急如焚。他感到自己仿佛是一个被遗弃的人，真想到什么地方大哭一场，只是考虑到男子汉的面子才没有这么做。

在这所学校里，季羡林以前的几个熟人现在成为同事了。其中有被季羡林认作大人物的原济南第一师范校长王祝晨，也有已是该校历史教师的北京大学毕业生梁竹航，训育主任张叙青为人则没有党气，相处好的老师还有英语教师张友松、顾绶昌，后来张友松翻译过马克·吐温著的《哈克贝利·费恩历险记》，顾绶昌成为大名鼎鼎的中山大学教授。学生吴传文则喜欢打乒乓球，他们经常一打就是半天。

有一个老师对季羡林面授机宜，告诉季羡林，上课前一定要把学生的名单看一遍，因为学生的名字里会有一些生僻古怪字，这样的字先要查一下《康熙字典》。一位新教师如果第一堂课就有念不出的学生名字，或者把学生的名字念错了，那在学生的心目中这个老师就不值钱，自然会影响到饭碗的问题。这个老师还告诉他,如果查了词典,点名时临时又遇到了不认识的字,点名时就绕开这个学生的名字,点完其他人的名字以后,只需问上一声:"还有没点到名的吗?"那个没有被点名的学生就会举手站起来,你再问一声:"你叫什么名字呀?"他自己就报了姓名,你也就认识那个字了。季羡林教的三个班果然有几个学生的名字,连《辞源》上都查不到,他如法炮制果然灵验,这样就很顺利地过了第一关。

　　第一堂课算是对付过去了,但并不是每堂课都平静无事。有的学生很有挑衅性,其中有一个比季羡林大5岁的学生,从小就在家里念私塾,旧书念了不少。有一次,他对季羡林说:"老师,我比你大5岁哩。"说罢,嘿嘿一笑。这笑声里隐藏着威胁,也隐藏着嘲笑,更带有一些挑衅。季羡林心里想,你比我大5岁,又怎么样呢?反正老师还要当下去,师生的位置是不会变的。当时还有一个非常不好的习惯:老师一定要无所不知。学生这样要求老师,老师则以此自居,尤其在课堂上老师决不能承认自己讲错了,也决不能有什么问题答不上来,否则,就会被学生耻笑。这一点对于科班出身的教师可能并不难,对于季羡林这样一个刚刚从西洋文学系毕业的大学生来说,教国文怎么会应付自如呢?有一次,他把一个典故解释错了,第二天他也不顾已形成的不认错的习惯,竟然当着学生们的面,纠正了自己的解释。他不希望学生们把自己看作一个骗子,所以有错就纠。季羡林根据自己的兴趣选一些中国古典诗文做教材,解释文中的典故和难懂的词汇。他还选了一些西方文学作品,在课堂上讲给学生听。好在这时候,他发表的一些散文帮了大忙。有一篇散文他寄给郑振铎,正在上海主编《文学》的郑振铎立即把这篇散文刊登了。郑振铎还来信,说他正在编一本丛书,要把季羡林的散文编成一个集子。季羡林还在一家大报的副刊《留夷》上担任主编,可以给学生发表写得好的文章。《留夷》取名《离骚》中的:"余既滋兰之九畹兮,又树蕙之百亩,畦留夷与揭车兮,杂杜衡与芳芷,冀枝叶之峻茂兮,愿竢时乎吾将刈。"他用《楚辞》上这种香花的名字做刊名,意在表明副刊将香气四溢。他给学生发表文章,自己也在上边发表文章,其中有自己的得意之作《游灵岩》。这篇记游散文是和训育主任张叙青骑自行车游玩后写出的,可惜此稿现在已经找不到了。那次他和张叙青等人骑自行车路经济南南郊的八里洼、土屋,到了仲宫镇,在那里住在镇中学里。晚上享受着盛宴欢迎,聆听着潺潺的泉声,反倒有一种"泉响山愈静"的感觉。在《留夷》上边发表文章可以得到每千字一元的稿酬,因此学生都趋之若鹜。这样一来,季羡林自然在学生中很有威信,而且对学生极有吸引力。再加上他与学生的岁数相当,更没有什么架子,不搞什么"师道尊严",上天下地无所不谈,把学生当成自己的伙伴,学生和他的关系处得还算很好。在季羡林教过的学生中,杨翼骧是佼佼者。他1918年生于一个普通知识分子家庭,1932年入校学习,高中的国文老师李何林、季羡林等都曾给予他多方面的教育。他展示了自己多方面的才能,经常在报刊发表诗歌、散文,他的文学才气在中学时已表现出来。1936年高中毕业后考入北京大学历史系,后来长期在南开大学任教授。

宋还吾邀请季羡林来校任教,绝非仅为了教国文,更重要的是要让他当援军和"师大派"作斗争。他工作没有多久,宋还吾便找到他,授意他组织山东省立高中毕业同学会,以此来壮大自己的声势。对于宋还吾的苦心,季羡林虽然涉世不深,但还是很容易就觉察出来了。可惜,他没有这方面的本事,天生不是干这种事的材料,既不会吹牛拍马,也不会拉帮结派。同学会虽然好歹组织起来了,但还是没有能够帮上宋还吾的忙。宋还吾因为姓宋,又宽宏豁达,被同人称为"宋江",而他的夫人因为正好姓阎,就被称为"阎婆惜"。校内教师为了讨好宋还吾,保住自己的教席,经常陪他夫人打麻将,以致打通宵的情况都有,上课时竟然也张口都是麻将用语。季羡林自己不是不会打麻将,但是,他决不会参加这种赌博游戏,或者去陪校长夫人戏耍,自己坚信绝对做不到。

季羡林在这种复杂的人事关系中只好保持沉默。

问题就出在这"沉默"上了。宋还吾已经注意到季羡林的这种态度,并且直言不讳地对别人说:"羡林很沉默!"这言外之意明摆着,怎么该出面的时候不出面呢?怎么把同学会组织起来却不活动呢?季羡林的做法当然与宋还吾的初衷有违。老谋深算的宋还吾虽然表面上不露声色,仍然客客气气地对待季羡林,但很明显他发现自己在季羡林这个人身上,失了眼力,看错了人。原来这"沉默"二字,是他深思熟虑的结果,这"沉默"二字,其用心之良苦,全在其中了。季羡林也就明白了,自己的饭碗能否保住,就与这两个字有关了。就在此时,物理老师刘一山被校长解聘了。刘一山是河南人,家不在济南,住在校内,正好与季羡林是邻居,两人平时常过从密切。此人憨厚,不善钻营。学校的一般做法是每年发一次聘书,如果暑假以前没有接到校方的聘书,那就意味着下学期不再被聘用了,必须卷铺盖走人。刘一山的解聘正是学校精心给季羡林演出的一场滑稽剧。1935年暑假以前,季羡林已经接到了下学期的聘书,而刘一山没有接到,他知道是自己被解聘了。精于此道的刘一山,首先向宋还吾提出辞职。季羡林眼看着宋还吾这位经验丰富的"演员"在表演滑稽剧。宋还吾听说刘一山要辞职,马上表示挽留,然后又带着教务主任和训育主任到他的宿舍,再次表示挽留。季羡林从这场滑稽剧里,心里已经逐渐明白,自己被解聘的日子也不远了。

在紧张的心情之中,季羡林好歹熬到了第二学期的末尾,但是下学期的饭碗已经没有指望了。季羡林陷入了极度的恐惧之中,他已经不可能与宋还吾"共进退"了。既然这样,他离被解聘还远吗?

真是天无绝人之路。正在季羡林无路可走的时候,清华大学要派留学生去德国留学,季羡林没有经过考试就被录取了。消息传到山东省立高级中学,校园里掀起了一个不小的波澜。宋还吾一改对季羡林不满意的态度,对他也刮目相看了。这位校长表现出异常的殷勤,听说费用不足,亲自带季羡林去找何思源,希望能够让教育厅长给点资助。但是不善交际的季羡林,这次又被"沉默"害了,他们没能争取到何思源的支持,只能空手而归。宋还吾虽然有点失望,但热情依旧。他亲自设宴为季羡林送行,这倒让季羡林感到有些不知人情冷暖了。

从总的方面来说,宋还吾对季羡林还是不错的。季羡林没有参加帮派斗争,他对季羡林不满意也是实情。如果没有这个实情,季羡林可能也不离开山东省立高级中学,那样也就可能没有他的今天。实际上,是宋还吾给季羡林成为"大杂家"提供了又一个偶然的机会。这可能就叫命中注定吧!

季羡林从在山东大学附设高中上学的第一学年起,就开始读冯友兰的《人生哲学》。他当时刚满15岁,既不懂人生也不懂哲学,但是对开设的人生哲学这门课很感兴趣,从此将冯芝生的名字深深地印在了脑海里,认为他是一个高不可攀的人物。1930年季羡林进入清华大学西洋文学系后选修了哲学系金岳霖的逻辑课,而哲学系主任是冯友兰。冯友兰(1895—1990),1912年入上海中国公学大学预科班,1915年入北京大学文科中国哲学门,1919年赴美留学。他回国后历任中州大学、广东大学、燕京大学教授,清华大学文学院长兼哲学系主任。抗日战争期间,他任西南联合大学哲学系教授兼文学院长。1952年后他一直为北京大学哲学系教授,中国科学院哲学社会科学学部委员。1923年夏,冯友兰以论文《人生理想之比较研究》顺利通过美国哥伦比亚大学博士答辩,获哲学博士学位。是年秋回国后,他在博士论文的基础上写成《一种人生观》,1924年又写成《人生哲学》,作为高中教材使用。在这本书中,冯友兰确立了其新实在主义的哲学信仰,并开始把新实在主义同程、朱理学相结合。季羡林在高中第一学年时读的《人生哲学》就是这部教材。季羡林在清华大学的第四学年,冯友兰近一年的时间在国外。按照当时的规定,在清华大学担任教授满五年,可以出国休假一年,由学校发给往返路费,享受公费留学生的待遇。冯友兰从1928年到清华大学,已经满五年了。他接到英国各大学中国委员会的邀请,希望他去英国讲授中国文化。1933年9月他乘船去欧洲休假,先在英国各大学讲学,后来游历法国、瑞士、德国、奥地利、苏联,1934年10月回到清华大学。季羡林毕业离校的时候,冯友兰尚在国外。季羡林基本上没有听冯友兰的课,他的那套东西,季羡林觉得玄,他喜欢的是考据和辞章,唯独不喜欢义理。而冯友兰则恰恰擅长义理,所以在学术方面好像不是同道。1935年夏天,冯友兰正在德国进行洽谈,促成清华大学与德国的大学之间建立交换留学生的制度,最终与德国学术交换处签订了一份合同:双方交换研究生,学制两年,路费、制装费本人负担,食宿费相互由对方负担。德国留学生在中国每月30块大洋,中国留学生在德国每月120马克。条件对双方的学生来说都不理想,30块大洋相当于今天的人民币600多元。德国的120马克也只能勉强支付食宿费用,而官费的留学生则是每月800马克,这简直是天壤之别。

东 方 学 人

李羡林

在清华大学上学期间,尤其是在大三的时候,季羡林经常考虑出国留学的事情。清华大学的学生本来觉得念了清华大学,有一种屁股上长尾巴的神气,绝对没想找不到职业的困难。1932年暑假,当季羡林在济南知道同乡许振德去美国留学回国找职业碰了壁后,他浑身出了冷汗。他把许振德找不着工作与去美国留学联系起来,就有一种不去美国留学的想法。后来,他又看到《论语》杂志(第五期)上发表的林语堂写的《论美国大学》,更坚定了不去美国留学的想法。他对美国留学生总感到轻蔑,他们穿的是虎皮,皮里是狗是猫,又有谁知道呢。大三的时候,他下决心念好德文,将来只要有一点机会,非到德国去一趟不可,把希望全部放在了德国。这次好不容易来了机会,虽然待遇低,但已经顾不上考虑那么多了,好不容易抓住一根"救命稻草",只能不松手了。他很快通过清华大学报了名,当时出国留学只需学校批准即可。结果使他喜出望外,因为在校期间他主修的是德语专门化,四学年的德语成绩都是优,所以不用再通过留学考试就被录取了。

季羡林没想到梦寐以求的出国留学梦就要实现,他着实狂喜了一阵子。但在狂喜之后,他开始考虑现实问题:由于叔父已经失业,由此造成家庭经济濒临危急,而且济南家中叔父、婶母,临清家中的父亲、妻子彭德华、女儿婉如、儿子延宗,老的老,小的小。有他在,160块大洋完全可以维持;他一走,全家的生活靠什么来维持呢?他想到这些,又忧心如焚了。季羡林把这个重大问题交给全家讨论。出乎他的意料之外,竟然得到全家的一致同意。全家表示他们咬咬牙就过去了,不就是两年吗?过上两年紧巴日子,只要不饿死,就能迎来胜利的曙光。尤其叔父是个知书达理的人,极为重视家庭门第观念,他下功夫培养季羡林,就是要让他为祖宗门楣增添光彩的。现在一块金光闪闪的"洋翰林"的牌子马上就要挂到季家了,这样的机会怎么能够轻易放过呢?全家下定了决心,出国的事就这么确定了。他当时的心情,与考上大学金榜题名的心情相比,又自有不同,别是一番滋味。积年愁云,一扫而空,仿佛金饭碗已经捏在手中。他觉得自己身上一镀金,则能左右逢源,所向无前。这时看一切东西,都发出玫瑰色的光泽了。[1]

> 我忽然感觉到,我简直成了《儒林外史》中的范进,虽然还缺一个老泰山胡屠户和一个张乡绅,然而在众人心目中,我忽然成了特殊人物,觉得非常可笑。我虽然还没有春风得意之感,但内心深处是颇为高兴的。[2]

马前桃花在召唤季羡林,远看是那么鲜艳,但是走近以后,会是什么样子呢?一个未知数又摆在了他面前。

这玫瑰色的光泽,很显然是冯友兰给带来的。冯友兰成为决定过季羡林命运的恩师之一。在北京办理完出国手续之后,季羡林利用走前的间隙,拜访几位老师,和他们告别。季羡林很自然地想到的是冯友兰。他和李长之一起去看了冯友兰。

在季羡林出国留学后,冯友兰从1939年到1946年七年间连续出版了六本书,称为"贞元六书":《新理学》(1937年)、《新世训》(1940年)、《新事论》(1940年)、《新原人》(1942年)、《新原道》(1945年)、《新知言》(1946年)。通过"贞元六书",冯友兰创立和完善了新理学思想体系,成为中国当时影响最大的哲学家。

1952年院系调整以后,季羡林与冯友兰都在北京大学工作,他们之间了解得更多了。在季羡林看来,冯友兰治中国哲学史的那种坚韧不拔的精神是值得尊敬的。为了这门学问,冯友兰不知遭受过多少批判,他提倡的道德继承法,甚至受到过"诡辩式"的严厉批判,但他并没有被压垮,还同时能在几条战线上迎战。他坚持真理,修正错误,经常不惜以今日之我非昨日之我。冯友兰的这种精神,季羡林非常赞赏。

2. 踏上留学路

杰出外交家乔冠华(1913—1983),16岁时考入清华大学哲学系,为同级中年龄最小的学生。在清华大学期间,乔冠华开始接触马克思主义的著作,但是他并没有参加太多的实际活动,基本上是一个书呆子,他专心致志地读书。到了1933年三四月间,由于日军侵入古北口,北平城内已经是一片恐慌。学校决定1929级的学生提前毕业,也不举行毕业考试了,只交一篇论文就可以毕业拿到文凭。乔冠华毕业后由日语教授钱导生帮忙,得到一个公费留学的机会去日本留学。他在日本留学期间,由于涉嫌与日本共产党有联系,在1935年夏天,被日本警察押送回国到上海。这以后乔冠华又来到北京,他从金岳霖那里得知,冯友兰同德国达成了交换留学生的协议,哲学系还有一个名额没有确定。经金岳霖推荐,冯友兰同意,他也得到西去德国留学的机会。

季羡林留学德国时和乔冠华合影

在清华大学上学期间,季羡林和乔冠华只是认识,来往却并不多。这次要一起去德国留学,于是两人结伴乘火车去天津,到德国领事馆办理签证手续。因为需要途径俄国,所以也要到俄国领事馆办签证。手续非常简单,领事馆办签证的人只是简简单单问了几句话,就含笑握手,祝他们一路顺风。几分钟就把出国手续办完,只等着出发的日子了。清华大学的几个老同学林庚、李长之、王锦弟、张露薇,在北海公园为他们送行。老同学在毕业一年后又聚在一起,臧否人物,指点江山,意气风发,兴高采烈,简直成了主宰沉浮的英雄。

在北海公园整整玩了一天,老同学才尽欢而散。

1935年8月31日,老同学把季羡林、乔冠华送到了前门火车站,这里是他们万里旅程的起点。他们要从这里经过我国东北,再借道苏联才能到达德国。火车还要在中途的山海关停留,当时山海关属于"满洲国",到了这里必须填"过境"手续。然后火车开到哈尔滨,所有的乘客都要下来,在这里住两天,换乘苏联的火车。

在哈尔滨等着换车的时候,同行的清华大学校友敦福堂出尽了洋相。他是这次派出德国的三个留学生之一,也和季羡林、乔冠华同行。此公学的是心理学,但是自己却是个"马大哈"。他下车去领行李要离开车站,到了行李认领处才发现托运单丢了。他们三个人急得团团转。另外同行的还有三个去英国留学的,包括王竹溪在内,也帮忙到处找。六个人都是心急如焚,他们没有办法,便去找站长,用六个人所有的证件证明,才算领出了行李。到了旅店,好歹安顿下来,大家还都余悸未消,这位敦公偶尔一掏口袋,行李托运单却赫然俱在,大家啼笑皆非,而此公却怡然自得。这以后此公不是丢护照,就是丢别的东西,但是最后又都化险为夷。六个人在一个车厢里,最愉快的事就是在一块儿聊天。本来他们分住在两个包厢里,为了聊天他们就凑到一起。六个人在清华大学都是同学,但因为在校时专业不同,所以没有什么来往。这时都挤在一个车厢里,就成了推心置腹的朋友。学物理的,学哲学的,学文学的,学外语的,专业的隔膜全没有了,上天下地,聊起大天来。他们都是二十三四岁的年轻人,阅世不深,每个人面前都有一个未知的世界,犹如堆放着玫瑰花。他们的心几乎是透明的,说起话来,全然没有谈不来的时候。小小的车厢里往往笑语不断,其乐融融,也就忘身处异域之地了。说话累了,他们就下棋。物理学家王竹溪是象棋高手,其他五个人轮番单独和他下,都不是他的对手,一律全部是输。后来五个人联合起来和他一个人下,一律还是输。乔冠华是个聪明才子,结果他的哲学也没能帮上他的忙。车上的这些天里,王竹溪一直是"常胜将军"。其他五人则一直是手下败将,没有赢得一局。

他们经过14天的长途旅行来到了柏林。敦福堂又丢了护照,后来在口袋里失而复得。清华大学校友赵九章去车站迎接他们,把他们的一切手续都帮着办了,并且安排他们住到了康德大街的一个叫"彼得"的公寓里。

季羡林在柏林时的知心朋友,就是乔冠华。在上大学时他们并不很熟悉,但他常常看到乔冠华腋下夹一册又大又厚的德文版《黑格尔全集》,昂首阔步,旁若无人,徜徉于清华园中。到了柏林他们天天在一起,几乎形影不离。那位"马大哈"敦福堂,则从此在他们的视线中消失了。

他们两人在清华大学学的德语都用不上,口语基本上就没学。在柏林季羡林按照规定到德国学术交换处报到,一个女秘书含笑对他说了一句德语:"长途旅行呀!"季羡林睒睒睁睁,竟然没有听出来。他们必须补习德语,乔冠华攻读哲学,自然也要强化口语训练。这样老是住公寓就成了问题,清华大学的另一位老同学汪殿华,给季羡林在魏玛大街找到一处犹太人出租的房子。柏林远东协会的林德和罗哈尔,帮他们参加了柏林大学外国留学生德语班最高班。从此他们成了柏林大学的学生,每天乘城内火车去柏林大学上课。德语教授赫姆是季羡林很佩服的,他认为自己从来没有遇到过这样好的外语教员。他发音之清晰,讲解之透彻,简直达到了神妙的程度。他是第一次听德语讲课,然而没有一句听不懂的。上课时,他和乔冠华也一直在一起。上课之外,吃饭、访友、逛动物园,他们也总是在一起。更重要的是他们两人都是书呆子,喜欢书,念念不忘逛旧书肆,去买了不少好书。季羡林特别喜欢与他交谈,谈得很投机。有时候在他那里一谈就谈到半夜,几次就睡在他那里。

有一次,季羡林和乔冠华到柏林的一家中国餐馆去吃饭。这家餐馆与周围的环境极不协调。进了门,餐馆里的嘈杂声响成一片,有高声说话的声音,有呼噜呼噜喝汤的声音,有呱唧呱唧吃饭的声音,有杯盘碰撞的声音。季羡林一下子觉得仿佛又回到了中国。欧洲人吃饭非常文明,异常安静,喝汤不出声,吃饭更不能呱嗒嘴,那是大忌。这家中国餐馆里面的吃客大多是纨绔子弟,竟然把国内的那一套全都带到德国来了。他们两人非常不适应,以后再也没有到这个餐馆吃饭,总是离那些纨绔子弟远远的。

德语强化训练结束以后,季羡林就和乔冠华各奔东西了。在分手以前,清华大学的学长乐森珣正好从哥廷根到柏林办事,他给季羡林介绍了哥廷根的情况,使他对哥廷根有了一个基本的了解。于是季羡林便到了哥廷根。乔冠华选了设在德国南部一座小城的杜宾根大学,选的专业是中国学,很快他就写出了一篇关于庄子哲学的博士论文。乔冠华想提前回国,他也不管及格不及格,便从学校到了巴黎,从巴黎乘一艘邮船回国。他的博士论文缺席通过答辩和评审,取得博士学位,只是博士学位证书未能及时寄到。他获取博士学位只用了两年多的时间,1938年2月他就回到香港了。这说明在非常严格的德国,选中国学的博士学位作为攻读方向,中国学生还是比较容易拿到的。乔冠华回国后,金岳霖曾写信请他去西南联合大学教书,但乔冠华却作别学者生涯,以笔为旗,鞭挞法西斯专制,与清华大学哲学系同学胡乔木并称"南北两乔"。

3. 德国的教授

季羡林在1935年夏天办好出国手续等着办签证的时候,在清华大学招待所住了几天。同屋住的一个老清华大学毕业生,听说季羡林要去德国留学,极力劝他到德国去学保险,学成之后回国有了铁饭碗,就永远不用愁了。但是他丝毫没有动心,他觉得自己从来不是搞经济的料,虽然到德国学什么还不能确定,但肯定不是学保险。到了柏林,他才知道自己在清华大学学的德语根本无法张口。当时上课用的是英语,而课外也不说德语。在这里完全不能说,也听不懂别人说。德国当局只得给这些学了德语却不会说德语的人补课,对他们进行强化训练。这等于给了季羡林他们一个下马威。仅这一点,就使季羡林就对柏林没有好感,他的自尊心好像受到了伤害。这样,季羡林在柏林待了几个月。在这里接触的中国留学生人数颇多,他发现他们中认真读书者当然有,但终日鬼混者也不乏其人。国民党的大官,自蒋介石起很多官僚都有子女在德国"流学"。这些高级"衙内"看不起季羡林,季羡林更藐视这一群行尸走肉的家伙,羞于与他们为伍。"此地信莫非吾土。"无论如何,他对柏林没有一点好印象。到了深秋,强化训练一结束,他就打算离开柏林,但到哪里去呢?德国学术交换处的女秘书打算把他派到东普鲁士的哥尼斯堡大学去,那里是大哲学家康德任教过的地方,知名度很高。季羡林嫌那里过于偏僻,表示不愿意去。后来就改派到了小城却是科学名城的哥廷根。从此以后,他在这里一住就是10年,没有离开过。这时,季羡林想起了吴宓的一句诗:"世事纷纭果造因,错疑微似便成真。"他觉得这诗真有见地,是参透了人生真谛而吟出来的。如果真到哥尼斯堡大学,季羡林就不是今天的这个样子了,是什么样子他自己也不可能知道。

德国给季羡林的助学金是每月120马克。房租约占百分之四十多,吃饭也差不多,除此外手中就几乎再没有余钱。同官费学生一个月800马克相比,真如小巫见大巫。季羡林在德国住了那么久的时间,从来没有寒暑假休息,从来没有旅游,一则因为"阮囊羞涩",二则想多念一点书。他不远万里而来,是想学习的。可学习什么呢?最初并没有一个十分清楚的打算。有一个决心是他早就下了的,那就是决不学与中国学沾边的学问。在选择的彷徨中,他第一学期选了希腊文,看样子是想念欧洲古典语言文学。但在这方面,他考虑自己无法同德国学生竞争,他们在中学里已经学了八年拉丁文、六年希腊文。他心里更加彷徨犹豫,不知学什么专业是好。

到了1936年春季始业的那一学期报到时,季羡林的眼前突然一亮,他在课程表上看到了瓦尔德施米特开的梵文初学课。他简直是狂喜不止。在清华大学时,受陈寅恪讲课的影响,他就有志于梵学。但在当时,陈寅恪没有开梵文课,中国也没有人开梵文课,只有学的心,没有教的人,那时无法实现这个心愿。现在他竟于无意中能够有机会专修,焉能不狂喜呢?于是他立即选了梵文课。在德国要想考取哲学博士学位,必须修三个系:一主二副。季羡林的主系是印度学的梵文、巴利文,两个副系是英国语言学和斯拉夫语言学。他选定了方向,从此走上了正规学习的道路。

季羡林重访德国时,与老师瓦尔德施米特等人在一起。

　　梵文是季羡林的主系,必须全力以赴。梵文教授是瓦尔德施米特,他是柏林大学梵学大师海因里希·吕德斯的高足,季羡林在清华大学的老师陈寅恪与他是同学,他们出自同一门下,经常有书信联系。他是研究新疆出土的梵文残卷的专家,虽然年纪轻轻的,但在梵学界已颇有名声。他还懂汉语和藏语,这对于他的研究工作来说,简直是如虎添翼。他对学生要求极严,一位女学生把自己的博士论文交给他,他翻看了一会儿,一下子把论文摔在地下,愤怒地说:"这全是垃圾,全是胡说八道!"从此,这位小姐就从哥廷根消失了。后来季羡林说过:"在古今中外的学人中,我最服膺,影响我最深的,在中国是陈寅恪,在德国是吕德斯。后者也是考据圣手。什么问题一到他手中,便能鞭辟入里,如剥春笋,层层剥来,终至核心,所得结论令人信服。我读他那些枯燥至极的考据文章,如读小说,成了最高的享受。"[3]

季羡林万万没有想到,第一堂课上却只有他一个学生。瓦尔德施米特看上去非常年轻,比实际年龄还要年轻一些。他穿一身厚厚的西装,有一张孩子似的脸。1935年,他刚刚在哥廷根大学拿到一个教授职称,接替退休教授西克的梵文讲座。一般来说,德国教授都有教授架子,就凭瓦尔德施米特的这个资格,似乎更应该有教授架子,但不知道为什么,他却没有一点架子。相反,因为季羡林是他升正职以来收的第一个梵文学生,因此他对季羡林似乎还有感激之情。瓦尔德施米特授课虽然面对的只有一个学生,而且还是一个中国学生,但讲课却没有任何懈怠之意。他教季羡林念了念字母,这种字母非常啰唆,决不像英语字母那样简明。季羡林虽然是第一次接触这种稀奇古怪的字母,但因为教授传授得认真,所以他觉得非常舒服,没有感到有多大的压力。他满以为有了这样一个好的开始,会一直舒服地学下去的。

在第二堂课上,季羡林却当头挨了一棒。瓦尔德施米特对梵文非常复杂的连声规律根本不加讲解,教科书上的阳性变化规律也不讲,一下子就读起书后的练习来。这些练习是在印度已死去的文字,脱离现代语言实际,理解起来非常不易。就是这样的一些练习上的句子,瓦尔德施米特让季羡林自己读。字母本来就有些面生可疑,咬不准念什么,语法概念更是一点也没有,所以读得结结巴巴,翻译得莫名其妙。这把季羡林急得头上冒汗,心中直冒火。为了对付这些练习,他不得不拼命预习。一句只有五六个字的练习,要查连声,查语法,忙到一两个小时。上两个小时的课,就要用一两天的时间来预习。这种讲课方法,季羡林后来逐渐适应了,并且慢慢从中尝到了甜头。瓦尔德施米特的教学方法也同样是德国式的。他为学生选用了施滕茨勒的教科书,这是一本非常优秀的教科书,篇幅虽然不多,但却应有尽有。梵文语法以艰深复杂著称,有一些语法规则简直烦琐古怪到令人吃惊的地步。这些东西当然不是哪一个人硬制定出来的,而是在历史发展中自然形成的,利用比较语言学的方法都能解释得通。施滕茨勒在薄薄的一本语法书中把这些古怪的语法规则的主要组成部分收容进来,是一件十分不容易做好的工作。这一本书前一部分是语法,后一部分是练习。练习上面都注明了相应的语法章节。做练习时先要自己读那些语法,教授并不讲解,一上课就翻译那些练习。

第二学期开始念《摩诃婆罗多》第三篇中的著名神话《那罗传》,以后又读《云使》,都是直接读原著。欧美许多大学都是用这种方式。到了高年级,梵文课就改称 Seminar,由教授选一部原著,学生课下准备,一上课就翻译。新疆出土的古代佛典残卷,也是在 Seminar 中读的。这种 Seminar 看似平淡无奇,实际是训练学生做研究工作的一个最好方式。比如,读古代佛典残卷时就学习了怎样来处理那些断简残篇,怎样整理,怎样阐释,连使用的符号都能学到。至于巴利文,虽然是一门独立的课程,但教授根本不讲,连最基本的语法也不讲。老师只选一部巴利文的佛经,比如《法句经》之类,一上课就念原书,其余的语法问题、梵巴音变规律、词汇问题,都由学生自己去解决。

东方学人 季羡林

第一年的梵文课,按当时设定的正式课程名称,是为初学者开设的梵文。每周上两次,每次两小时。第一学期大约上 20 周课,梵文上课时间是 80 小时。瓦尔德施米特教完了全部梵文语法,而且还教念了几百句练习。德国的外语教学方法,被季羡林称为"典型德国式"的。这种教学方法开始于 19 世纪,当时的德国语言学家埃瓦尔德说过这样一句话:"拿游泳来打个比方,我教外语就是把学生带到游泳池旁,一下子把他们推下水去。如果他们淹不死,游泳就学会了。"瓦尔德施米特就使用了这种方法。就这样,在瓦尔德施米特这里,季羡林学到了一种学习外语的好方法:直接读高水平的梵文原著,就像学游泳一样,一下子被教练推下水,教练并不管,让你在水中自己挣扎,只要不淹死就能够学会游泳。后来,季羡林把这套方法在自己的教学实践中应用,也取得了很好的教学效果。最初的一段时间,季羡林经常被邀请到教授家里吃晚饭。每次吃饭,教授的独生子都在座。有一次教授和他的儿子开玩笑说:"家里有一个中国客人,你明天到学校去又可以张扬吹嘘一番了。"可是不久,战争开始了,他的儿子被征从军,在一个冬天里,战死在北欧的战场上。他忍受着丧子的巨大悲痛,没有对季羡林说什么。

课上到第三年,季羡林已经拿到了博士论文的题目,此时第二次世界大战战事正酣,瓦尔德施米特也被征从军。在这之前,季羡林每一学期都要选他的很多课,读过印度古代史诗、剧本,解读过中国新疆出土的《贝叶经》残卷,读过《梨俱吠陀》、《摩诃婆罗多》、《本生经》、《五卷书》,读过佛教南宗的巴利文经典。俄语课文则读过普希金、高尔基的作品,阿拉伯语则读伊斯兰教的《古兰经》。战争开始后瓦尔德施米特被征从军以前,预定了哥廷根大剧院冬季演出的门票,教授走的时候没有退掉。他便委托季羡林陪伴自己的夫人去剧院看演出,每周一次。每到看节目的那天,季羡林吃过晚饭,便接师母去剧院。剧院的演出,有时候是歌剧,有时候是音乐会,有时候是钢琴独奏或小提琴独奏。演员或来自外地,或来自国外,都是赫赫有名的人物。虽然处于战争年代,但剧场里仍是一片升平祥和的气象。但是一走出剧院，便是一片黑暗。灯火管制下的哥廷根城，不允许一丝光线存在。散场后要穿过一条没有一点灯光的黑暗街道，季羡林一直将师母送回远在山下的家中，然后于深夜独自返回房东家里。他一个人深夜踏在没有光亮的长街，黑暗中只能听到自己的脚步声，那种乡愁的滋味，恐怕谁也理解不了。在很长的一段时间，教授夫人一直一个人住在一座三层楼的房子里，过着孤独的生活。

经过两年的学习，季羡林的交换期满，按照双方的协议，到了他该回国的时候了。就在这时，七七事变爆发了，日本帝国主义向中国发动了大规模的侵略战争。事变之后不久，希特勒发布命令，关闭国门，凡是外国人一律不准离开德国。季羡林断了退路，有国难回。交换期满，奖学金停发，季羡林简直走到了绝路。

正在这时，季羡林平常联系不是太多、交往也不多的一个朋友——汉学研究所的古斯塔夫·哈隆听说了此事，问他愿不愿意在汉学研究所当讲师。这样，季羡林很自然地接受了他的聘请，在那里当起了讲师。奇怪的是古斯塔夫·哈隆身为研究所所长，但不会说汉语，却又有雄厚的中文基础，甲骨文尤其是他的拿手好戏，讲起来头头是道，还经常发表一些极其精辟的见解。对中国的有些古典文献，如《老子》、《庄子》，他都有很高的造诣。他对古代西域史地情有独钟，出版过一部名作《月氏考》。他在这个学校里并不得志，后来受聘到英国剑桥大学当了汉学教授。季羡林则一直在这个汉学所当讲师，一直到回国为止。

1938年秋天，瓦尔德施米特同季羡林商量博士论文的题目，并且主动问他要不要一个论文题目。当时季羡林非常兴奋，有受宠若惊的感觉。因为在德国要想得到一个博士论文的题目是非常难的，指导博士论文的教授，德国学生戏称之为"博士父亲"。德国教授在大学里至高无上，一切都由他说了算，往往不大肯招收研究生，怕学生出息不大，辱没了自己的声名。越是名教授，收徒弟的条件越高。教授真正觉得孺子可教，才会给学生博士论文的题目。德国的大学对博士论文的要求十分严格，题目可以不大，但是必须要有新东西才能通过。经瓦尔德施米特商定，论文的题目确定为研究《大事》偈陀部分的动词变化。瓦尔德施米特在家休假的时候给季羡林以指导，不在的时候则由其前任教授西克指导。

到1940年秋天，季羡林把毕业论文《〈大事〉中偈陀中限定动词的变化》基本上写出来了。为了使论文顺利通过，他觉得应该写一篇有分量的绪论，于是又花了将近一年的时间写了出来。教授从战场回来短期休假，他怀着一番得意的感觉，把论文的绪论给教授看。隔了一个星期，瓦尔德施米特在汉学研究所把绪论退还给季羡林,他的脸上含着笑意,最初并没有说话。季羡林打开绪论一看,上面没有任何改动,只是在第一行的第一个字前面,画了一个前括号,在最后一行最后一个字母的后面,画了一个后括号。意思是统统不要。看到季羡林疑惑的眼神,教授慢慢地开了口:"你的文章费劲很大,引书不少。但都是别人的意见,根本没有你自己的创见。看上去面面俱到,实际上毫无价值。你重复别人的话,又不完整准确。如果有人对你的文章进行挑剔,从任何地方都能对你加以抨击,而且我相信你根本无力还手。我建议把绪论统统删掉,在对限定动词进行分析以前,只写上几句说明就行了。"

以后凡是休假回家,瓦尔德施米特总是要听季羡林的汇报,看季羡林的论文,提出自己的意见。他还提出要花大气力校对毕业论文,不仅论文要从头至尾认真核对,而且要核对所有引用过的书籍、报刊。写这篇毕业论文花了大约三年的时间,季羡林在这三年内从大学图书馆到柏林的普鲁士图书馆,借过大量的书报杂志,大概使用过上千种书报杂志,耗费了很多时间,那时他就感到十分烦腻。现在还要在短时间内再核对一遍,把借过的书再借一遍,心里要多腻味有多腻味。"然而老师的教导不能不遵行,只有硬着头皮,耐着性子,一本一本地借,一本一本地查,把论文中引用的大量出处重新核对一遍,不让它发生任何一点错误。"[4]

东 方 学 人

季羡林

1940 年 12 月 23 日,对于季羡林来说是一个非常关键的日子。这一天上午 9 点半,他到大学的办公处参加毕业口试。口试内容包括梵文、斯拉夫语言学、俄语,英语因为教授勒德尔养病在医院,以后再补考。瓦尔德施米特、戴希格贝雷尔、布劳恩都在场。在这个阵势之下,季羡林发了毛,原先准备的问题一个也没有用上。他几乎不能正常思维,简直慌张之极。但到 24 日后,瓦尔德施米特请季羡林到自己家过圣诞节,一进门,教授就向季羡林贺喜,告诉他毕业论文是优,梵文是优,俄语是优,斯拉夫语言学也是优。到 1942 年 2 月 19 日,勒德尔出院,季羡林补英语口试,又得了一个优。这样,他就以全优毕业了。

季羡林从德国教授的身上学到了做学问的彻底性。他终于悟出了一个道理:没有创见,不要写文章,否则就是浪费纸张。有了创见,也不要下笔千言,离题万里,空洞的废话不说少说为宜。后来季羡林自己有了学生,也把这一衣钵传给了他们。受到瓦尔德施米特这方面的影响,季羡林到现在写论文一直掌握着这个原则,没有新意的文章不写。德国教授做学问的彻底性影响了季羡林的一生,他从内心深处感激这位"博士父亲"。

1980 年,季羡林率领中国社会科学代表团访问西德,再次见到了阔别 35 年之久的老教授。而见面的地点不是在教授的家里,而是在敬老院里。教授已经83岁,夫人86岁。他一听说自己的得意弟子要来,老教授的心里激动不已。季羡林一下汽车,就看到在敬老院高大明亮的玻璃门里面,教授已经端坐在圈椅里等了很久。就在这所敬老院里,师母还给季羡林烹制了他喜欢吃的食品。季羡林拿出刚刚出版的译作《罗摩衍那》(第一卷)给老师。老师一看,当场毫不客气地批评他,我们是搞佛学研究的,怎么搞起这个来了?老师不知道,季羡林是在没有科研条件的情况下,利用时间的"边角废料"翻译了这部世界名著的。而在季羡林心里却非常清楚,垂暮之年的老师仍然在关心着弟子的学术研究。这样的事情只能在师生之间发生。离别的时候,季羡林心中的凄楚简直是无法形容的。对于季羡林来说,恩重如山的"博士父亲",是他心中一座永远的塑像,他的恩泽润泽了异国学子的一生。在季羡林的一生中,瓦尔德施米特是对他影响最大的一个学者。

季羡林在自己一生的学者生涯中迎来了又一个偶然。这个偶然是学习吐火罗文。吐火罗文是印欧语系中的一种语言,5世纪至10世纪流行于塔里木盆地一带,6世纪至8世纪的一些古代文献是迄今发现的最早文献。对这样一种语言,季羡林在国内时连听说都没听说过。到了哥廷根以后,虽然听说了,但是并不想学它。吐火罗文残卷是在20世纪初才发现的。当时德国探险队在中国新疆发掘出了非常珍贵的用各种文字写成的古籍残卷,并把它们运到了柏林。德国学者那时还不能读通这些文字,却已经意识到这些文字的重要性。柏林大学组织了许多年轻的语言学家,主要是梵文学者来进行研究,西克是其中的一位。面对这天书一般的残卷,大多数人望而却步了,只有西克和西克灵两人决心合作把它们读懂。一开始的时候,他们的工作就像是猜谜语,这不仅没有难倒他们,反而提高了他们的研究兴趣。他们几乎是日日夜夜不停地工作,经过三十多年的辛勤劳动,终于把这些天书读通了,并且把这种文字定名为吐火罗文。读通了这一语言的西克,当然非常愿意把这门经过三十多年攻关的成果传下来。但是他并不是狭隘的民族主义者,没有想只传给德国人,而是想毫无保留地传给这位异国之子。

瓦尔德施米特从军的这段时间,已退休的前任教授西克出山替他上课。西克是主动来承担授课任务的,他对季羡林的情况也有所耳闻,他对季羡林是有所希望的,并看好他作为吐火罗文的传人。他虽已年过古稀,但身体还很硬朗,人也非常和蔼可亲,简直像一个老祖父。按岁数来讲,他确实可以做季羡林的祖父,也完全有一个祖父的感情。他对上课似乎非常感兴趣。第一堂课一上课堂他就告诉季羡林,他平生研究三种东西:《梨俱吠陀》、古代梵文语法《大疏》和《十王子传》,以及用了几十年时间读通的吐火罗文。他一定要把自己全部的拿手好戏都传给季羡林,并且一定要教会季羡林读吐火罗文。季羡林知道在吐火罗文字上,老教授名扬全球。西克认为季羡林一定会同意,连征求意见的口气都没有,不容季羡林提不同看法,一定要教吐火罗文,就这样毫不商量地定了下来。

瓦尔德施米特休假的时候,季羡林通过了口试,布劳恩口试俄语和斯拉夫语,勒德尔口试英语。他考试及格后,仍然继续在西克指导下学习。他们天天见面,冬天黄昏在积雪的长街上,他搀扶着年逾八旬的异国老师,送他回家。他似乎忘记了战火,忘记了饥饿,心中只有身边这个老人。战时整个德国食品极端匮乏,人人在饥饿的炼狱里煎熬,季羡林为了给西克增加点营养,硬是两个月断绝油味,从配给的少得可怜的食品中省下一点奶油,又费尽心机弄到一些面粉、鸡蛋和一斤白糖,请一家名糕点店烘烤了一个蛋糕,自己忍着辘辘饥肠,将它捧献给西克。教授夫妇为中国学子的真情感动得竟表达不出致谢之词。

西克教吐火罗文的方法和瓦尔德施米特教梵文的方法一样,根本不讲解语法,而是直接从读原文开始。学了一段时间,比利时一位治赫梯文的学者沃尔特·古勿勒也慕名来到哥廷根,跟从西克学吐火罗文。有了这两个外国学生,西克当然很高兴。他就把他和西克灵合作转写成拉丁文的一本《福力太子因缘经》,连同原著的影印件,交给这两个年轻人去读,并称此书为"精制本"。他们的学习是如此进行着:自己在下面翻读文法,查索引,译生词;到了课堂上,同古勿勒轮流译成德文,由西克纠正。工作是异常艰苦的,原文残卷残缺不全,没有一页是完整的,连一行完整的都没有,虽然是"精制本",也只是相对而言,往往是这里缺几个字,那里缺几个音节。不补足就抠不出意思,而补足也只能是以意为之,不一定有很大的把握。结果是西克讲的多,他们讲的少。读贝叶残卷,补足所缺的单词或者音节。一整套做法,他就是在吐火罗文课堂上学到的。季羡林学习的兴趣日益浓烈,每周两次上课,不但不以此为苦,有时候甚至有望穿秋水之感了。[5]后来,从西克那里才知道,当初他和西克灵合作的时候,工作更为艰苦。西克灵是西克的学生,办事特别小心谨慎,生怕出错,尤其在抄写婆罗米字母的时候,那细心的样子实在让人佩服。他住在柏林,在普鲁士科学院工作,而西克则在哥廷根大学。两人要不断进行通信联系,有时碰到不能解决的问题,或者是意见不一致之处,西克还得从哥廷根大学赶往柏林,与西克灵讨论。根据特别充足,可以判断一个吐火罗字的字义了,但西克灵偏反对,不肯认可。这时候,西克只能再赶到柏林,与他面谈讨论。季羡林因此把西克比作火车头的蒸汽机,没有它火车不能走,但有时跑得太快,就得有一个闸,西克灵就是这个闸。

1942年,季羡林因为婆罗米字母的问题,到柏林请教西克灵。在普鲁士科学院他的研究室里,季羡林看到墙上挂满了婆罗米字母的残卷,是用那特有的蝇头般的小字一行一行抄下来。他只要有三个学生以上,就紧张得说不出话来,所以只短期在柏林大学教过吐火罗语,后来则一直在普鲁士科学院工作。他人很沉静,不大说话。问他问题,他却解释无疑。季羡林从他那里学到了不少读婆罗米字母的秘诀。

季羡林非常佩服德国老师们的工作态度,把他们当做自己的楷模,并十分叹服他们异常认真、严谨、细致的学风。他们治学的彻底性是名震寰宇的,写文章从来都是再三斟酌,多方讨论,然后才拿去发表。在老师的感染下,季羡林下决心攻克这种新增加的语言。他当时工作很多,身体又不是太好,患着严重的神经衰弱症,加上德国当时处于战争时期,物资供应奇缺,经常吃不饱饭。但是看到西克这样热心,他觉得无论如何也不能让老人伤心,所以加倍努力地学起来。

季羡林终于以惊人的毅力,读通了这门罕见的语言。

1946年回国以后,由于资料的限制,他有三十多年没有机会接触吐火罗文。但是到1975年,在我国新疆吐鲁番地区出土了一批吐火罗文甲种焉耆文《弥勒会见记剧本》残卷,他从1981年又得以重新研究,在中国出版了中文繁体字版和简体字版,在英国出版了由他自己翻译成的英文版,为我国学术争了光。

季羡林自然经常到西克家里去,但对他的家世却始终不十分清楚。他只见过西克的夫人,那是一个又瘦又小但很慈祥的老人,至于子女或其他亲眷,季羡林却从来没有见过。有一次,是美国兵已经攻入哥廷根之后了,美军从城西往城东发射炮弹。西克住在城东,炮声一停,季羡林赶快跑到老师家里,看是否有什么危险。到了那里,教授夫人告诉他,炮弹爆炸之时,老头子正在伏案读有关吐火罗文的书籍。窗子玻璃随着爆炸声响,全成了碎片,落满了桌子,但老头子奇迹般地一点也没有受伤。教授对自己的弟子当然是非常满意的。季羡林拿到博士学位以后不久,在哥廷根城外的一片山林中,他散步时遇到西克和他的同事也在散步,西克忙向这些同事介绍:"他刚通过博士论文答辩,是最优等。"教授颇有得意之色,深为自己的弟子取得的优异成绩而自豪。弟子则更为感激老师,季羡林在回国以后的最初几年里,一直和西克通信。1947年1月西克来信告诉他西克灵教授去世,使他十分悲痛。

在哥廷根大学,季羡林与其他一些德国老师的关系都是不错的,其中有阿拉伯语教授冯·素顿,英文教授勒德尔、怀尔德,哲学教授海泽,艺术史教授菲茨图姆侯爵,德文教授麦伊,伊朗语教授欣茨等。布劳恩是季羡林斯拉夫语言学的教授,也是他接触最多的一个。季羡林选的副系是英语和斯拉夫语,讲课的教师是布劳恩,斯拉夫语研究所设在高斯-韦伯楼里,南斯拉夫语由他亲自讲授,他只让季羡林看了一本简单的语法,就立即进入阅读原文的阶段。在这以前,季羡林已经有了学习俄语的经验。教俄语的老师是一个曾长期在俄国居住的德国人,俄语等于是他的母语。他的教法同其他德国教员一样,采用把"学生推入游泳池"的办法。俄语每周两次,每次两小时,德国的学期短,季羡林却在第一学期内就读完了一册俄语教科书,其中有单词、语法和简单的会话,又念完果戈理的小说《鼻子》。季羡林最初念《鼻子》的时候,俄语语法还没有学多少,只好硬着头皮翻字典。往往是一个字的前一半字典上能查到,后一半则不知所云,因为后一半是表变位或变格变化的。而这些东西季羡林完全不清楚,往往一个上午只能查上两行。但是不知怎么一来,好像做梦一般,在一个学期内竟把《鼻子》全念完了。下学期念契诃夫的剧本《万尼亚舅舅》的时候,季羡林就觉得轻松多了。有了学习俄语的经验,他拼命地去翻字典。南斯拉夫语同俄语很相近,只在发音方面有自己的特点,有升调和降调之别。在欧洲语言中,这是很特殊的。季羡林之所以学南斯拉夫语,完全是为了应付考试,学习的兴趣并不大,可以说也没有学好。大概念了两个学期,就算结束了。任课时布劳恩还不是讲座教授。在哥廷根最后的两年里,季羡林几乎每周最少去一次他家。他家离季羡林的住处很近,两三分钟就能走到。布劳恩的父亲是莱比锡大学的斯拉夫语言学教授,因此他有家学渊源,子承父业,能够流利地说斯拉夫语言中的许多种语言。季羡林见他时,他还非常年轻,后来也和瓦尔德施米特一样被征从军。但是他没有上前线,而是在最高统帅部当翻译。苏联的一些高级将领被德国军队俘虏,希特勒有时候要亲自审问,以便从中挖出一些机密。给希特勒担任翻译的就是布劳恩。他每逢休假回家,总愿意给季羡林讲一些翻译时的花絮,透露一些苏军内部高层的真实情况,他甚至把苏军的一种大炮说得神乎其神。这样的消息,显然是绝密的,但他也给季羡林说。季羡林每周起码一次到布劳恩的家里去聊一次天,消磨一个晚上的时光。他有一个美丽年轻的太太,有两个可爱活泼又天真的男孩子,像小天使一般。大的叫安德烈亚斯,5岁多,虽然还没有上小学,但是已经能看些书了。季羡林教给他一些汉字,他很快就记住了,很快他们便成了朋友。每天晚上睡觉以前,安德列亚斯总要缠着母亲,让她讲童话故事给他听。他每次都听个没够,直到母亲说第二天多讲一点,他才悻悻地去睡觉,却仍然是一副不满足的样子。小的叫斯蒂芬,他特别喜欢季羡林。季羡林每次去他们家,他总要飞快地扑到季羡林的怀里。这时候,他的妈妈告诉季羡林,要抱住孩子转上几圈,这个孩子特别喜欢这样玩。教授的夫人很和气,说话不拐弯,但是有时候也愣头愣脑地说话没谱,但不会有什么隔膜。季羡林和他们全家都成了好朋友。

  布劳恩是一个多才多艺的人。他喜欢中国古代的刺绣,家里就收藏着一幅。上面有五个大字:时有溪山兴。他让季羡林把这几个字翻译出来,从此喜欢上了中国字。自己去买了一本德汉词典,念起了唐诗。他靠词典把每个字都查出来,然后把句子连在一起,居然有时候也能讲出一些意思来。季羡林帮助他纠正语法的错误,再讲一些语法常识。汉语的语法结构,他在开始的时候非常不适应,觉得有点怪,他学下去后,发现也有道理。他认为汉语没有形态变化,可能是优点,使读者有极大的联想自由,不像印欧语系那样被形态变化捆住了手脚。布劳恩擅长画油画。有一次,他主动提出要给季羡林画像。有一段时间季羡林几乎每天到他家去,端坐在那里当了好一阵子模特儿。在画画上,他也非常认真,画完了还要征求季羡林的意见。季羡林对油画自觉不是内行,但一看很像自己就很满意。在学术研究方面,布劳恩不搞德国传统的语言考据之学,他擅长的是义理方面的学问。他自己有一本著作,是写19世纪沙俄文学的,把托尔斯泰和陀思妥耶夫斯基作为两座高峰开展论述,有许多精辟的见解。这样一个多才多艺的人,在哥廷根大学却是郁郁不得志的。他的升迁没有希望,院士更是不沾边,他一度想离开哥廷根到斯特拉斯堡大学,去补一个正教授的缺,并且表示把季羡林也带过去,但是后来没有实现。以后才在哥廷根大学拿到了一个讲座教授的职位。

  1980年,季羡林去德国访问,也拜访了布劳恩。那时教授夫人刚刚在一个月前去世,两个儿子在外地工作。老人成了一个寂寞的人,季羡林这时认识到在西方社会的学者,一旦失去了实用价值,结局也只能是如此。

4. 在德国的生活

  在德国的10年时间里,季羡林接触最多,几乎朝夕相处的是房东欧朴尔夫妇,他把房东太太称为"像老母般的女房东"[6]。季羡林一到哥廷根火车站,清华大学的学长乐森璕就接他到了欧朴尔夫妇家。夫妇俩有一个儿子,但是他在外地读书,所以有空房出租。全家人没有一个把他当外人看待,更没有把他当外国人看待。法西斯分子对犹太人和中国人的歧视,在德国普通人中是少有响应的。就欧朴尔太太来说,季羡林就像她的亲生儿子,甚至比亲生儿子还要亲,她对儿子不愿说的话都愿意对季羡林说。

欧朴尔太太有德国妇女的一切优点,善良,正直,能体贴人,有同情心。她也有一点小毛病,喜欢吃醋。她有一个寡妇朋友,平常两人的关系很好。但是有一次她买了一顶新帽子,她的朋友看她戴着好看,也喜欢得不得了,想照样也去买一顶,欧朴尔太太便大为不满,说了她不少坏话。原来德国男女都有个习惯,穿的衣服,戴的帽子,不喜欢别人与自己的同样。季羡林把这种习惯归之于市民习气,但从整体来说,欧朴尔太太善良得像慈母一般,是季羡林见到的最好的女性之一。

初到哥廷根的时候,季羡林睡的床与自己在国内的大不一样。德国的被子是鸭绒的,而鸭绒又不固定起来,在被套里享有自由活动的权利。季羡林睡在这样的被子里很不习惯。在睡觉时翻上两个身,鸭绒就都活动到被套的一头去了,一头是鸭绒堆积如山,另一头则只有两层布,不能正常御寒,他往往被冻醒。房东太太听说这事,笑得眼睛里直流泪,细心地告诉他怎样使用鸭绒被。他自己觉得就像一个小孩子一样,被她细心地照顾着。欧朴尔夫妇的儿子在达姆施塔特高级工科学校读书,离哥廷根挺远。夫妇俩爱子如明珠,有一段时间老头每月购买一些面包和香肠,打包寄给儿子。老头腿脚不好,走路一瘸一拐,拿着手杖也挺吃力,可为了儿子他不辞辛劳,月月去邮局寄一次。有一次,夫妇俩趁出去度假之时,去看望他们的儿子。他们看到面包和香肠干瘪瘪地躺在桌子下面发了霉,已经不能食用。回到家欧朴尔太太絮絮叨叨地对季羡林诉苦,但是老头子却像是没有看到一样每月照寄不误。后来,欧朴尔夫妇的儿子结了婚,搬到另一个城市,有了一个小女儿。有时候一家三口回家探望父母。儿媳妇人长得漂亮,衣着也摩登入时,但就是不讨婆婆的喜欢,就连小孙女祖母也不喜欢。原来儿媳妇有点"马大哈",事事都不在意。一天,女房东忽然拉季羡林到卫生间,指着马桶给季羡林看,是儿媳妇使用卫生纸过多,把马桶给堵住了。老太太一边嘟囔着,一边流露出许多怪相,有愤怒,有轻蔑,有不满,也有憎怨。可这样的事偏偏不能对儿子讲,连丈夫也不敢给讲。她心中的不平,茫茫宇宙间只能对季羡林一个人吐露了。女房东不仅有不平,而且有偏见,尤其是宗教偏见。她自己是基督教徒,对天主教怀有莫名其妙的仇恨。有一个天主教老处女,每月要来欧朴尔夫妇家洗一次衣服,人很老实,但宗教信仰却很虔诚,每月的收入除了少量维持生活外,其他的都捐赠给教堂。欧朴尔太太虽然承认她忠诚得像"黄金"一样,但一提及她信仰的宗教,就难免有一些微词了。

东方学人
李羡林

在政治上,女房东比较迟钝,既不赞扬希特勒,也不懂去反对他。

欧朴尔夫妇一生和睦相处,从来没有吵过架。欧朴尔饿死于战争之中,儿子平常不回家,老太太就把季羡林当做自己唯一的亲人,对季羡林的照顾真是无微不至。到晚上10点左右,老太太进屋来把被子铺好,把被罩拿下来放到沙发上。这是非常简单的,季羡林自己尽可以做。但女房东却非这样做不可,当年她儿子住这一间屋子时,她就是天天这样做的。铺好床之后,她就站在那里闲聊,把一天的经历,原原本本,详详细细,都向他"汇报"。她见了什么人,买了什么东西,碰到什么事情,到过什么地方,一一细说,有时还绘声绘色,说得眉飞色舞。但是,季羡林初到德国时,听说德语的能力都不强。每天晚上上半小时的"听力课",对他大有帮助。女房东实际上成了不收费的义务教员。"汇报"完了以后,照例说一句:"晚安!祝你愉快地安眠!"季羡林也说同样的话,然后她回到自己的房间。这一天的活动就算结束了,于是上床睡觉。[7]

战争临近结束时,物资供应更紧张了,食品缺,燃料也缺。哥廷根市政府只得让市民们到山上砍伐树木,代替燃料。在茫茫林海中,划拨出一片可砍伐地区,在这一地区内又逐一检查,可砍伐者画上红圈,砍伐了没有红圈的树,受罚是自然的事情。欧朴尔太太没有劳动力,季羡林就当仁不让,帮她上山砍树,再运回家来。住在这样一个房东家里,季羡林从来没有把她当做小业主看待,自己也从来不以租房者自居,而是把自己当做这个家庭中的一分子,把女房东当做自己的母亲看待。在他即将回国之时,欧朴尔太太简直是难分难舍,对他放声大哭。她儿子在外地,丈夫已死,季羡林这一走,房子里空空洞洞,只剩下她一个人。几年来她实际上是同他相依为命,而今以后日子可怎样过呀!离开她时,季羡林也是头也没敢回,只在心里套用一首旧诗想成了一首诗:

留学德国已十霜,
归心日夜忆旧邦。
无端越境入瑞士,
客树回望成故乡。

离开德国回国以后,季羡林一直惦记着女房东,和她保持了几年的书信联系。回到北京以后,季羡林费尽千辛万苦,弄到了一罐咖啡,大喜若狂地连忙跑到邮局,打好包裹把它寄走。希望能越过千山万水,使这一罐咖啡让老太太在孤苦伶仃中获得一点喜悦。季羡林知道,同千千万万德国人一样,女房东嗜咖啡如命。到20世纪50年代以后,国内突出政治,海外关系"成为非常危险的东西"。季羡林从那时候开始,没有再敢跟她联系,从此便云天渺茫,互不相闻了。女房东现在早已不在人世,季羡林每每回首的时候,总是百感交集,他在自己的内心里遥遥地祷祝老太太的在天之灵永远安息。

季羡林在德国老师、房东之外最为亲密的一个人,就是伊姆加德小姐,她是季羡林在德国的中国同学田德望房东的女儿。最早是因为去她家看望田德望,也就认识了她的家人。田德望房东迈耶的家和季羡林房东欧朴尔住在同一条街上,相距不远。伊姆加德的父亲迈耶和欧朴尔几乎一样,老实巴交,不善言谈。人多的时候,他总是待在一边,一言不发,脸上则挂着憨厚的微笑,听别人在天南地北地谈论。他的职业也与欧朴尔一样,是一个地位不高的小职员,天天忙着上班、工作。退休以后,他就待在家里,不与外人交际,也不大出去活动。季羡林对他的第一印象,就是像他这样的人,一看就知道决不会撒谎、骗人。迈耶老实不善交际,家庭中对外交往的事情就由迈耶太太一手操持了。迈耶太太执掌大权,能说会道,善于应对进退,更擅长交际。她同欧朴尔太太的年龄相仿,性格却差别很大,是一个"乐天派"。她总是忙忙碌碌,里里外外,连轴转地忙个不停。不管什么时候,她都是笑逐颜开,没有愁眉苦脸的时候。她不像欧朴尔太太有那么多的不平和偏见,她的家庭更为和美。她家像欧朴尔太太家一样,也很善待中国留学生。迈耶太太为中国留学生做的事情,也和欧朴尔太太做的一样,房主和房客之间从来没有发生过摩擦,和中国留学生相处得非常好。

季羡林开始在德国的时候,迈耶家里住的是河北人田德望,他就是后来但丁《神曲》的大名鼎鼎的翻译者。他们在清华大学读书时就认识了,而且经常在一起,相处得不错,到了德国他们来往得就更多了。这样,季羡林就经常到迈耶家去。田德望1939年回国后,他家住了另外一些中国留学生,季羡林仍然常到他家去,三来两往,季羡林和迈耶家熟悉起来。迈耶夫妇有一对如花似玉的女儿,大女儿就是伊姆加德,她是"一位非常美丽的女孩子"[8]。

1940年,季羡林的毕业论文接近尾声。他用德文写成的稿子在送给导师审阅以前,必须用打字机打印成清样。季羡林自己既没有打字机又没有学会打字,这就需要找一个人帮忙。正巧,迈耶家有一台打字机,伊姆加德会打字,还很愿意帮这个忙。德国对博士论文的要求极高,需要反复多次地修改,打字量是很大的。这样一来,有很长的一段时间,几乎是一整个秋天,季羡林必须天天晚上去她家,白天季羡林要到汉学研究所去上班,她也要去上班,只有晚上才能安排打字,他们几乎是天天晚上在一起。原本只要伊姆加德一个人打字就行了,但是季羡林的手稿写得很草,有的地方改动很多,她根本就看不清楚。而且论文的内容又绝对不是她所熟悉的,稀奇古怪,像看天书一般。打字稍一不慎,就会出错。这就需要季羡林坐在旁边,以备询问。为了赶进度,工作往往要进行到深夜,结束后季羡林再摸黑回家。打完了这篇博士论文,季羡林又写出了几篇分量很重的学术论文。为了在哥廷根大学研究院的院刊上发表,也需要把它用打字机打印出来,这些论文也都是伊姆加德帮忙打出来的。一直到1945年季羡林离开德国以前,和伊姆加德接触的机会是非常多的。他们之间的关系熟了,她家一有什么喜庆日子,或者是招待客人吃点心、吃茶,总一定要邀请季羡林参加。特别是在伊姆加德生日的那天,季羡林一定去祝贺,成为她家的贵宾。迈耶太太在安排宴席的座位时,总是想方设法让季羡林坐在伊姆加德的旁边。

似乎用不着为贤者讳,季羡林和伊姆加德彼此已经是很倾心了。不仅是伊姆加德一家把季羡林当做她的挚友,就是伊姆加德本人也已经爱上这位异国之子了。

这时候,英国剑桥大学的哈隆教授邀请季羡林去当教授,如果选择弃家抛国之路,不仅可以过上幸福的物质生活,而且还可以实现和伊姆加德的结合。但季羡林知道,自己的国家是那么凋敝贫困,山东老家的叔父、婶母都已到了残烛之年,被包办婚姻的发妻彭德华一个人带着两个孩子,含辛茹苦地侍奉着老人,在苦苦地盼他归来。如果季羡林没有中国传统思想的浸染,没有浓厚的家庭观念,他完全有可能实现与这位异国美女的结合。但是,事实却并不是这个样子。季羡林当然不隐讳自己对伊姆加德的好感,仅在离开德国以前几天的日记里,他就反复地表明了自己对她的感情。季羡林那时的日记,上面明明白白记着他对伊姆加德的深情。他认为自己是一个有妇之夫,不能有任何非分之想,即使只是想,也是对伊姆加德的亵渎。季羡林在1945年9月24日的日记中写道:

> 吃过晚饭,7点半到Meyer(迈耶)家去,同Irmgard(伊姆加德)打字。她劝我不要离开德国,她今天晚上特别活泼可爱。我真有点舍不得离开她。但又有什么办法?像我这样的一个人不配爱她这样美丽的女孩子。[9]

在季羡林家的客厅里,至今保存着两张照片,一张是风姿绰约的金发女郎,另一张是老态龙钟的德国老妇,两张照片那么鲜明地对比着。其中深意,谁能理解?20世纪80年代,季羡林回德国探望老师的时候,还打听过伊姆加德,结果是杳如黄鹤。据说,有热心的人在德国找到了八十高龄的伊姆加德。她还保存着青年时给季羡林打字用过的打字机和桌椅,她帮季羡林打印论文时,两人就在这一张桌前一同工作。伊姆加德说他们也曾一起散步,一起去看电影,但季羡林从来没有向她示爱,只是她知道季羡林心里对她很好。季羡林一生经常回忆到这位"宛宛婴婴的女孩子",自己坦白地承认,说"不想她,那不是真话",她的影子老是在自己眼前晃动。

与伊姆加德的交往,是由于季羡林到她家看望住在那里的同学田德望。在德国交往的同学中除了田德望外,还有章用,范禹(龙丕炎),张维、陆士嘉夫妇等。张维1938年从英国到德国,在哥廷根学派的代表人物之一特尔克的指导下攻读博士学位,博士论文选题是力学理论与工程实际结合方面的。陆士嘉是普朗特的学生,主攻力学。季羡林和他们的关系虽然也比较密切,但是毕竟不是一个专业,共同语言要少一些,交往最深和最知己的是章用、田德望。在德国的留学生不乏达官贵人的子弟,其中多是纨绔子弟,季羡林和他们基本没有来往。但也有个别例外的,章用就是一个,他被季羡林当做在德国的知己。初到哥廷根,这里对季羡林来说一切都是生疏的。哥廷根是个大学城,在一个生人看来如同迷宫。他需要一个熟悉这里的人到众多的机关里跑一跑,到学校的有关机构办理手续。章用就是在这时闯入季羡林的世界的。乐森璕介绍他认识了章用,他带季羡林穿过哥廷根的长街,来到章用租住的一座小楼,小楼周围全是花园,当时虽然是落叶满地,但树头上还残留着几片叶子,在秋风中显得孤单而凄清。就在二楼,乐森璕介绍他们见面,也见到了章伯母,她是一个特别善谈的人,她来这里完全是为了照顾自己的儿子。章用是北洋政府教育总长章士钊的儿子,母亲吴弱男当过孙中山的英文秘书。这是一个显贵之家,但是章用却没有"衙内"的气质,一点纨绔习气也没有。他虽然有点孤芳自赏,但更多的是书生气。他是来攻读数学的,但对哲学、古诗词和古典文献有很深的造诣。他们有一见如故的感觉。以后他们两人便经常往来,感到彼此谁也离不开谁了。他们经常相约去城东面的一片山林里散步,不时被美丽的山色所陶醉。他们经常探讨哲学、宗教问题,但谈得最多的还是中国旧诗。章用说话不多,总愿意静静地听季羡林滔滔不绝地说,脸上浮起神秘的微笑,目光总要从眼镜上边流出来,注视着眼前的空虚处。章用每次几乎都是这个样子。季羡林每次约他到小山林去散步,他都立刻答应,在非常仓促的情况下穿好衣服、鞋子,仿佛穿慢了季羡林会不等他一样。

章用对旧诗是很熟的,写了不少。有一首诗是章用随口吟出来的,其中两句季羡林还记得:

  频梦春池填秀句,
  每闻夜雨忆联床。

还有一首是写在硬纸片上的,章用把它装在一个黄色的信封里交给季羡林。诗中把季羡林称为"诗伯":

空谷足音一识君，
相期诗伯苦相薰。
体裁新旧同尝试，
胎息中西沐见闻。
胸宿赋才徕物与，
气嘘史笔发清芬。
千金敝帚孰轻重？
后世凭猜定小文。

尽管季羡林自己说没有做过诗，但是在济南上中学时，就有人把他叫"诗人"，这次章用又称他为"诗伯"，可见他对诗词的造诣确实是不浅的。

有了这样一个知心朋友，季羡林在初到哥廷根的时候，得到不少热情的帮助。陪季羡林奔波全城的是他，到哥廷根大学教务处的是他，到研究所的是他，到市政府的是他，到医生家去的是他，就连帮助注册选课的，也都是他。他们一块儿去听德国名诗人读诗，一块儿去咖啡馆喝咖啡，一块儿去饭馆吃午饭，一块儿逛书店，一块儿散步……他还是季羡林有些事情的决策人。

后来一个偶然的机会，季羡林认识了来自湖南的留学生范禹，他本来是主修自然科学的，但是却学过一年的梵文。当时，季羡林正在为到底学什么犯嘀咕，范禹把自己用过的施滕茨勒著的一本梵文语法书送给了季羡林。季羡林同章用商量，谈了自己想学梵文的想法，章用听过之后马上表示支持，在选课中章用也起了关键作用。可惜的是，1936年章用的经济出了问题，他在国内出租的土地收入不够负担他的学费，又不愿意接受德国朋友的帮助，不得不中辍学业回国。季羡林当时自己也是泥菩萨过江，自身难保，无法帮助他。章用回国时，他只能在市政府的地下餐厅，和田德望一起为他送别。在回国的途中，每到一个停船的地方，章用就给季羡林寄一封信，还特意剪了许多报纸上有关梵文的材料寄过来。他先是在青岛的山东大学担任数学讲师，曾给季羡林寄来非常长的一封信。隔了些年后，他来到浙江大学任教，又随着该校到了江西，这时给季羡林又寄来一封信，并且附上了他回国以后写的所有的诗。他仿佛预感到自己会不久于人世，赶快把诗抄好，托朋友替他永远地保存。他真的在江西患了病，又去香港就医，不幸在香港病逝。

章用回国后，章伯母临时留在这里，季羡林和范禹就负担起照顾老太太生活的责任。老太太有一种"官家"情结，张口闭口总忘不了说"我们官家如何，你们民家如何"。一次季羡林故意来了个恶作剧，说"你们官家也是用筷子吃饭,用茶杯喝茶吗"?老太太也没有听出来其中的恶意,继续"官家"、"民家"地说个不休。老太太回国的时候,季羡林和范禹帮她整理这,整理那,忙乎了好一阵子,办理护照,买车票、船票,退房子,忙成一团。这时候,老太太仍然忘不了她的口头禅"我要告诉你们一件大事"!季羡林在和她接触的一年多时间里,不知听她说过多少次大事,最终往往老是离不开章士钊。她谈道:章士钊虽贵为总长,但对待妻子却以西方礼仪为准,上汽车为她开门,走路挽她的胳臂,而且满嘴用英文喊"亲爱的"不止。她自己也如同坐在云端里,认为自己是天下最幸福的人。后来章士钊下了台,大儿子章可去意大利就读,三儿子章因到英国就读,而自己和二儿子到了德国,落得一副惨兮兮的样子。

章用母子相继走后不久,季羡林的经济也出了问题。他的交换期满,没有了奖学金,生活没有着落了。这时章用给他介绍的古斯塔夫·哈隆起了关键作用,在走投无路的情况下,季羡林遇到了救星。他在《留德十年》中说:

所长古斯塔夫·哈隆教授,是苏台德人,在感情上与其说他是德国人,毋宁说他是捷克人。他反对法西斯,自是意内事。我到格丁根后不久,章用就带我来看过哈隆。在过去两年内,我们有一些来往,但不很密切。我交换期满的消息,传到了他的耳朵里,他主动跟我谈这个问题,问我愿不愿意留下。我已是有家归不得,正愁没有办法。他的建议自然使我喜出望外,于是交换期一满,我立即受命为汉文讲师。原来我到汉学研究所来是做客,现在我也算是这里的主人了。

哈隆教授为人亲切和蔼,比我约长二十多岁。我到研究所后,我仍然是梵文研究所的博士生,我仍然天天到高斯-韦伯楼去学习,我的据点仍然在梵文研究所。但是,既然当了讲师,就有授课的任务,授课地点就在汉学研究所内,我到这里来的机会就多了起来,同哈隆和他夫人见面的机会也就多了起来。我们终于成了无话不谈的知心朋友,也可以说是忘年交吧。哈隆虽然不会说中国话,但汉学的基础是十分雄厚的。他对中国古代文献,比如《老子》、《庄子》之类,是有很高的造诣的。甲骨文尤其是他的拿手好戏,讲起来头头是道,颇有一些极其精辟的见解。他对古代西域史地钻研很深,他的名作《月氏考》,蜚声国际士林。他非常关心图书室的建设。闻名欧洲的格丁根大学图书馆,不收藏汉文典籍。所有的汉文书都集中在汉学研究所内。购买汉文书籍的钱好像也由他来支配。我曾经替他写过不少的信,给中国北平琉璃厂和隆福寺的许多旧书店,订购中国古籍。中国古籍也确实源源不断地越过千山万水,寄到研究所内。我曾特别从国内订购虎皮宣纸,给这些线装书写好书签,贴在上面。结果是整架的蓝封套上都贴上了黄色小条,黄蓝相映,闪出了异样的光芒,给这个研究所增添了无量光彩。

1939年,哈隆受聘到英国剑桥大学当汉学教授,临行前,季羡林、田德望在市政府的地下餐厅为他饯行。他郁郁不得志,在学校里得不到重视,朋友也不多,在哥廷根大学这么多年,真正的朋友只有季羡林、田德望两个中国人。

季羡林与田德望在一起

田德望1909年7月生于河北顺平一个农民家庭,1931年清华大学西洋文学系毕业,1935年清华研究院外国语文研究所毕业,1937年获意大利佛罗伦萨大学文学博士学位,1938年到德国哥廷根大学进修德国文学,1939年回国。

在清华大学读书时,季羡林与田德望的来往就比较多。他们之间互相串门,经常在一起交谈。有一次在洗澡时遇到季羡林,田德望邀他到自己的寝室一谈。在田德望屋里,他看到《荷马史诗》,就被吸引住,也想去买一本。他本来对希腊文就有很大的兴趣,以为希腊文学是人的文学。他们对老师艾克都很尊敬,经常一起去拜访艾克,还一起请他吃饭,也被他宴请。有一次,他们两人在校内的西北院请艾克,菜是东记做的,还不坏。吃完了饭,又到合作社去喝柠檬水。那时候,田德望正在准备出国留学。在他出国之前艾克在自己家里请他们两人吃饭,聊了好长时间。饭后,他们沿着什刹海到北海公园坐在五龙亭喝茶,一边还观赏着雨景。在德国哥廷根大学时,田德望是季羡林来往较多的好朋友,和章用一样他们两人来往比较多。他正好是在章用回国以后来到德国的,因此填补了因离别章用而形成的朋友空缺。可是田德望在德国进修完之后,很快就回国了。田德望1948年至1986年任北京大学西方语言文学系教授,2000年10月6日在北京逝世。

东方学人 季羡林

  季羡林在哥廷根大学的爱好和兴趣仍然是多方面的,其中有一项就是对诗歌的爱好。季羡林看到老诗人宾丁来哥廷根念诗的海报时,他心中高兴得不得了。很早以前,他由于嗜好听诗,积多日之想,甚至积成一幅影像在眼前晃动,使他在幻影中看到一个垂老的诗人,在暗黄的灯影里用颤动幽抑的声音,低低地念出自己心血凝成的诗篇。这颤声流到每个听者的耳朵里,也流到他的心里,一直流到灵魂深处。他看到宾丁念诗的海报,想不到这样一位能引起人们幻想的名字,竟会在这古老的小城哥廷根出现。他和章用立刻买了票,一起去听诗。

  老诗人念诗的时间在晚上。他和章用一起走出去,外面正下着雨,雨点滴在脸上,透心的凉。在昏暗的灯光中,他们穿过深秋的街道,走进哥廷根女子中学的大礼堂。礼堂里已经挤满了上千人,电灯照得明亮如同白昼。人们在散乱嘈杂的声浪里期待着,季羡林和章用更是在激动中等待着。人们在老诗人念完之后把他扶下讲台,热烈的掌声把他欢送出去,接着又把他拖回来,他走到讲台前面向人群慢慢地鞠了一躬,这才又慢慢地踱出去。接着人们排成长队请老诗人签名,季羡林和章用也挤在人群里等待着。终于等到了机会,老诗人为季羡林签字,他很费力,手有点颤抖,签完后抬眼看了看季羡林。他看到了一双异常大且充满光辉的眼睛。雨夜中,他和章用沿着旧路回家,雨丝在昏暗的路灯下闪着光,地上的积水也凌乱地闪着光,但季羡林似乎看不到,他仍然看到老诗人那双大且充满了光辉的眼睛。直到回到家,他也一直看到那双眼睛,甚至在梦里也老是看到那双眼睛。他似乎和那位老诗人幻化成一体,久久地不能离开诗人的面影。诗的感情,诗的氛围,诗的神奇,使他真正地陶醉起来了。

不久,季羡林又和章用一起,在哥廷根大学的大讲堂,听卜龙克念诗。卜龙克是哥廷根大学学士院主席,其地位类似于英国桂冠诗人。但这次听诗,开始的感觉非常不好。到场的人没有听宾丁念诗的那样多,讲台的布置不像上次那样只有一张普通桌子、一把椅子。这次桌子前居然挂起了德国国社党红底黑字的旗子,桌子上还摆了两瓶乱七八糟的花。他感到一种深深的失望和悲哀,讲台上国社党的旗子更令季羡林反感。诗人出现后,又增加了对他的一份反感。卜龙克的相貌颇有点滑稽:

> 头顶全秃光了,在灯下直闪光。嘴向右边歪,左嘴角上一个大疤。说话的时候,只有上唇的右半颤动,衬了因说话而引起的皱纹,形成一个奇异的景象。同宾丁一样,说了几句话之后,就开始念自己的诗。但立刻就给了我一个不好的印象。音调不但不柔婉,而且生涩得令人想也想不到,仿佛有谁勉强他来念似的,抱了一肚皮委屈,只好一顿一挫地念下去。[10]

只是到后来,卜龙克念到采集民间故事模仿民歌作的诗,才忽然兴奋起来,声音也高起来了,在单纯而质朴的歌调中,仿佛有一股原始的力量在贯注着。念完诗,又念小说,他异常地高兴起来,微笑不曾离开他的脸,听众也不时发出哄堂的笑声,也跟着兴奋起来。到这时,季羡林总算找到了比较好的感觉,从听诗中得到了乐趣。

在小城哥廷根留学,孤独和思母情结苦苦地煎熬着季羡林,深夜他经常哭着醒来,母亲模糊的面影不时在他眼前浮现。为了排解这无穷无尽的乡思,这难以忍受的孤独,他不知想了多少办法,但多不生效。只有走到大自然之中,他才偶尔能忘掉忧愁。他去得最多的地方,自然是哥廷根城东面的那片山林。

章用经常陪季羡林来这片林子里散步,这里不知留下他们的多少游踪。深秋的林子,出奇的静谧,他们甚至能听到叶子从树枝落下来的声音。他们站下来的时候,叶子也会飘落到他们身上,连头上、肩上往往也满是落叶。在这小小的山林里,章用很愿意听他讲诗,于是便一下子倾吐出来。这时候,季羡林往往很高兴。

> 看了他点头赞成的神气,我的意趣更不由得飞动起来,我忘记了时间,忘记了世界,连自己也忘记了。往往是看到桦树的白皮上已经涂上了淡红的夕阳,才知道是应该下山的时候。走到城边,就看到西面山上一团紫气,不久天上就亮起星星来了。[11]

这片山林成了季羡林撷趣的最好场所,林子、章用使他忘记了平日的孤独。一到星期天,他们几个留学生便不约而同地到城外山下的一片叫做"席勒草坪"的草地上去会面。这里的草地,终年绿草如茵,周围还有参天的古木。草地东边的山中还有一些名胜古迹,有名的俾斯麦塔,就高踞于山巅之上。登临到塔顶一望,全哥廷根城尽收眼底。周围还有几处咖啡馆和饭店,是为风景区的游人建造的。几个异国青年学子,在席勒草坪会面之后,就经常登山游玩、闲逛,午饭就在山中吃。这样的时候,季羡林也往往忘记了孤独。

> 见到中国人,能说中国话,真觉得其乐无穷。往往是在闲谈笑话中忘记了时间的流逝。等到注意到时间时,已是暝色四合,月出于东山之上了。[12]

当时的德国正处在一场大风暴的前夕,法西斯气焰越来越嚣张。但是季羡林初在德国的这两年,起码从表面上来看,市场还比较繁荣,食品供应也极充足,限量制度还没有实行,所以只要有钱什么东西还都能买得到。在这两年里,季羡林的生活还是相当有规律的,过的是一种极为紧张的学习生活。

> 我每天早晨在家里吃早点:小面包、牛奶、黄油、干奶酪,佐之以一壶红茶。然后到梵文研究所去,或上课,或学习。中午在外面饭馆里吃。吃完,仍然回到研究所,从来不懂什么睡午觉。下午也是或上课,或学习。晚上6点回家,房东老太太把他们中午吃的热饭菜留一份给我晚上吃。因此我就不必像德国人那样,晚饭只吃面包香肠喝茶了。就这样,日子过得有条有理,满惬意的。[13]

5. 有国难回

1937年9月,季羡林回国的期限到了,这时他的思乡情结越来越浓,已经去世的母亲对宁大婶说过的那句话常常在他耳边回荡:"早知道送出去回不来,我无论如何也不会放他走的!"他也经常想到叔父,出国的时候叔父已经失业,家里的生活该会如何打发呢?他又想到叔父续弦新娶的婶母,她对叔父如何?自然他也想到自己的妻子彭德华,她才到30岁,年纪轻轻的,就带着四五岁的女儿、两三岁的儿子,该是多么不容易啊!一想到这些,他出国前从济南到北京时,全家人为他送行的情景便又浮现在眼前。他真想插翅飞到亲人的身边,就在此时七七事变爆发了,日本帝国主义开始对中国大规模的侵略战争。事变之后不久,希特勒下令凡是外国人一律不准离开德国,季羡林断了后路,有国难回。

哥廷根！到底还要呆多久？

交换期满，奖学金停发，回国无望，季羡林简直走到了绝路。不用说继续完成学业，就是维持最简单的生活，也是困难重重。天无绝人之路，季羡林绝处逢生进入汉学研究所当了讲师。

在这里季羡林结识了英国汉学家阿瑟·韦利。这位学者的中国古典诗歌翻译蜚声国际汉学界，在英国也是传世之作，他翻译唐诗的作品竟然被收入著名的《牛津英国诗选》，这部选集中收入的诗都是久有定评的不朽名作，可见韦利中国诗翻译之精湛。季羡林还在这里结识了德国汉学家奥托·冯·梅兴-黑尔芬。这是一位专门研究明代制漆工艺的专家，他请季羡林帮助翻译研究所收藏的一部制漆工艺书。季羡林自知对制漆工艺毫无了解，翻译出来的东西自己也觉得不甚了了。

1938年春天，季羡林进入讨论班读中国新疆吐鲁番出土的梵文佛经贝叶经残卷。第六学期一开始的1938年秋天，瓦尔德施米特同季羡林商量博士论文题目，并主动问他要不要一个论文题目，季羡林听了以后，大有受宠若惊的感觉。

指导博士论文的教授，德国学生戏称之为"博士父亲"。怎样才能找到博士父亲呢？这要由教授和学生两个方面来决定。学生往往经过在几个大学中获得的实践经验，最后决定留在某一个大学跟其一个教授作博士论文。德国教授在大学里至高无上，他说了算，往往有很大的架子，不大肯收博士生，害怕学生将来出息不大，辱没了自己的名声。越是名教授，收徒弟的条件越高。往往经过几个学期的习弥那尔（高年级的课叫做习弥那尔），教授真正觉得孺子可教，他才点头收徒，并给他博士论文题目。[14]

经商定论文定为研究《大事》偈陀部分的动词变化，季羡林对梵文所知还不太多，还不清楚要做好这篇论文到底要付出多大的努力。《大事》是记载有关佛陀生平传说的一部佛经，它和其中的"偈佗"都是很难啃的硬骨头。而从另一方面来说，季羡林要读的《大事》是由法国学者塞那校订的，一共有厚厚的三大本。这部佛典是用所谓"混合梵文"写成的，既非梵文，也非巴利文，更不是一般的俗语，而是一种乱七八糟杂凑起来的语言，主要是俗语和梵文的一种混合物。[15]所以，对这样一部用混合梵文写成的三大本原书，季羡林只能争分夺秒，"开电灯以继晷，怕兀兀以穷年"。他把每一个动词形式都做成卡片，并查看大量的图书杂志。季羡林积极地利用一切时间写作毕业论文，到1940年秋天，《〈大事〉偈陀中限定动词的变化》基本上写成。为了使论文能更顺利地通过，他觉得应当在分析限定动词的变化之前，写上一篇有分量的长的绪论，以说明

"混合梵语"的来龙去脉以及《大事》的一些情况,所以在论文写作以前,先动笔写这篇绪论。

>当时欧战方殷,教授从军回来短期休假。我就怀着这样的美梦,把绪论送给了他。美梦照旧做了下去。隔了大约一个星期,教授在研究所内把文章退还给我,脸上含有笑意,最初并没有说话。我心里咯噔一下,直觉感到情势有点不妙了。我打开稿子一看,没有任何改动。只是在第一行第一个字前面画上了一个前括号,在最后一行最后一个字后面画上了一个后括号。整篇文章就让一个括号括了起来,意思就是说,全不存在了。这真是"坚决、彻底、干净、全部"消灭掉了。我仿佛当头挨了一棒,茫然、懵然,不知所措。这时候教授才慢慢地开了口:"你的文章费劲很大,引书不少。但是都是别人的意见,根本没有你自己的创见。看上去面面俱到,实际上毫无价值。"[16]

从这天到1941年2月19日补考完英文的口试,季羡林连论文加口试,一共得了四个优。

这样,季羡林获得哥廷根大学哲学博士学位。

季羡林的博士论文在答辩委员会中获一致好评,而且引起了轰动。国际著名的比较语言学家克劳泽对这篇论文赞不绝口,认为关于动词语尾的论述,简直可以说是一个重要的发现。这位教授是一位非凡人物,自幼双目失明,但有惊人的记忆力,过耳不忘,能掌握几十种古今的语言,北欧的几种语言他都能说。这样一位权威首肯这篇论文,更使季羡林激动不已,因为他原先只是觉得自己的论文并不坏,但并不以为有什么不得了,经这位权威一表扬,自己也有点飘飘然起来。几年来的伏案苦读,终于获得了完满的结果。但季羡林对于获得学位的动机,却真实地这样披露出来:

>我为什么非要取得一个博士学位不行呢?其中原因有的同一般人一样,有的则可能迥乎不同。中国近代许多大学者,比如王国维、梁启超、陈寅恪、郭沫若、鲁迅等等,都没有什么博士头衔,但都会在学术史上有地位的。这一点我是知道的。可这些人都是不平凡的天才,博士头衔对他们毫无用处。但我扪心自问,自己并不是这种人,我从不把自己估计过高,我甘愿当一个平凡的人,而一个平凡的人,如果没有金光闪闪的博士头衔,则在抢夺饭碗的搏斗中必然是个失败者。这可以说是动机之一,但是还有之二。我在国内时对某些趾高气扬不可一世的留学生看不顺眼,窃以为他们也不过在

外国炖了几年牛肉,一旦回国,在非留学生面前就摆起谱来了。但自己如果不也是留学生,则一表示不平,就会有人把自己看成一个吃不到葡萄而说葡萄酸的狐狸。我为了不当狐狸,必须出国,而且必须取得博士学位。这个动机,说起来十分可笑,然而却是真实的。多少年来,博士头衔就像一个幻影,飞翔在我的眼前,或近或远,或隐或显。[17]

1939年9月1日,纳粹德国入侵波兰,第二次世界大战爆发。这是希特勒一系列战争罪恶阴谋的一部分,是他长期推行战争政策的必然结果。

身在德国的季羡林,目睹了这场大规模战争的爆发,亲身体验了希特勒的欺骗行为。在这以前,德国的邻国都被希特勒说成是"侵略狂"或者"迫害狂"。这种"病",就需要希特勒来医治。越到后来,就越变本加厉地捏造事实,挑起事端,煽动民心。对于大战前夕的德国,季羡林写到:

> 到了此时,德国报纸和广播电台就连篇累牍地报道,德国的东西南北四邻中有一个邻居迫害德国人了,挑起争端了,进行挑衅了,说得声泪俱下,气贯长虹。德国人心激动起来了。全国沸腾了。但是接着来的是德国出兵镇压别人,占领了邻居的领土,他们把这种行动叫做"抵抗",到邻居家里去"抵抗"。德国法西斯有一句名言:"谎言说上一千遍,就变成了真理。"这就是他们新闻政策的灵魂。连我最初都有点相信,德国人更不必说了。但是到了下半年,或者第二年的上半年,德国的某一个邻居又患病了,而且患的是同一种病,不由得我不起疑心。德国人聪明绝世,在政治上却幼稚天真如儿童。他们照例又激动起来了,全国又沸腾起来了。结果又有一个邻国倒了霉。[18]

按照法西斯的这种强盗逻辑,东邻波兰犯了这种"侵略狂"或"迫害狂",德国"被迫"出兵到波兰去"抵抗",结果自然是全国被德军占领。如此一而再,再而三,许多邻国的"病"都被德国治好,国土也就被德军占领。等到法国的"马其诺防线"被攻破,德军侵入巴黎以后,德国四邻的"病"都被法西斯治好了,这时,季羡林预感到,德国又要寻找别的新病人了。

1941年6月22日那天,季羡林早晨一起床,女房东欧朴尔太太就告诉他,德国同苏联开战了。季羡林也没有紧张,他按照前两天订好的计划,照样在这一天和两个德国朋友苹可斯、格洛斯去郊游。在一天的时间里,他们又是乘车,又是坐船,还几次渡过小河,在旷野绿林之中,一边走着,一边唱着歌,拉手风琴,野餐,玩了个不亦乐乎。他们玩了整整一天,在灯火管制街灯尽无的情况下摸着黑走回家。对于他们来说,早晨发生的德、苏宣战的事,几乎没有留下任何印象。

我原以为像这样杀人盈野、积血成河的人类极端残酷的大搏斗,理应震撼三界,摇动五洲,使禽兽颤抖,使人类失色。然而,我有幸身临其境,只不过听到几次法西斯头子狂嚎——这在当时的德国是司空见惯的事——好像是春梦初觉,无声无息地就走进了战争。[19]

东方学人
季羡林

战争打响之后,一天没消息,两天没消息,一连五天都没有消息。到了第六天,季羡林猜想大概是德军在东部战线不十分得手。在战争打响整整一个星期后,也就是6月29日,德国广播异常活跃起来,一个早晨就接连广播了八个"特别节目":德军在苏联境内长驱直入,势如破竹。每一个节目都报告着一个希特勒的重大胜利。

战争在继续进行着,希特勒不可一世,在扩大着自己的"战果"。但是,1942年希特勒在北非阿莱曼和苏联斯大林格勒遭受挫折,这成为他走向失败的转折点。

战争一开始,人民的生活还没有受到太大的影响,慢慢地开始实行食品配给制度。最初限量的是奶油,接着是肉类,然后是面包和土豆,最后连其他生活日用品也开始限量供应了。季羡林是在穷人家长大的,小时候虽然一年里至多吃两三次"白的"面食,可吃糠咽菜、吃红高粱饼子,肚子还是可以填饱的,没尝过挨饿的滋味。到了德国,法西斯挑起的战争开始以后,他也就受"洋罪"了。

这种"洋罪"是慢慢地感觉到的。我们中国人本来吃肉不多,我们所谓"主食"实际上是西方人的"副食"。黄油从前我们根本不吃。所以在德国人开始沉不住气的时候,我还悠哉悠哉,处之泰然。但是,到了我的"主食"面包和土豆限量供应的时候,我才感到有点不妙了。黄油失踪以后,取代它的是人造油。这玩意儿放在汤里面,还能呈现出几个油珠儿。但一用来煎东西,则在锅里嗞嗞几声,一缕轻烟,油就烟消云散了。在饭馆里吃饭时,要经过几次思想斗争,从战略观点和全局观点反复考虑之后,才请餐馆服务员(Herr Ober)"煎"掉一两肉票。倘在汤碗里能发现几滴油珠儿,则必大声唤起同桌者的注意,大家都乐不可支了。[20]

最难忍受的自然是面包。量少自不用说,质量更成问题,做面包的东西大部分并不是面粉,德国人自己也不清楚到底是什么东西,有人说是鱼骨粉,有人说是木头炮制出来的。一买到的时候,还勉强可以入口,可是只要放上一夜,第二天便腥臭难闻,根本就无法下咽了。这种面包吃到肚子里后,能制造出气体。德国人本来是非常讲究礼貌的,但吃了这样的面包去电影院里看电影,他们再也保持不住自己的体统了,虚恭之声,此伏彼起,东西相和,习以为常。这样的大合奏发生在极讲礼貌的德国,真是一个绝妙的讽刺。季羡林非常诙谐地说:"我不敢耻笑别人。我自己也正在同肚子里过量的气体作殊死斗争,为了保持体面,想把它镇压下去,而终于还以失败告终。"[21]人们由于长期挨饿都逐渐瘦弱下来。房东欧朴尔先生原来是个大胖子,经过这一场连续的饥饿考验,体重减轻了二三十公斤,最后心脏不堪重负,在战争激烈之时死去。在饥饿炼狱中被折磨过的季羡林,从此有七八年失掉了饱的感觉,一直到回国前夕才慢慢恢复过来。季羡林获得了哲学博士学位,在精神上得到了极大的满足,而希特勒点起的战火又使他陷入饥饿之中,在物质生活上是极端贫乏的。

这时,季羡林的乡思、乡情便一下子爆发出来。

但在1942年,德国政府承认了汉奸汪精卫伪政府,国民党政府驻德国的公使馆被迫撤离到中立国瑞士。要回国,就必须先到瑞士去,再从瑞士设法回去。季羡林有一位初中时的同班同学张天麟,此时正住在柏林。季羡林就想先到柏林,看看他有什么办法没有。季羡林找到张天麟,才知道到中立国瑞士也不容易,而且即便到了瑞士也难以立即回国。他没有办法,只能留下。他在柏林住了几天,抽空拜访了教育心理学家施普兰格尔、吐火罗语学者西克灵,10月30日又回到了哥廷根。

德国法西斯政权和日本军国主义者勾结在一起,承认汉奸汪精卫伪政府。这种反动政策的实施对于季羡林等人来说,就等于宣布他们这些中国留学生的护照作废,因为这些护照不是汉奸汪精卫伪政府颁发的。季羡林他们这些留学生没有了护照,在德国的居留就成了问题,这有可能被判为非法居留。季羡林从柏林回去后,一直在想着办法。

对这样一个事关重大又亟待解决的问题,季羡林去找张维商量。张维、陆士嘉夫妇是留在哥廷根的中国留学生。他们严肃地商量了一下,最后决定到警察局去宣布自己为"无国籍者"。"无国籍"本来是消极的国际冲突的产物,由于各国规定的不同,而导致一个人不具有任何国籍的法律状态。如果是采取出生地主义国家的国民,在采取血统主义国家境内出生的子女即成为无国籍者。季羡林和张维他们不属于这种情况,而这纯粹是由于希特勒违反国际惯例,不承认国民党政府而承认汉奸汪精卫伪政府所致。这样的举措自然要冒一些风险,无国籍者在像德国这样的日耳曼血统至高无上的国家里,是会受到歧视的。但是事已至此,季羡林和张维也只好走这一步了。从此,他们便变成了像天空中的飞鸟一样的人,看上去可以在天空自由自在地飞翔,但任何时候都可能受到意外的伤害,任何人也有可能对它进行伤害。

幸亏德国的普通人,包括哥廷根大学的师生们,对中国留学生都比较友好,并没有什么人伤害他们,他们仍然过着表面平静却难以忍受的生活。

有一天晚上,英国飞机轰炸哥廷根,炸弹就在季羡林住处不远的地方爆炸,楼顶上的窗户玻璃已被震碎。季羡林钻入地下室躲避,心里念叨着以后要多加小心了。第二天早晨,季羡林去研究所上班,大街小巷到处是一片清扫玻璃的哗啦声。原来飞机投下的是气爆弹,目的只在于震碎全城的玻璃,结果是东西城门各投一颗,全城玻璃差不多全被气流摧毁了。就在这时候,季羡林在兵营的操场旁边,看到一个老头正在弯腰曲背,仔细地看着什么。走近一看,季羡林认出他是德国"飞机制造之父"、蜚声世界的流体力学权威普兰特尔。他在哥廷根大学任应用力学教授,创立的空气动力学和流体力学学派闻名世界,享有"空气动力学之父"的称号。看到他,季羡林赶忙问候了一声:"早安,教授先生!"回了礼,普兰特尔告诉季羡林,他正在观察操场周围的这段短墙,是怎样被炸弹爆炸引起的气流摧毁的,又自言自语地说:"这真是难得的机会!我的流体力学试验室里是无论如何也装配不起来的!"普兰特尔从1925年起就担任流体力学研究所所长,他的著作是空气动力学的基本教材,他还是流线型飞艇的早期开拓者,主张单翼机,大大推进了重于空气的飞行体,为亚声速气流创立了定则,用以说明空气在高速时的可压缩效应。季羡林看到这位老教授在这样艰难的情形下,还进行着艰苦的科学研究,这种忠于科学、为科学而献身的精神,不禁让季羡林肃然起敬。

1945年4月8日,美国坦克开进了哥廷根城。

东方学人
季羡林

美国兵进城以后,没有"屠城",表面看来还非常文明,"山姆大叔"也没有侮辱德国人的事情,倒是有一些德国女孩子围着美国大兵转,颇显出一些祥和气氛。美国兵找到一个纳粹名单,他们按图索骥,来到欧朴尔太太对门的施米特家。他们到他家去找他的女儿,据说她是纳粹女青年组织的一个大区的头子。男主人不在家,胖太太慌了神,吓得浑身发抖,求季羡林去帮忙。季羡林只好走到他家,美国大兵自然感到很意外,便问他是干什么的。季羡林回答说是中国人,是盟国派来帮他当翻译的。讯问很快结束,美国大兵再没到施米特家。但从美国人进城后,无国籍的中国留学生流浪汉,一下子成为胜利者盟国的一分子,一下子成了盟军的座上客。季羡林同张维去找到美国驻军的一个校官,亮出自己的身份,立即受到礼遇。他在一张纸上写明他们是由于战争、政治迫害等被迫离开本国的人,让他们就用这张纸条,到一个法国战俘聚居的地方,去找一个战俘头子。他们依命而行,找到了这个人,他告诉他们以后每天都可以从这里领牛肉。季羡林领到鲜牛肉后,那高兴劲自不用说。而对德国百姓来说,鲜牛肉简直如同宝贝一样。季羡林没有独自吃喝不管别人的习惯,对牛肉也不例外。眼前的女房东,夫丧子离,孤身一人,季羡林每天领来的牛肉都交给她,由她烹调后,两人共同享受。用这张纸条季羡林和张维还在市政府的一个机构,又领到一张照顾中国人饮食习惯特批大米的条子。从此,他们有米有肉,真正成为座上客了。

从1935年到达德国之日起,一直到1945年第二次世界大战结束,整整10年间,季羡林几乎与德国人朝夕相处,所以他对德国人民的了解是非常深刻的,季羡林形成了这样的总体印象:

> 德国人民怎么样呢?经过我10年的观察与感受,我觉得,德国人不愧是世界上最优秀的人民之一,文化昌明,科学技术处于世界前列,大文学家、大哲学家、大音乐家、大科学家,近代哪一个民族也比不上。而且为人正直,淳朴,个个都是老实巴交的样子。在政治上,他们却是比较单纯的。真心拥护希特勒者占大多数。令我大惑不解的是,希特勒极端诬蔑中国人,视为文明的破坏者。按理论,我在德国应当遇到很多麻烦,然而,实际上我却一点麻烦也没有遇到。听说,在美国,中国人很难打入美国人社会。可我在德国,自始至终就在德国人社会之中,我就住在德国人家中,我的德国老师,我的德国同学,我的德国同事,我的德国朋友,从来待我如自己人,没有丝毫歧视。这一点让我终生难忘。[22]

10年时间过去了,季羡林似乎已经成了德国人民中的一分子,与他们同呼吸,共命运,有福同享,有难同当,结下了深厚的友谊。现在,战争已经结束,自己就要回归祖国了,一想起老师、房东、同学、朋友,真感到依依难舍。

决心已下,季羡林还是要回国!

注释

[1] 季羡林:《我的心是一面镜子》,载《东方》杂志1994年第4期。

[2] 季羡林:《留德十年》,北京:东方出版社,1995年版,第11—12页。

[3] 季羡林:《季羡林文集》(第14卷),南昌:江西教育出版社,1998年

版,第 346 页。

[4] 同上书,第 231 页。

[5] 季羡林:《留德十年》,北京:东方出版社,1995 年版,第 95 页。

[6] 季羡林:《回忆汤用彤先生》,见《季羡林与名人》,北京:群众出版社,2001 年版。

[7] 季羡林:《留德十年》,北京:东方出版社,1993 年版,第 108 页。

[8] 同上书,第 114 页。

[9] 同上书,第 114—115 页。

[10] 季羡林:《听诗》,见《季羡林散文集》,北京:北京大学出版社,1986 年版,第 99 页。

[11] 季羡林:《忆章用》,同上书,第 117 页。

[12] 季羡林:《留德十年》,北京:东方出版社,1995 年版,第 54 页。

[13] 同上。

[14] 季羡林:《遥远的怀念》,见《赋得永久的悔》,北京:人民日报出版社,1996 年版,第 347—348 页。

[15] 季羡林:《再论原始佛教的语言问题》,见《季羡林学术论著自选集》,北京:北京师范学院出版社,1991 年版,第 56 页。

[16] 季羡林:《遥远的怀念》,见《赋得永久的悔》,北京:人民日报出版社,1996 年版,第 349—350 页。

[17] 季羡林:《留德十年》,北京:东方出版社,1995 年版,第 71 页。

[18] 同上书,第 65 页。

[19] 季羡林:《我的心是一面镜子》,载《东方》1994 年第 4 期。

[20] 季羡林:《留德十年》,北京:东方出版社,1995 年版,第 78—79 页。

[21] 同上书,第 79 页。

[22] 季羡林:《我的心是一面镜子》,载《东方》1994 年第 4 期。

我身历几个朝代，忍受过千辛万苦。现在只觉得身后的路漫长无边，眼前的路却是越来越短，已经是很有限了。我并没有倚老卖老，苟且偷安；然而我却明确地意识到，我成了一个"悲剧"人物。我的悲剧不在于不想"不用扬鞭自奋蹄"，不想"老骥伏枥，志在千里"，而是在"老骥伏枥，志在'万'里"。自己现在承担的或者被迫承担的工作，头绪繁多，五花八门，纷纭复杂，有时还矛盾重重，早已远远超过了自己的负荷量，超过了自己的年龄。这里面，有外在原因，但主要是内在原因。清夜扪心自问：自己患了"老来疯"了吗？你眼前还有100年的寿命吗？可是，一到了白天，一接触实际，件件事情都想推掉，但是件件事情都推不掉，真仿佛京剧中的一句话："马行在夹道内，难以回马。"此中滋味，只有自己一人能了解，实不足为外人道也。

——季羡林：《回忆陈寅恪先生》

DONGFANG XUEREN
东 方 学 人

季羡林

1. 依依惜别情

2. 漫漫回国路

3. 从香港到北平

第五章　漫漫回国路

1. 依依惜别情

1941年,季羡林在德国获哲学博士学位。

季羡林同张维、陆士嘉夫妇及刘先志、滕菀君夫妇商议,决定先到瑞士,从那里取道回国。这是当时唯一能回国的通路,那里有国民党政府的公使馆,国民党驻德公使馆战后没有也不可能立即恢复。季羡林与张维到处打听去瑞士的办法,几经周折,终于得知在哥廷根城有一家瑞士人,他们连忙专程去拜访。这家的主人是一位家庭主妇模样的中年妇女,她和气地告诉他们,入境签证她帮不了忙,要办只能到汉诺威的瑞士驻德国代办处。季羡林和张维两人接着搭乘公共汽车,经过一百多公里的颠簸,来到哥廷根所在地区的首府汉诺威。汉诺威是一个有名的历史古城,也是离哥廷根最近的一个大城市。这个城市在1 100年时有了正式的历史记载,1241年设市,1815年成为汉诺威王国的首都,因为濒临莱纳河、米特兰尔运河,风景非常优美。古建筑包括旧市政厅、歌剧院、市政教堂和博物馆,哲学家莱布尼茨的故居也在这里。1831年创建了汉诺威大学,还有兽医专科学校等其他高等院校。

对这样一座历史文化名城,季羡林久仰大名,只是无缘到此。这次因为办签证来到这里,使他大吃一惊:

东方学人
季羡林

> 这个百万人口的大城,城里面光留下一个空架子,几乎没有什么居民。大街两旁全是被轰炸过的高楼大厦,但只剩下几堵墙。沿墙的地下室窗口旁,摆满上坟用的花圈,据说被埋在地下室里的人成千上万。当时轰炸后,还能听到里面的求救声,但没法挖开地下室救他们,声音日渐微弱,终于无声地死在里边。现在停战了,还是无法挖开地下室,抬出尸体。家人上坟就只好把花圈摆在窗外。这种景象实在让人毛骨悚然。[1]

> 我们来到汉诺威看到的就是这些花圈,这种景象在哥廷根是看不到的。最初我是大惑不解。了解了原因以后,我又感到十分吃惊,感到可怕,感到悲哀。据说地窖里的老鼠,由于饱餐人肉,营养过分丰富,长到一尺多。德国这样一个优秀伟大的民族,竟落到这个下场,我心里酸甜苦辣,万感交集,真想到什么地方去痛哭一场。[2]

整个汉诺威完全不像个城市了。从远处看好像是高楼林立,走近一看却只见一片废墟。季羡林、张维只得在这些废墟之中寻找,虽然经过"铺地毯式"的狂轰滥炸,仍有一点铺不上"地毯"的空隙。他们穿过无数的断壁残垣,终于找到了瑞士驻汉诺威代办处。进了代办处,季羡林、张维碰了一鼻子灰。代办处的办事人员对他们说,他们没有收到瑞士方面的正式邀请和批准,无法给他们签发进入瑞士的入境签证。季羡林、张维好说歹说也不能说服他,他们只能白跑一趟,悻悻地返回哥廷根。1935年到达德国看到的是一个和平的德国,而一个好端端的德国被希特勒一步步地推入战争的深渊,现在已经是满目疮痍,不光是德国人"凝神寂听,心伤已摧",就是季羡林作为一个外国人,目睹了这十多年的沧海桑田,心里会是什么滋味也大概可以想见了。

汉诺威之行没有办成签证,并没有动摇季羡林、张维、刘先志等人的回国决心。无论如何,他们也不能再在德国待下去了。回国还是只有一条路,那就是取道瑞士,先坐汽车到瑞士边境,在边境设法与国民党驻瑞士使馆取得联系,获得入境的许可。由于战争的破坏,德国的公路交通运输完全中断,要想去瑞士只能靠自己解决交通工具。

几个中国留学生到哪儿去找车呢?

季羡林、张维又想到了"盟军"。当时,美国还有一部分驻军留在哥廷根,而市政府管理的大权则已移交给英国政府。于是,他们决定去找英国人管理的市政府,英军上尉沃特金斯接待了他们,非常客气地答应帮忙,为他们提供一辆吉普车,并配备一名司机。具备了取道瑞士的物质条件,季羡林一方面整理回国的东西,一方面向师友们告别。一旦真要离开这个生活了10年的地方,离情别绪立刻袭上季羡林的心头。这段时间仅次于在济南住的10多年,比在故乡临清的6年和在北京的4年都要长。面对着即将离开的可爱的哥廷根,每一座建筑,每一条街道,甚至于山下路边的一草一木,似乎都在挽留季羡林继续留下来,似乎用无言的情愫在诉说着它们和他共同度过的近4 000个日日夜夜。

> 我本来就喜欢它们的,现在一旦要离别,更觉得它们可亲可爱了。哥廷根是个小城,全城每一个角落似乎都留下了我的足迹,我仿佛踩过每粒石头子,不知道有多少商店我曾出出进进过,看到街上的每一个人都似曾相识。古城墙上高大的橡树、席勒草坪中芊绵的绿草、俾斯麦塔高耸入云的尖顶、大森林中惊逃的小鹿、初春从雪中探头出来的雪钟、晚秋群山顶上斑斓的红叶,等等,这许许多多纷然杂陈的东西,无不牵动我的情思。至于那一所古老的大学和我那一些尊敬的老师,更让我觉得难舍难分。最后但不是最小,还有我的女房东,现在也只得分手了。十年相处,多少风晨月夕,多少难以忘怀的往事,"当时只道是寻常",现在却是可想而不可即,非常非常不寻常了。[3]

中国人是最重情的民族,自古已然。以至道家之言,禅林之慧,儒家之道,也都无处不体现着情。

2. 漫漫回国路

10月6日这一天终于到了。一位德国司机开着一辆吉普车来了,还有一位美军少校要陪他们去瑞士。美国官兵只有在服役到一定期限后,才有机会到瑞士去逛,在平常极不容易得到机会。他一听说有这样一个美差,就决不放弃,愿意借此去游一游瑞士。乘吉普车的一共有六个中国人,他们是季羡林,张维、陆士嘉夫妇和孩子,刘先志、滕菀君夫妇。面对送别的女房东欧朴尔太太和其他朋友,季羡林连头也没敢回一下,就含着热泪登上了车。

吉普车开动了,立即驶上高速公路。

哥廷根到法兰克福,从中午一直行驶到傍晚。季羡林一行就在法兰克福住宿,这是全德美军总部的所在地,食宿条件非常便利。他们住到一家叫"四季"的旅馆——专门为美国军官预备的旅馆。旅馆从经理到普通服务人员,都非常和气,服务也极为周到,还专门为他们八个人安排了一顿丰盛的晚餐。这是季羡林几年不曾吃过的,于是大快朵颐。季羡林和其他中国留学生身无分文,德国货币已经作废,而美国钞票又没有,能够受到这样的优待,感到由衷的感谢。

～ 1936年冬,季羡林与留学德国的同学合影。

1945年10月7日一大早,他们打点完毕就于8点多开车出发。吉普车沿着国家公路向南行驶,沿途既没经过多少城市,甚至连乡村也难得看到,这是汽车公路大半取直线之故。

汽车驶过曼海姆、海德尔堡以后,再往南行驶,就进入法国占领区。黄昏时分,终于到达德、瑞边境,顺利地通过了法国检查站。

季羡林以为不会再有麻烦,可以一帆风顺地进入瑞士了。但到了瑞士边境,瑞士边防军不让他们入境,因为他们没有办理进入瑞士的签证。他们几经交涉,瑞士方面仍然态度坚决。本以为会一帆风顺,但想不到在边境受阻搁浅了。他们进退两难,心里焦躁不安,又没有别的办法,只得住下再说。

10月8日早晨,季羡林一行又回到瑞士边境。他们没有别的选择,没有退路,要想回国只能横下一条心,无论如何也得闯过这道难关。他们便决定以破釜沉舟的态度,背水一战。想了各种办法,都不妥当。季羡林得知初中同学张天麟已由柏林到了瑞士,此时正在国民党政府驻瑞士使馆工作。季羡林就在瑞士边境与张天麟和中国驻瑞士使馆通了电话,结果还算是顺利,也是季羡林他们走运。经中国驻瑞士使馆的交涉,瑞士方面来了通知,允许他们进入瑞士。

季羡林揖别了哥廷根,告别了德国,进入了瑞士,从而完成了漫漫归国途中的第一站旅程。

季羡林亲身来到了瑞士。他起初只能坐在火车上,凭窗观赏外面的风景,但就这样也够让他大吃一惊的了。他亲眼看到的瑞士的自然风光,其美妙,其神奇,其变幻莫测,其引人遐思,远远超过了他小时候看到的照片或者图画,也远非自己的言语能表达:

> 远山如黛,山巅积雪如银,倒映湖中,又氤氲成一团紫气,再衬托上湖畔的浓碧,形成了一种神奇的仙境。我学了半辈子语言,说了半辈子话,读了半辈子中西名著,然而,到了今天,我学的语言,我说的话,我读的名著,哪一个也帮不了我,我要用嘴描绘眼前的美景,我说不出;我要用笔写出眼前的美景,我写不出。最后,万不得已,我只能乞灵于《世说新语》中的人物,徒唤"奈何"了。我现在完全领悟到,这绝非出自艺术家的创造,出自他们的幻想。不但如此,我只能说,他们的创造远远不够,他们的幻想也远远不足。中国古诗说:"意态由来画不成,当时枉杀毛延寿。"瑞士山水的意态又岂是人世间凡人艺术家所能表现出的呢!我现在完全不怪那些艺术家了。[4]

瑞士毕竟是个小国,国土面积不大。他们从边境登上火车,一边欣赏着湖光山色,一边闲聊着,不知不觉地就到了首都伯尔尼。

季羡林的初中老同学张天麟、牛西园夫妇,带着他们的小儿子张文,还有使馆里的几个人,前来车站迎接他们一行。他们到张天麟家里略事休息了一会儿,就赶到中国驻瑞士使馆报到,时间是1945年10月9日。使馆政务参赞王家鸿,负责接待季羡林他们。谈话中季羡林发现,在他身上有一种和哥廷根姓张的一位留学生相同的"蓝衣社"气味。使馆已经接到国民党政府的指令,让他们竭尽全力,救济因第二次世界大战而沦落或滞留在欧洲的留学生。但使馆为了省钱,让他们到伯尔尼西南的一个小城去,住在天主教会开设的一家公寓。在使馆没停留多久,季羡林一行在当天晚上,就乘车来到小城弗里堡。

他们根本没想到,在这里从1945年10月9日,一住就住到1946年2月2日,将近四个月就待在了这里。

季羡林、张维他们回国碰到的最大难题,是身无分文,要回国就得想办法弄到一点钱。但是怎样才能弄到钱呢?这可难坏了他们这帮书生。

有一天,王家鸿偷偷告诉他们,国民党政府汇来了几十万美元,是用来救济留欧学生的。王家鸿这个人本来与公使有矛盾,总想寻机看公使的热闹,便乘机怂恿季羡林他们赶快去要钱,这正中他们的下怀。他们正愁筹不到回国的钱呢,有了这样的机会自然很高兴。年少气盛的他们经不住怂恿,而且美元也不扎手,于是就一起去公使馆。

东 方 学 人

李羡林

> 最初我们还是非常有礼貌的,讲话措辞也很注意。但是,一旦谈到了我们去的主要目的:要钱,那位公使脸上就露出了许多怪物相,一味支吾,含糊其辞。……他一支吾,我们也就来了火气。我们直截了当地告诉他,国内已经汇来了美元,这一点我们完全知道,瞒也瞒不住。此时,他脸上勃然变色,似乎有点出汗的样子,他下意识地拉开抽屉,斜着眼睛向里面瞧。我猜想,抽屉里不是藏的美钞,就是藏了账本。不管他瞧的是什么,都挽救不了他的困境。最后,他答应给我们美元。但有一个要求,希望我们不要告诉别的留学生,不要张扬。我们点头称是,拿了美钞,一走出使馆,我们逢人便说。这是一种什么心理呢?当时没有仔细分析,说是唯恐天下不乱吧,有点过分,恐怕只是想搞一点小小的恶作剧,不让那位公使太舒服了,如此而已。[5]

季羡林他们手中有了钱,可以正式启动回国的计划了。他们确定的路线是坐火车到法国马赛,从那里坐船经西贡、香港,再到上海。路线确定之后,他们采取硬比软更有效的办法,对使馆提出了进一步的要求:人乘火车走,而行李则要用载重汽车,从弗里堡运到法国马赛。此法果然应验,使馆一一答应。正是有了这笔美元,他们总觉得应该保证自己的权利,不能无故地让那些贪官们把它"吃"掉,于是,他们在旅途中每到一地都在用斗争的方式,维护着自己的这一份权利。既然他们答应了就自然是先装上行李,结果几个人的行李装在一辆载重十几吨的大卡车上,连一层也没有摆满,整个卡车显得空荡荡的,滑稽可笑。手续办完之后,他们乘隙到瑞士西南边陲离弗里堡不远的日内瓦玩了几天。日内瓦濒临日内瓦湖(莱芒湖)与罗讷河口,地处三面环山的盆地之内,是法国著名启蒙思想家卢梭的出生地和法国另一启蒙思想家伏尔泰的避难地。这里有著名的圣彼得大教堂,中世纪和文艺复兴时期的建筑鳞次栉比,许多著名学者曾在这里研修神学、哲学、文学和自然科学。他们在日内瓦,逍遥自在地玩了几天。

1946年2月2日,季羡林一行在日内瓦登上火车,向法国驶去。

在经过法国国境的时候,法国海关检查得极严,因为日内瓦是从瑞士偷运手表到法国去的理想地点,手表走私是极为赚钱的勾当,法国海关自然不会放松边境检查。季羡林他们随身携带的几只大箱子,里边大多数是书,如果一一打开,慢慢腾腾仔细检查,则"俟河之清,人寿几何"? 连火车恐怕都要耽误了。在紧张慌乱的时刻,不知是谁急中生智,也不知是稀里糊涂并没知觉,反正从兜里掏出一个瑞士法郎硬币悄悄递给了检查员。奇迹于是就出现了,检查员把瑞士法郎装进自己的腰包,在中国留学生的箱子上用粉笔画了一些"鬼画符",他们便顺利通过了边境检查站。

从日内瓦到马赛,大概有500公里的路程。季羡林是第一次到法国,一路上观看着法国的自然风光,有耳目为之一新的感觉,不知不觉中也就到了法国南方港口城市马赛,时间仍是1946年2月2日。

在马赛,季羡林注意到街上的情景同瑞士完全不同:

> 法国这个国家种族歧视比英、美要轻得多。我在德国10年,没看见过一个德国妇女同一个黑人挽着臂在街上走路的,在法西斯统治下,那是绝对不可能的。到了瑞士,也没有见过。现在来到马赛,到处可以看到一对对的黑白夫妇,手挽手地在大街上溜达,我的精神一恍惚,满街都是梨花与黑炭的影像,黑白极其分明,我真是大开眼界了。法国人则是"司空见惯浑无事",怡然自得。[6]

然而最使季羡林难忘的,是他在马赛第一次看到了大海。他常嘲笑自己,出生在山东,又留洋10年,却居然没见过海,没有"曾经沧海难为水"的体验。在这里见到海,他心里异常高兴,大海的那种波涛汹涌、浑茫无际的形象,使他振奋不已,一时激动起来,忽然想到杜甫描写洞庭湖的诗句"乾坤日夜浮"。他认为用这样的诗句来形容大海,也是满合适的。在马赛一时走不了,他们便拿着在哥廷根时美军开的证明文件,到管理因战争而抛乡离井的人的办事处去交涉,结果他们被安排住进了一个大仓库。里边极为简陋,却也洁净,饭食也还说得过去。他们就在这里暂时住下了。管理人员都是德国战俘,交谈也很容易。安排好住处之后,季羡林一行又去找国民党政府派驻马赛的总领事,与他们进行交涉。他们如法炮制,使用了瑞士用过的硬办法,结果住宿条件得到改善,从大仓库搬进了一个旅馆。他们进一步提出要求,要乘头等舱的船回国,总领事条条答应,留学生们皆大欢喜。事情办妥了,个个如释重负,心情轻松多了。到2月8日开船以前,他们天天到海边去玩,也有钱在大街上买橘子,去吃小馆,逍遥自在,快活似神仙地过了六天,一直住到2月8日晚上,才离开这个美丽的港口城市。

1946年2月8日晚上,季羡林一行终于登上了归国的轮船。从此开始了长达三个多月的漂流,尝尽了旅途的艰辛和苦涩,既有雷区经过时的战战兢兢,也有晕船时的天旋地转。

东方学人 季羡林

轮船起航了,驶入地中海。

有一天,几个中国留学生到最高层的甲板上去观望海景。突然,一个英国船员走过来,告诉他们只有头等舱的乘客,才允许走上最高层甲板,他们这才知道自己乘的舱并不是头等舱。国民党政府驻马赛总领事是一个狡猾的老狐狸,他虽亲口答应买头等舱的船票,实际上却不是,就轻易地把这些留学生蒙骗过去了。由于战争刚结束,一切正常秩序还没有恢复,再加上轮船主要是运送部队,船票上并没写明船舱的等级。季羡林没坐过轮船,没有乘船经验,自认为是头等舱乘客,实际却并不是头等舱,他们尝到了被国民党政府驻马赛总领事欺骗的滋味。几个中国留学生又好气,又好笑,为自己的幼稚而感到可笑。有了这一番被欺骗的阅历,他们算是吃一堑,长一智,非挽回自己的面子不可,更要在英国人面前争一口气。他们到船长办公室交涉,表明自己掏钱也要改为头等舱,因为最高层甲板决不能不上,只有这样才不致失掉中国人的尊严。于是他们据理力争,船长终于一笑,不用他们补钱,特别批准他们可以上最高层甲板,小小的斗争又取得了胜利,几个人皆大欢喜。

从地中海进入苏伊士运河,天气实际上就开始转热了。苏伊士沿岸没有冬天,最冷的11月份、12月份,穿一件极薄极薄的毛衣足可以过去了。1月份天气转暖,2月份就相当热了。渡过苏伊士运河,就进入了红海,天气就更热了,难怪这批中国留学生不适应这样的气候。他们从乍暖还寒时的欧洲,一下子来到亚洲和非洲的交界处,气候变化巨大,是很难适应的。船继续在红海中行驶,在船舷下面,海浪翻腾,汹涌澎湃之声洋洋乎盈耳。海水深碧,浩渺难测,鱼龙水怪潜伏深藏,大海一望无际,而轮船是一个独立的小世界,在无边无际的大海上显得是那么渺小。季羡林仿佛置身于一个童话或神话世界中,恍惚间又似乎是在梦中,想象中的蓬莱仙山,虚无缥缈的海景,都是呼之欲出。无论如何,他感到不像是在人间了。

1946年2月19日,轮船在大海中已经航行了11天,却还没有驶出红海。

轮船就这样继续行驶,险情在季羡林他们完全不知不觉的情况下被排除了,船驶入印度洋,又继续航行了。二十多天的航行,有多少险情发生谁也不知道,轮船终于接近马六甲海峡了。这里是连接印度洋安达曼海和太平洋南海的水道。过了这条水道,一天早晨船长告诉大家,头天夜里他一夜没合眼,这里是水雷危险区,他生怕会出什么问题。现在,最危险的地区已经抛在身后了,险情算是排除了,从此,他终于可以安心睡觉了。季羡林他们听后心里直发毛,都有点后怕,他们知道险情被排除了感到后怕是幸福的,只有危险过去以后,才能感觉到后怕。

就在这种幸福感充溢心中的时候,季羡林乘坐的轮船驶入了越南同奈河的下游。这是一条大河,河面极宽,简直就像《庄子·秋水》中所说的"泾流之大,两涘渚崖之间,不辨牛马"。经过这么多天的海上生活,轮船仿佛在天上航行,见不到大陆,现在终于看到了同奈河两岸的芦苇,蒹葭苍苍,一片青翠,季羡林觉得又回到了人间,心里热乎乎的。

1946年3月7日,经过在大河中的一段航行,轮船在西贡靠了岸。下了船,季羡林想起在船上结交的法国年轻军官,想跟他告别一声,他穿过摩肩接踵的人群,好不容易才在万头攒动的法国士兵中找到了他。没想到季羡林怀着一颗热烈的心,简直是跑上前去想同他握手告别,而他却掉转了头,眼睛根本不看季羡林,而是盯向别的方向。季羡林大吃一惊,像是当头挨了一棒,仿佛被人浇了一头凉水,先是愕然,后是坦然,最后才感到是当然。现在到了法国人的殖民地,必须摆出一副殖民主义者的架势,这样才算够谱。在轮船上托在手掌上的那颗心,现在又收回来装到腔子里去了。季羡林也并不生气,心里只觉得非常有趣。

在这里要换乘轮船去香港,而轮船又遥遥无期。季羡林他们又住进了旅馆。经过一番艰苦斗争,国民党政府驻西贡总领事馆对几个中国留学生的招待颇为周到。有了在瑞士和马赛时斗争的经验,他们住进旅馆就决定给这些外交官员一个下马威。

第一次吃饭时,季羡林看到餐桌上摆的是竹筷子,便试探性地甚至有点近于无理取闹地说:"这竹筷子不行,要换象牙筷子!"结果第二次吃饭时,果真把竹筷子换成了象牙筷子。筷子上射出的闪闪白光,宣告了他们在西贡斗争的第一个胜利。

这之后,他们又与总领事尹凤藻交了几次火。

季羡林在西贡看到了不少华人,闻到了浓郁的故乡气息。西贡市中心不远的大街上、市场上,来来往往的尽是中国人。商店主是中国人,商店的招牌是汉字,顾客也都是中国人,还有许多小型工厂,如碾米厂、砖瓦厂之类,也都是中国人在这里开办的。至于吃的东西,则更是中国风味,什么酒楼、小吃摊,是一律的广东风味,广东腊肠、广东腊肉,满货架上都是,名贵的烤乳猪也随处可见。人说食在广州,没想到西贡竟有这么多广东菜肴,这使季羡林简直呼吸到了故乡的气息。

3. 从香港到北平

从1946年3月7日抵达西贡,一直到4月19日离开,季羡林他们共住了四十多天。

4月19日,季羡林终于登上"大中华号"轮船,驶离西贡,开往香港。

"大中华号"是一艘相当小的客轮,载重量不过1 000吨,不到从马赛开出的那艘大轮船的十分之一。船上设备极其简陋,虽然经过与总领事馆的斗争坐上头等舱,但里面也并不豪华,其他舱位就更不必说了。在风平浪静的时候船小还勉强可以,但偏偏在开船离开西贡到达海上的第二天便遇上了大风,正所谓屋漏偏遇连阴雨。海上的一场搏斗开始了,季羡林对当时的场面有这样的描绘:

> 我们这一条小船被吹得像海上的浮萍,随浪上下,一会儿仿佛吹上了33天,一会儿又仿佛吹下了18层地狱。但见巨浪滔天,狂风怒吼,波涛里面真如有鱼龙水怪翻腾滚动,瞬息万变,仿佛孙大圣正用那一根定海针搅动龙宫,以致全海抖动。我本来就有晕船的毛病,现在更是呕吐不止,不但不能吃东西,而且胃里原有的那一点储备,也完完全全吐了出来,最后吐出来的只是绿颜色的水。我在舱里待不住了,因为随时都要吐,我干脆走到甲板上,把脑袋放在船舷上,全身躺在那里,吐起来方便,此时我神志还比较清楚,但见船上的桅杆上下摆动,有90度的幅度。海水当然打上了甲板,但我顾不得那样多了,只是昏昏沉沉地半闭着眼,躺着不动。这场风暴延续了两天。船长说,有一夜,轮船开足了马力,破浪前进,但是一整夜,寸步未动,马力推进一步,暴风打退一步。二者相抵,等于原地踏步了。[7]

两天多的风暴终于过去,季羡林已经是两天滴水未进了。船上为乘客特意熬好了鸡肉粥,季羡林喝了一碗,觉得是生平喝过的最香最美的一碗粥,燕窝鱼翅难比其美,仙药醍醐庶几近之。船外,晴空万里,丽日中天,海平如镜,水波不兴。飞鱼在水面上飞驰,俨然飞鸟一样。远处望去,一片苍茫,不见岛屿,更不见陆地。在这样的环境之中,季羡林心胸顿觉异常开阔,简直想手舞足蹈了。

1946年4月25日,"大中华号"客轮驶达香港。

香港负责接待留学生的人,是国民党政府派驻香港的特派员公署。特派员公署特派员叫郭德华,他让特派员公署的工作人员到码头迎接季羡林他们,并把他们一行送到一家客栈里住下来。

住处有了保证,季羡林便可以在香港放心地玩几天了。

季羡林住的客栈在山下。周围的街道极窄,街旁的招牌和霓虹灯五光十色,商店橱窗里陈列的货品琳琅满目。到处都能见到饭馆,广东烤肉、香肠挂满窗口,强烈地刺激着人的食欲。留着长头发、穿着喇叭裤的男女青年,挺胸昂首,匆匆忙忙地来往于穿梭般的人流中间,而头顶上那些鸽子窝似的房子中,喧闹声极大,打麻将洗牌的声音比比皆是,随处都可以听到。

这样一个香港,在白天几乎没有什么可看的。

香港是个山城,到了夜晚,只见远远近近,万灯齐明,高高低低,上上下下,或大或小,或圆或方,有如天上的星斗,并辉争光,斗奇竞艳,比白天有趣多了。

到香港不是来玩的。季羡林他们去找特派员郭德华,商谈乘船去上海的事宜。因为船期难定,要靠特派员郭德华大力支持才行。郭德华有一间宽敞明亮的大办公室,他就坐在巨大的办公桌后面。他戴着一副玳瑁框的眼镜,留着小胡子,脸面圆圆的如富家翁,摆着一副臭架子。他见季羡林他们进来,连站也不站。看到他这个样子,季羡林他们心里全明白了,就决定给他一点颜色看看。他失礼不站起来,季羡林他们也不在他指定的椅子上就坐,他见来者不善,立刻站了起来,脸上有了笑容,船的问题也很快就解决了。

1946年5月13日,季羡林一行登上开往上海的轮船,踏上了最后一段旅程。

季羡林心里浮想联翩,他首先想到了祖国。就在11年前,他怀着一腔热情,毅然决然出国留学,究其原因:一是为了救国,二是为了镀金。原定留学期为两年,战争的阻隔,竟变成了11年。战争中的那种饥肠辘辘,那种时时面临死神的威胁,那种没有亲人消息难熬的孤独,无时不折磨着他。最后总遭万劫而幸免,弃九死而获一生。现在,这11年的异域流离生活就要结束了,一幕一幕经历过的事却又展现在眼前,对这一切心灵感情上受到的磨难,他是多么希望能向祖国母亲倾诉一番呀!

季羡林是一个极富感情的人,他不可能不顾周围世界的一切,躺在那里一动不动,只想自己心中的事情。他不能!此时此刻,他靠在船舷上,注目大海中翻滚的波涛,心里面翻滚得比大海还要厉害,心里的矛盾无法排解。他真实地记录下自己当时的复杂心情:

> 我在欧洲时曾几次幻想,当我见到祖国母亲时,我一定跪下来吻她,抚摩她,让热泪流个痛快。但是,我遇到了困难,我心中有了矛盾,我眼前有了阴影。在西贡时,我就断断续续从爱国的华侨口中听了一些关于南京政府的情况。到了香港以后,听的就更具体、更细致了。在抗战胜利以后,政府中的一些大员、中员和小员,靠裙带,靠后台,靠关系,靠交情,靠拉拢,靠贿赂,乘上飞机,满天飞着,到全国各地去"劫收"。他们"劫收"房子,"劫收"地产,"劫收"美元,"劫收"黄金,"劫收"物资,"劫收"仓库,连小老婆姨太太也一并"劫收",闹得乌烟瘴气,民怨沸腾。其脏脏程度,远非《官场现形记》所能比拟。所谓"祖国",本来含有两部分:一是山川大地;一是人。山川大地永远是美的,是我完完全全应该爱的。但是这样的人,我能爱吗?我能对这样一批人倾诉什么呢?俗语说:"孩儿不嫌娘丑,狗不嫌家贫。"我的娘一点也不丑。可是这一群"劫收"人员,你能说他们不丑吗?你能不嫌他们吗?[8]

季羡林就这样怀着复杂的心情,不知不觉地来到了上海。

这已是1946年5月19日了。从1945年10月6日离开哥廷根,到抵达上海,用去了将近八个月的时间。路上的艰难自不用说了,光是心中那种牵肠挂肚的焦虑,也足以将人折磨得够呛。

季羡林在当天的日记中写下了这样一段话:

> 上海,这真是中国地方了。自己去国11年,以前自己还想象再见祖国时的心情。现在真正见了,但觉得异常陌生,一点温热的感觉都没有。难道是自己变了么?还是祖国变了呢?[9]

偌大一个上海,季羡林却无亲无故,在这里,他竟无立锥之地。

船到上海之后,一同回国的几个中国留学生都各自回乡了。季羡林没有落脚之处,又回不了家,他忽然想起在南京国立编译馆的老同学李长之。为什么不到南京去找李长之暂住呢?季羡林从上海到了南京。当时,抗日战争胜利不久,国民党的接收大员在全国满天飞,兴高采烈地搜刮金银财宝。季羡林一介穷书生,正处于无条无理的阶段,到南京仍住不起旅馆,只好借住在李长之的办公室里。

李长之他们白天要在办公室办公,季羡林无处容身,只得出去游荡。

国立编译馆就在风景胜地台城下面,季羡林出去游荡最近也最好的处所,自然也就是台城了。什么鸡鸣寺、胭脂井,他几乎天天都到。他这样天天游荡,梦想着有朝一日自己能安定下来,有一间房子,有一张书桌,别的奢望则一点也没有。虽然山水秀美,风景宜人,但是他并没有多少闲情逸致。他觉得自己的处境颇像旧戏中的秦琼,心里琢磨的是怎样卖掉黄骠马,用自己学到的知识谋得一个安身立命之地。看着台城上面郁郁葱葱的古柳,季羡林心头不由得涌出了唐代韦庄的一首《金陵图》:

江雨霏霏江草齐,
六朝如梦鸟空啼。
无情最是台城柳,
依旧烟笼十里堤。

韦庄的这首怀古诗,借六朝兴亡来抒发人世的哀愁和凄凉,六朝古都的繁华已如梦般飞逝而去,只剩下一些鸟儿空自在旧地上哀啼。最无情的是那台城的古柳,对六朝兴亡竟全无感触,依然如旧日轻烟,雾蒙蒙地笼罩着十里长堤。但是,季羡林想到的却是,从六朝到现在又不知道有多少朝多少代过去了,古柳依然是葱茏繁茂,改朝换代并没有影响它的情绪。今天他站在古柳面前,一点也没有觉得它"无情",反而觉得它有情得很。南京热得像个火炉,是夏天里人们都想避开的地方,而季羡林却不得不天天在6月的炎日之下,奔波游荡,只有在台城古柳的浓阴之下,才能获得片刻的清凉,让他能够坐下来小憩一会儿。他难道不该感谢这些古柳,反而去说三道四吗?[10]

书房中的梁实秋

过了一段时间,有一天李长之告诉季羡林,梁实秋全家从重庆复员也回到南京,并且他就在国立编译馆工作。季羡林听到这个消息,简直是喜出望外。季羡林在清华大学读书时,读过不少梁实秋的文章,虽然并不认识他,却很欣赏他的才华,对他怀有崇敬的心情。他比季羡林大十几岁,季羡林把他当做自己的老师一辈,没想到在南京有机会能够见到他。

经过李长之的介绍,季羡林认识了梁实秋。一见面,季羡林对他的人品和谈吐立刻就产生了倾慕之心。没有任何繁文缛节,两人就成了好朋友。一天,梁实秋在南京一家大饭店里宴请季羡林。他们一边吃着十分精美的饭菜,一边进行着十分愉快的交谈。梁实秋的夫人和三个孩子文茜、文蔷、文骐也都在场。这一次和梁实秋晤面,他的平易近人,毫无架子,平等地对待季羡林、李长之这样的年轻人,态度又真诚和蔼,确实令人难忘。季羡林感到,这种作风即使不是绝无仅有,也总算是难能可贵。

就在南京李长之办公室暂住的日子里,季羡林到俞大维官邸谒见了恩师陈寅恪。两人见了面,陈寅恪特别高兴,他们畅谈了阔别十多年以来各自的详细情况。季羡林临告别之时,陈寅恪又特别叮嘱他,一定要去鸡鸣寺下的中央研究院,去拜见北京大学代校长傅斯年,并特别嘱咐他,要带上用德文写成的几篇论文。季羡林由衷地感到先生对自己的爱护之深和用心之细。正是经陈寅恪的推荐,北京大学校长胡适、北京大学代校长傅斯年、北京大学文学院长汤用彤联合聘请季羡林为北京大学东语系教授兼系主任。

在李长之南京的家里,季羡林结识了诗人臧克家,从此一生定交,友谊保持到臧克家在2003年去世。

季羡林在20世纪30年代就与臧克家有过一次小小的文案。原来,臧克家在20世纪30年代曾出版过一部名为《烙印》的诗集,其中收有《烙印》、《罪恶的黑手》等26首诗,写洋车夫、贩鱼郎、老哥哥等黑暗角落里可怜的人群,这些诗作被老舍称为"石山旁的劲竹",真心地"希望它变株大松"。[11] 而季羡林却认为诗中对洋车夫的真实状况并不理解,对劳动人民的感情也并不是从劳动人民的立场去理解的。他就写了一篇评论发表出去,对《烙印》有些微词。没想到在李长之家里见到这位山东老乡,竟有一见如故之感,谈得很投机、融洽。季羡林与李长之是小学、初中、高中和大学四连贯的同学,但李长之又与臧克家有同学关系,这层关系多不为人所知。臧克家听说季羡林将去北京大学任教,并任东语系主任,很为季羡林高兴。他们三个同乡同在异乡,吃着故乡风味的饭食,一起去玄武湖上荡舟。

1946年7月下旬,臧克家只身来到上海,投奔到山东同乡张亮忱家,做了一名不速之客。张亮忱与季羡林是临清老乡,为抗日战争而牺牲的著名爱国将领张自忠是他的哥哥。他们在重庆时曾同住在歌乐山，为筹备张自忠的纪念活动而认识，张亮忱把臧克家介绍给陈流沙，臧克家就在陈流沙办的《侨声报》负责副刊的编辑工作。于是，臧克家便搬进上海北四川路东宝兴弄138号侨声报馆宿舍。这个宿舍是接收来的一座日本式小楼，楼上是拐尺形的一排房子，每人只有斗室一间。臧克家住在东头最边上的一间，室内一桌一椅，睡榻榻米，入室脱鞋，客人来访，便席地而坐。臧克家任职的《侨声报》是办给华侨看的一份民间报纸，销路只有几千份。他编的副刊是文艺版，每周一期，题名为《星河》，另外每月再出一期诗歌专页，题名为《学诗》。郭沫若、茅盾、巴金、叶圣陶、冯雪峰等著名作家都是副刊的撰稿人。

季羡林和臧克家在一起

季羡林在南京住了一段时间后，还是无法回济南去看望叔父、婶母。他只有一条路可走，那就是从上海乘轮船到秦皇岛，再从那里坐火车到北京。这样，季羡林来到上海，投奔到臧克家在报馆的宿舍，就住在他的榻榻米上。季羡林的随身行李是六个书箱子，一个挨一个，把臧克家的这间小屋挤得更小了。他俩有时促膝谈心，有时抵足而眠，亲如兄弟。

有时陈流沙也凑过去,三个人一起高谈阔论。

郑振铎当时也在上海,季羡林便和臧克家、王辛笛诸友去看过几次。季羡林告诉郑振铎,他已受北京大学之聘,担任梵文讲座。郑振铎听后,喜形于色,认为在北京大学教梵文简直是理想的职业,表现出他对梵语文学的重视和喜爱。稍后,郑振铎又在自己主编的《文艺复兴·中国文学专号》的题词中写道:

> 关于梵语文学和中国文学的血脉相通之处,新近的研究呈现了空前的辉煌。北京大学成立了东语系,季羡林先生和金克木先生几位都是对梵语文学有深刻研究的。……在这个"专号"里,我们邀约了王重民先生、季羡林先生、傅斯年先生、戈宝权先生和其他几位先生们写这个"专题"。我们相信,这个工作一定会给国内许多的研究工作者们以相当的感奋的。[12]

郑振铎对于后学溢于言表的喜爱和鼓励之情,使季羡林非常感奋。

在上海时,季羡林还和臧克家到狄斯威路的一座花园洋房里去拜访郭沫若,可惜没见到他。而叶圣陶的家就住在距臧克家住处咫尺的大街上,季羡林很顺利地拜访了叶圣陶。

有一天,季羡林忽然听到传闻,国民党警察在南京下关车站蛮横地毒打了进南京请愿的进步人士,其中有一个叫曹联亚(靖华)。从此,曹靖华的名字又深深地印在季羡林的记忆中,后来在北京大学工作时,他们又成了同事。

暑假即将过去,北京大学就要开学。但当时战争仍在激烈地进行,铁路交通继续中断,津浦路早已不通。季羡林只能从上海坐船到秦皇岛,再转由美国兵把守的铁路才能到北平。这样,季羡林告别了上海的师友,登上了开往秦皇岛的轮船。

1946年深秋,季羡林乘船到秦皇岛又转乘火车,终于来到了睽别12年之久的北平。北平的深秋寂冷,落叶满街,一片"落叶满长安"的悲凉景象。季羡林心潮起伏,酸甜苦辣,说不出来是什么滋味。

> 此时的局势却是异常恶劣的。以蒋介石为首的国民党,剥掉自己的一切画皮,贪污成性,贿赂公行,大搞"五子登科",接收大员满天飞,"法币"天天贬值,搞了一套银元券、金元券之类的花样,毫无用处。人民生活在水深火热之中,大学教授也不例外。手中领到的工资,一个小时以后,就能贬值。大家纷纷换银元,换美元,用时再换成法币。每当手中攥上几个大头时,心里便暖乎乎的,仿佛得到了安全感。[13]

季羡林与曹靖华在一起

注释

[1] 季羡林：《德国学习生活回忆》，见《季羡林散文集》，北京：北京大学出版社，1986年版，第443—444页。

[2] 季羡林：《留德十年》，北京：东方出版社，1995年版，第134页。

[3] 同上书，第136—137页。

[4] 同上书，第141页。

[5] 同上书，第150页。

[6] 同上书，第152—153页。

[7] 同上书，第163—164页。

[8] 同上书，第168页。

[9] 同上。

[10] 季羡林：《回忆梁实秋先生》，见《怀旧集》，北京：北京大学出版社，1996年版，第77—78页。

[11] 臧克家：《〈烙印〉再版后志》，见《臧克家散文》（第3集），北京：中国广播电视出版社，1995年版，第258页。

[12] 季羡林：《西谛先生》，见《季羡林小品》，北京：中国人民大学出版社，1993年版，第118页。

[13] 季羡林：《我的心是一面镜子》，载《东方》1994年第4期。

在别人眼中,我现在活得真是非常非常惬意了。不虞之誉,纷至沓来;求全之毁,几乎绝迹。我所到之处,见到的只有笑脸,感到的只有温暖。时时如坐春风,处处如沐春雨,人生至此,实在是真应该满足了。然而,实际情况却并不完全是这样惬意。古人说:"不如意事常八九。"这话对我现在来说也是适用的。我时不时地总会碰到一些令人不愉快的事情,让自己的心情半天难以平静。

——季羡林:《相期以茶》

DONGFANG XUEREN
东 方 学 人

季羡林

1. 任教北京大学

2. 北京大学的校长

3. 北京大学的大师

4. 东语系的大发展

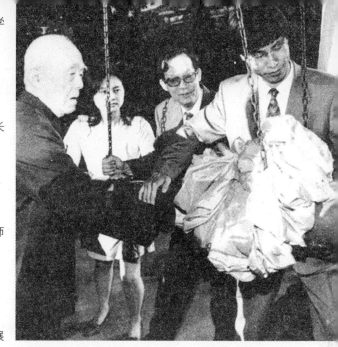

第六章 任教北京大学

1. 任教北京大学

1946年深秋,季羡林回到故都北平,学校派阴法鲁到火车站去接他。他来到了北京大学,被暂时安置在著名的红楼三层上。

季羡林1946年任北京大学教授,主持创办东语系,并长期担任系主任。

红楼曾是毛泽东、李大钊工作过的地方。进了沙滩汉花园东口红楼大门,再往东走,楼的东南隅有两间向西的屋子,就是他们的办公室。李大钊担任北京大学图书馆长时,这两间屋子就是他的工作室和会议室。毛泽东也曾在这两间屋子里工作过,他用过外间屋里的一张褐色三屉桌和木椅。里面一间有一张暗红色的写字台和已磨坏了靠背垫的座椅,还有一个褐色玻璃门书橱,都是李大钊用过的。他在这里建立了马克思主义研究小组,团结了许多青年,他们经常在这里开会,讨论和宣传马克思主义。

后来郭沫若为红楼写过一首诗:

东方学人
季羡林

> 星火燎大原,
> 滥觞成瀛海;
> 红楼弦歌处,
> 毛李笔砚在。
> 力量看方生,
> 勋勤垂后代;
> 寿与人民齐,
> 春风永不改。[1]

季羡林住进红楼的时候,听到的是在日寇占领时期红楼驻有日寇的宪兵队,地下室就是日本鬼子杀人行刑的地方,传说里面还有鬼叫声。季羡林从来不相信有什么鬼神,当然也不怕鬼神。但是,当时的红楼上下五层,到处寥寥落落,整个楼也就住着四五个人,再加上经常停电,在楼道的薄暗处真仿佛有鬼影飘忽。他走过长长的楼道,听到的只是自己的足音回荡,这时他也颇疑非置身于人间了。

> 但是,我怕的不是真鬼,而是假鬼,这就是决不承认自己是魔鬼的国民党特务,以及由他们纠集来的当打手的天桥地痞流氓。当时国民党反动派正处在垂死挣扎阶段。号称北平解放区的北大的民主广场成了他们的眼中钉、肉中刺。红楼又是民主广场的屏障,于是就成了他们的进攻目标。住在红楼的人逐渐多起来了。大家都提高警惕,注意动静。我记得有几次甚至想用椅子堵塞红楼主要通道,防备坏蛋冲进来。这样紧张的气氛颇延续了一段时间。[2]

经过一段时间,大家都担心的恶魔并没能闯进红楼。沙滩的北京大学和其主要建筑、周围的环境,却都发生了相当大的变化。

红楼对面有一个小饭铺,极为狭窄,只有四五张桌子。然而老板手艺极高,待客又特别和气。好多北大的教员都到那里去吃饭,我也成了座上常客。马神庙则有两个极小但却著名的饭铺,一个叫"菜根香",只有一味主菜:清炖鸡。然而却是宾客盈门,川流不息,其中颇有些知名人物。我在那里就见到过马连良、杜近芳等著名京剧艺术家。路南有一个四川饭铺,门面更小,然而名声更大,我曾看到过外交官的汽车停在门口。顺便说一句:那时北平汽车是极为稀见的,北大只有胡适校长一辆。这两个饭铺,对我来说是"山川信美非吾土",价钱较贵。当时通货膨胀骇人听闻,纸币上每天加一个零,也还不够。我吃不起,只是偶尔去一次而已。我有时竟坐在红楼前马路旁的长条板凳上,同"引车卖浆者流"挤在一起,一碗豆腐脑,两个火烧,既廉且美,舒畅难言。当时有所谓"教授架子"这个名词,存在决定意识,在抗日战争前的黄金时期,大学教授社会地位高,工资又极为优厚,于是满腹经纶外化而为"架子"。到了我当教授的时候,已经今非昔比,工资一天毛似一天,虽欲摆"架子",焉可得哉?而我又是天生的"土包子",虽留洋十余年,而"土"性难改。于是以大学教授之"尊"而竟在光天化日之下,端坐在街头饭摊的长板凳上却又怡然自得,旁人谓之斯文扫地,我则称之源于天性。是是非非,由别人去钻研讨论吧。[3]

这就是季羡林初进北京大学住进红楼时的生活。当时红楼周边的环境,却极不适合做学问,完全处于一种无序状态,简直不像一个大学校园。对这段生活,季羡林回忆说:

> 古书上说:"德不孤,必有邻。"我不知道我是不是有德,但邻人我却是有了,而且很多。因为我现在住在一座外面看上去似乎像工厂的大楼上,上下左右都住着人,也就可以说都是我的邻人。
>
> 古时候有德的人的邻人怎样,我不敢说,也很难想象出来。但他们绝对不会像我现在这些邻人这样精深博大,这是我可以断言而引以自傲的。我现在的邻人几乎每个人都是专家。说到中国戏剧,就有谭派正宗,程派嫡传,还有异军突起自创的新腔。说到西洋剧和西洋音乐,花样就更多。有男高音专家,男低音专家,男不高不低音的专家。在这里,人长了嘴仿佛就是为了唱似的。每当晚饭初罢的时候,左面屋子里先涌出一段二簧摇板来。别的屋子当然也不会甘居人后,立刻挤出几支洋歌,其声呜呜然,仿佛是冬夜深山里的狼嗥。我虽然无缘瞻仰歌者的尊容,但我的眼却仿佛能透过墙壁看到他脸上的青筋在鼓胀起来,脖子拼命向上伸长。余音在长长的走廊里回荡,我们这房子可惜看不到梁,不然这余音绕在上面怕是永远

再不消逝了。岂能只绕三天呢！古时候圣人在齐闻韶，三月不知肉味。我听了这样好的歌声，吃到肚子里去的肉只是想再吐出来。自己发恨也没办法。以前我也羡慕过圣人，现在我才知道，圣人毕竟是不可及的了。

但这才只是一个开端，不久就来了乐声。不一定从哪间屋子里先飘出一阵似乎是无线电的声音，有几间别的屋子立刻就响应。一转耳间已经是八音齐奏，律吕调畅，真正是洋洋乎盈耳哉。但却苦了我这不懂音乐的人。有时候电忽然停了，论理我应该不高兴。但现在我却从心里喜悦，以为最少这无线电收音机可工作不成了。但我失了望。不久就又是一片乐声从烛光摇曳的屋子里洋溢出来，在黑暗的走廊里回旋。我的高邻们原来又开了留声机。他们一点都不自私，毫不吝啬地把他们的快乐分给我一份，声音之高，震动全楼。他们废寝忘餐地一直玩到深夜，我也只好躺在枕上陪他们，瞪大了眼睛望着黑暗。

他们不但在这方面表现出一点都不自私，在别的方面他们也表现出他们的大度。他们仿佛一点秘密都不想保守。说话的时候，对方当然要听到，这是不成问题的。但他们还恐怕别人听不到，尽量提高了喉咙。有时候隔了几间屋还可以听得清清楚楚。倘若他们在走廊里说话，我的屋里就仿佛装了扩音器，我自己也仿佛在听名人演讲。当他们说话中再加上笑声的时候，那声势就更大。勉强打个譬喻，只有八月中秋的钱塘怒潮可以比得来。真足以振懦起弱，回肠荡气。我们这座楼据说已经有了点年纪，我真担心它会受不住这巨声的震荡蓦地倒下去。

当他们离开自己的屋子或者回自己屋子来的时候，他们也没有秘密，而且是唯恐别人不知道。他们关门的声音和底上钉了铁块的大皮鞋的声音就是用以昭告全楼，说是他们要出去或者回来了。在我的故乡，倘若一个人鬼鬼祟祟的放轻了脚步走到人家窗下去偷听人家的私话，我们就说这个人是踏鸡毛鞋。意思是说他的鞋底是用鸡毛做成的，所以走起路来没有声音。我们的高邻却绝对不踏鸡毛鞋，他们的鞋底是铁做成的。有时候我在屋里静静地看一点书，蓦地听到一阵铁与木头相击的声音，我心里已经知道是我的邻人来了。但我还没来得及再想，轰的一声，我的屋子，当然我也在内，立刻一阵震动，桌上玻璃杯里的水也立刻晃动起来，在电灯光下，起了成圈的水纹，伸张，扩散，幻成一条条的金光。我在大惊之余，脑海里糊涂了一阵。再仔细一想才知道是我的邻人在关门。

这一惊还没有定,头顶上又是轰的一声,仿佛中了一个炸弹。我的神经立刻紧张起来,我忘记我现在是在北平,我又仿佛回到两年前去,在德国一个小城的防空洞里,天空里盘旋着几百架英国飞机,就在不远的地方,响着一声声的炸弹。每一个炸弹一响,我就震得跳起来。每一刹那都在等着一个炸弹在自己头上一响,自己也就像做一个噩梦似的消逝了。自己当时虽然没有真的消逝,但现在却像一个被火烧过的小孩,见了一星星的光,身上也就不自主地战栗起来。但是我的头顶上还没有完。一声轰以后,立刻就听到桌子的腿被拖着在地板上走,地板偏又抵抗,于是发出了令人听了非常不愉快的声音。不久,椅子也被拖着走了,书架也被拖着走了,这一切声音合成一个大交响乐。住在下面的我就只好义务地来听。而且隔上不久,总要重演一次,使我在左右夹攻之中还要注意到更重要的防空。

这种生活确不单调,确不寂寞,也许有不少的人喜欢它。但我却真有点受不了。在篇首我引了两句古书:"德不孤,必有邻。"那么倘若一个人孤而无邻的话,那他就一定是不德了。韩文公说:"足乎已无待于外之谓德。"谁都知道德是好东西,我也知道。但倘若现在让我拣选的话,我宁取不德。[4]

季羡林到红楼住下的第二天,便去拜会文学院长汤用彤。汤用彤告诉季羡林,按照北京大学和其他一些大学的规定,在国外得到博士学位回国的人,最高只能聘任副教授的职称。他心悦诚服地接受了这种安排,没有半点非分之想。生活虽然有点艰难,但他却一点也不后悔。在离开德国之前,听到有可能到北京大学工作的消息,季羡林就写过一封信,寄给在英国剑桥大学任教的老朋友夏伦,婉言谢绝了剑桥大学的高薪聘请,决心不再回欧洲。现在,他终于因为能在自己祖国的最高学府工作而感到自豪。从那时起一直到现在,季羡林始终都没有离开过北京大学。又过了大约一周的光景,汤用彤突然告诉季羡林,他已被聘为正教授,并兼任东语系主任。从1946年季羡林出任北京大学东语系主任,他一干就是三四十年。东语系初创之时,除系主任季羡林外,还有三名教师:王森原先就在北京大学工作;马坚是在季羡林之先,于1946年初秋从云南大学来北京大学的;金克木是比季羡林稍晚一点来的。不久,又增加了两位教员:马学良、于道泉,两人分别讲授两种语言。当时师生人员很少,在红楼一间十几平方米的办公室里,就能够召开全系大会。初建时的东语系是北京大学最小的系,但经过开创者及后继者长达五十余年的努力,它一步步发展壮大,不仅培养出大批第一流的东方学者,还培育出近三十名驻外大使。这一切都是与季羡林的名字联系在一起的。

2. 北京大学的校长

胡适(1891—1962),祖籍安徽省徽州,生于上海大东门外。他原名洪骍、嗣穈,因读严复翻译的《天演论》而改名适,字适之。1910年,他考取官费留美学生资格,进入康奈尔大学读书,初学农学,后转入文学院,1915年又到哥伦比亚大学研究院哲学系师从著名哲学家杜威攻读博士学位。1917年回国后,胡适在《新青年》杂志上发表《文学改良刍议》一文,主张用白话文取代文言文,掀起了轰轰烈烈的白话文运动。他提出了一系列崭新的文学观念,这一运动不仅推动了中国文化向现代阶段的发展,而且对促进民族意识的觉醒、促进民族思维方式的转变起了极为重要的作用。五四运动爆发后,知识界出现了研究评价中国文化的新思潮,胡适在评估中华文明的同时也进行着"整理国故"的工作,既有对中国文化史的研究,也有大量对文献的考证、训诂、校勘等工作,并提出了后来广为流传的治学方法"十字真言":"大胆的假设,小心的求证。"

东方学人 李羡林

1917年暑假后,北京大学校长蔡元培请胡适到北京大学做教授。蔡元培虽然提出了"兼容并包"的办学方针,但实际上北京大学的学术气氛仍然笼罩在保守势力下。好多人对于从国外留学回来,特别是对于倡导白话文运动的胡适抱着极大的怀疑态度,甚至是瞧不起的。讲授中国古代文学史和文字学、音韵学等课程的刘师培、黄侃等人,在教员中、学校内造成一种气氛,总是对新派的学人和学说极尽非议和轻蔑之能事。胡适的白话诗中有"黄蝴蝶,双双飞上天"的句子,黄侃等人就把胡适称为"黄蝴蝶"。那时桐城派古文已经衰微,代之而起的是章太炎一派的魏晋文。黄侃自命为风流人物,玩世不恭,北京大学有许多真真假假的关于他的逸闻轶事。比如说,他在北京住在吴承仕的一所房子中,他俩本来都是章太炎的学生,是很好的朋友,后来不知怎么闹翻了。吴承仕叫他搬家,他在搬家的时候,爬到房梁上写了一行大字:"天下第一凶宅"。又传说,他在堂上讲课,讲到一个要紧的地方,就说这里有个秘密,靠北京大学这几百块钱的薪水,我还不能讲,你们要我讲,得另外请我吃饭。还传说,黄侃有个学生,在同和居请客,他听见黄侃在隔壁一个房间说话就赶紧过去问好,不料黄侃对他批评起来。这个学生请的客人已经到齐了,黄侃还不让他走。这个学生心生一计,就把饭馆的人叫来交代说,今天黄先生在这里请客,无论花多少钱都记在我的账上。黄侃一听,就对那个学生说,好了,你走吧。

1948年,在北京举办泰戈绘画展时,季羡林与胡适(前右六)、徐悲鸿(前右五)等人合影。

胡适面对这样的保守势力毫不示弱,他讲授的中国哲学史课吸引了大量的具有深厚旧学根底的学生去选听,形成了能够与旧派人物抗衡的气势。起初学生傅斯年和胡适的关系是有点对立的。傅斯年原是北京大学国文部的学生,他在文史哲方面具有深厚根底,本来是黄侃的得意门生。他才华横溢,知识渊博,对于留美归来的胡适居然讲授中国哲学史课,是以轻蔑的态度来看待的。但是,和他同住的顾颉刚听了胡适讲的哲学史大纲课后,感到非常满意,就拉傅斯年也去听课。傅斯年也同样感到非常满意,后来渐渐服膺胡适等新派人物的主张。在这之前,陈独秀、胡适早已知道傅斯年是黄侃的得意门生。有一次国文部的学生上书陈独秀要驱走一位教师,这篇文章写得很好。学生说是傅斯年所写,陈独秀则认为一定是另有教授在背后支使。他把傅斯年叫来,当面命题,令其应度。傅斯年把文章写成后,很得陈独秀、胡适的赏识。当傅斯年从黄门转到陈独秀、胡适的门下时,他们经过缜密的观察,才深信他的这一转变确乎是出于思想的转变。傅斯年、罗家伦就成为学生中新派的代表人物,由他们主编的《新潮》杂志得到了鲁迅、周作人等人的支持,与陈独秀主编的《新青年》成为"五四"时期传播新思潮最风行的刊物。胡适、傅斯年两人逐渐突破了师生关系,而成为交谊至深的师友关系。20世纪30年代初期,胡适、傅斯年、翁文灏、丁文江、蒋廷黻等人共同主办《独立评论》杂志,所需费用全由他们个人出资支付,刊物随时发表他们的学术观点和政治观点。

在清华大学上学期间,季羡林就认识了胡适,听过他做的演讲。那是在1932年10月3日,胡适讲的题目是《文化冲突的问题》。胡适说中国文明是唯物的,不能胜过物质环境。西洋文明是精神的,能够胜过物质环境。普通所谓西洋物质,东洋精神是错的。西洋文明侵入中国,有的被接受了,有的不被接受,是部分的冲突。中国虽然享受西洋文明,但是总觉得自己背后的精神文明可以自傲,老是觉着自己足够好,其实并不是这样。这次讲演胡适的态度、声音都是很好的,但季羡林觉得他为时间所限,帽子太大,匆匆收场,没有深入进去。对胡适的感觉是觉得他浅,无论读他的文字还是听他的演说都是这样。但是他也承认胡适的眼光远大,常常能站在时代的前面。《新月》杂志上载有胡适的《四十自述·我怎样到外国去》,季羡林读了以后,才知道他做学生的时候,家境也是很拮据的。

东 方 学 人

李羡林

抗日战争爆发后,胡适做了驻美大使。他在美国的一些外交活动,国民党政府许多上层人物是不满的。后来蒋介石便派宋子文去美国做特使,致使大使的职权被剥夺了大半。

抗日战争胜利后,宋子文任行政院长,把原任北京大学校长的蒋梦麟也拉进了行政院。教育部公布胡适担任北京大学校长。胡适虽早已卸任驻美大使,但仍留居美国纽约,在华美协进社作学术研究。教育部在公布胡适担任北京大学校长的同时,也公布傅斯年担任代校长。傅斯年代理校长时,向人们表示只做代理校长,等到胡适回国之日,就顺利地把校长职务交予胡先生。假如是别人,就怕要在代理期间另作策划,由代理校长而转成正式校长。傅斯年在代理期间,关于聘请教员,特别是文科各系教员的事,有时并不与胡适相商,即自作主张,事后胡适也从无异议。从《胡适往来书信集》来看,傅斯年反对罗常培再担任北京大学中文系主任,而胡适果然就自己兼任了文学院长。所谓"心有灵犀一点通"者,用在他们两人身上,大概再切合不过了。1946年7月底,在胡适担任北京大学校长就职的欢迎会上,清华大学等校的代表也参加了。清华大学教授冯友兰在发言时说:"胡先生出任北大校长,是一件应乎天而顺乎人的事,就全国范围来讲,再没有比胡先生更合适的人选了。"这话在当时是很有代表性的。胡适在致词中曾说到:"我在抗日战争期间,对于国家的贡献,实甚微末,虽然做了几年的驻美大使,但是没有替国家借过一文钱,买到一支枪,甚感惭愧。"在这种谦逊的措辞背后,未尝不寓有自负清高之感。胡适对于北京大学文科各系的作风也有不满之处,他兼任文学院长后,曾向人表示,他很想把中文系某些教师的繁琐考证风气加以扭转,使他们能做到他所主张的"大处着眼,小处下手"。他担任校长后碰到的第一次学潮,就是因为北京大学先修班女生沈崇被美国大兵污辱而引起的抗暴运动。在北平大学生为此举行第一次大游行时,胡适刚从南京回到北平,他这时一方面尽力安抚学生,劝说他们不要上街示威游行;另一方面,也作为受害女学生的代表人亲自出席法庭,控诉美国大兵的野蛮行径。后来司法部门应美方要求把这一案件转移到美国审理,胡适当时曾向人说,这将是对美国司法部门的一次考验。但那个美国大兵后来被判为"无罪释放",他也无可奈何。

胡适兼任北京大学文学院长时期进行了几项改革。其中一项是规定文科各系的新生都必须修习科学概论、哲学概论和中国通史。负责组织这三门公共必修课的系主任,都须先作一番通盘考虑,定出全年的教学计划,然后按照每次的课题邀请著名学者来校讲授。中国通史第一次讲史学研究方法导论,是邀请傅斯年讲授的;第二次讲中国考古学,是邀请李济讲授的。对于科学概论,也是分学科邀请著名教授来校讲授,请丁文江讲地质学的方法导论,请江泽涵讲数学的方法导论等。哲学概论则由张颐、贺麟、金岳霖等人讲授。

在胡适任北京大学校长期内,国民党政府统治下的局势动荡不安,各地学生运动风起云涌。胡适担任北京大学校长后,他认为凭借他自身的威望,可以起到坐镇北方教育界的作用。每当其他高校学生因从事学生运动而被捕时,他无不竭力加以营救。就他的立场来说,他当然不是为了维护革命势力,只是反对国民党政府的这种高压政策,认为这样做会适得其反,更会激起学生的愤怒,惹更大的乱子。蒋介石对于这一点并不理解,前后有几次要把他拉去做官。在南京的傅斯年写信给他,力主他应当断然拒绝。不幸的是,胡适担任北京大学校长,真可谓"奉命于危难之间",当时的国民党政府军政大员对于北平之能否保得住,都已经失掉信心,怎么还肯来支持他的教育计划呢?胡适在担任北京大学校长期间,曾屡次向人表示说:"蔡孑民任北大校长期内,修建了一座红楼;蒋梦麟任北大校长期内,修建了一座图书馆;我在做校长期内,总也应当为北大修建一座值得永远纪念的建筑物,我想能修建一座礼堂。"可惜他的这个愿望最终也没有实现。

北京大学当时只有一个校长,没有副校长。在校长下面设教务长统管全校的科研、教学,设一个秘书长总管全校的行政、后勤,再加上是六个学院的院长,总共九个人就把全校的行政管理得有条不紊。胡适任命的秘书长是郑天挺,他是著名清史专家,学问蜚声士林。沙滩子民堂前的一个小院子,是行政办公的地方。东屋西屋都是不过十几平方米的房间。东屋是校长办公室,西屋是秘书长办公室。平常校长不在时,校务就由郑天挺主持,担子相当重。上万名学生和教职员工的吃、喝、拉、撒、睡,工作头绪非常繁杂,但郑天挺都处理得头头是道。在胡适当校长期间,提倡自由的学术气氛,教师的学术观点可以自由表达,性情也可以自由发泄。在当时的教授中,很有一些有特性的学者。废名、熊十力都是天真的性情中人,他们的喜怒哀乐有时会非常淋漓地发泄,完全随性而不加约束,季羡林就亲眼看到过这种情况。废名、熊十力都住在沙滩旁边松公府后院,两家的门正好相对,两人常因对佛教的看法不同而争吵。有一次两人吵得很厉害,可吵着吵着,忽然没有声音了。季羡林很奇怪,走过去一看,原来两个人互相卡住对方的脖子发不出声音了。

季羡林作为系主任,经常要向校长请示汇报工作,与胡适的接触就多了。胡适待人亲切和蔼,见什么人都是典型的"我的朋友式"的笑容,对教授、职员、学生、工友都是这样,从来没见过他摆当时颇为流行的名人教授架子。胡适是非常懂得幽默的,他决不老气横秋,而是活泼有趣。有一次召开教授会,杨振声新收购了一幅名贵的古画,为了让大家共同欣赏,他把画带到了会上,打开铺在一张极大的桌子上,大家都啧啧称赞。这时胡适猛然站起来,走到桌前,把画抢过去,卷了起来,做纳入袖中状,引得满堂大笑。

胡适虽然是一介书生,却一生处于矛盾之中:一方面是学术研究,一方面是政治活动、社会活动。他一生忙忙碌碌,倥偬奔波,作为一个"过河卒子",勇往直前,不知道他自己是否意识到身陷怪圈。季羡林觉得不管胡适自己如何定位,他一生毕竟是一个书生,说不好听一点就是一个书呆子。一次,在北京图书馆开评议会。会议开始时,胡适匆匆赶到,声明还有一个重要会议,他要早退席。会议开着开着就走了题,有人忽然谈到《水经注》。一听到《水经注》,胡适立即精神抖擞,口若悬河,早就忘了另一个重要的会议。一直到散会,他也没有退席,而且兴致极高,大有挑灯夜战之势。

1948年前后,季羡林得知老师陈寅恪冬天无取暖费,欲卖藏书,但这么多珍贵的书籍流失在外确实可惜。季羡林便去见校长胡适。胡适最尊重最爱护有成就的知识分子,当年他介绍王国维到清华研究院任教,一时传为佳话。陈寅恪在《王观堂先生挽词》中有几句诗:"鲁连黄鹉绩溪胡,独为神州惜大儒。学院遂闻传绝业,园林差喜适幽居。"讲的就是这件事。胡适对季羡林说:"陈先生的问题一定要解决。陈先生需要多少钱?"季羡林说:"两千大洋就够了。"胡适便叫季羡林乘上他的专车去陈家,将那些藏书拉到图书馆,陈寅恪做学问照样可以取用。陈寅恪过冬取暖的钱也就解决了。

在将近三年的时间内,季羡林在胡适、汤用彤领导下工作,度过了一段毕生难忘的岁月。他同胡适虽然学术辈分不同、社会地位悬殊,但他们见面的机会非常多。胡适那一间在孑民堂前东屋里的狭窄简陋的校长办公室,季羡林几乎是常客。季羡林要向他请示汇报工作,季羡林又是他主编的一个学术副刊的撰稿者,也常谈学术问题。此外,在教授会上,在北京大学文科研究所的导师会上,在北京图书馆的评议会上,他们也时常有见面的机会。季羡林作为后辈,在他面前决没有什么局促之感,经常是如沐春风。

这时候,印度总理尼赫鲁派著名学者师觉月来北京大学任访问教授,还派来了十几位印度男女学生留学,这也算是中印两国间的一件大事。胡适委托季羡林照管印度老少学者,他本人还多次会见他们,并设宴为他们接风。师觉月做第一次演讲时,胡适亲自出席,并用英文致欢迎词,讲中印历史上的友好关系,介绍师觉月的学术成就。

胡适在美国留学时,忙于对西方,特别是对美国哲学、文化的学习,忙于钻研中国古代先秦的典籍,对印度文化以及佛教还没有进行系统深入的研究。他后来由于想写完《中国哲学史》,开始认真研究中国佛教禅宗、中印文化关系。季羡林自己在德国留学时,忙于学习梵文、巴利文、吐火罗文、佛典,也没有余暇来从事中印文化关系史的研究。他在回国以后,迫于没有书籍资料,在不得已的情况下,开始中印文化交流史的研究。在建国前的三年中,也只写过两篇比较像样的学术论文:一篇是《浮屠与佛》,一篇是《列子与佛典》。第一篇讲的问题正是胡适同陈垣争吵到面红耳赤的问题,季羡林根据吐火罗文解决了这个问题。胡适、陈垣他都不敢得罪,只采取了一个骑墙的态度,季羡林想胡适不会读不到这一篇论文的。季羡林到清华园把这篇文章读给陈寅恪听,蒙他首肯,介绍给学术地位极高的《中央研究院史语所集刊》发表。第二篇写成后,季羡林拿给胡适看,第二天他就给季羡林写了一封信,信中说:"《生经》一证,确凿之至!"可见他是连夜看完的。他承认了季羡林的结论,对季羡林无疑是一个极大的鼓舞。

1948年12月中旬,是北京大学建校50周年的纪念日。这时解放军已经包围了北平城,然而城内人心并不惶惶。季羡林记得作为校长的胡适满面含笑,做了简短的讲话。这个仪式结束后,胡适辞别大家,飞赴南京去了。从此以后,季羡林同胡适便分道扬镳,天各一方,"世事两茫茫"了。胡适在南京也没能待多久,"百万雄师过大江"以后,他逃往台湾。后来他又到美国去住了几年,并不得志,往日的辉煌犹如春梦一场,已不复存在,晚年又回到台湾。他最初也不为当局所礼重,往日总统候选人的迷梦,也只留下一个话柄。他毕竟是一书生,他一直迷恋的《水经注》的研究,此时又得以从容地继续下去。可惜仁者不寿,他猝死于宴席之间,身后却哀荣备至。"中央研究院"为他建立了纪念馆,包括他生前的居室在内,并建立了胡适陵园,遗骨埋葬在院内的陵内。

东方学人
季羡林

季羡林曾几次提起胡适的为人和贡献,说对他的评价是不公的。1999年到台湾,他专程去谒胡适墓。十几年以前季羡林撰文为胡适辩解,是把尊师与重道结合在一起的。1999年到台湾以后,在大会上听到李亦园的讲话,他讲到胡适晚年任"中央研究院"院长时期,下午饮茶时经常同年轻的研究人员一起聊天。有一次,他说做学问应该像北京大学的季羡林那样。季羡林乍听之下,百感交集。胡适这样说一定同上面的两篇文章有关,也可能同他们分手后十几年中季羡林写的一些文章有关。这说明胡适一直到晚年还关注着他的学术研究,知己之感,油然而生。

◦ 1999年,季羡林在台湾谒胡适墓。

在政治方面,胡适不赞成共产主义,他同样也反对三民主义。季羡林认为,在胡适的心目中世界上最好的政治就是美国政治,世界上最民主的国家就是美国。这同他的个人经历和他的实验主义哲学信念有关。胡适同共产党并没有任何深仇大恨,他自己说他一辈子没有写过批判共产主义的文章,却写过反对国民党统治的文章。有两件小事是季羡林亲眼看到的。1949年建国前夕,北平学生举行的各种进步的示威游行活动,都是中共地下党在发动组织,这一点是人所共知的,胡适焉能不知!但是,每次北平国民党的宪兵和警察逮捕了学生,他都乘坐他那辆当时北平还极少见的汽车,奔走于各大衙门之间,逼迫国民党当局非释放学生不行。为了要求国民党当局释放被捕的进步学生这一同样目的,他还亲笔给国民党政府驻北平的要人写信。季羡林个人觉得,这已经不能算是小事了。另外一件事是,有一天季羡林到校长办公室去见胡适,一个学生走进来对胡适说,昨夜延安广播电台曾对他专线广播,希望他不要走,解放军进入北平后,将任命他为北京大学校长兼北京图书馆馆长。他听了这番话以后,含笑对那个学生说:"人家信任我吗?"谈话到此为止。这个学生的身份他不能不明白,但他不但没有拍案而起,怒发冲冠,态度却依然亲切和蔼,语气也是非常委婉的。

　　季羡林认为,最令自己钦佩、最使自己感动的是胡适毕生对后进的奖掖。"平生不解掩人善,到处逢人说项斯。"他正是这样一个人。20世纪40年代,胡适在美国哈佛大学遇到当时还是青年的周一良、杨联陞等人,对他们的天才和成就大为赞赏。后来周一良回国,倾向进步,参加革命。杨联陞留在美国,在二三十年的时间内,同胡适通信论学,互相唱和,学术成就名扬海外。

　　1946年,胡适被任命为北京大学校长的时候,他人还在美国,而代理校长一职的正是傅斯年。

　　季羡林和傅斯年算是山东聊城老乡。季羡林在清华大学读书时,见过他一面。傅斯年因为长得胖,朋友们叫他"傅胖子"。他在参政会上持续向皇亲国戚孔祥熙、宋子文宣战,世人誉他"傅大炮"。傅斯年的信条是林则徐的两句诗:"苟利国家生死以,岂因祸福避趋之?"听说他是唯一敢在蒋介石面前跷起二郎腿说话的人,甚至在一份为孔祥熙说情的绝密文件的"委座"名侧,大笔一挥批道:"不成话。"傅斯年9岁的时候,由祖父傅淦(李鸿章、丁宝桢出其门下)蓄意栽培。傅淦执意把传统的伦理观念、文人气节和做人道理传授给孙辈傅斯年、傅斯岩兄弟。傅斯年10岁入聊城东昌府立小学堂,11岁读完《十三经》,成了当地出口成章、下笔成行的神童。他12岁离开故土,考入天津府立中学堂。1913年他以优异成绩考入北京大学预科乙部(经史),与顾颉刚、沈雁冰、俞平伯、毛子水同窗。在陈独秀、胡适的影响下,傅斯年投入到新文化运动中。1918年他与罗家伦、毛子水创办《新潮》杂志,担纲主编,胡适是杂志的顾问。傅斯年执笔的《发刊旨趣书》宣称今日的北京大学,已经"脱弃旧型入于轨道",不再是培养"一般社会服务之人",而是以"培植学业"发展学问为目的。《新潮》问世四个月后,傅斯年在《新潮》和《新青年》上发表的文章达50篇之多,涉及政治、经济、文学、历史、哲学和语言等门类,鼓吹伦理革命、文学革命,抨击封建礼教,宣扬个性解放,威名大震。一次傅斯年进北京大学图书馆阅报,入室时按照规定签名,青年毛泽东当时担任管理员,见他的签名,甚表钦佩,握手订交。由于他的知名度,他自然地成为新文化运动中的学生领袖。1919年5月3日晚7点,傅斯年与新潮社社员参加千人集会,5月4日他主持学生代表会议商讨游行路线,下午两点半示威开始,他扛着大旗走在前面,成为"五四"游行的总指挥。游行队伍在东交民巷受到外国警察的阻拦,学生们认为在自己国土上却让洋人管制着这是耻辱,遂奔向赵家楼找曹汝霖"算账"。傅斯年劝大家不要太激动,但局势已无法控制,学生们擎着大旗,去痛打章宗祥、火烧赵家楼。傅斯年一直主张用和平请愿的方式解决政治问题,不主张暴力行动。

东方学人 李亚栋

1919年6月,傅斯年在北京大学毕业,参加官费出国考试。他的成绩虽然名列前茅,但主考官不想录取他,因为他是《新潮》主编、"五四"游行的总指挥。后经山东教育厅陈雪南科长据理力争,他才被录取为山东官费留学生。他先入英国爱丁堡大学,后转入伦敦大学,研究实验心理学、物理、化学和高等数学。1923年入德国柏林大学哲学院,学习比较语言学等。1926年傅斯年应中山大学之聘回国,1927年任中山大学教授、文学院长,兼任中国文学和史学两系主任,同年在中山大学创立历史语言研究所,并兼任所长。1928年受蔡元培之聘,筹备中央研究院历史语言研究所,同年底研究所成立,他任专职研究员兼所长。1929年兼任北京大学教授,讲授中国上古史专题研究及中国古代文学史,有一段时间还任北京大学代理校长等职。1949年任台湾大学校长。1950年12月20日因脑溢血病逝。

傅斯年是一个典型的敢爱敢恨的人。抗日战争时期,由北京大学、清华大学、南开大学三校合办西南联合大学的方案是傅斯年提出的。抗日战争胜利的消息传到重庆,傅斯年高兴得像个疯子,在大街上一手拎酒瓶喝酒,一手把帽子挑在拐杖上乱舞。傅斯年代理北京大学校长时一再表示:凡做了伪北京大学教员的,复元的北京大学一律不聘。周作人、容庚即在此列,他俩曾遭到傅斯年的大骂。《新民报》以此大做文章,题为《傅斯年拍案大骂　声震屋瓦》。这些人用多种方式向他施加压力,组织请愿并以罢课相威胁。傅斯年毫不示弱:"就是杀了我也要说上面的话!决不为北京大学留此劣迹!"

傅斯年不喜欢从政,认为"我们是要奋斗的,唯其如此,应永久在野,盖一入政府,无法奋斗也"。1938年傅斯年连续四届被推选为国民党的参政会参政员,并多次担任驻会委员。1945年蒋介石打算在北方知名人士中补选一名国府委员,他钦点傅斯年。陈布雷深知傅斯年的秉性,说他不会答应。蒋介石做礼贤下士状,亲自召见他,面提此事,他力辞不允。事后,傅斯年曾写长信再表决不从政的志向。

傅斯年这门"大炮",令人拍手称快的是"炮轰"孔祥熙、宋子文。孔祥熙与蒋介石关系渊深,任国民党财政部长、行政院长长达10年之久,政绩无有,劣迹昭著,世人敢怒不敢言。傅斯年第一个把"炮口"对准孔祥熙。傅斯年从他的人品、才干、政务等方面列举多条劣迹,上书蒋介石,强调抗日战争爆发、民族危难之时,用人要"尽职奉公"、"其直如矢",要求罢免贪污腐败分子孔祥熙。信发出后却如泥牛入海,傅斯年多次质询,并督请政府"整饬政风"。1938年7月12日,傅斯年又写信呈蒋介石,从才能、用人,从纵容夫人、儿子与不法商人勾结、发国难财等六个方面,全方位地抨击孔祥熙,言之凿凿。可蒋介石仍不动声色,这更激怒了"傅大炮"。他殚精竭虑,千方百计搜集孔祥熙贪赃枉法、以权谋私的材料,准备在参政会上一一公开揭露。中央银行国库局正直人士揭露孔祥熙、吕咸一伙营私舞弊的内幕,并将有关"炮弹"提供给傅斯年。他拟成提案,递交大会秘书处。大会主席团成员、外交部长王世杰担心事态扩大,怕被人作为借口"攻击政府,影响抗日",劝他歇手为妥,他却不以为然。陈布雷获知,向蒋介石进言,说孔祥熙趁火打劫,傅斯年要揭露的事怕拦也拦不下来。蒋介石也感到棘手,一面尽力偏遮,一面以避免造成国际影响为由制止傅斯年在参政会上提出此案。蒋介石托陈布雷说情,陈布雷深知傅斯年的耿直,遂以争取世界各国对抗日战争的支持,以国家利益为重做借口,请他改变解决问题的方式。此招果然灵验,一提以国家利益为重,傅斯年答应退让一步,决定将此提案改为质询案公之于众,以求有果。

1944年9月7日,张群向参政会做完施政报告后,傅斯年起身发难。他责问国家法律规定政府官员不能经商,但孔祥熙为什么却办祥记公司、广茂新商号?黄金债券过去很少有人买,后来为何买不到?中央银行应该国家化、机关化,为何成了孔祥熙山西同乡"私人的结合"?裕华银行低价买进黄金,高价卖出,美国借给的黄金怎能供私人发财之用?"傅大炮"一开口,朝野大哗。蒋介石也慌了手脚,马上取走质询书原稿,会后亲自宴请傅斯年。席间,蒋介石问道:"你信任我吗?"傅斯年答:"绝对信任。"蒋介石说:"你既然信任我,就应该信任我所任用的人。"傅斯年一听,十分激动:"委员长我是信任的,至于说因为信任你也就该信任你所任用的人,那么,砍掉我的脑袋,我也不能这样说!"

当时已经骑虎难下的蒋介石,不得不派人进行调查。他迫于强大的社会舆论压力,终于罢免了孔祥熙的职务。一炮轰走了大瘟神,国人兴奋,"傅大炮"遂名震天下。

令傅斯年失望的是,蒋介石却安排宋子文接任行政院长。宋子文上台后打着"抗日救国"的幌子牺牲中产阶级的利益,他与孔祥熙等乘外汇市场开放之机,利用只有他们才拥有的官僚企业进口许可证,大肆进行非法进口倒卖活动,且越演越烈,致使国民经济一片混乱,酿成1947年以上海为中心的席卷国民党统治区的"黄金风潮"。傅斯年忍无可忍,在《世纪评论》上发表《这个样子的宋子文非走开不可》,向行政院长再次宣战。他从历史的经验教训入手,分析得力透纸背。全国上下群情激奋,这一炮又把宋子文轰成过街老鼠,灰溜溜地辞职。

季羡林和这位"大炮"老乡以前并没有交往。在清华大学上学的时候,季羡林听过他的一次讲座。大约在大一或大二的时候,清华大学的一个团体邀请一些学者举办系列讲座,傅斯年应邀在三院一间教室里发表演说。他的姿势给季羡林留下了深刻印象,他那天西装笔挺,革履锃亮,老是把手插在西装坎肩的口袋里。这种姿势季羡林过去很少见到,他见到后觉得很奇特。1946年季羡林回国到了南京,陈寅恪让季羡林到鸡鸣寺下边的中央研究院拜见北京大学代校长傅斯年。季羡林是个内向的人,见面的时候也没有说几句话,就匆匆告辞了。

3. 北京大学的大师

汤用彤是中国现代学术史上少数几位会通中西、贯通华梵、熔铸古今的国学大师。1993年,为纪念汤用彤诞辰100周年,北京大学编辑了纪念文集,季羡林在序中这样评价:

> ……太炎先生以后,比如梁启超、王国维、陈寅恪、陈垣、胡适等,都是既能熔铸今古,又能会贯中西的。……我认为,汤用彤(锡予)先生就属于这些国学大师之列。这实际是国内外学者之公言,绝非我一个人之私言。在锡予身上,熔铸今古,会通中西的特点是非常明显的。他对中国古代典籍的研读造诣很高,对汉译佛典以及僧传又都进行过深刻彻底的探讨,使用起来得心应手,如数家珍。又远涉重洋,赴美国哈佛大学研习梵文,攻读西方和印度哲学。再

济之以个人天资与勤奋,岂偶然哉!

汤用彤(1893—1964)

季羡林 1946 年回国后的许多事都和汤用彤联系在一起。汤用彤出生时,他的父亲正在甘肃通渭做知县,但他却不谙官场之道。1898 年(光绪二十四年)丢官后曾在兰州、北京等地设立教馆,教授学生。汤用彤开始时在父亲的教馆里求学。辛亥革命前,他便离开父亲的教馆,求学于北京顺天学堂,开始接受新式教育,与梁漱溟一起共读印度哲学与佛教典籍。他 1912 年考入清华学校,与同学吴宓、柳诒徵志趣相投,结为契友,"互相督促、切磋"。1917 年毕业后,他考取官费留美生,后因治砂眼而未成行,留在清华学校教国文,并兼任《清华周刊》总编辑。1918 年他与吴宓一起留学美国,先在明尼苏达州汉姆林大学哲学系选修哲学、普通心理学、发生心理学等课程,1919 年入哈佛大学研究院,与陈寅恪同时学习梵文、巴利文及佛学,并进修西方哲学,又经吴宓、梅光迪引见白璧德(Babbit)。在哈佛大学留学期间,他与吴宓、梅光迪被誉为"哈佛三杰"。1922 年汤用彤在哈佛大学获得哲学硕士学位回国,先在东南大学哲学系担任教授。1926 年汤用彤受聘转任南开大学哲学系教授、系主任。汤用彤回国后曾发表有关印度哲学方面的论文《印度哲学之起源》,有关佛教方面的论文《释迦时代之外道》、《佛教上座部九心论略释》,有关西方哲学方面的论文《叔本华之天才主义》等,论文多见于《学衡》杂志。对于现代哲学,汤用彤最关注实用主义,但他和胡适等人的态度不同,他对实用主义则一直采取分析的态度。1927 年 5 月,汤用彤离开南开大学赴南京,任中央大学哲学系教授、系主任。1930 年夏,又到北京大学哲学系任教,除讲授中国佛教史、印度哲学史、魏晋玄学等课程外,主要致力于《中国佛教史讲义》的修改、补充。自1933年始,汤用彤花了近四年的时间,才完成了《汉魏两晋南北朝佛教史》的定稿。1937年抗日战争爆发后,北京大学南迁。汤用彤与钱穆、贺麟一行三人经天津,乘船南下直抵香港。然后北上广州、长沙,最后到达设在南岳圣经书院的北京大学文学院。1938年学校决定转赴昆明,汤用彤开始了在西南联合大学八个年头的岁月,汤用彤先任哲学系主任,后又任文学院长。西南联合大学精英荟萃,人才济济,但教授们却入不敷出,生活非常艰苦,汤用彤岁数并不大,头发却已近全白。在贫困中含辛茹苦的他,忍受着失长子一雄、爱女一平的巨大创伤,以民族文化的继承、弘扬为使命,教学、著述从未间断。他对学生教诲不倦,面无忧容,从不戚戚于贫贱,也不汲汲于富贵,既有着超脱玄远的境界,又时刻关心着国事,对发国难财者深恶痛绝。在一次哲学系召开的大会上,他和金岳霖大骂以学问为进身阶梯的文人。他为人诚恳和蔼,"蔼然仁者,即之也温"。1947年汤用彤休假赴美国加州柏克利大学讲中国佛教史一年,次年婉拒哥伦比亚大学讲学之邀,决定回国。

东方学人
季羡林

1949年1月解放军进入北平,汤用彤任北京大学校务委员会主席。这一年,周恩来曾来孑民堂与他及其他教授座谈,周恩来的气度与学识让他深感敬佩。1951年后汤用彤任北京大学副校长,同时任第一届全国政协委员,第三届全国政协常委,第一、二、三届全国人大代表。汤用彤自1954年患脑溢血后,长期卧床,但稍能所及,仍谆谆教导后学,在学术上也耕耘不辍。他1961年撰写《何谓"俗讲"》一文,谓"僧讲"与"俗讲"在其听讲对象各为僧俗所不同,俗人不得听"僧讲",出家者不得听"俗讲","违者当受官责"。他1962年发表的《论中国佛教无"十宗"》一文考证精详,纠正了国内外学人长期所执之谬误。1963年5月1日晚,汤用彤在天安门城楼观赏焰火时,由周恩来引见给毛泽东。"毛询问公之身体状况,嘱公写短文,并言其阅读过公所撰全部文章。"1964年5月1日汤用彤病逝。

据季羡林回忆:"过去汤用彤先生掌文学院,聘教授,他提出来就决定了,无人有异议。"季羡林被聘为北京大学教授,是汤用彤和胡适、傅斯年三位先生联合下的聘书。季羡林发现汤用彤与自己想象的大不一样,他面容端严慈祥,不苟言笑,却是即之也温,观之也诚,真正的蔼然长者。他虽然留美多年,学贯中西,却是一身的灰布长衫,脚上穿的是圆口布鞋,没有一点教授的架子和大师的威风。季羡林的心中自然生出幸福之感,浑身感到温暖。季羡林到北京大学的第二天晚上,汤用彤曾设家宴款待他。

季羡林先住在沙滩红楼。后来,住在红楼的人多起来了,但是也乱起来了。这种环境是无法做学问了。汤用彤让季羡林搬进文科研究所的大院里去住。文科研究所坐落在东城的翠花胡同里。季羡林住的地方,前门在东厂胡同,后门在翠花胡同。他的住处地跨两个胡同,里面重楼复阁,回廊盘曲,院落错落,花园重叠,一个陌生人进去,必然是如入迷宫,不分东西。季羡林住在最深一层的东房里,院子里摆满了汉代的砖棺。按照北京人的说法,这里显然是一处"凶宅"。黄昏以后,季羡林总有鬼影幢幢、毛骨悚然的感觉。晚上更是没有人敢去拜访他的。季羡林整日与"鬼"为邻,环境却非常安静,他终于找到了一个做学问的好地方。

20世纪50年代初,季羡林与汤用彤、邓广铭等教授签名支持抗美援朝运动。

季羡林非常遗憾没有成为汤用彤的及门弟子。1947年汤用彤在北京大学开魏晋玄学课,课堂就设在北楼的系办公室楼上。季羡林觉得天赐良机来了。他请示了汤用彤,成为他忠实的学生。这种事情在北京大学是绝无仅有的,在全国恐怕也是不多见的。一个正教授去听另一个正教授的课,没有放下架子的决心,是万万做不到的。一整学年的课,季羡林没有缺过一次,笔记记了厚厚的一大本。直到今天,这个笔记本仍然保存着,它记录了季羡林成为汤用彤忠实弟子的历史。

季羡林还经常去找汤用彤汇报系里的工作,有些麻烦的事情,汤用彤会不动声色地帮助他解决。汤用彤还和北京大学图书馆馆长毛子水决定,特意给季羡林在图书馆中要了一间教授研究室,他能够从图书馆的书库里随时提出要用的书,有些还可以放在教授研究室里。学校还派一位研究生马理给他当助手,帮助整理书籍。马理是北京大学教授马裕藻的女公子,她的姐姐是赫赫有名的马珏。可惜的是当时北京大学图书馆里东方学的著作还真不多。有了这么好的研究条件,季羡林写出了几篇学术论文。论文写出后,他总是拿给汤用彤看,请求他的指正。他能够写出几篇有新观点的论文,汤用彤功不可没。

1952年,北京大学从沙滩搬到西郊海淀。季羡林的待遇进一步得到提高,每月的工资几乎是最高的。马寅初的工资是第一,相当于副总理。以下是汤用彤、翦伯赞、曹靖华,再下来就是季羡林和其他几个名教授了。1956年教授定级,季羡林被确定为一级,是文科七个一级教授中最年轻的一位。他的清华大学同学吴组缃被定为二级。以至于在同一个餐厅吃饭的几位教授,背后给季羡林起了个善意的外号"一级",季羡林去吃饭的时候,有人就会窃窃私语:"'一级'来了!"这种介乎可理解和不可理解之间的心理,说明一级教授的取得确实是非常难的。还是在这一年,季羡林有一个同样的大喜事,他被选为中国科学院哲学社会科学部委员。季羡林知道这些事情的确定,都是汤用彤在不声不响地提携的结果。

> 所以,我现在只能这样说,我之所以崇敬锡予先生,忆念锡予先生,除了那一些冠冕堂皇的表面理由以外,还有我内心深处从来没有对别人说起过的动机。古人说:"人生得一知己足矣。"我不敢谬托自己是锡予先生的知己,我只能说锡予先生是我的知己。我平生要感谢的师辈和友辈,颇有几位,尽管我对我这一生并不完全满意,但是有了这样的师友,我可以说是不虚此生了。[5]

汤用彤是大师级的学者。他后来年纪大了不能行走,只能坐着轮椅出来,季羡林有时候见着他,他总讲是共产党救了自己,自己感谢党的改造、培养。他说现在我病了,党又关怀我、照顾我,我感谢党的关怀、照顾。他说到这些也是非常真诚的。

在北京大学东语系,季羡林与金克木共事半个多世纪。

2000年8月5日,北京大学东语系教授金克木以88岁高龄仙逝。消息传开,学界人士无不为失去一位大师而叹惋哀恸。金克木的一生可以说是丰富多彩的。他1912年8月生于江西,只上了一年中学就因各种原因而失学,其最高学历不过是小学毕业。他20世纪30年代后到北京求学,曾在北京大学图书馆任职员,他利用一切机会博览群书,广泛拜师,勤奋自学,同时还掌握了英语、法语、德语、世界语等多种语言。1941年先经缅甸到印度,任一家中文报纸编辑,同时学习印地语和梵语,后到印度佛教圣地鹿野苑钻研佛学,同时跟随印度著名学者学习梵文和巴利文,走上梵学研究之路。1946年金克木回国,应聘任武汉大学哲学系教授,1948年后任北京大学东语系教授。金克木博学精深,在印度文化各个领域的研究中纵横驰骋,称得上是真正懂得印度文化的人。建国以后他和季羡林一道培养出第一批梵文、巴利文学者,我国年轻一代的梵文、巴利文学者,都曾受惠于季羡林和金克木。金克木的《梵语文学史》是学习印度文学的必读课本,他不仅研究印度文化最古老的经典,对印度古代文化有深厚的功底,同时对印度近现代的论述也不落俗套,独具慧眼。金克木论述泰戈尔,不是把泰戈尔与印度文化隔离开来作为孤立的人来研究,而是把这颗印度文化的璀璨明珠放到印度文明的历史长河中来认识,他能真正懂得并欣赏泰戈尔。他的《略论甘地在南非早期政治思想》、《略论甘地之死》等论文,根据他对印度社会的了解,分析了印度近现代的社会状况,历史地、客观地对甘地做出了评述。读金克木的文章,让人感到他对印度社会、文化的谙熟与深刻理解。金克木在其他领域也多才多艺,他的诗、文,充满美感,寓意深刻,颇有韵味,有《旧巢痕》、《难忘的影子》等文学作品传世。一本《天竺旧事》把人们带回到20世纪40年代的印度,不但给人以美的享受,使人增长见识,而且给人们留下了印度文化方面的宝贵资料。

　　凡是和金克木有过接触的人,无不对他的健谈、博学、多闻、敏锐留下深刻的印象。1949年,作为梵文教授的金克木却给学生上政治课,讲辩证唯物主义和历史唯物主义,他还深入地钻研过政治经济学,有的学生至今还能记得金克木当时对资本主义社会主要矛盾所作的深刻阐述。其实不仅社会科学,举凡数学、天文、地理、生物等自然科学领域,他也广泛涉猎,他很有兴趣地钻研过费尔马大定理等数学问题。他在临终前不久写的一篇文章就涉及到高等数学问题,就这个问题还和在数学系读博士学位的一位亲属的孩子进行认真探讨。他早年同数学大师华罗庚很谈得来,华罗庚也是兼通文理。他还曾就具体的数学问题请教过丁石孙,并能从丁石孙的解释中判断出他所擅长的研究领域。金克木晚年虽出行不便,但他对新思想、新事物的了解和接受程度,对社会、时代的变革无不具有深入的了解,对许多社会现象、社会时尚都有深刻、绝妙的评论。比如他对电脑很有兴趣,他向许多人了解这方面的情况,家中来了幼童他也会与其探讨电脑知识。前几年家里买了电脑,金克木以八十多岁的高龄开始使用电脑进行写作。外语学院的领导去给他拜年，金克木谈论天下事滔滔不绝，对北京大学的改革和外国语学院的成立也提出许多有针对性的意见，一针见血地指出改革应该达到什么样的目的，成立外国语学院应该怎样形成自己的特色。金克木还注意到正在进行的人类基因组研究计划，他以一位饱学之士和哲人的眼光不无忧虑地指出，人类在改造自然、改造世界的过程中出现了很大的麻烦，如不慎重从事这些工作，在改造自身的过程中也可能会出现更大的麻烦。金克木一生淡泊名利，80岁生日时人们要给他祝寿，他坚决拒绝，并风趣地说，我可不希望提前听到给我致悼词，他认为祝寿时和悼念时都会对人充满溢美之词，其实质是一样的，没有多大意义。

1956年中共中央召开知识分子会议后，社会上对知识分子十分照顾，公共汽车上甚至还专设了"高知席"，给高级知识分子留出座位。金克木看到这种情况幽默地说："孕妇在车上没位子坐，受到摇晃可能要呕吐，高级知识分子知识多，但总不会摇晃得吐出来吧。"即使是在"文革"时期，金克木受到迫害，全家被挤到一间半屋子里，家具没有地方可放，只好把桌子、茶几等摞上好几层，他仍不失幽默，套用当时一切都要加上"革命"的名义，戏称之为"革命杂技"。

金克木喜欢有才能的学生，他有许多学术方面的探索由于受到种种影响而没有展开，希望能够有学生继承下去。他也很乐于指导学生，学生们拿来一本厚厚的书，一篇十几万字的博士论文，他随意翻阅一遍，立刻就能告诉你问题所在，其机敏不减当年。许多学问很不错的学生，在他的面前经常被问得张口结舌，感到和老师相比实在是孤陋寡闻。金克木虽然体弱多病，但从不愿过多地麻烦别人，生了病也不让家人告诉系里，不愿让别人来家中看望。他多次到医院看病都是子女用自行车、三轮车推去的，最后一次去医院也是由儿子背下楼用三轮车送到校医院的，后来家人看到他病情严重才不得不告诉系里。金克木到北京大学的时候，季羡林就已经在那里任教了，那时还有一些懂梵文、印度文、乌尔都文的先生，金克木在武汉大学讲印度哲学时就他一人，所以他很想去北京大学。唐长孺在武汉大学时和金克木是同事，他的妹妹唐季雍在北京大学哲学系读书，金克木要调到北京大学去的时候，唐长孺就对他说，我有个妹妹还没有结婚，如果你们见了面，觉得好，也可以谈。后来金克木到了北京大学，一谈就觉得很好，就要胡适给他们证婚，他们就结婚了。唐长孺和金克木也就成了亲戚。金克木与季羡林住同一幢楼，但早上散步，他见季羡林却不打招呼。他的理论是，打招呼是说废话。他把这种理论再推进一步，甚至读者想请他在书上签名他都不干。有一回几位读者买了他和张中行的书,想求他们签名,他们先到张中行家,张中行签了,但他们拿了签名本后却还不走,说还想请金克木签名,只怕金克木不答应。张中行一听,说我带你们去。就率先下楼,敲开金克木家的门。金克木果然摇头:"不签不签。"张中行不吃这套,转身问:"谁带钢笔?拿来。"他把笔塞到金克木手里:"签!"金克木虽然不情愿,但只好签了。张中行说:"我在金先生面前还是有面子的。"

季羡林和马坚在一起

马坚在季羡林之前就应聘到北京大学任教授,参加东语系的组建,并亲自在该系创建阿拉伯语专业。马坚的夫人马存真回忆说:"当时是既无教材,也无前例可循,一切都要从零开始。他肩负重任,独自一人给首批中国自己培养的阿拉伯语大学生开出了阿拉伯语、高级阿拉伯语、伊斯兰宗教史、伊斯兰教育史和《古兰经》研究这五门专业基础课和专业课，为专业的发展打开了局面。他重视教材建设，积极编写阿拉伯语教材，系统归纳了阿拉伯语语法规律。他所确立的一整套阿拉伯语语法概念和术语，一直为国内各高等院校阿拉伯语专业沿用至今。""他奠定了中国阿拉伯语教学的基础，开辟了阿拉伯语教学的新时代，使阿拉伯语在中国教育史上首次进入高等学校。""他还付出大量心血，主编了《阿拉伯语汉语词典》。甚至在糖尿病加重住院治疗期间，仍然耐着盛夏酷暑，挥扇坚持工作，使医生、护士和病友为之感动。为了把住质量关，他在定稿时对每一个词条都要反复研究，博采众长，斟酌再三。经过多年的辛勤劳动，终于使这部具有重要意义的词典得以问世，为中国人学习使用阿拉伯语提供了最基本的工具书，也为以后编写各种类型的阿、汉词典和汉、阿词典奠定了基础。"

马坚从1946年到北京大学任教直到1978年病逝，在北京大学工作了32个春秋。他以自己辛勤的工作开辟了中国阿拉伯语教学的新时代，迎来了中国阿拉伯语教学的巨大变革。他为我国外事、文教、出版、科研、宣传等部门培养了一批又一批阿拉伯语言文化人才，成为阿拉伯伊斯兰文化研究事业的骨干力量，有的还是国家重要的领导干部。在阿拉伯语教研室中，他的学生更是四世同堂了。

1949年建国后，中国各民族之间的关系得到了根本改善，回、汉关系也进入了一个前所未有的良好时代。从根本上说，这是中共中央实行正确的民族政策和宗教政策的结果，马坚作为一个有重要影响的穆斯林学者，也为消除民族隔阂、推动民族宗教政策的顺利实施，做过许多积极的努力。他认为民族隔阂除了历史上反动政府鼓吹民族沙文主义、推行民族歧视政策的原因之外，民族之间缺少充分了解也是一个重要原因。他运用自己丰富的伊斯兰学识，撰写了大量文章，一方面解除回族中的有些人在参与全民共同活动时的某些疑虑；一方面又从维护民族大家庭团结的真诚愿望出发，对某些无知现象提出了坦诚的批评。1951年1月10日《光明日报》发表的卢洪基的文章中，将穆斯林的先知穆罕默德与美帝国主义者相提并论，引起北京穆斯林强烈不满。16日，各界穆斯林代表汇集中山公园，表达对文章作者及报社的义愤。《光明日报》社的代表作了诚恳的检讨。19日，为澄清事实真相，《光明日报》发表了马坚的长文《穆罕默德的宝剑》，批评了文章作者的无知，促进了民族之间的相互了解，维护了国家的安定团结。20日，《人民日报》全文转载了马坚的文章，新华社也播发了全文。马坚在云南个旧家乡上小学、高小。1922年，他考入昆明成德中学。1931年12月29日，他抵达埃及开罗，在爱资哈尔大学宗教学院读书。他1939年结束了在埃及八年的留学生涯，1940年赴上海加入中国回教学会的译经委员会,利用空闲时间翻译《古兰经》。1942年,他受聘于云南大学,开设伊斯兰文化讲座。1945年底1946年初,北京大学在清华大学陈寅恪的推动下,经胡适、傅斯年、汤用彤批准,筹建东语系,经向达、白寿彝推荐,北京大学文学院长汤用彤代表北京大学聘请马坚到北京大学任教。1946年10月,马坚和夫人马存真到北京,在北京大学东语系开设阿拉伯语专业。季羡林也于稍晚一些时间到东语系,从此马坚与季羡林成为同事。

1959年,中国文化代表团访问伊拉克,季羡林为团长,马坚、白寿彝均系团员。

20世纪50年代,季羡林与北京大学的同事在一起。

20世纪50年代以后,阶级斗争无所不在的思想已经深入人心,这种思想在编写教材的时候也表现了出来。有一年,阿拉伯语教研室选了一篇阿拉伯国家的一位著名作家写的尼亚加拉大瀑布风光的文章,语言生动流畅,写的非常好。这样的文章不可能涉及到政治内容,学生读了可以学到地地道道的阿拉伯语,还能够领略美好的自然风光。然而有人提出异议,把一个资本主义国家的风光写得如此美丽,岂不是长资本主义的威风?季羡林也不得不出面调停,他特意让人把文章译成中文,供大家讨论。

像这样的事情在现在看来都是笑话,但那时候谁也不敢掉以轻心。

1960年,毛泽东在一次接见外国青年代表团时,马坚担任翻译,毛泽东介绍中国共产党的统一战线政策时说:"马坚先生是信仰伊斯兰教的,不是共产党员;我是信仰马列主义的,是共产党员,但这不妨碍我们一起工作和合作呀!如果没有他,你们讲阿拉伯语我听不懂,我讲的汉语你们也就不懂,现在我们彼此都沟通了,这就是说我与马先生合作得很好呀!"

1973年工宣队搞了一些麸子,做成糠窝窝,又蒸了一些糖三角,每人各发一个,要求先吃糠窝窝,后吃糖三角,算是"忆苦思甜"。马坚不知道吃的要求,把二者合在一起吃了,结果招致现场批判,被勒令写出书面检查,第二天马坚的检查贴在东语系一楼东头楼梯口:"昨日我没有先吃糠窝窝后吃糖三角,而是一起吃了,这不符合工宣队的要求,因此我作检查。——人老心红战斗队67岁队员马坚。"落款的"人老心红战斗队"纯属政治幽默。

东方学人 季羡林

1946年8月3日,北京大学校长胡适致函正在英国伦敦大学留学的于道泉,希望他回国到北京大学任教。胡适的诚恳态度,促使于道泉下定了归国的决心。于道泉初到北京,就迫不及待地与东语系主任季羡林见面。两人小时候在济南就见过面。

1924年4月12日至5月30日,印度"诗圣"、诺贝尔文学奖得主泰戈尔来华访问,前后时间长达50天。他以64岁高龄,到我国上海、杭州、南京、济南、北京、太原、汉口等城市访问、考察。济南对泰戈尔的接待隆重热烈,声势很大。为了欢迎泰戈尔,济南教育界让英语水平很高的于道泉担任泰戈尔的陪同、翻译。当时季羡林还是一个上初中的孩子,根本不懂什么是诗人,但是因为好奇,他也挤进泰戈尔发表演说的会场。泰戈尔对中国学生说:"我是以一个亚洲人的身份到你们这里来的。长久以来,沉默的亚洲在为重新发出它的声音而奋斗。中国和印度的友好和团结是奋斗的亚洲的奠基石。"对他的一些话,季羡林似懂非懂,觉得他的长须和印度长袍非常有趣。在济南的佛经流通处,于道泉用英语简明扼要地介绍了佛教传入中国的历史,以及对中国文化产生的重大影响。泰戈尔对这个年轻人颇为赞赏,便说:"你是我们来中国见到的第一位对印度文化和语言有如此浓厚兴趣的人!"于道泉十分钦佩泰戈尔的人品和成就。当泰戈尔向于道泉建议到印度国际大学去学习梵文、佛教时,他毫不犹豫地答应下来。于道泉已考取了山东的官费留美生,正是举家欢庆、邻里称贺的时候。当他向家里宣布要到印度去学梵文、佛教,放弃去美国留学的机会时,他父亲勃然大怒,声言要把他撵出家门,并且断绝经济上的任何资助。然而,于道泉倔强的脾气和性格谁也改变不了,他毅然决然地随着泰戈尔来到北平。

春天的北平,早早地披上绿色的新装,人们用鲜花和歌声欢迎泰戈尔的到来。于道泉的心境和精神状态,正像郭沫若所描写的那样:"泰戈尔的一行行恬然静谧的诗句,像淙淙流水,注入了年轻诗人久旱的心田,翻起了激越的感情波澜。"当时北平的军阀正忙于争权夺利,抢占地盘。于道泉去印度留学的愿望最终被无情的现实打得粉碎,泰戈尔发展中印文化交流的计划也未能实现。这使于道泉感到迷茫、惶惑和烦躁。[6]

在季羡林的心目中,于道泉是一个天才,也是行动有点"怪"的人。于道泉亲口对季羡林说:"我的脑筋大概是有点问题。"他"怪"的表现有很多,如为了学习藏文、蒙古文,他干脆搬到雍和宫去,和蒙古喇嘛住在一起,因此有了个"于喇嘛"的绰号。他在法国留学时,听说西红柿极有营养,于是天天只吃西红柿,结果一天竟然能吃五六斤之多,把肚子给吃坏了。他在伦敦时,恰巧陈寅恪在那里治眼疾,他天天去给陈寅恪读书读报。他读的书中就有马克思的《资本论》。奇怪的是他相信有鬼,却又喜欢马克思的著作。到中央民族学院任教后,他还研究无土栽培,后来又研究号码代字音的问题,而且都取得了成就。这些行动无不显示出其"怪"。

为什么这样的"怪"会同天才联系在一起呢?一个有天才的人,认准了一个问题,于是心无旁骛,精神专注,此时此刻,世界万物不存在了,是非得失不存在了,飞黄腾达不存在了,在茫茫的宇宙中,只有他眼前的这一个问题,这一件事物。在这样的情况下,他焉能不发古人未发之覆,焉能不向绝对真理走近一步呢?

但是在平凡的人眼中,这就叫"怪",于道泉就是这样一个怪人。

对于于道泉,还必须进一步更深入更彻底地挖掘一下。我们平常赞美一个人,说他"淡泊名利",这已经是很高的赞誉了。然而,放在于道泉先生身上,这是远远不够的。他早已超越了"淡泊名利"的境界,依我看,他是根本不知道,或者没有意识到,世界上还有"名利"二字。他的这种超越,同尘世间庸俗之辈的蝇营狗苟的争名夺利的行径比较起来,有如天渊。于道泉是我们的楷模。[7]

于道泉到北京大学任教后,就和季羡林确定在东语系开设藏语专业,季羡林请他担任组长,组内还有王森、金鹏、韩镜清几位同事。第一期虽然只有两名学生,却使藏语这个专业在高等学府内正式设立。

新中国新闻出版署第一任署长胡乔木了解了于道泉的情况,得知他通晓多种语言,而且是在欧洲留学多年的专家。胡乔木把筹办藏语广播的重要工作交给了他,请他协助中央人民广播电台设立藏语翻译和播音小组。中央人民广播电台聘请于道泉,以及他推荐的李永年、曲吉洛卓、图丹尼玛喇嘛等作为藏语广播组第一批成员,1950年4月10日开始工作,5月22日晚上正式播音。负责中央民族学院筹备工作的刘春、费孝通邀请季羡林和于道泉共同商量,如何尽早、尽快地培养一批藏语人才。他们建议从国内高校中抽调一些在校学生集中到北京,用速成的方法突击学习藏语。这批来自北京大学、复旦大学、广西大学、山东大学、安徽大学等校的青年学子,云集北京,在于道泉门下开始了藏语的学习。

"文革"中于道泉在劫难逃,成为第一批住进"牛棚"的人,他白天在楼前浇灌花木,晚上到"牛棚"受训。在一次对他的批判会上,主持会议的党总支副书记先作了简短发言,要求全系师生批判迷信思想来帮助于道泉。发言者有的对他甚为惋惜,有的对他十分鄙夷,有的引经据典指陈其谬误,闹腾了足足三个小时。而于道泉却端坐在一根柱子后面,一手抚摸下巴,一手一根一根地拔自己的络腮胡子,似乎已进入了沉思状态。主持人叫道:"于先生!于先生!"他完全没听见。主持人提高八度厉声喝叫:"于道泉!"他这才惊醒,茫然地问:"什么事?"主持人说:"大家帮助你三个钟头了,你也表个态,说几句嘛!"于道泉颇感惊讶:"什么?帮助我?三个钟头了?对不起,我一句也没听见!"这是真话,他的确没听别人在说什么,他早已置身事外,进入自己的冥想王国,他在琢磨"一对多"的翻译机械化问题。说怪也不怪,于道泉对于这一工作醉心已久,1956年就在《中央民族学院周报》上发表过文章,但当时没有人理会,还有人认为是"幻想"。这下子可好了,一切繁琐事务都摆脱得干干净净,他可以在"牛棚"中冥想苦思。最后他发明了一套数码代音字,并认为这一套数码代音字可供翻译机械使用,他早在20世纪60年代就思考出一套在计算机上使用的汉文和藏文的软件系统。1982年8月,在北京召开的第15届国际汉藏语言学大会上,于道泉提交了论文 Numerical Script for plain Texts Numerilised Script Versus Romanised Script（《数码字简表：数码字与罗马字对照表》）,列举了他所设计的数码代音字用来拼读汉文和拼读藏文的规则。热心学习应用这种数码代音字的张默生,1977年3月1日用这一体例的数码代音字给于道泉写了一封信。这封信除了用数码代音体系写出,还用汉字一并逐字对照,请于道泉验看。张默生就是季羡林在济南上高中时的校长,当时任四川大学中文系主任,与于道泉既是世交又有戚谊,同为山东临淄著名的奇人。这一文件堪称"双绝"。

🌿 4. 东语系的大发展

北京大学东语系在建国后员工人数增加了10倍,学生人数增加了200倍,这是季羡林做梦也想不到的事情。这个巨变是怎样发生的呢?

1949年,季羡林接到一封信,寄信人是他清华大学的同学胡鼎新。

信的开头说:"你还记得当年在清华大学时一个叫胡鼎新的同学吗?那就是我,今天的胡乔木。"胡乔木在信中告诉季羡林说,现在国家需要大量研究东方问题的人才。他问季羡林是否同意把南京东方语言专门学校、中央大学边政系的一部分和边疆学院合并到北京大学东语系来。季羡林看完信后激动不已,简直不敢相信自己的眼睛。季羡林正为自己作为一介书生,报国无门而苦恼。这样好的机会从天而降,可是大好事,岂有拒绝之理?他立即给胡乔木回信,表示完全同意。

季羡林给胡乔木发出回信后不久,胡乔木亲自来到翠花胡同拜访季羡林。两个老朋友久别重逢,特别亲切,有说不完的话。

季羡林与杨通芳等人在韩国

不久,这三所大学的师生就合并到北京大学东语系了。1951年1月26日,国家教育部通知北京大学:"教育部决定在全国范围内选送100名青年到你校学习印地、蒙古、维吾尔、阿拉伯、越南、暹罗、缅甸、日本、朝鲜及西南少数民族语文,以培养少数民族及东方语文方面的革命工作干部,学习期限四年,学习期间按学生供给制待遇,毕业后由中央统一分配。这批学生预计今年2月底以前报到,请做好学生入学准备工作。"这批学生进入东语系学习,东语系得到大发展。

1952年院系调整以后,东语系定名为东方语言学系,成为北京大学当时最大的系,包括梵巴语、蒙古语、朝鲜语、日本语、暹罗语(后来改为泰国语)、印尼语、缅甸语、印地语、阿拉伯语等专业。1954年以后又增加了乌尔都语专业,1957年增加了波斯语专业。师生总数最高时为516人,位居全校之首,成为全国唯一一个培养东方语言人才的教学机构。季羡林从翠花胡同搬到了蓝旗营的一所公寓里,在这里一住就是10年。他对门住的是杨通方、李玉洁夫妇。论资格而言,他当时可以住进燕南园或者燕东园别墅式的小楼里,冯友兰在燕南园,马坚在燕东园,住的都是别墅式的小楼。季羡林只身一人,还是选择了在蓝旗营住公寓。

1958年,季羡林在北京大学校园参加劳动。

季羡林作为当时北京大学最大的一个系的系主任,社会活动是很多的。他要处理系里日常的教学工作,参加各种会议,接待内外宾客,安排教师、学生的食宿问题,新生入学时他还要去前门车站迎接。每天从早忙到晚,他感到时间远远不够用,过去还能够在长板凳上吃碗豆腐脑,而现在连这样的时间都没有了。每天早晨,他匆匆忙忙来到学校,在校门口买一块烤白薯边走边吃,烤白薯在很长时间内一直是他的早餐。中午或者去食堂吃饭;或者为了省时间,趁早买两个烧饼放在办公室,两个烧饼加一杯热茶,午饭也对付了。他的女儿婉如在天津、儿子季承在北京上大学,济南的家里有婶母和妻子照顾,他一门心思投入到工作中。婉如在天津大学毕业后分配到北京工作,季承大学毕业也分配在北京中国科学院工作。当时他们工作的地点都在市内,没有办法照顾父亲。一次季羡林生了病,发烧到摄氏40度,连床起不了。家里没有电话,系里发觉他没有上班,也不知道什么原因。住在城里的孩子星期天回家看他,差一点连门都没有敲开。

北京大学工会成立以后,季羡林先后担任过工会的组织部长、秘书长、沙滩分会主席,1952年后他曾一度担任工会主席。从此他要参加的会议越来越多,"我本来是个性格内向的人,最怕同人交际;又是一个上不得台面的人。在大庭广众中、在盛大的宴会或招待会中,处在衣装整洁、珠光宝气的男女社交家或什么交际花包围之中,浑身紧张,局促不安,恨不得找一个缝钻入地中。看见有一些人应对进退,如鱼得水,真让我羡煞。但是命运或者机遇却偏偏把我推到了行政工作的舞台上;又把我推进了社会活动的中心,甚至国际活动的领域"。季羡林参加会议一般是提前10分钟到会场,决不迟到;发言不说空话、套话,言简意赅,决不拖泥带水;语言生动有趣,偶尔说几句诙谐幽默的话,引得哄堂大笑,使会议气氛十分活跃。他主持会议,则到点散会,决不推迟时间,让与会者都能准时吃上饭。

北京大学东语系庆祝季羡林执教40周年时,季羡林与部分教师和校友合影。

管理一个近500人的大系,季羡林整日忙忙碌碌处理各种事务性的工作。就是在这样繁忙的情况下,他还抽时间和曹葆华一起翻译了马克思的《不列颠在印度的统治》、《不列颠在印度统治的未来结果》两篇论文,在《新建设》杂志上发表。在季羡林的领导下,东语系以团结向上、艰苦奋斗的作风享誉燕园。他的领导作用、垂范作用,无时不在东语系发挥影响。季羡林精心设计系里的课程,对梵语、巴利语专业,他更是倾注了大量心血,他的指导思想是把学生培养成印度学的研究人才。只有学好梵语、巴利语,掌握好这两把金钥匙才能打开印度文化宝库的大门,而打开宝库之后,会不会鉴别库里的收藏品,则要看研究能力。季羡林十分注意培养和激发学生们的研究兴趣,鼓励他们广泛涉猎文、史、哲各门基础课程。东语系重视教学法的探讨,也重视教材建设。几乎每改一次教学法,就必然编写出一批新教材。每一种教材都凝结着教师"焚膏油以继晷,恒兀兀以穷年"的心血,教学和科研还要齐头并进,互相促进,互相补充。在季羡林的影响下,东语系教师们在进行教学工作的同时,进行了大量的科研工作。各种词典和大型工具书被编撰出来,数量多,质量高,有的至今还在广泛使用。

1952年高校开始评级,季羡林被评为一级教授,而他的老师冯友兰则评为四级教授。到1954年再次评级,季羡林仍然评为一级教授,冯友兰也由四级教授成为一级教授。评为一级教授的还有陈岱孙、翦伯赞、王力、冯定等人,北京大学一共有28位之多,正好占全国56位一级教授的一半。这足以看出北京大学的师资力量在全国所占有的重要地位。稍后,国务院在中国科学院设立学部委员,季羡林、冯友兰、翦伯赞、陈岱孙被选为哲学社会科学学部委员,他们除了拿一级教授的工资以外,还享受每月120元的学部委员补贴。

注释

[1] 《北京游览手册》,北京:北京出版社,1957年,第19页。

[2] 季羡林:《梦萦未名湖》,见《我的心是一面镜子》,延吉:延边大学出版社,1996年版,第218页。

[3] 季羡林:《我眼中的张中行》,见《赋得永久的悔》,北京:人民日报出版社,1996年版,第405—406页。

[4] 季羡林:《季羡林文集》(第13卷),南昌:江西教育出版社,1996年版,第216—218页。

[5] 季羡林:《回忆汤用彤先生》,载《光明日报》1997年5月28日。

[6] 《于道泉和泰戈尔的故事》,载《时代潮》2001年第18期。

[7] 季羡林:《千禧文存》,北京:新世界出版社,2001年,第178页。

特别是10年浩劫中,我因为胆大包天,自己跳出来反对北大那一位炙手可热的"老佛爷",被戴上了种种莫须有的帽子,被"打"成了反革命,遭受了极其残酷的至今回想起来还毛骨悚然的折磨。从牛棚里放出来以后,有长达几年的一段时间,我成了燕园里一个"不可接触者"。走在路上,我当年辉煌时对我低头弯腰毕恭毕敬的人,那时却视若路人,没有哪一个敢或者肯跟我说一句话的。我也不习惯于抬头看人,同人说话,我这个人已经异化为"非人"。

——季羡林:《世态炎凉》

DONGFANG XUEREN
东 方 学 人

季羡林

1. 殃及自身

2. 八个月的"牛棚"

3. 人的劫难

4. "资产阶级权威"

5. 二月兰笑对春风

6. 找回失去的笑

第七章 成为『不可接触者』

1. 殃及自身

隔行如隔山,是说不同行业之间是很难相互了解的。没想到在同一所大学里,隔系也如同隔山。就在季羡林在南口乡下以领导者的身份进行"社教"时,北京大学校内的"阶级斗争"已经发展到不可调和的地步了。北京大学的"社教"运动是从哲学系开始的,北京大学是高等学校"社教"的试点,而哲学系则可以说是试点的试点。哲学系的"社教"在党总支内形成对立的两派:以王庆淑为首的一派,以聂元梓为首的一派。聂元梓一派,在"社教"中受到批评和"围攻",对此她如鲠在喉,时刻寻找着报复的机会。她要报复的对象不是王庆淑,而是支持王庆淑的陆平。陆平是北京大学党委书记兼校长。聂元梓等待着机会,准备在陆平身上"开刀"。

时机终于来了。

1966年5月16日,中央政治局扩大会议上通过了作为"文革"纲领的《"五一六"通知》,会议还决定对彭真、罗瑞卿、陆定一、杨尚昆"反革命集团"进行批判,停止他们在中央书记处的职务及其他任职,进行专案审查。这些决定不是在中央全会做出的,需要中央全会进行追认。林彪在5月18日发表讲话,通篇大讲政变,认为彭真、罗瑞卿、陆定一、杨尚昆就是搞反革命政变的人。林彪在讲话中,几乎声嘶力竭地嚷着,毛泽东的话"句句是真理,一句超过我们一万句","谁反对他,全党共诛之,全国共讨之"。

《"五一六"通知》和林彪的"五一八"讲话在正式发表以前,已不胫而走。作为"阶级斗争晴雨表"的北京大学,政治神经极为敏感,有些人已经在准备大干一场了。对聂元梓等人的情况有所了解的康生,派自己的老婆曹轶欧悄悄地来到北京大学。

在曹轶欧的直接授意下，由聂元梓、宋一秀、夏剑豸、杨克明、赵正义、高云鹏、李醒尘七人在校内大饭厅东墙南端，贴出一张题为《宋硕、陆平、彭珮云在文化大革命中究竟干了些什么?》的大字报。这张大字报文笔极为平庸，思想上并没有什么惊人之处，但却到处充满了阶级斗争的火药味，认为中共北京市委大学工作部副部长宋硕、北京大学党委书记兼校长陆平、党委副书记彭珮云，连同中共北京市委、北京大学党委都在搞修正主义，表示要"坚决、彻底、干净、全部地消灭一切牛鬼蛇神、一切赫鲁晓夫式的反革命修正主义分子"；认为北京大学党委提出的对文化革命的"积极领导"，是"想把革命的群众运动纳入修正主义的轨道"，实行的是"十足的反对党中央、反对毛泽东思想的修正主义路线"。

大字报于5月25日下午贴出后，北京大学校内一片混乱，最初是在大饭厅周围，然后扩大到三角地一带，再后是扩大到学生宿舍区，大字报铺天盖地而来。既有大量支持聂元梓的，也有少量支持陆平的。晚上陆平发表讲话，强调聂元梓在"社教"运动中是反党、反社会主义的，希望全校能团结在校党委周围。消息传到学生宿舍区，写过支持聂元梓大字报的年幼无知的学生们立即又写出支持校党委的大字报，并检查自己跟错了聂元梓的立场错误。

5月28日，中共中央正式发出文件，公布了中央文化革命小组的成立，任命陈伯达为组长。康生几次到北京大学看大字报，进行煽风点火，这就使支持聂元梓的学生又有所增加。6月1日晚8点，毛泽东亲自批准以新华社消息的名义由中央人民广播电台全文广播了聂元梓等人的大字报，并指示康生要求大字报第二天见报，说这张大字报是"20世纪60年代北京人民公社宣言"，"全国第一张马列主义大字报"。这张大字报广播之后，燕园内立即沸腾起来，师生们开始一边倒向聂元梓，对陆平为首的北京大学党委展开了全面进攻。几天来反反复复，曲曲折折，年轻的学生们今天听人唆使去支持聂元梓，明天又听人唆使反对聂元梓，到这时总算统一到一起，全校拧成一股绳，合力对付陆平。

6月2日，《人民日报》全文发表了聂元梓等人的大字报，并发表一篇评论员文章《欢呼北大的一张大字报》，指责北京大学党组织"不是真共产党，而是假共产党，是修正主义的党"，北京大学党组织"就是反党集团"。从此，"踢开党委闹革命"，首先在北京大学，接着在全国范围内广泛开展起来。6月4日，中共中央改组北京市委的决定在《人民日报》上发表。新市委宣布改组北京大学党委，撤销陆平、彭珮云的职务，并派出工作组领导北京大学"文化大革命"。这在全国又一次引起剧烈的震动，产生了广泛而长时间的影响。只是谁也没有料到，派工作组一事后来又遭到毛泽东的强烈谴责。

北京大学实际上从5月底已开始"停课闹革命"。大多数参加农村"社教"的师生于6月初回校,他们看到的燕园已经面目全非。哲学系教授张岱年一回到学校,看到在东南门旁贴了一幅大标语:"资产阶级教授靠边站!"[1]哲学系的教授被分成两组,一组是问题严重的冯友兰、张岱年、洪谦、熊伟、沈履、周先庚、周辅成、黄枬森、朱伯崑、吴天敏等,没有问题的有郑昕、王宪钧、任华、宗白华、黄子通等,实际上宗白华、黄子通没过多久也被揪出来,成了有严重问题的人。很快以冯定、王庆淑为首的教师成了所谓"黑帮分子",他们每天到一院去扫地、拔草,并准备随时接受群众的批判。

东语系的名教授没有哲学系那么多,在全国名气大的是一级教授季羡林,二级教授马坚、金克木,其他知名者是刘麟瑞、徐祖正、刘振瀛、陈信德等。这些学者中首先被揪出来的是陈信德、马坚。陈信德被怀疑为日本特务,他因此而被抄家,抄家时抄出一面"太阳旗",更证明了陈信德的"特务身份",自此陈信德这个日语权威在肉体上、精神上遭受了长期的折磨。马坚被揪斗的起因是由于邬裕池,邬裕池留校任教后于1965年去埃及开罗大学进修阿拉伯语言文学。1966年初,邬裕池用阿拉伯文写了一封私人信件给马坚,谈他到达开罗以后在大学进修的感受,当然也感谢恩师马坚的辛勤栽培和教育,表示要好好利用宝贵的进修机会,取得优异的成绩,决不辜负恩师的殷切期望。在一次阿拉伯语教研室的业务会上,马坚说到他不久前收到邬裕池从开罗寄来的一封信,是用阿拉伯文写成的,文字很好,出国后他的阿拉伯语水平提高很快,希望教研室的老师们向他学习。作为教研室主任的马坚,在教研室内鼓励青年教师积极上进,钻研业务,本是无可厚非的,这表现出老一辈学者对青年一代的厚望。说者无意,听者有心,"文革"一起,这封信便被当成马坚引导青年只专不红、培养资产阶级接班人的真实"罪证"。"文革"的目标非常明确,一是揪出走资本主义道路的当权派,陆平作为代表已被揪出来,打倒在地了;另一个是揪出反动学术权威,东语系的学术权威主要是一、二级教授,但他们谁是反动学术权威,谁是一般学术权威,师生们并不了解,有人贴出大字报把邬裕池的信一公布,师生们的眼睛"亮"了,看清了东语系的反动学术权威原来就是马坚!

马坚作为"革命对象"的身份一旦被确立,便被当做埋藏很深的资产阶级代表人物横遭批判。北京大学校内各系普遍出现了乱批乱斗干部和老教授的现象,北京新市委派出的以张承先为首的工作组,力求对此有所控制,但已经无济于事,终于酿成了6月18日四处抓人,乱打乱斗的"六一八"事件。在哲学系学生所住的38号楼的东门楼梯台阶上,设立了"斗鬼台",包括冯友兰等在内的一大批学术权威,均在被揪斗的行列中。一天之内数十名干部和教师被"革命小将"戴上高帽子,脸上涂上墨汁,被罚跪、揪头发、撕衣服,被拳打脚踢强行游街"示众"。他们的人格遭到野蛮的污辱,神经衰弱的人已不堪忍受这种污辱。只有一些修养到"真人"境界的哲学家,如冯友兰白天挨完了揪斗,晚上回到家里,却念开了《庄子·逍遥游》:

> 北冥有鱼,其名为鲲。鲲之大,不知其几千里也。化而为鸟,其名为鹏。鹏之背,不知其几千里也;怒而飞,其翼若垂天之云。《谐》之言曰:"鹏之徙于南冥也,水击三千里,抟扶摇而上者九万里……"蜩与学鸠笑之曰:"我决起而飞,抢榆枋而止,时则不至而控于地而已矣,奚以之九万里而南为?"

晚年冯友兰

冯友兰从《逍遥游》里悟出:你揪斗我的人,无非是鲲鹏展翅九万里;我挨斗,则是抢榆枋而止的蜩与学鸠。你们斗我是一种自由,我挨斗也是一种自由。确实,面对这样残酷的现实,不达到一种"真人"境界,实在是很难熬过去的。

以张承先为首的工作组,对这种非人性的批斗赶到现场加以制止,但已经无能为力。张承先向全校发表广播讲话,说避开工作组乱批乱斗的做法是有害于革命的行动,他把这次事件定性为"六一八"反革命事件,说这是一场复杂的阶级斗争,要求同学们擦亮眼睛,不要上坏人的当。

刘少奇代表中共中央,认为"北大工作组处理乱斗现象的办法,是正确的、及时的。各单位如发生这种现象,都可以参照北大的办法处理"[2]。全国仿照执行之后,乱批乱斗现象得到一定程度的控制,但"运动"也就不像初期那样轰轰烈烈了。1966年7月下旬,毛泽东听信陈伯达、江青、康生等人的汇报,说工作组起坏作用,阻碍运动,一不会批,二不会改,要统统驱逐之。刘少奇等人成为明显的资产阶级反动路线的总后台,而所谓"群众运动",不再有任何条条框框限制。根据林彪的理论,群众运动不管采取什么措施,天然都是合理的。这样,工作组时期尚有的法制因素,便荡然无存了。北京大学的工作组灰溜溜地被赶走,聂元梓成为校革委会主任,掌握了领导大权。这时,北京大学极力推行极"左"路线,实行"上揪下扫"的政策,领导干部是"黑帮分子",要"上揪";老教师是"反动学术权威",要"下扫"。揪斗、游街、劳改、关押、殴打、抄家、"坐飞机"、挂牌子、戴高帽子,以及私设公堂、刑讯逼供等非法手段,都无所不用其极,干部、教师受到疯狂迫害。

有一天哲学系教师们正在开会学习,忽然一支由学生和青年教师组成的队伍,气势汹汹地大踏步走进来,大喝一声:"你们全给我站起来!竖起你们的狗耳朵,听我讲话!我们是红卫兵,任务是革你们的命。"[3]

真是无独有偶,东语系马坚也首当其冲,受到猛烈的冲击:

> 他两次被抄家。第一次,马坚没有思想准备,正在书房里埋头翻译《阿拉伯通史》一书,他看到进来一些学生,还以为他们是来问功课的,就很客气地请他们坐下。当他们大喝一声,勒令他交出"黑材料",交代"黑关系"时,才知道事情严重了,但他临危不惧,反而很冷静。他讲他没有"黑材料",只有些学术著作和参考书,都在书架上;也没有"黑关系",与党和国家领导人的关系都是公开的,摆在桌面上,挂在墙壁上,谁都看得见的。作为"战利品",他们抄走了一批翻译手稿、资料和银行存折。他们看到存折上存款很少,很快就还回来,部分手稿和资料一直到运动后期才归还。但是,《悬诗》和《阿拉伯文学史纲》的部分译稿,以及第一届全国政治协商会议文件汇编和纪念册(包括许多珍贵的资料和图片),已无法追回。抄家之后,就是挂着"反动学术权威"的牌子游斗,接着是大大小小的批斗会,有系一级、室一级的批斗会,甚至一个班级、一个宿舍也召开批斗会。[4]

北京大学作为堂堂的全国最高学府,本应是最文明、最讲道德、最讲礼义廉耻的文化圣地,但"文革"一来,斯文全部丧失,野蛮代替了文明,粗暴代替了善良,流氓作风代替了书卷气,残酷无情代替了人道主义。这一切,使那些当时年幼无知只知盲从的学生们,每每想起,就会汗毛直竖,一想起自己做过的一些亏心事,脸上会一阵阵发红。

季羡林从6月4日回校后,经过一段时间的观察,知道这次运动的重点是批资产阶级当权派和"资产阶级学术权威"。没想到知识分子的春天刚来到不久就逝去,春天再也不可能永恒了。这次"运动"又是对准知识分子的,这是再明显不过的了,自己自然也在被批之列。他当时虽然不敢以"学术权威"自命,但是,说自己是资产阶级,他确实心悦诚服,毫无怨言。因为有了充分的思想准备,尽管运动来势迅猛,但他并没有费多大力气就通过了。就在这样的时候,奇怪的逻辑出现了,不知道是哪一个"天才",实际上应该说是绝大的蠢材,发明了这种逻辑:只要是"春"字,代表的肯定就是资本主义。季羡林写过《春满燕园》的著名散文,就被非常合乎"逻辑"地上纲上线为资本主义的毒草。

> 春天是万物萌生的时期,喜欢而且歌颂春天是人类正常的感情,现在却视"春天"为蛇蝎,可见这一场"革命"违背人情,扰乱天理到了什么程度!谁要是歌颂春天,谁就是歌颂资本主义。谁要是希望春光常在,谁就是想搞资本主义复辟。我不但歌颂了春天,而且还要"春满燕园",还要春光永在,这简直是大逆不道,胆大包天,胡作非为,十恶不赦。[5]

东方学人
季羡林

季羡林从南口北京大学"社教"基地回到学校以后,平静的日子很快就过去了。有一天季羡林去看大字报,他突然看到一张批判他的大字报。这是矛头针对他的第一张大字报,但是内容却是意想不到的,就是批判他歌颂春天的散文《春满燕园》的。季羡林至今仍感到不寒而栗!

> 我当时的政治觉悟是非常低的,我是拥护"文化大革命"的,即使是这样,当我看到这一份大字报的时候,我心里真是觉得十分别扭,仿佛吃了一肚子苍蝇似的,直想作呕。为什么最美好的季节春天竟成了资本主义的象征呢?我那一篇短文的"罪状"还不仅仅是这一点。我里面提到学生的晨读。在"英雄们"的词汇中,这叫做"业务挂帅"、"智育第一",这是地地道道的"修正主义"。这也完全不能理解,学校之所以要开办,就是让人们来念书,来研究,在学校里为什么一提倡念书就成了修正主义呢?我站在那里看大字报,百思不得其解,不由得"哼"了一声。然而就是这发生在十分之一秒钟内的一"哼",也没有逃过"革命小将"的注意,他们给我记下了一笔账,把这一"哼"转变为继续批判我的弹药。[6]

年幼无知的"革命小将"们,受到"庙小神灵大,池浅王八多"指示的影响,他们把几千年来形成的尊师重道的优良传统一扫而光,开始向自己的恩师们开刀了。恩师们一个个或者成为反动学术权威,或者成为"黑帮分子"。季羡林是双重身份,既是"反动学术权威",又是党员系主任,属于"走资本主义道路当权派"的范畴,这就使他毫无疑义地成为"黑帮分子",在数目不小的北京大学"黑帮分子"中,虽然属于年轻的但分量却是重的。到这时,季羡林才真正意识到自己处境的危险性,真正感到情形不妙。但季羡林如果能沉住气,稳住步子,还是有可能"蒙混过关"的。他偏偏有着山东人的耿直性格,有不平他就想鸣,而这是很危险的,在无法无天的日子里,这意味着什么,会遭到什么样的迫害,是他始料不及的,也是他怎样估计都不会想到的。

聂元梓等人篡夺了北京大学的领导权后不久,北京大学的"群众组织"分裂成两大派,与整个北京市的"群众组织"相对应,一个是"天派",一个是"地派"。天派是"新北大公社",地派是"井冈山"。从整个运动过程来看,两个组织都搞打、砸、抢,都乱抓无辜,这两个组织是真正的难兄难弟,枣木球一对,无法评论其是非优劣。但他们又互相指责对方为"保守派",两派之间互相攻击,斗争逐步升级。从当时的具体情况看,"新北大公社"的头头是聂元梓,人们给她起了一个臭名昭著的外号:"老佛爷",隐喻她手段之毒辣可与慈禧太后相媲美。她本是1938年入党的老干部,1964年来到北京大学工作,"社教"运动中就与陆平作对,但结局落得很惨,"文革"中她有了权力,又打出江青的旗号,横行霸道,炙手可热。她掌握了全校的行政、财政大权,迫害异己,一手遮天。在"社教"运动中,季羡林就与聂元梓打过交道,深知此人不学无术,却又心狠手辣。在工作组没被赶跑之前,季羡林是被划在"临界线"上的,属于人民内部矛盾。工作组被赶跑以后,他本也是可以逍遥自在下去的。但他是一个颇爱打抱不平的人,虽然做不到"路见不平,拔刀相助"的程度,有时候也抑制不住自己,这难免惹点小乱子。对这位"老佛爷"的所作所为,他觉得不符合"毛主席的革命路线"。其实他也并不真知道什么是"毛主席的革命路线",他只觉得聂元梓对群众的态度不对头,便有点"蠢蠢欲动"了。[7]

真是事有凑巧,一个偶然的机遇出现了。有一件事出乎季羡林意料之外,又似乎是在意料之内,那就是物理学家周培源挺身而出,与"老佛爷"作对了。季羡林在这之前对周培源并无太多了解,只不过从他的言谈举止中,从别人对他的评论中,季羡林渐渐发现周培源是一个很有个性、很有骨气、很有正义感,能明辨大是大非的人,一个一身正气两袖清风的人。为了与"老佛爷"作对,周培源干脆参加了聂元梓的对立面"井冈山",并成为其领导成员。一次,两大派在大饭厅中举行公开辩论,两派头头都坐在主席台上。周培源也俨然坐在那里,而且还发了言。他岁数最大,地位最高,以一个白发盈巅的老人,同一群后生坐在一起,颇有点滑稽相,但在季羡林心里却充满了敬意。

就在这样的气氛下,季羡林也上了"牛劲",虽然他属"猪"不属"牛",却有了"牛脾气"。他经过长期反复的考虑与观察,抱住"粉身碎骨在所不辞"的决心,"自己跳了出来",也参加了那个反"老佛爷"的组织。东语系的两派分别是"新北大公社红九团"和"井冈山兵团红九纵",这是因为东语系在北京大学的排列序号是"九",便有了"九团"、"九纵"之名。这一来不打紧,他一下子成了"老佛爷"的眼中钉、肉中刺。这真是自投罗网。

这之后季羡林的处境越来越危险了,他多次被揪斗,受到了各种各样的人身污辱和攻击。1966年仲夏一个十分炎热的下午,季羡林开始被游斗。

那时,"黑帮分子"和牛鬼蛇神们都蹲在烈日下拔草,随时准备接受群众的质询和批斗。我作为一个摘帽右派,被认为是没有多大"政治油水"的死老虎,因而被编入"一类劳改队",在北大附小抬土。那天收工后,我从东门进来,走到湖畔水塔边,正好迎面撞上一群红卫兵敲锣打鼓,喊着口号,押着两个"黑帮分子"游街,走在后面的是周一良教授,走在前面的就是先生!他们俩人都是胸前挂着"牌子",背上扣着一口食堂煮饭用的中号生铁锅,用细绳子套在脖子上,勒出深深的血印。红卫兵们推推搡搡,高呼着"庙小神灵大,池浅王八多"的最高指示,这是最高统帅对北京大学所作的结论。一些著名的科学家和学者,其实与政治并无牵连,仅仅因为他们有影响,就被当做"王八"或"神灵"揪了出来,那背上的黑锅就是"王八"的象征。先生吃力地向前走着,一缕血红的残阳斜抹在他汗漾漾的脸上。我陡然与先生的目光相遇,那是怎样一双眼睛啊!依然清澈,依然明亮,没有仇恨,没有恐惧,只有无边无际的仁爱和悲悯,凝视着那些虐待他的、无知的年轻人!此情此景和先生的眼神深深铭刻在我心里,时时警醒我以更宽厚更仁爱的襟怀处事待人。[8]

与季羡林不同,东语系的另一个学术权威马坚,则被两派竞相批斗。在各种各样的批斗会上,马坚有时是主要被斗者,有时是"陪斗者"。马坚对这些批斗和形形色色的恶作剧,既很认真又很不认真。对无理指控和不实之词,他必据理力争、严加驳斥,决不委屈迁就,苟且偷安地胡乱招认了事。有人指责他反党、反毛泽东。他驳斥说,我拥护共产党,拥护毛主席,我写的文章就是证明,毛主席还说过我们合作得很好,你们为什么要给这种合作抹黑呢?这是无可辩驳的事实,马坚说出这些使指责他的人无言可答。[9]对诸如此类的政治问题,马坚极为认真;而对他"业务第一"的指责,他则不那么认真。事实是不管认真还是不认真,只要被确定为"黑帮分子"和"反动学术权威",那就无论如何也难逃其咎的。

季羡林跳出来反对"老佛爷"聂元梓的动机,是既简单又复杂的。

在《春满燕园》被批判之后,气氛稍微平静下来。他越过第一阵强烈的风暴,问题算是定性了。他因此而逍遥了一阵子,日子过得满惬意。如果他能继续逍遥下去,太大的风险就不会再有了。这时的季羡林,觉得当时自己无异于过了昭关的伍子胥。春秋时吴国大夫伍子胥,与太子建之子胜奔吴,到达昭关之时,关吏想抓他。伍子胥遂与胜独身步走,几不得脱,追者在后。到了江边,有一渔父乘船,知伍子胥之危急,乃渡伍子胥过江。过了江,伍子胥解下自己的佩剑作为对救命之恩的答谢。渔父说:楚国有法令,得伍子胥者赐粟五万石,爵执硅,岂徒百金剑邪!渔父不肯受剑。过了昭关的伍子胥,显然可以平安无事了。

事情并没有那么简单。

季羡林本是个胆小怕事的人,这是常态。而有时候,他的胆子又特别大,在他的一生中,这样的情况也不少见,住在东厂的特务机关杀人之处就是属于这种情况,这是"变态"。他本人认为,如果说自己有什么价值的话,价值往往就表现在"变态"上。

"文革"中分派之后,季羡林恰恰是"变态"起了作用。他看到"老佛爷"仗着后台江青能通天,便为所欲为,无法无天,校园里残暴野蛮的事情越来越多,抄家、批斗、打人、骂人、脖子上挂大木牌子,头上戴高帽子,任意污辱人,放胆造谣言,以致发展到用长矛杀人,不用说这不是什么人性,甚至连兽性也没有了。季羡林便认为这不符合群众路线,不符合毛主席的"革命路线"。同时,季羡林也自信自己头上没有辫子,屁股上没有尾巴:既没有参加过国民党或任何反动组织,又没有干反人民的事情。因此,他就怀着冒险、侥幸还有点自信的心情,发了牛脾气,自己跳出来,挺身而出反对那位"老佛爷",仗义执言了。他自己跳了出来。

季羡林是全国著名的学者,而且在整个北京大学都有影响,他起来在"太岁"头上动土,自然会影响一大片人。"老佛爷"对他恨之入骨,必欲置之死地而后快。

> 我被抄家,被批斗,被打得头破血流,鼻青脸肿。我并不是那种豁达大度什么都不在乎的人。我一时被斗得晕头转向,下定决心,自己结束自己的性命。[10]

自由的价值要高于生命和爱情。一旦自由失去人便会痛不欲生,老舍的去世便是明证。那是1966年8月,红卫兵们受个人崇拜思潮的影响和支配,他们中的很多人,除了极少数极端分子和野心家以外,都真心拥护共产党和社会主义,他们真以为党和国家面临着巨大的危险,面临着修正主义复辟迫在眉睫的危险,便响应号召挺身而出,在破"四旧"的旗帜之下,焚书、抄家、改街名、横冲直撞,不可一世。如当年冰心所起名的"临湖轩"被改为"反帝院","南阁"被改为"五二五楼",因为第一张大字报是5月25日在这里写成的,当时是哲学系办公室。北京的其他地名也被改得一塌糊涂,人名也都被改成与革命相符合的,什么丹、红、革,都被用成名字,还有改为"胡乱闯"的。破"四旧"在8月23日达到顶峰,那一天,在北京文庙召开了一次破"四旧"大会。

> 北京的8月演出了一出"打全堂"。
>
> 这一天在国子监——孔庙的大院中,戏衣、头面、凤冠、玉带、朝靴等演戏的服装、道具堆成了一座大山,点起大火,烧红了天。所谓走资派、学术权威等围着火跪了一圈。红卫兵也排成一排。抡起皮带打这些"罪人",鲜血淋淋,惨不忍睹。这些手无寸铁,只能跪着挨打的人,有的已被打昏过去,倒在地上。这其中就有老舍先生。我从1949年就认识了先生,他是我们的国宝,文学艺术的天才,为人又这么善良、忠厚、行侠仗义……他有什么罪呢?先生就在这次"打全堂"的第二天含恨死去。怎么死的,都没人知道。[11]

人们都知道,老舍是跳进太平湖中溺死的。他不堪忍受自己的人格所受的污辱,他也许想到了两千多年前,屈原自沉于汨罗江。屈原想到的是蝉翼为重、千钧为轻、黄钟毁弃、瓦釜雷鸣那种是非颠倒,黑白不分的现实,因此他决心世人皆浊我独清,众人皆醉我独醒,以己身之一死来与浊世抗争。老舍在去世以前,也许有与屈原同样的心态。

对这样一位自己十分尊敬的人民艺术家,季羡林没有想到他的死竟是这样悲惨。他感慨道:

> 中国有一句俗话:"好死不如赖活着。"这一句话道出了一个真理。一个人除非万不得已决不会自己抛掉自己的生命。印度梵文中"死"这个动词,变化形式同被动态一样。我一直觉得非常有趣,非常有意思。印度古代语法学家深通人情,才创造出这样一个形式。死几乎都是被动的。有几个人主动地去死呢?老舍先生走上自沉这一条道路,必有其不得已之处。有人说,人在临死前总会想到许多许多东西的,他会想到自己的一生的。可惜我还没有这个经验,只能在这里胡思乱想。当老舍先生踯躅在湖水岸边决心自沉时,眼望湖水茫茫,心里悲愤填膺,唤天天不应,唤地地不答,悠悠天地,仿佛只剩下自己孤身一人,他会想到自己的一生吧!这一生是

忠诚于祖国、忠诚于人民的一生,然而到头来却落到这等地步。为什么呢?究竟是为什么呢?如果自己留在美国不回来,著书立说,优游自在,洋房、汽车、声名、禄利,无一缺少,舒舒服服地过一辈子,说不定能寿登耄耋,富埒王侯。他不是为了热爱自己的祖国母亲,才毅然历尽艰辛回来的吗?是今天祖国母亲无法庇护自己那远方归来的游子了呢,还是不愿意庇护了呢?我猜想,老舍先生决不会埋怨自己的祖国母亲,祖国母亲永远是可爱的,在任何情况下都是可爱的。他也决不会后悔回来的。但是,他确实有一些问题难以理解,他只有横下一条心,一死了之。这样的问题,我们今天又有谁能够理解呢?我想,老舍先生还会想到自己院子里种的柿子树和菊花。他当然也会想到自己的亲人,想到自己的朋友。所有这一切都是十分美好可爱的。对于这一切难道他就一点也不留恋吗?决不会的,决不会的。但是,有一种东西梗在他的心中,像大毒蛇缠住了他,他只能纵身一跳,投入波心,让弥漫的湖水给自己带来解脱了。[12]

老舍

其实，与其说老舍的死是为自己带来解脱，倒不如说是为了留得自己的清白在人间。所以老舍之死，真正体现了泰戈尔所说的"使生如夏花之绚烂，死如秋叶之静美"。[13] 可惜，老舍先生的死，没能引起全社会理性的回归。季羡林当时死的决心既下，心情反而显得异常平静，简直平静得有点可怕。他把历年积攒下来的安眠药都装在口袋里，最后看了与他共患难的婶母和老伴一眼，算是与她们告别。他正要准备出门跳过后墙逃走去死，大门上突然间响起了雷鸣般的撞门声，原来是"新北大公社"的红卫兵来押解他，让他去大饭厅接受批斗。没能逃出去，他被带到大饭厅批斗。这可真是千钧一发的时刻！这一场批斗进行得十分野蛮，他被打得遍体鳞伤，躺在地上站不起来。然而他一下子得到了"顿悟"：原来一个人忍受打击和折磨的能力，是没有极限的。他下定决心，可以而且能够忍受下去，不死了，要活下去！

季羡林活下来了，只是在"牛棚"里，他度过了漫长的八个月时间，经受了肉体上、精神上无休无尽的残酷折磨。没有别的办法，每一次折磨他都得咬着牙挺住。

东方学人 季羡林

2. 八个月的"牛棚"

由于反对"老佛爷"，季羡林的罪名更多了。所有的"文革"中使用的帽子，几乎都给他戴上了。"老佛爷"甚至大发雌威，两次派人到季羡林的老家官庄去调查，一心一意要把他打成"地主"。老家的乡亲们真实地告诉那几个被派去调查的"革命小将"，说如果开诉苦大会，季羡林应该是官庄的第一名诉苦者，他连贫农都不够。[14] 但这也免不了给他戴上其他帽子，他的罪名多如牛毛，但其中两条罪名：一是宣传资本主义复辟，二是业务挂帅。以后，哪一次批斗都缺不了这两条罪名。

"牛棚"设在外文楼后边，那里有几排平房教室，大规模批斗以后，这里成为那些问题比较严重的人接受劳动改造的住处，总称为"劳改大院"，也称为"牛棚"。一批红卫兵被安排在这里做"监改人员"，对问题严重的人，进行隔离审查，老教授们偷偷地把他们叫做"牢头禁子"。有一天，"牢头禁子"下令，不让季羡林出去参加劳动，让他在"牛棚"里等候批斗，但不是主角，而是"陪斗"。这是一种十分残酷的刑罚，类似于封建社会的"陪绑"。季羡林已经被批斗多次了，他几乎成了"老手"，什么喊口号，喊"打倒"，喊"拥护"，发言批判，以致满嘴捏造罪名，他都能够习以为常，听之不闻，置若罔闻，但对于肉体上的折磨，坐"喷气式"挨耳光，拳打脚踢，有时竟会被打得鼻青脸肿，也有往脸上吐唾沫而不能动弹的人格污辱，一想到这些，他心里真有点不寒而栗。因此，当"牢头禁子"带着满嘴的"国骂"向他下达命令之时，他的心里真正有点哆嗦了。但他毫无办法，在失去理智的年代里，他已失去一切自由，连活着的自由都失去了。他只有低头应命，如坐针毡似的等在"牛棚"里。那种坐以待毙的滋味，实在不足为外人道也。季羡林一直等到中午，始终也没有人来押解。稍后他才从同棚别的"难友"那里得知，原来"老佛爷"在头天夜里去抄家，对象是周培源。周培源是中共中央明令要保护的人，但他们也胆敢违抗去抄家，而且还准备把他作为主要斗争对象。没想到，有人事先透露了风声，周培源得到消息便躲起来了，没有被他们揪住。本来，"老佛爷"知道季羡林与周培源关系比较密切，都是"井冈山"的"高参"，所以准备让季羡林陪斗。没想到周培源躲起来，所以从早晨等到中午，没有人去"押解"季羡林。听了这个消息，季羡林心里真有点后怕。如果周培源真被"揪"出来，批斗起来声势之猛烈，是大概可以想见的。下午，季羡林被"押解"着参加劳动。他看到地上、墙上写满了"打倒猪配猿"一类完全是人格污辱的口号，"老佛爷"们对周培源恨得咬牙切齿之状，明显可见。只是最高学府里莘莘学子在"文革"中堕落到如此地步，真让人寒心。

"老佛爷"不敢公开把周培源送进"牛棚"，其他大量的学术权威都遭到与季羡林同样的命运，他们与季羡林成为"棚友"。在"棚友"中，有季羡林的老师一辈，如朱光潜。朱光潜先进了"牛棚"，季羡林则是自己"跳"进去的。与朱光潜同住一个"棚"内，有一件小事是季羡林永远也忘不了的。

朱光潜锻炼身体有一套方法，大概是中西均备，佛道沟通，有些动作是他自己琢磨出来的。让季羡林佩服的是，在那样阴森森的生活环境中，他居然还在锻炼身体。季羡林对此实在非常吃惊，而且也为他捏着一把汗。晚上或是早晨，朱光潜都在锻炼。晚上季羡林睡下了，发现朱光潜在被窝里折腾，不知道在搞一些什么名堂的锻炼。早晨，朱光潜经常偷偷跑到"劳改大院"的一个角落，去打太极拳一类的东西。久而久之，有一次被"监改人员"发现了，他被狠狠地批了一通。因为在这些"牢头禁子"看来，"黑帮分子"锻炼身体是罪大恶极的，是表示要和社会主义干到底的，所以严禁他们锻炼身体。从这样一件微不足道的小事中，季羡林看到它的意义是并不小的。他看到朱光潜对自己的前途没有绝望，对自己的事业也没有绝望，执著于生命，坚决要活下去。否则的话，朱光潜他完全可以像一些别的难兄难弟一样，破罐子破摔。从这里，季羡林找到了思想上的差距，觉得自己当时的态度实在比不上朱光潜。他把朱光潜求生的精神,暗暗地记在心中。

"棚友"中也有年龄比季羡林小的,如比他小13岁的张学书。他们是邻居,同住在13公寓一个单元里,张学书住在二层。进了"牛棚",他们又成了"棚友"。这一段历史,后来还被季羡林提起过,不过轻松多了。那是季羡林当了中国东方文化研究会会长之后,张学书协助他做些具体的日常工作。有一次他们在一起和客人吃饭,闲谈中张学书向客人介绍,说他和季羡林是邻居。季羡林风趣地说:"不只是邻居,还是'棚友'。"张学书把"棚友"听成了"朋友",连忙说:"季老长我13岁,是前辈。"季羡林解释说:"是木字旁的'棚',我们一块儿住过'牛棚'。"张学书经季羡林这一提醒,回想起自己与他在劫难逃,被当成"牛鬼蛇神"关在"牛棚"里的那一段岁月,感慨良多。[15]

冯友兰当时因为年老体弱,不住"牛棚",而是住在外文楼,与"牛棚"为邻,因此也稍微知道了"牛棚"中的一点情况:

东方学人

季羡林

住在"牛棚"中的人就是参加了劳改队,我们在外文楼的人往往看见他们出工去劳动,个个都是神情沮丧,气象愁惨,排着队慢慢地走向工地。我们住在楼里面的人也有劳动,不过劳动只限于扫外文楼和办公楼外边的马路。扫完了马路就进去学习,学习的主要内容是背语录和老三篇,或者写材料,写关于自己的材料,或是别的单位来外调的材料。在外文楼附近有一个食堂,每到开饭的时候,食堂的人就推着饭菜到劳改大队去卖饭。我们这边的监改人员,隔窗户看见饭车来了,就叫我们在毛主席像前站队,每个人都对着毛主席的像报告自己的名字和当时的政治"帽子",然后排着队走出来,绕道进入劳改大院,吃完饭再回来。有一次,在站队报名的时候,有一位老年的老资格的心理学家,报了名字以后说:"我是一个有问题的人。"监改人员大怒,说:"什么问题?要说清楚!"这位老科学家说:"我也不知道我是什么问题。也没有人告诉我我是什么问题,只是有人对我说你也是有问题的人,就叫我到这里来了。"他说的倒是实在情况,监改人员就不再问了。[16]

"文革"中指鹿为马、颠倒黑白本来司空见惯。严重的是,"劳改大院"中被管制的人,人性被严重扭曲了,有的人精神失常,连笑也失掉了。季羡林听说,只有人是会笑的。他自己活在这个大地上几十年,曾经笑过无数次,自然也看到别人笑过无数次。他从来没有琢磨过人会不会笑的问题,这就好像太阳天天从东方出来,人天天必须吃饭一样,是一些极其自然的、明明白白的、尽人皆知的、用不着探讨的现象,不需再动脑筋去关心了。后来,他又听说,人是能失掉笑的。对此,他以前没有探讨过,没有发现有探讨的必要。因为他从来还没有遇到过失掉笑的人,没有想到过会有失掉笑的人,好像没有遇到过鬼或者阴司地狱,没有想到过有鬼或者有阴司地狱那样。

季羡林后来确实遇到过失掉笑的人,自己也成为失掉笑的人。

失掉笑的这个人,是在北京大学工作的一位参加革命几十年的老干部。这位老干部虽然资格老,但从来不摆架子。季羡林自己曾有"原罪"感,而对老干部则怀着一种说不出的、极其深厚的、出自内心的感激与敬佩之情。他把他们当做自己的镜子,用来照见自己的不足,激励自己进步。因此,对这位没有架子的老干部,季羡林很愿意接近,愿意同他谈谈自己的思想。有时候,甚至是海阔天空,上下古今,文学艺术,哲学宗教,无所不谈。老干部给他留下了非常深刻的印象,特别是在闲谈时的笑声,更使季羡林永生难忘。在季羡林看来,这不是会心的微笑,而是发自肺腑的爽朗的笑。这笑声悠扬而清脆,温和而热情,它好像有极大的感染力。一听到它,顿觉满室生春,连一桌一椅也仿佛充满了生气,一草一木也仿佛洋溢出活力。有时候,他甚至觉得这笑声冲破了高楼大厦,冲破了房屋的门窗,到处飘流回荡,响彻了整个燕园。

但是,那个时候,季羡林在听到这笑声的时候,并没有觉得它是怎样的难能可贵,怎样的不可缺少,而是把它看作日光、空气一样,抬眼就可以看到,张嘴就可以吸入;又把它看作春天的和风、秋日的细雨,只要有春天,有秋天,也就自然而然地可以得到。中国古诗说的"司空见惯浑闲事",他一下子变成古时候的司空了。他后来发现这个爱笑的人忽然失掉了笑,这才意识到笑竟是这样宝贵的、值得珍视的一种东西。这是"文革"中摧残人性的典型一例:

> 天空里突然堆起了乌云,跟着来的是一场暴风骤雨。这一场暴风骤雨真是来得迅猛异常。不但我们自己没有经受过,而且也没有听说别人曾经经受过。我们都仿佛当头挨了一棒,直打得天旋地转,昏头昏脑。有一个时期,我们都失去了行动的自由,在一个阴森可怕的恐怕要超过"白公馆"和"渣滓洞"的地方住了一些时候。以后虽然恢复了自由,然而每个人的脑袋上还戴着一大堆莫须有的帽子,天天过着如临深渊如履薄冰的日子,谨小慎微,瞻前顾后,唯恐言行有什么"越轨"之处,随时提防意外飞来的横祸。我们的处境真比旧社会的童养媳还要困难。我们每个人脑海里都有成百个问号,成千个疑团;然而问天天不语,问地地不应。我们只有沉默寡言,成为不折不扣的行尸走肉了。[17]

就是在这样的非常时期,季羡林有几次在路上遇到过这位老干部。

季羡林看到他从远处走过来,垂目低头,步履蹒跚。季羡林看惯了的他那矫健的步伐、轻捷的行态,已经消逝得无影无踪了。有时候,季羡林下意识地迎上前去,想要说点什么,但一到了跟前,最多彼此相视一下,他立刻又低下头,别转开脸。他们已经到了彼此不敢讲话,不能讲话的地步了。季羡林这时心里只觉得一阵凄凉,眼泪立刻夺眶而出。后来,季羡林又在校医院门前遇到他。这一次,他不是孤身一人,而是有一位老年妇女扶着他。这是一种什么样的情景啊!他的身体似乎更不行了,路好像都走不动,腿好像都迈不开,脚好像都抬不起,颤巍巍的好不容易地向前挪动,费好大劲才挪进校医院大门。看样子,他已患了病。

东方学人 季羡林

季羡林一时冲动,很想鼓足勇气上前去探问一声,然而他不敢。挨斗时那暴风骤雨般的情景猛然展现在他眼前,他那一点余勇,这时变成了微弱的爝火,经雨一打,立刻就熄灭了。他不知道再有那样一次暴风骤雨,自己是否还能经受得住。想到这里,他硬是压下了走过去探问的冲动,只是站在远处注视着他。季羡林虽然关心他的身体,但却无能为力,只能站在一旁看,全神贯注地注视着他,看他走进了校医院的大门,身影在里面直晃动,在挂号处停留了一会儿,又被搀扶到走廊里,身影完全消逝,大概是到哪一个门口等候大夫呼唤去了。等到他的身影消逝以后,季羡林猛然意识到,怎么他脸上竟然一点笑容都没有?他成了一个不会笑的人,他已经把笑失掉,当然更不用说那爽朗的笑声了。这时,季羡林心里才猛然一震,从前只知道笑是人的本能,现在却又知道人原来是连本能也会失掉的。他忽然觉得自己发现了一个这么残酷,又这么令人不寒而栗的道理。于是,他又联想到了自己,发现自己原来也是一个失掉笑的人。

我自己怎么样呢?他在这里又在另外一种意义上成了我的一面镜子。拿这面镜子一照:我同他原来是一模一样,我脸上也是一点笑容都没有,我也成了一个不会笑的人,我也把笑失掉了。如果自己不拿这面镜子来照一照,这情况我是不会知道的。因为没有一个人会告诉我,没有一个人敢告诉我。像我这样的人,当时是没有几个人肯同我说话的。如果有大胆的人敢同我说上几句话,我反而感到不自然,感到受宠若惊。不时飞来的轻蔑的一瞥,意外遇到的大声的申斥,我倒安之若素,倒觉得很自然。我当时就像白天的猫头鹰,只要能避开人,我一定避开;只要有小路,我决不走大路;只要有房后的野径,我连小路也不走。只要有熟人迎面走来,我远远地就垂下了头。我只恨地上没有洞,如果有的话,我一定会钻了进去,最好一辈子也不出来。在这样的情况下,一个人能笑得起来吗?让他把笑保留住不失掉能办得到吗？我也只能同那一位老干部一样变成了一个不会笑的人了。[18]

通过这样一段切身的经历，季羡林深深感觉到，一个人如果失掉了笑，那就意味着他同时也已经失掉了希望、失掉了生趣、失掉了一切。这样的一个人活在世界上，不管是在别人眼中还是在自己眼中，实际上已经成了一个多余的人，他不过是行尸走肉，留有一口气苟延残喘而已。什么清风，什么明月，什么春花，什么秋实，什么高山，什么流水，一切美好的事物，在别人眼中当然都是非常可爱的，但在他的眼中则是木然、呆板，什么快感也引不起来。这样，他在这个世界上，就如浮云，如幻影；这个世界对他来说，也如浮云，如幻影。他自己也就变成一个幽灵，踽踽独行于遮天盖地的辽阔寂寞之中，成了一个路人、一个"过客"，在默默地等候着大限的来临。

3. 人的劫难

"文革"明显的是人失去理智的产物。人既然已经失去了理智，那就自然会做出各种各样的不合理的事情。仅打、砸、抢的活动，就不知毁坏多少文物，烧毁多少古书、字画，砸毁多少碑庙，由此而造成的损失是永远也无法弥补的。

北京大学的红卫兵被冯友兰说成是"到底是北大的红卫兵"，与街道上的红卫兵不一样。冯友兰说的是一次抄他家的行动，当时他在客厅里看见一个抄家的红卫兵拿着一张纸进来，似乎是发现了一个大秘密，拿着这张纸厉声问冯友兰："这是什么？"冯友兰一看，原来是一张斗方红纸，四周印着"万"字花边，是在别人家有喜事时在上边写上大字，钉在幛子上用的。他不知道是在什么地方找出来的，冯友兰给他们说明用途，他们又问为什么印上纳粹标志？冯友兰向他们解释说，"万"字起源于印度，传到欧洲，也传到中国，本来的意思是"吉祥"，形状是卐，就是这纸上印的。而纳粹的标志与中国的"万"字毫无关系。这位红卫兵扫兴而去，而冯友兰倒是很感谢这些红卫兵，因为他们还容他解释，还相信他解释，而他听说街道上的红卫兵遇见类似的情况就不由分说，先把当事人痛打一顿再说，所以冯友兰说他们"到底是北大的红卫兵"[19]。

其实，北京大学的红卫兵的野蛮行为也多得是，"水平"也不比别的地方的红卫兵差。用长矛刺死人、用皮带抽人的事也是发生过的。为此，北京大学的老教授们付出了昂贵的代价。具体到季羡林来说，他被折磨得相当严重：

我的确活下来了。然而,在刚离开"牛棚"的时候,我已经虽生犹死,我成了一个半白痴,到商店去买东西,不知道怎样说话。让我抬起头来走路,我觉得不习惯。耳边不再响起"妈的"、"混蛋"、"王八蛋"一类的词,我觉得奇怪。见了人,我是口欲张而嗫嚅,足欲行而趑趄。我几乎成了一具行尸走肉,我已经"异化"为"非人"。

我的确活下来了,然而一个念头老在咬我的心。我一向信奉的"士可杀,不可辱"的教条,怎么到了现在竟被我完全地抛到脑后了呢?我有勇气仗义执言,打抱不平,为什么竟没有勇气用自己的性命来抗议这种暴行呢?我有时甚至觉得,隐忍苟活是可耻的。然而,怪还不怪在我的后悔,而在于我在很长的时间内并没有把这件事同整个的"文化大革命"联系在一起。一直到1976年"四人帮"被打倒,我一直拥护七八年一次、一次七八年的"革命"。可见我的政治嗅觉是多么迟钝。[20]

季羡林在这场史无前例的大劫难中虽然活下来了,但那只是肉体上的生,至于精神上的生,尤其是精神上的自由,那是根本不存在的。

"文革"对知识分子的摧残不仅是肉体上的,也不仅是精神上的,还要包括生活上的。红卫兵掌权伊始,就对老教授们挣那么多工资感到惊讶,而且他们还听到一些传说,说是钱挣得越多就越吝啬。一些老教授到秦皇岛、北戴河去疗养,在火车上喝一杯一分钱的茶水,都是自己掏自己的腰包,谁也不愿意为别人多掏出一分钱。血气旺盛的青年人对此极不理解,也不知道"君子之交淡如水"的道理,他们每月只有十几元钱的助学金,还不时拿出一点个人从牙缝里省下来的积蓄,几个好朋友到海淀长征食堂凑一凑,吃上一顿开开斋。有了这样的心理反差,红卫兵们想戏弄戏弄老教授,于是恶作剧便不时地冲教授们而来。马坚就遭遇过这样的恶作剧。马坚的工资据说是每月288.8元,一次发工资时不知是哪一位想出的这个恶作剧,让发工资的人故意把这些钱统统兑换成一角一张的"角票",变成厚厚的一摞,数起来很费事,好看马坚的热闹,以此来取笑他。当马坚点钱时,有人就奚落他说,你每月拿这么多钱,干那么一点事,亏心不亏心?马坚便针锋相对地说:"这是人民给我的,如果人民政府批准,我可以给你一部分。"那人听了以后,气急败坏地说:"谁要你的臭钱!"马坚接着说:"这是人民币,你怎么能说是臭钱!"那人气得说不出话来,猛然站起来,冲出门外,"砰"一声把门关上,狠狠地走了。[21] 他自然没想到,老教授们的智商毕竟比他们要高得多。

掌权的红卫兵后来又想出了折磨老教授们的新招,就是降低他们的生活标准。红卫兵在宣布冯友兰罪状的同时,规定了对他的临时制裁,其中包括扣发他的工资,只按家中的人数每月每人发给生活费12元。当时冯友兰的子女都有自己的工作,家中只有他自己和妻子任叔明两人,每月就只发给他们24元。冯友兰问发工资的人:"还有房租和保姆的工资呢?"他们说:"你不必管了,由我们处理。"这样,冯家就只有每月24元的生活费,生活水平自然是相当低的。有一天,冯友兰从外边回来,一进门老伴对他说:"今天有好吃的。"冯友兰问:"有什么好吃的?"老伴说:"今天我上街,看见卖羊肉的,我买了1角5分钱的羊肉。"当时的羊肉大概9角钱1斤,1角5分钱能买1两多,吃这1两多肉,他们就感到是改善生活了。这样的生活标准,过了好几个月,后来才逐渐增加,先是每人每月24元,又增加到40多元,又增加到70多元。[22]

季羡林与夫人彭德华在一起

这样的待遇对季羡林自然也不例外,只是季羡林从小吃苦吃惯了,而且婶母、老伴,还时常想办法多变换一些花样。

> 老祖、德华她们,在每人每月只能得到恩赐十几元钱生活费的情况下,殚思竭虑,弄一点好吃的东西,希望能给我增加点营养;更重要的恐怕还是,希望能给我增添点生趣。婉如和延宗也尽可能地多回家来。我的小猫憨态可掬,偎依在我的身旁,她们不懂哲学,分不清两类不同性质的矛盾,人视我为异类,她们视我为好友,从来没有表态,要同我划清界限。所有这一切极其平常的琐事,都给我带来了无量的安慰。窗外尽管千里冰封,室内却是暖气融融。我觉得,在世态炎凉中,还有不炎凉者在,这一点暖气支撑着我,走过了人生最艰难的一段路,没有堕入深渊,一直到今天。[23]

这一批老教授们都是"国宝"一级的专家,在这异常的时期不仅肉体上受折磨,精神上也受摧残,在生活上还要受煎熬。但是,就是在这样的艰难情况下,他们也没有丧失对祖国的拳拳之心。我们的知识分子,确实是伟大的!

北京大学武斗最凶的时候是1968年,双方各种武器都用上了,最常见的是用自来水管焊成的长矛和用自行车带做成的大弹弓。在燕园中行走,不一定什么时候就会飞来一块用大弹弓射来的砖头。在那样的日子里,人人提心吊胆,武斗是相当严重的。

> 两派互不相让,派性越来越强,发展到武斗。我的院子里两扇大门也被拆走修筑工事去了。我的房子的背后有一座学生宿舍楼,不知是哪一派在楼顶上布置了阵地,居高临下,往下面打弹弓。我没有看见弹弓的样子,据我猜想,大概像我在意大利看见的那样的打石炮弹的弩弓,不过子弹比较小,只有胡桃那么大。这个阵地上的人,见有来往的人,就往下打弹子,往往有弹子落在我这院子里,有时打在玻璃上,把玻璃打得粉碎。若是打在人头上,伤势也不会轻了。我们这所房子住的几家,都在院子里做饭,做饭的时候都是提心吊胆的。
>
> 在两派对立、武斗的局面下,在北大的人,无论是有问题的,还是没有问题的,每天都好像是处在战斗之中。每天所听到的,都是两派互相叫骂的声音,从高音喇叭里喊出来,还有弹弓的声音参(掺)杂其间。[24]

为了制止派性的日益发展和武斗的不断升级,毛泽东发出指示,派工人、解放军毛泽东思想宣传队进驻高等院校,实现"革命的大联合",领导那里的斗、批、改。这时,四分五裂的北京大学总算又统一起来了,不过老教授们的灾难并没有结束。浩浩荡荡的首都工人、解放军毛泽东思想宣传队,开进了北京各高等院校。先是1968年7月27日进驻清华大学,1968年8月19日北京大学也有了驻校工人、解放军毛泽东思想宣传队。听说工宣队、军宣队要进驻北京大学,在1968年8月19日,师生们迎候欢迎,一直等到深夜。终于等到一个工厂的宣传队,师生们列队欢迎他们进了学校,师生们接着开会表示欢迎,老教授们也表示了对他们的欢迎。工宣队的队员马上板起脸孔训斥说:你们资产阶级教授,没有发言权。后来,工宣队天天开会,对知识分子进行再教育,老教授们不敢再说话。这又惹怒了他们,他们问老教授们:你们资产阶级教授们为什么不发言呀?老教授们被搞得不知如何是好,说了不行,不说也不行,简直是无所措手足。

季羡林被从"牛棚"放出来之后,有一段时间成了地地道道的"中间人物",他扫过厕所,掏过大粪,看过电话,守过门房,生活介于人与非人之间、革命与反革命之间、党员与非党员之间、人民与非人民之间。

> 我成了一个地地道道的"中间人物",这样的人物我还没有在任何文学作品中读到过(印度神话中的陀哩商古也只能算是有近似之处),他是我们"史无前例"的什么"革命"制造成的,是我们的"发明创造",对我们伟大的民族来说,是并不光彩的。这种滋味没有亲身尝过的是无论如何也不能理解的。[25]

工宣队进校以后,季羡林"中间人物"的状况是否改变了呢?是改变了,不过不是向好的方面改变,而是向坏的方面改变了。这要源于工宣队在清华大学炮制出来的经验。清华大学是最先派驻宣传队的高校,它名为宣传队,实为党政大权集于一身,而且集于一人之身,这个人就是中央八三四一警卫部队的宣传科副科长迟群。据说宣传队进入清华大学后经过半年的运动和实践,写出了一份《坚决贯彻执行对知识分子"再教育""给出路"的政策》的报告,这份报告点了"建筑学反动权威"梁思成、"机械学反动权威"刘仙洲、"力学反动权威"钱伟长的名,且让他们做反面教员,还点了站在"资产阶级反动立场上抵制毛主席的无产阶级革命路线"的汪家鼎、李卓宝等人。报告捏造事实说基础课教师赵静安,痛哭流涕地检查自己向往"三十成名,四十成家,五十威震天下"的资产阶级个人主义思想,而且深有感触地说:"修正主义路线毒害了我,毛主席的革命路线拯救了我,工人师傅教育了我,我要老老实实地接受再教育,彻底改变旧思想,做一个工农兵欢迎的知识分子。"工宣队进驻北京大学后,采取"残酷斗争,无情打击"的方针,立即造成全校性的"红色恐怖"。

为了"清理阶级队伍",全校抓了近千个"专案",将重点人物全部隔离审查。工宣队在全校范围内对他们进行"逼、供、信",使老教授们胆战心惊。北京大学副校长、著名历史学家翦伯赞因不堪忍受,和夫人双双吞食大量安眠药片在工宣队的"红色恐怖"下含冤而死。教职员中自杀者多人,几乎每隔几天就有自杀的消息传出。

1969年8月15日,全校召开宽严大会,工宣队成员在大会上宣读了《念念不忘阶级斗争 把清队工作进行到底》的落实政策宣传提纲,在大会上东语系陈信德被当成抗拒从严的典型,以"日本特务"和"现行反革命"的双重身份被公安局逮捕抓进了监狱。这次宽严大会后不久,工宣队执行上边"疏散"的指示,大批教职工被"疏散"到江西鄱阳湖鲤鱼洲"五七"干校劳动锻炼,许多知名教授,包括张岱年、冯定、王宪钧、刘麟瑞等都去了鲤鱼洲,在那里住草棚,干运石子、编草帘、插稻秧等体力活。有的老教授在那里甚至得了血吸虫病。

4. "资产阶级权威"

工宣队进入北京大学以后,季羡林自己没有跳出来,但他自己知道这次照样饶不了他。他被定性为"资产阶级权威",实际上是和梁思成、刘仙洲、钱伟长同一类型的"反动权威"。既然是反动权威,那就自然要遭到严厉的批判和工农兵给予的"再教育"。东语系开始批判季羡林,他的一个大弟子的一篇批判文章被选在工人、解放军驻北京大学毛泽东思想宣传队、北京大学革命委员会革命大批判组编印的《革命大批判文选》(第一辑)中。

> 到北大以后,我要求入党。伟大领袖毛主席要求我们做张思德、白求恩式的党员,完全彻底为人民服务。而刘少奇却要我们做他的"业务党"党员,就是所谓的"红色专家"。……说什么"我们的党员、团员……凡是有条件的,都应当努力使自己成为'又红又专'的红色专家"。刘少奇所说的"红色专家"就是×××这样挂着共产党员招牌的资产阶级"权威"。陆平吹捧这些人"已经基本上又红又专了","已经挂上了社会主义的火车头"。东语系旧总支把他拉进总支委员会。这就是他们"业务党"的标准党员,是骑在劳动人民头上的精神贵族。他们就是让我做这样的党员。由于"私"字作怪,我就把×××当做又红又专的榜样,努力做一个这样的"红色专家"。
>
> ……旧总支的负责人也跟着喊"党员的业务赶不上需要"。他们发展新党员就是只要业务好的。"业务党"的标准党员、资产阶级"权威"更是言传身教,说什么:"你们的知识面太窄,要多读书。"无

耻吹嘘自己成名成家的"经验",说什么一个单词就可以写一篇论文,用资产阶级的成名成家这个毒饵,引导我们脱离无产阶级政治。毛主席教导我们:"没有正确的政治观点,就等于没有灵魂。"我那时就像丢了魂一样,每天钻图书馆,抱着梵文大字典死"啃",甚至走在路上也背单词。我忘记了阶级斗争和无产阶级专政,想的是通过刻苦读书,学一门专业知识,既有了成名成家的资本,又创造了入党的条件,一心想走×××的路。资产阶级"权威"对我说:"你学得很稳。"我把毒药当蜜糖,感到莫大安慰,心想这条路越走越稳了。

经过几年的"修养",真是越"养"越"修",我越来越适合修正主义路线的需要了。毕业前我入了党,毕业后被资产阶级"权威"选中,把我留校当做接班人培养,成了他的"大弟子"。

我违背了毛主席的教导,没有以接班人的五个条件要求自己,而是"受宠若惊",扬扬得意,站在个人主义的立场上,认为"理想"已实现了一半,这一辈子"红色专家"当定了,一心想在资产阶级"权威"培养下更快地提高业务水平,将来出几本书,什么名呀,利呀,地位呀,都来了。我被修正主义迷魂汤灌醉了,离毛主席革命路线越来越远,在"和平演变"的修正主义道路上越滑越远。我戴上了手表,穿上了呢制服,忘记了劳动人民,忘记了无产阶级专政下继续革命,失掉了一个共产党员的革命灵魂。

作为人世间最珍贵的感情之一,师生之情被严重亵渎了,辛勤培养和苦心教育,换来的是离经叛道,这对于辛勤的园丁来说,意味着什么,对于内心世界的摧残会如何,局外人是绝对无法理解的。连自己花费那么多心血培养出来的弟子都背叛自己,出来揭发自己的"罪行",不属于自己门下弟子的其他人,对季羡林的态度也就可想而知了。这篇批判文章印出来后,虽然把"季羡林"三字用×××来代替,但是东语系的人都知道,×××就是季羡林。

这时的季羡林,真正成为一个"不可接触者"。

没有以前的会议,没有以前的发言。没有人敢来找我,很少人有勇气同我谈上几句话。一两年内,没收到一封信。我服从任何人的调遣与指挥。只敢规规矩矩,不敢乱说乱动。[26]

"不可接触者"是印度语"阿丘特"的意译。公元前2000年,雅利安人征服了印度河流域。雅利安人把达罗毗荼人变成了奴隶,他们残酷地压迫被征服的民族,把他们分成四个界限分明的等级,叫种姓。除了以上四个种姓外,还有所谓"不可接触者",被认为是最下等的人。他们必须穿死人的衣服,用人家扔掉了的破碗钵吃饭,晚上不得在村落和城市周围走动,白天工作的时候要带上特殊标志,他们的工作是搬运无主死尸,当刽子手或屠夫。在现代的印度,大都市里也仍能见到"阿丘特"。比方说,在大街上突然看到一个老人,异常瘦弱,头上的短发全白了,胸口凹进去,手臂和腿上好像根本就没有肌肉,完全是皮包着骨头。全身只在下身腰部和两腿之间,缠着一块不白的白布,其余都光着。这样的人地位之低是可想而知的,在英国人统治时期会有什么样的待遇也可想而知了。"圣雄"甘地把他们叫做"哈利真",意为"神之子",才给他们平了反。[27]

季羡林终于又像凤凰涅槃一般活了下来。遗憾的是,燕园中许多美好的东西都遭到了破坏。

姚文元的《工人阶级必须领导一切》的文章发表后,高等院校里对一切非无产阶级的东西展开了另一轮大讨伐。一时忽然传说,养花是修正主义,最低的罪名也是玩物丧志。迟群一伙就在北京大学燕园之内,先批走资本主义道路的当权派、资产阶级反动学术权威、新生的反革命分子、修正主义苗子等。他们又大规模地砍伐几十年、上百年的老丁香树。屡见于清代笔记中的几架古藤萝,也被斩草除根。一些楼房外面爬满了墙的爬山虎,统统被拔掉。办公楼前两棵枝干繁茂的西府海棠,也在劫难逃。说到这两棵西府海棠,在老北京还是颇有名气的。熟悉北京掌故的人,比如邓拓等人,生前每年春天都要来燕园中探望一番,欣赏一下绿叶葳蕤、粉红四溢的西府海棠。季羡林当然也熟悉北京的一些掌故,但他并不是为掌故所吸引,而是每当西府海棠开花之时,到树下流连徘徊,欣赏花色之美,听一听蜜蜂的鸣声。这并不是自命风雅,而是通过赏花感悟人间是那么的可爱,生活是那么的美好,生命的活力便陡然腾涌起来。他的身体本来像个蓄电瓶,看到了西府海棠便仿佛是蓄上了电,生活起来就有了力量。他联想到中国古代的诗人,其中喜爱海棠者并不鲜见。诗人们欣赏海棠之美,又以海棠花无香而遗憾。季羡林很自然地想到宋代著名爱国大诗人陆游的《花时遍游诸家园》的诗,其中有一首就是写海棠的:

　　为爱名花抵死狂,
　　只愁风日损红芳。
　　绿章夜奏通时殿,
　　乞借春阴护海棠。

季羡林想到这些,心里感叹不已:

陆游喜爱海棠达到了何等疯狂的地步啊！稍有理智的人都应当知道，海棠与人无争，与世无忤，决不会伤害任何人的；它只能给人间增添美丽，给人们带来喜悦，能让人们热爱自然，热爱祖国。然而，就连这样天真无邪的海棠也难逃"四人帮"的毒手。燕园内的两棵西府海棠现在已经不知道消逝到什么地方去了，这也算是一种"含冤逝世"吧。代替它站在这里的是两棵翠柏。翠柏也是我所喜爱的，它也能给人们带来美感享受，我毫无贬低翠柏的意思。但是，以燕园之大，竟不能给海棠留一点立足之地，一定要铲除海棠，栽上翠柏，一定要争这方尺之地，翠柏而有知，自己挤占了海棠的地方，也会感到对不起海棠吧！[28]

宋代苏洵在《辨奸论》中说："凡事之不近人情者，鲜不为大奸慝。"砍伐西府海棠之不近人情，一望而知。本来爱好一切美好的东西，是人类的天性，任何人都有权利爱好美好的东西，花木自然也包括在里边。在西府海棠被铲除后的很长一段时间里，季羡林还经常要到办公楼前原来栽着西府海棠的地方驻足。

有一年，在风和日丽的暮春三月，季羡林偶尔走过办公楼前面。他看到在盘龙石阶的两旁，在原来西府海棠立着的地方，一边站着一棵翠柏，浑身碧绿，扑入眉宇。它仿佛是从地心深处涌出来的两股青色的力量，喷薄腾跃，顶端直刺蔚蓝色的晴空，它自然比不上杜甫当年在孔明祠堂前看到的古柏那样，"苍皮溜雨四十围，黛色参天二千尺"，但看到它也不能不受到感染，内心也不会不溢满力量。他顾而乐之，流连不忍离去。正在欣赏之时，季羡林的眼前蓦地一闪，就在这两棵翠柏站立的地方，神奇地出现了两棵西府海棠，它们正开着满树繁花，已经绽开的花朵呈粉红色，没开的蓓蕾呈鲜红色，粉红与鲜红，纷纭交错，宛如天半粉红色的彩云。蜜蜂在花骨朵中间飞舞，还能听到嗡嗡的叫声，犹如春天里的催眠曲。这色彩，这声音，把季羡林深深地吸引住了。忽然间，海棠花与翠柏同时出现了，二者的影子重叠起来，翠绿与鲜红纷纭交错起来了。他这才意识到，眼前的翠柏和海棠都是现实，翠柏是眼前的现实，海棠则是过去的现实。难道这是名花有灵，是向他显圣来了吗？难道是向他告状来了吗？可他心想，自己一非包文正，二非海青天，更没有如来佛起死回生之神力，他只能洒一把同情之泪，寄托一点希望。可是希望什么呢？

我从来不相信什么神话。但是现在我真想相信起来，我真希望有一个天国。可是我知道，须弥山已经为印度人所独占，他们把自己的天国乐园安放在那里。昆仑山又为中国人所垄断，王母娘娘就被安顿在那里。我现在只能希望在辽阔无垠的宇宙中间还能有那么一块干净的地方,能容得下一个阆苑乐土。那里有四时不谢之花、八节长春之草,大地上一切花草的魂魄都永恒地住在那里,随时、随地都是花团锦簇,五彩缤纷。我们燕园中被无端砍伐了的西府海棠的魂灵也遨游其间。我相信,它决不会忘记自己待了多年的美丽的燕园,每当三春繁花盛开之际,它一定会来到人间,驾临燕园,风前月下,凭吊一番。"环珮空归月下魂",明妃之魂归来,还有环珮之声。西府海棠之魂归来时,能有什么迹象呢?我说不出,我只能时时来到办公楼前,在翠柏影中,等候倩魂。我是多么想为海棠招魂啊!结果恐怕只能是"上穷碧落下黄泉,两地茫茫皆不见"了。奈何,奈何![29]

季羡林叹息自己无力回天,不仅是西府海棠,而且连藤萝、古丁香树,也都被异化为"修正主义",遭到无情的诛伐。北京大学六院前才斋与均斋之间的那两棵古藤,都被坚决、彻底、干净、全部地消灭掉,永世不得翻身。整个燕园里仅剩下后湖边上幽径旁的一棵古藤,只可惜那棵古藤也仅仅存活到1992年,就被无端地砍伐了。

花木的灾难,何时才能结束呢?知识分子的灾难,何时才能结束呢?1969年10月,在林彪下达"第一号令"之后,许多教师南下江西鲤鱼洲到"五七"干校劳动,一些师生在工宣队的统领下到北京郊区各县进行"教育革命"。而这时的所谓"教育革命",只不过是和贫下中农"同吃、同住、同劳动"。东语系的学生大多数到了延庆的新华营,口外的狂风无休无止地吹打着这片贫瘠的土地。社员们的生活异常贫苦,口粮都严重不足,冬天他们只能实行的是一天两餐制。东语系的学生为了解决吃饭问题,要到30里以外九里梁大队的深山里去砍柴。九里梁大队的农民则更闭塞,他们常年吃的是红薯和红薯干,农民不知道什么是收音机,有的学生住的房东家,弟兄七个全是光棍,他们根本娶不起老婆,也没有人肯嫁给他们。有一位90岁的老农,从未离开这深山老林,也不与别人接触。有的大学生听说他后去看他,像个古董似的老人竟问大学生们,现在是清代的什么年代了。

季羡林也和东语系的其他师生一起,在这里进行"三同",搞"教育革命"。他虽然没被派往江西鲤鱼洲"五七"干校,远离了血吸虫病的严重威胁,但是他在延庆和在鲤鱼洲的老师们心态完全一样。当时,季羡林和邹裕池、李振中两位老师同住在一户姓马的农民家里。这里的农民一律睡火炕,一个大火炕能睡十几个人,农民们全家往往都挤在一个大炕上。季羡林他们三人就睡在一个炕上。他们三人思想相近,都对祖国的前途忧心忡忡,也对自己的命运感到渺茫,季羡林甚至连希望都看不到,十分悲观。

东语系另有一支教育革命小分队开到天津塘沽港,在那里"教育革命"也是一无所获。正是春节除夕夜,两支队伍都突然接到命令,要求返回学校,延庆的师生包的饺子还未来得及吃就开拔了。

在校外进行"教育革命"的北京大学师生,奉召回校,参加"一打三反"和批判"修正主义教育路线"的运动。陈伯达抓"教育革命"试点,北京大学和清华大学1969届、1970届毕业生提前毕业,毕业生必须服从"革命需要",坚持"四个面向":面向农村、面向边疆、面向工矿、面向基层。从这时开始,北京大学这所高等学府,就成了一所没有学生的学校,由最高学府向"文化沙漠"的变化,谁也没有想到竟是如此之迅速!

然而,高等学校向"文化沙漠"变化的速度还远没有停止的迹象。

空荡荡的校园里没有学生已经两个多月。作为毛泽东亲自抓的北京大学和清华大学,这才认识到经过三年来的"文革",已具备了招生条件,两校准备在下半年招生,并制定了《北京大学、清华大学关于招生(试点)的请示报告》。到6月27日,中共中央批转了这份报告,让全国参照执行。

报告中提出了如下一些具体意见:

一、培养目标:培养高举毛泽东思想伟大红旗,无限忠于毛主席、无限忠于毛泽东思想、无限忠于毛主席的革命路线的全心全意为社会主义革命和社会主义建设服务的有文化科学理论、又有实践经验的劳动者。

二、学制:根据各专业具体要求,分别为二至三年。另办一年左右的进修班。

三、学习内容:设置"以毛主席著作为基本教材的政治课;实行教学、科研、生产三结合的业务课;以备战为内容的军事体育课"。各科学生都要参加生产劳动。

四、学生条件:政治思想好、身体健康、具有三年以上实践经验、年龄在20岁左右、有相当于初中以上文化程度的工人、贫下中农、解放军战士和青年干部。有丰富实践经验的工人、贫下中农,不受年龄和文化程度的限制。还要注意招收上山下乡和回乡知识青年。

五、招生办法:实行群众推荐、领导批准和学校复审相结合的办法。

六、学生待遇:有10年以上工龄的老工人由原单位照发工资(要扣除学校发的19.5元),其他来自工厂、农村的学生每月发给伙食费和津贴费19.5元。解放军学生由部队负责供给。

七、分配原则：学习期满后，原则上回原单位、原地区工作，也要有一部分根据国家需要统一分配。[30]

1970年下半年，北京大学迎来了第一批工农兵学员，结束了高等学校长达数月没有学生的历史。工农兵学员进校后，按部队编制，一个系为一个连队，各项工作都由连队领导。一个连队有一个食堂、一座宿舍楼，教室、办公室、宿舍都在同一楼内，东语系的连队分在35号楼，食堂则在德斋与才斋之间的原教职员工第一食堂。从此，工农兵学员便对大学担负起"上、管、改"的"历史使命"。

老教授们仍然被当做"反动学术权威"，继续是被专政的对象。东语系马坚被安排打扫35楼的卫生，还分给他一个任务，要为每个房间"配"钥匙。这座楼因为管理松弛，许多房间原有的钥匙都丢失了，而备用的钥匙被杂乱无序地放在一个脸盆里，不知道哪一把钥匙能开哪一个房间的门。马坚的任务就是端着脸盆，一个房间一个房间，一把钥匙一把钥匙地试验。每打开一个房间，他就很高兴地用纸包起来，标上房间的号码。这样干了几天，终于把全楼的钥匙"配"完了。工农兵学员上课了，老教授们自然没有资格上讲台。马坚的任务是分发报纸，打上下课铃。马坚风趣地对一位学生说："我打一次铃，就是好几块钱。"[31]

季羡林自然也遭受着同样的命运。他的任务是守门房、接电话、分发信件。只能规规矩矩，不准乱说乱动。

工农兵学员在上、管、改的过程中，要以阶级斗争为主课，这是北京大学、清华大学的招生报告中早已写明的。为了配合阶级斗争的主课，他们开始进行各种形式的"阶级教育"，其中"忆苦思甜"是一个重要内容。这样的集体活动不能请假，平时不吃食堂在家吃饭的教师也必须参加，季羡林、马坚这些老教授也要参加。对这样的苦，季羡林并不觉得什么，它比在德国饥饿时什么都吃不到要强多了。一位工农兵学员告诉李振中，他们也咽不下糠窝窝，但他们非常机灵，没有掰开蘸糖吃，而是手疾眼快地把它装进口袋，或偷偷塞进书包，带回宿舍楼扔掉。[32]

1971年8月13日，对教育界来说是一个十分恐怖的日子。姚文元修改、张春桥定稿的一个文件《全国教育工作会议纪要》向全国传达，该文件对建国以后至"文革"以前17年间的教育工作做了两个估计：一是整个教育战线是资产阶级专了无产阶级的政，17年的教育是"黑线专政"；二是知识分子的大多数，世界观基本上是资产阶级的，是资产阶级知识分子。对这样一个以中共中央名义下发的文件，高校师生有人支持，有人反对。反对者对这"两个估计"，纷纷表示不理解、想不通，并采取各种方式进行抵制,但胳膊拧不过大腿,在全国范围内形成了批"黑线专政"的新高潮。

1971年9月13日,林彪反革命集团政变的阴谋被粉碎。林彪等人驾三叉戟飞机出逃,自绝于全体中国人民,摔死在蒙古国的温都尔汗。但是,由"四人帮"控制的"批林整风"运动,并没有真正批判林彪的反动思想,肃清林彪反动思想的余毒,而是将"批林"与"批孔"结合起来,把矛头进一步指向广大知识分子。

1972年,北京市革委会科教组提交了一份《关于高等学校试办补习班的报告》,认为北京市11所学校招收的工农兵学员,文化程度参差不齐,要求市属各高校按照工农兵学员的实际文化程度和专业的不同要求,有重点地为他们补习半年左右的文化基础知识,补习时间不计入学制之内。教育界也有人提出,当时教育质量过低,"工农兵学员不像大学生",教育革命是"乱、糟、低",把"两个估计"看作压在知识分子身上的包袱,是林彪极"左"路线的产物。这些正确意见被"四人帮"指斥为"修正主义教育路线的复辟",是"认识模糊"、"思想混乱",是"攻击"教育革命,因此要求继续批判林彪的极右。[33]

5. 二月兰笑对春风

农历大年三十,饺子没有吃上。在延庆的北京大学师生们接到命令,坐上汽车赶回北京。到了北京已是正月初一凌晨,而公历则已是1970年2月6日。

季羡林也随大队人马回到了燕园。

季羡林仿佛回到了一个陌生的世界:为人们所深深喜爱的花草树木,再也不能见到了。他是多么怀念这些美好的花木啊!他真希望花木也有灵魂,它就决不会离开燕园。在月白风清之夜,它们会流连于未名湖畔的湖光塔影之中,如果这些灵魂能回忆,它们回忆的丝缕无疑会挂在未名湖上空。季羡林面对着燕园的惨景,就像面对一只美丽的孔雀突然间羽毛全部脱落变成了一只丑小鸭。他只得叹息自己不是活神仙,起死无方,回生乏术。他想到了一句戏词:"要相会,除非是梦里团圆。"[34]

有一种花居然逃过魔掌存活下来。这种花叫二月兰。这是一种常见的野花,花朵不大,紫白相间。二月兰是其俗名,本名叫蕊菜,又名菲,《植物名实图考》中称为诸葛菜,属十字花科,一年生草本,叶子呈羽状分裂,初夏开花,角果四棱柱形,其叶子可食,种子榨油也可食用。这本是一种不起眼的小植物,季羡林在燕园住了那么多年,起初并没有特别注意到这种小花,名花名木多的是,足够他欣赏的。在大批修正主义的年月里,歪风狂吹,北京大学师生常被命令出来打扫卫生。每次打扫卫生,13公寓的居民都被召唤出来拔草,不是"绿化"而是"黄化",季羡林每次都在心中暗恨楼西的这片小山上野草之多。

拔来拔去,二月兰却并没有被拔光。

季羡林不记得从什么时候起,自己开始注意小土山上的二月兰。二月兰开花大概也有小年、大年之分,小年时小山前后稀疏地开上那么几片,大年时山前山后疯狂地开成一大片。二月兰这一发狂、发怒,仿佛从土地深处吸来一股原始力量,一定要把花开遍大千世界,紫气直冲云霄,连宇宙都仿佛变成紫色的了。季羡林眼光所到之处,无不有二月兰在。宅旁、篱下、林中、山头、土坡、湖边……只要有空隙的地方,都是一团紫气,间以白雾。小花开得淋漓尽致,气势非凡,紫气直冲云霄,连宇宙都仿佛真的变成紫色了。他慨叹二月兰的神奇:

东坡的词说:"月有阴晴圆缺,人有悲欢离合,此事古难全。"但是花们好像是没有什么悲欢离合,应该开时,它们就开;该消失时,它们就消失。它们是"纵浪大化中",一切顺其自然,自己无所谓悲与喜。我的二月兰就是这个样子。

然而,人这个万物之灵却偏偏有了感情,有了感情就有了悲欢。这真是多此一举,然而没有法子。人自己多情,又把情移到花,"泪眼问花花不语",花当然"不语"了,如果花真"语"起来,岂不吓坏了人!这些道理我十分明白。然而我仍然把自己的悲欢挂到了二月兰上。[35]

季羡林看着眼前的弱小生命在蔓延、扩大,他想起了自己的命运,也正是在初夏二月兰开花时,自己被管制劳动改造,日子实在非常难过。他知道正义是在自己手中,可是是非颠倒,人妖难分,连自己最得意的弟子也起而反对自己。他呼天天不应,叫地地不答,一腔义愤,满腹委屈,毫无人生之趣。而二月兰却是不屈不挠地抗争着,世事沧桑,一切如浮云。他也想学二月兰,以不变应万变,然而却办不到。在这段时间内,他是"不可接触者",几年间没收到一封信,很少有人敢同他打招呼,感到自己虽处人世,实为异类。他看到就是在砖瓦缝里,二月兰也依然在开放,怡然自得,笑对春风,好像是在嘲笑自己。他问这二月兰,到底应该如何面对人生?怎样才能渡过眼前的难关?二月兰沉默不语,兀自万朵怒放,笑对春风,紫气直冲霄汉。二月兰怎么会回答呢?这弱小的植物只是一种生命,她没有思维,没有意识,没有语言表达能力,怎么会回答呢?二月兰不会回答,但是她会万朵怒放,笑对春风。这已经是做出了回答,二月兰笑对春风给了他一个很好的启示,那就是要以不变应万变,要找回失掉的笑,要恢复中断了几年的"闲不住的习惯",思考点什么,写点什么。

二月兰笑对春风,使季羡林看到了希望。

在最难熬的年月,包括在延庆农村时,季羡林的希望确实不多,他常常想自己这一生算是玩完了,将来到一个农村,或是一个什么地方,去劳动改造,以了此一生吧!对于自己的国家,他没有完全绝望,他眼前还有点光明,他觉得这样一个民族决不会就这样堕落下去。季羡林想到这里,他觉得自己也不应该觉得"玩完"了,而是要振作起来。

真要振作,谈何容易!

真要振作,首先要恢复中断了几年的"闲不住"的习惯。季羡林在过去几十年的生活中,养成了一个闲不住的习惯,就是读书和写作闲不住。他不管处境好坏,总要思考点什么,写点什么,决不让自己的脑筋投闲置散。他在德国10年,写日记没有一天中断,积以时日,竟有一两百万字。[36]但是,在"四人帮"横行时期,能思考什么,又能写些什么呢?

创作已经毫无可能,研究也早已断了念头。想来想去,还是搞点翻译吧。翻译了而能出版,那是根本不可能的事情,我连想也没有去想。既然为翻译而翻译,为了满足自己那闲不住的习惯而找点活干,最好能选一种比较难的、相当长的、能旷日持久地干下去的书来翻译,这样可以避免由于经常考虑这个问题而产生的困难尴尬的局面。我过去翻译过几本印度古典文学名著,曾被某一些"左"得幼稚可笑而又确实"天真"的人们称作"黑货"与"毒品"。现在再选择也出不了这个范围。我反正也不想出版,"黑货"就"黑货","毒品"就"毒品"吧。结果我就选中了《罗摩衍那》。[37]

这是在1973年。季羡林下定决心,就开始行动。而当时是在什么处境下开始的工作,没有经历过"文革"的人,是绝对不能想象得到的。

当时,"四人帮"还在台上,耀武扬威,飞扬跋扈,"炙手可热势绝伦,慎莫近前丞相嗔"。我虽然不再被"打倒在地,身上踏上一千只脚,永世不得翻身",但处境也并不美妙。我处在被打倒与不被打倒之间,身上还背着不知多少黑锅。国家的前途,不甚了了;个人的未来,也可以说是,在我的心灵深处,还有那么一点微弱但极诱人的光芒,熠熠地照亮了我眼前的黑暗,支撑着我,使我不至完全丧失信心,走上绝路。其间差距,也不过一头发丝宽。现在回想起来,还不寒而栗。我曾相信,这光芒自己一生恐怕很难看到它来到我面前了。我的归宿大概是到一个什么边疆地区或者农村,去接受一辈子"再教育"。我当时对自己的前途只能看到这一点。一切别的想法,都是非分的、狂妄的、不应该的。我当时过的日子,也完全同我的心情相适应。一个月有几天要到东语系办公室和学生所在的楼中去值班,任务是收发信件,传呼电话,保卫门户,注意来人。我当时几乎成为一个"不可接触者",出出进进的人很多,但多半都不认识,我坐在那里也等于尸位素餐,对保卫门户,起不了什么作用。不过我仍然准时上班,安心工作,习以为常,并无怨言。我想,这样平平静静地活下去,无风无浪,也还是很惬意的。[38]

季羡林从"牛棚"出来后,琢磨着找一件会拖得很长,"但又绝对没有什么结果的工作,以消磨时光"。东语系办公室搬到学生35楼。35楼共有四层。三四层住女生,一二层住男生。在两层中间腾出若干间屋子,是系党政办公室。季羡林被分配在一楼进口处左边一间极小的房子里,这间小房子就成了该楼传达室。他的差事就是看门房,任务有三:第一看守门户,第二传呼电话,第三收发信件和报纸。看门房对于他来说,又难又不难。他与本系教职员都是"老相识",本系的学生他也能认个八九不离十。可是新来的工农兵学员他却一个也不认识,怎么能知道谁是闲杂人员呢?既然不认识,也无能为力,索性一概不管,听之任之,这不是又难又不难吗?传呼电话也是又难又不难。有电话就接没有电话就闲坐。住在三四层的女生电话特别多,每次传呼,他都要爬上三四层楼。已经60岁的季羡林,一天爬上10次20次,也真有点吃不消。他觉得这样不行,就改成到楼外向上高呼。但是住在朝北房间里的女同学就不大容易听到,也颇引出了一些麻烦。可是,季羡林能力有限,有麻烦也就只好让它有麻烦了。收发信件和报纸是比较容易的,来了报纸他就上楼送到办公室,来了信他就把它收下,放在玻璃窗外面的窗台上,让接信者自己来取。

很长一段时间里,季羡林每天早晨8点就到35楼,12点回家吃午饭;下午2点再去,晚上6点回家。后来恢复了他原来的工资,吃饭再也不用发愁,但是他仍然很孤独。他说:"当时没有哪一个人敢给我写信,也没有哪一个人敢来拜访我。外来的干扰一点也没有,我真是十分欣赏这种'不可接触者'的生活,其乐也陶陶。"他想到不能这样浪费时间,就想到了印度两大史诗之一的《罗摩衍那》。在这样的处境之下翻译《罗摩衍那》,无异于没事找事,其危险性是可想而知的。这部《罗摩衍那》史诗的梵文原本,在国内只有旧版本。他不知从哪里听到一个消息,说印度新出了一部精校本,是继《摩诃婆罗多》精校本之后的另一个重大成就,颇受国际梵学界的好评,但此书国内没有。季羡林于是抱着一种侥幸的心理和试一试的想法,托东语系图书馆的人向印度订购。他预料百分之九十是订不到的,即使订到也要拖上一年两年。好在那时候时间对他已经没有多大意义,一年两年就一年两年吧。可出乎他意料的是,没过几个月书居然寄来了,装订精美的七大巨册,就那么整整齐齐地排在那里。他简直有点不敢相信自己的眼睛,他一时吃惊得说不出话来,呆呆地看着这七大本书出神。

季羡林下定决心认真地翻译,他濡笔铺纸地干了起来。中国佛经中有很多都提到过《罗摩衍那》这部书和书中的故事,但翻译了那么多佛典,却一直没有人把这部书翻译成中文,而国外又有了那么多种外文译本,季羡林觉得翻译这部书成了当务之急。这时,在他眼前和内心深处的那一点遥远的光芒也起了作用,在无形中督促着他,虽然渺茫但又具体,给他增添了力量。在家中的时间是有限的,白天的大部分时间,他要贡献给发信件、守电话、看门房,在东语系外文楼和35楼学生宿舍值班。由于《罗摩衍那》在当时属于"毒品"范围,他就不能也不敢把原著带到值班的地方。"天下无难事,只怕有心人。"季羡林就利用在家里的时间,每天把一小段原文抄在一张张的小纸条上,上班干活之余,反复思考构思,打腹稿,如果眼前没有人,再偷偷地写下译成的腹稿,下班后再回家赶紧用中文抄写下来。

季羡林原来以为,该书原文除了个别章节外,是不会太难懂的,虽然量极大,翻译起来会遇到困难,可也不会太多。一着手翻译,他立即遇到了难题。原文是诗体,他坚持一开始就定下的原则,译文也保持诗体,不能改译为散文体。要什么样的诗体呢?流行的白话诗没有定于一尊的体裁或格律,诗人是各行其是的,所以所有的形式都不恰当。而如果纯用旧体诗来译,也有困难,既不能做到"信",又不能保证让读者看得懂。经过反复考虑,季羡林终于决定用民歌体,每行字数不要相差太多,押大体上能够上口的韵。真要让译文押韵,这就又来了困难。有时想找到一个适当的韵脚,也不是轻而易举的事。他坐在门房里,眼看着来来往往陌生的面孔,脑子里却想着韵脚。下班时回家的路上,他还在考虑韵脚。从外文楼回13公寓,平常只需要10分钟,而为求韵脚,下班要走40分钟才能到家,路上他仍搜索枯肠,寻求韵脚,以此为乐事。

就这样,季羡林闯过了第一道难关。紧接着,又来了另一个极难解决的问题:译多少篇?他在心里琢磨开了:这部按出版社的计算方法有300万字的巨著,自己能译完吗?最后,他想如果能译出三篇,还不到全书的一半,也就很不错了,也可以不虚度下半辈子了。想法一旦确定,他就给自己规定了每天的定额,今天一张纸条,明天纸条一张,一行一行地译,一节一节地抄。

这样进行翻译,世上真是不多。他从1973年干到1976年,苦干了4年,全书7篇,他译了还不到3篇,还没有达到预期的目标。

1976年10月,天日重明,乾坤朗朗,全国人民的精神振作了,他的精神也振作了。接下去,他不仅把翻译工作继续做下去,而且由于条件已变好,他还找回了失去的笑。

6. 找回失去的笑

1976年,是不平凡的一年。

10月6日,粉碎王洪文、张春桥、江青、姚文元"四人帮"反革命集团,他们被押上历史的审判台。

从前在季羡林眼前那一点遥远的光芒,此时陡然闪耀起来,而且距离他也越来越近了。这时候,季羡林并没有想到要修改自己的翻译计划,仍然没有立下翻译完全书的雄心大志,能不能够出版是主要原因。后来,计划有了改变。

> 由于一个偶然的机会,人民文学出版社的同志们,不知从什么人那里听说我正在翻译《罗摩衍那》,告诉我,他们准备出版这部书。这是我以前绝对没有想到的。我上面已经说过,我之所以翻译,完全是为了满足自己那种闲不住的习惯。古人说:"不为无益之事,何以遣有涯之生。"我并不认为翻译《罗摩衍那》完全无益,但是我的想法却与古人微有相似之处。现在一旦能有出版的机会,自然是喜出望外,对我是一个极大的鼓舞。从这时候起,我才认真考虑这一件工作。此时,我的心情好得多了。但也并非完全清醒,我对"文化大革命"的认识仍然模糊,我还不了解它那空前的危害性,对粉碎"四人帮"这一件有伟大历史意义的大事我还不完全了解它的重要性。不管怎样,国家光明的前途,我看到了;个人的未来,我也看清楚了。渺茫之感,一扫而空。身上那一些莫名其妙的黑锅,不知怎么一来,全都揭掉了。我已经失掉当"活靶子"的资格。大家可以想象,我失掉这个"资格",决不会感到惋惜与遗憾。就在这样的心情下,我开始修改我的翻译计划,决心把全书译完。至于能不能译完,究竟能译完几篇,我还不完全清楚。无论如何,雄心已经大了起来,那一个只翻译三篇的计划终于放弃了。[39]

季羡林的一些朋友,不管是熟识的、见过面的,还是没有见过面的,听说他正在翻译这部巨著,都给他写信表示鼓励。在"文革"期间,他只在初期收到过一些"砸烂狗头"一类的信,其余几乎有五六年时间,一封信都没有收到过。他已经变得不习惯于收信,收到信有一种不知所措之感。对一般人来说,收到信是一件非常平常的事情,本用不着大惊小怪,而对他这样"曾经沧海难为水"的人来说,却不是这样。他此时能收到有这么多鼓励性的信,使他有受宠若惊之感,这些信起了双倍鼓舞作用,它推动着季羡林前进。

季羡林经历"文革"10年的磨难后

让季羡林更为难得的是,政治上的气氛越来越轻松了。这种感觉在碰到那位失掉笑变得有点痴呆的老革命后,就更为明显了。

经过了一番风雨,燕园里又出现了阳光,全中国也出现了阳光。记得是在一个座谈会上,我同这一位革命老前辈又见面了。他头发又白了很多,脸上皱纹也增添了不少,走路显得异常困难,说话声音很低。才几年的工夫,他好像老了二十年。我的心情很沉重,但是同时又很愉快。我发现他脸上又有了笑容,他又把笑找回来了。在谈到兴致淋漓的时候,他大笑起来,虽然声音较低,但毕竟是爽朗的笑声。这样的笑声我已经很久没有听到了。乍听之下,有如钧天妙乐,滋润着我的心灵,温暖着我的耳朵,怡悦着我的眼睛,激动着我的四肢。我觉得,这爽朗的笑声,就像骀荡的春风一样,又仿佛吹遍了整个燕园,响彻了整个燕园。我仿佛还听到它响彻了高山、密林、通都、大邑、工厂、农村、机关、学校,响彻了整个祖国大地,而且看样子还要永远响下去。[40]

岂止是在这位老干部脸上,在很多人脸上他都看到了笑容。老年人、中年人、青年人、妇女、儿童,无一例外。季羡林感到把笑失掉是不容易的,把笑重新找回来就更困难。他相信,一个在沧海中失掉笑的人,决不能做任何事情;他也相信,一个曾经沧海又把笑找回来的人,即能胜任任何艰巨的事情。很多人失掉了笑而只有个别人能笑的民族,决不能长久立于世界民族之林。只有能笑、会笑、敢笑,失掉了笑又能重新把笑找回来的民族,才能创建宏伟的事业,最终达到人类大同之域。这时季羡林才发现,自己原来也和这位老干部一样,把失掉的笑找回来了。

季羡林带着笑容,重新投入了翻译《罗摩衍那》的工作。

1978年3月7日,国务院批转了教育部《关于高等学校恢复和提升职务问题的请示报告》,原来确定的教授、副教授、讲师、助教,一律有效,予以恢复职称,并规定可以越级提升教授、副教授,将提升教授的审批权限改为由省、市、自治区批准,报教育部备案。在此以后,各高等院校原有的教授、副教授、讲师、助教都恢复了职称。知识分子们又听到了消失长达12年之久的"教授"这个字眼。季羡林恢复了一级教授的职称,享受到中断12年的高级知识分子待遇。这一年7月下旬,教育部在北京召开研究生培养工作会议,明确了培养研究生在实现新时期总任务中的重要地位和作用,讨论了研究生培养工作,决定在本年恢复研究生的招生工作,学制试行二、三、四年制并行的办法。从此,中断了十几年的研究生教育也得到了恢复。

季羡林回头看了一下自己这"文革"中的10年,从1967年到1977年,在长达11年的时间内,竟然一篇东西都没有写。

> 我真是震惊不已。至于为什么成为这个样子,大家心里都明白,用不着多说。我一个人如此,全国又不知道有多少成千上万的人也是如此。想到这里,所谓"文化大革命"究竟产生了多么严重的后果,不是清清楚楚了吗?我又有点后怕,又有点不寒而栗。如果真正让"文化大革命"七八年搞一次,一次搞上七八年,搞的结果恐怕要把全国知识分子的知识都搞成光板。卫星上不了天,是可以肯定的;所谓"红旗落地",是否还有红旗都是值得怀疑的,还谈得上什么落地不落地呢?[41]

季羡林这才意识到,十几年没有发表东西的情形,现在应该结束了。

从此,他散文创作的激情和学术研究的志趣,一下子又泉涌出来。

虽然是在1978年的深秋,但季羡林凭自己的直觉,感到知识分子的春天真正来临了。他忽然想起了十几年前写《春满燕园》时的情景,有意再走一遍写《春满燕园》时走过的路。虽然真正的季节是深秋,姹紫嫣红的景象早已绝迹,连"接天莲叶无穷碧"的夏天都已经过去,眼里看到的是黄叶满山,身上感到的是西风劲吹,耳朵里听到的是长空雁唳。但是,走在这昔日走惯的曲径上,季羡林的心中却真真切切地溢满了春意,他无论如何也抑制不住自己激动的心情,信步绕未名湖走了一周。他看到男女大孩子们在黄叶林中,湖水岸边,认真地读着书。他又听到了中断十几年的琅琅读书声,在湖光塔影之中往复回荡。"文革"中,湖光塔影、象牙塔,都被贴上荒谬绝伦的修正主义标签,成为罪恶的象征,今天终于恢复了名誉,像雨后的鲜花那样更加美丽动人。

季羡林心想,"四人帮"真是性与人殊,凡是人间美好的东西,比如鲜花、湖水、美景等等,他们都憎恨,对文化也憎恨,这简直令人难以理解。然而,历史的车轮确实是任何人也阻止不了的,人类发展的规律是不可抗拒的。季羡林心旷神怡,不但想到中国,而且想到世界;不但想到今天,而且想到未来。

> 从1976年一直到1978年,是我国从不安定团结慢慢到安定团结的过程。对我自己来说,还不可能一下子改变,还有一些障碍需要清除。我正处在从反革命到革命,从非党员到党员,从非人民到人民,从非人到人的非常缓慢转变的过程中,一句话,是我摆脱中间状态的过程。"文化大革命"流行着一句话,叫做"重新做人",意思是一个反革命分子、黑帮分子、资产阶级反动学术权威等等,等等,同旧我决裂变成新我,也可以说是从坏人向好人转变,也可以叫做迷途知返吧。我现在感到自己确实是重新做人了,但并不是"文化大革命"中的含义,而是我自己理解的含义。从不可接触者转变为可以接触者,从非人转变为一个人,我觉察到,一切都在急剧地变化着,过去的作威作福者下了台;过去的受压者抬起了头,人们对我的态度也从凉到炎。但也有过去打砸抢的所谓"革命小将",摇身一变,成了革命的接班人,我暗暗捏一把汗。[42]

季羡林真实地感觉到,解放以后中国人民有过不少乐事,但像"四人帮"倒台时的快乐,他还没有经历过。虽然没有哪一个人曾对他说明"文革"究竟是怎么一回事,但从整个社会的气氛上,从人们对他的态度上,从人们的笑脸上,他感到自己的地位变了,那种"中间状态"正在改变之中。

在北京大学燕园里,季羡林一边想着,一边走着。

我走呀,走呀,大有"春风得意马蹄疾,一日看遍长安花"之慨。我眼前的秋天一下子变为春天,"霜叶红于二月花",大地春意盎然。我抑制不住,我要歌唱,我要高呼,我要跳跃,我要尽情地歌颂春天了。[43]

季羡林心里最为高兴的是,又有了恣意歌颂春天的权利,歌颂学生学习的权利,歌颂一切美好事物的权利,一个正常人的权利。季羡林内心里充满了幸福,诗一般美丽的语言,顺着他饱蘸激情的笔尖流淌出来:

春天终于来临了。美丽的燕园又焕发出青春的光辉。我在这里终于又听到了琅琅的书声。而且在这琅琅的书声中我还听到了十多年前没有听到的东西,听到了一些崭新的东西。在这平凡的书声中我听到的难道不就是千军万马向四个现代化进军的脚步声吗?我听到的难道不就是向科学技术高峰艰苦而又乐观的攀登声吗?我听到的难道不就是那美好的理想的社会向前行进的开路声吗?我听到的难道不就是我们的青年一代内心深处的声音吗?不就是春天的声音吗?

眼前,就物候来说,不但已经不是春天,而且也已经不是夏天;眼前是西风劲吹、落叶辞树的深秋天气。"悲哉,秋之为气也",眼前是古代诗人高呼"悲哉"的时候。然而在这春之声大合唱中,在我们燕园里大图书馆前的草坪上,在黄叶丛中,在红树枝下,我看到的却是阳春艳景,姹紫嫣红。这些男女大孩子一下子变成了巨大的花朵,一霎时开满了校园。连黄叶树顶上似乎也开出了碗口大的山茶花和木棉花。红红的一片,把碧空都映得通红。至于那些"霜叶红于二月花"的霜叶,真的变成了红艳的鲜花。整个的燕园变成了一座花山,一片花海。

春天又回到燕园来了啊!

而且这个春天还不限于燕园,也不限于北京,不限于中国。它伸向四海,通向五洲,弥漫全球,辉映大千。我站在这个小小的燕园里,仿佛能与全世界呼吸相通。我仿佛能够看到富士山的雪峰,听到恒河里的涛声,闻到牛津的花香,摸到纽约的摩天高楼。书声动大地,春色满寰中,这一个无所不在的春天把我们联到一起来了。它还将不是一个短暂的春天。它将存在于繁花绽开的枝头,它将存在于映日接天的荷花上,它将存在于辽阔的万里霜天,它将存在于千里冰封、万里雪飘的严冬。一年四季,季季皆春。它是比春天更加春天的春天。它的踪迹将印在湖光塔影里,印在每一个人的心中。它将是一个真正的永恒的春天。[44]

1981年,季羡林担任北京大学副校长时在办公楼门前。

这就是季羡林心中终于盼来的那个春天,这几乎是一个永不凋谢的春天,春之脚步是永远不停止的,它留在每个人的心中,给人以温暖,给人以生的希望、活的热情、工作的奔放、劳动的忘我!这才是一个永恒的春天!

就在季羡林心中的那个春天到来之时,1978后国务院下达了一个任命:季羡林任北京大学副校长。

这一任命对于季羡林来说是那么突然。32年前他被聘为北京大学教授、东语系主任,就感到受宠若惊了。三十多年来,他勤勤恳恳地工作,"文革"中受了那么多委屈,突然又重见光明,刚刚感到自己的"中间状态"正在改变,还没有完全明白究竟是怎么回事时,北京大学这个最高学府又把副校长的职务给了他这个农民之子。

北京大学的校史,有人认为应该从汉朝的太学算起,季羡林并不反对。但是,现在讲北京大学的历史,一般从清朝末年的京师大学堂算起。民国建立,京师大学堂改为北京大学,严复为第一任校长。蔡元培在1916年出任校长之后,倡导的是教授治校,"兼容并包"。"兼容并包"既为辜鸿铭、刘师培等人保留了地盘,也为李大钊、陈独秀、毛泽东、邓中夏等人开辟了道路。后来胡适、蒋梦麟出任校长,在蒋梦麟离任期间,傅斯年任代理校长。

解放后,马寅初、江隆基、陆平、周培源先后出任北京大学校长,汤用彤、翦伯赞、冯定等学术大师出任过副校长。

在这样的一所大学里出任副校长意味着什么,该由有什么样的学术贡献的人来出任,难道还不是十分清楚的吗?三十多年了,季羡林回国以后唯一的工作单位就是北京大学,他从来都没有离开过这里。北京大学像一块大磁石吸引住了他的心,使他那记忆的丝缕永远萦绕在巍峨的红楼上面,挂在未名湖的湖光塔影上面,挂在燕园四时不同的景色上面:春天的桃杏藤萝,夏天的绿叶红荷,秋天的红叶黄花,冬天的青松瑞雪;甚至临湖轩的修篁,红湖岸边的古松,夜晚大图书馆的灯影,绿茵上回荡的琅琅书声。所有这一切,都无不萦绕着他的回忆,他的生活一时一刻也离不开北京大学。

可是这以前,季羡林是以一位教授和东语系主任的身份,作为北京大学的一员的;而现在,他要以一位副校长的身份,成为北京大学的一员了。他开始履行副校长的职责了。

有一天晚上,他已经躺下了,电话铃响了。

"季副校长,我们这楼停水了。"

"我家里也没水。"

"那请您赶快反映反映吧!"

"行行行!"

谁让他没有架子呢?别人什么都愿意找他。

有人在他的桌上发现过这样的纸条:"学生开饭时间有11点15分,11点30分,11点45分三个方案,据学生反映,倘11点45分开饭,晚下课晚去就吃不上好菜……"

这是这位一级教授亲笔记下,准备在校长办公会议上发言用的。他生气地感慨道:"就一个熄灯打铃的问题,讨论了几年还没有解决。"[45]

一个严谨的学者,在严谨地履行着副校长的神圣职责。自从担任了北京大学副校长以后,各种虚实职务相继不期而至,南亚研究所长、国务院学位委员会委员、第二届至第五届全国政协委员、第六届全国人大常委……兼任着大大小小几十种辞也辞不掉的职务。还因为他作为语言学家、民族学家、作家、翻译家、历史学家、教育家、社会活动家……涉猎的范围那么广泛,中国社会科学院语言所、宗教所、文学所、外文所、考古所、历史所、南亚所、亚太所以及各大学的外语系、中文系,都与他的工作有密切的关系,不时有人向他请教,以至于找他的人得挂号、排队。他的时间排得是那么满,远到一年内国内各地开的各种会议,近到一周内校、系两级的各项工作,他都要兼顾到。他的时间太宝贵了,只有清晨4点到7点这三个小时是属于他的,这时才可以集中搞一点学术研究,其他白天的大部分时间,全被各种各样的公务和接待工作挤占了。他刚刚恢复的闲不住的习惯——写点什么、思考点什么,因为被无情地挤占了许多时间,以致白天无法实现。

季羡林要写点散文之类的文章,实在没有别的办法,只有充分利用时间的"边角废料"了。

时间就是生命,这是大家都知道的道理。而且时间是一个常数,对谁都一样,谁每天也不会多出一秒半秒。对我们研究学问的人来说,时间尤其珍贵,更要争分夺秒。但是各人的处境不同,对某一些人来说就有一个怎样利用时间的"边角废料"的问题。这个怪名词是我杜撰出来的。时间摸不着看不见,但确实是一个整体,哪里会有什么"边角废料"呢?这只是一个形象的说法。平常我们做工作,如果一整天没有人和事来干扰,你可以从容濡笔,悠然怡然,再佐以龙井一杯,云烟三支,神情宛如神仙,整个时间都是你的,那就根本不存在什么"边角废料"问题。但是有多少人能有这种神仙福气呢?鲁钝如不佞者几十年来就做不到。建国以来,我搞了不知多少社会活动,参加了不知多少会,每天不知有多少人来找我,心烦意乱,啼笑皆非。回想十年浩劫期间,我成了"不可接触者",除了蹲牛棚外,在家里也是门可罗雀。《罗摩衍那》译文八巨册就是那时候的产物。难道为了读书写文章就非变成"不可接触者"或者右派不行吗?浩劫一过,我又是门庭若市,而且参加各种各样的会,终日马不停蹄,我从前读过马雅可夫斯基的《开会迷》和张天翼的《华威先生》,觉得异常可笑,岂意自己现在就成了那一类人物,岂不大可哀哉!但是,人在无可奈何的情况下是能够想出办法来的。现在我既然没有完整的时间,就挖空心思利用时间的"边角废料"。在会前、会后,甚至在会中,构思或动笔写文章。有不少会,讲话空话废话居多,传递的信息量却不大,态度欠端,话风不正,哼哼哈哈,不知所云,又佐之以"这个"、"那个",间之以"喳"、"啊",白白浪费精力,效果却是很少。在这时候,我往往只用一个耳朵或半个耳朵去听,就能兜住发言的全部信息量,而把剩下的一个耳朵或一个半耳朵全部关闭,把精力集中到脑海里,构思,写文章。当然,在飞机上,火车上,汽车上,甚至自行车上,特别是在步行的时候,我脑海里更是思考不停:这就是我所说的利用时间的"边角废料"。积之既久,养成"恶"习,只要在会场一坐,一闻会味,心花怒放,奇思妙想,联翩飞来;"天才火花",闪烁不停;此时文思如万斛泉涌,在鼓掌声中,一篇短文即可写成,还耽误不了鼓掌。倘多日不开会,则脑海活动,似将停止,"江郎"仿佛"才尽"。此时我反而期望开会了。这真叫做没有法子。[46]

东 方 学 人

李羡林

1992年,季羡林在鲁迅文学院讲课。

这种事,本来是秘而不宣的,但是时间长了,也就难免泄露了。

这个秘密被细心的张学书发现了。张学书一直在校部担任领导职务,从北京大学团委书记到副校长。季羡林1962年住到13公寓,张学书1963年住进去,正好在季羡林楼上,两家做邻居已经三十多年了。他们两家相处得很好,是睦邻友好的典型。张学书比季羡林小13岁,家里人叫季羡林为季爷爷,叫季夫人为季奶奶,也管季羡林的婶母叫老祖。季羡林当了副校长之后,两人就常在一一起开会。张学书发现季羡林对时间长而内容空的会议不大感兴趣,有时却从口袋里随手掏出一张小纸片在写着什么。张学书以为他对不感兴趣的会还做笔记,但过几天他的一篇散文发表了,这才发现他是在开会时"一心二用",利用这时间的"边角废料"构思文章,先在一张纸片上写好提纲,回到家里,一写一抄,一篇优美的散文便创作出来了。不仅在开会时,在上下班的路上,在偶尔散步的时候,他也经常思考问题,打着腹稿。走路时,他会忽然停下来,从口袋里掏出小纸片,记上几句。等公交车时,他也会在报纸的空白处写写画画。

当然,这样写出来的大多是小品、随笔、书评、散文之类的作品,而这期间大部头的学术著作,还是利用清晨的那三个多小时。

季羡林在查阅资料

注释

[1] 张岱年:《张岱年自传》,成都:巴蜀书社,1993年版,第57页。

[2] 金春明:《"文化大革命"史稿》,成都:四川人民出版社,1995年版,第176页。

[3] 冯友兰:《三松堂全集》(第一卷),郑州:河南人民出版社,1985年版,第158页。

[4] 李振中:《学者的追求(九)》,载《阿拉伯世界》1995年第4期。

[5] 季羡林:《写作〈春归燕园〉的前前后后》,见《我的心是一面镜子》,延吉:延边大学出版社,1996年版,第171页。

[6] 同上书,第171—172页。

[7] 季羡林:《记周培源先生》,见《怀旧集》,北京:北京大学出版社,1996年版,第117页。

[8] 乐黛云:《大江阔千里》,见《人格的魅力——名人学者谈季羡林》,延吉:延边大学出版社,1996年版,第70—71页。

[9] 李振中:《学者的追求(九)》,载《阿拉伯世界》1995年第4期。

[10] 季羡林:《我的心是一面镜子》,载《东方》1994年第5期。

[11] 新凤霞:《我想念老舍先生》,载《新观察》1984年第5期。

[12] 季羡林:《我记忆中的老舍先生》,见《季羡林小品》,北京:中国人民大学出版社,1993年版,第238页—240页。

[13] 泰戈尔:《泰戈尔诗选·飞鸟集》,郑振铎译,长沙:湖南文艺出版社,1991年版,第82页。

[14] 季羡林:《我的童年》,见《季羡林小品》,北京:中国人民大学出版社,1993年版,第175页。

[15] 张学书:《三十三年老邻居》,见《人格的魅力——名人学者谈季羡林》,延吉:延边大学出版社,1996年版,第40页。

[16] 冯友兰:《三松堂全集》(第一卷),郑州:河南人民出版社,1985年版,第171页。

[17] 季羡林:《爽朗的笑声》,见《怀旧集》,北京:北京大学出版社,1996年版,第16页。

[18] 同上书,第17—18页。

[19] 冯友兰:《三松堂全集》(第一卷),郑州:河南人民出版社,1985年版,第161—162页。

[20] 季羡林:《我的心是一面镜子》,载《东方》1994年第5期。

[21] 李振中:《学者的追求(九)》,载《阿拉伯世界》1995年第4期。

[22] 冯友兰:《三松堂全集》(第一卷),郑州:河南人民出版社,1985年

版,第159页。

[23] 季羡林:《二月兰》,见《怀旧集》,北京:北京大学出版社,1996年版,第133页。

[24] 冯友兰:《三松堂全集》(第一卷),郑州:河南人民出版社,1985年版,第169—170页。

[25] 季羡林:《写作〈春归燕园〉的前前后后》,见《我的心是一面镜子》,延吉:延边大学出版社,1996年版,第172—173页。

[26] 季羡林:《八十述怀》,见《我的心是一面镜子》,延吉:延边大学出版社,1996年版,第236页。

[27] 金克木:《槛外人语》,杭州:浙江人民出版社,1996年版,第184—185页。

[28] 季羡林:《怀念西府海棠》,见《我的心是一面镜子》,延吉:延边大学出版社,1996年版,第188页。

[29] 同上书,第189页。

[30] 《中华人民共和国教育大事记》,北京:教育科学出版社,1983年版,第433页。

[31] 李振中:《学者的追求(九)》,载《阿拉伯世界》1995年第4期。

[32] 同上。

[33] 《中华人民共和国教育大事记》,北京:教育科学出版社,1983年版,第453页。

[34] 季羡林:《梦萦未名湖》,见《我的心是一面镜子》,延吉:延边大学出版社,1996年版,第220页。

[35] 季羡林:《二月兰》,见《怀旧集》,北京:北京大学出版社,1996年版,第131页。

[36] 季羡林:《二战心影》,见《我的心是一面镜子》,延吉:延边大学出版社,1996年版,第359页。

[37] 季羡林:《季羡林自传》,南京:江苏文艺出版社,1996年版,第247页。

[38] 同上书,第246页。

[39] 同上书,第250—251页。

[40] 季羡林:《爽朗的笑声》,见《我的心是一面镜子》,延吉:延边大学出版社,1996年版,第139—140页。

[41] 季羡林:《季羡林学术论著自选集·自序》,北京:北京师范学院出版社,1991年版,第13页。

[42] 季羡林:《写作〈春归燕园〉的前前后后》,见《我的心是一面镜子》,延吉:延边大学出版社,1996年版,第174—175页。

[43] 同上书,第 176 页。
[44] 季羡林:《春归燕园》,见《我的心是一面镜子》,延吉:延边大学出版社,1996 年版,第 142—143 页。
[45] 杨匡满:《为了下一个早晨》,载《人民日报》1984 年 2 月 22 日。
[46] 季羡林:《季羡林自传》,载《文献》1989 年第 2 期。

> 我恨不得每天有48个小时用来工作,我始终不敢放松一分一秒。如稍有放松,静夜自思就感到十分痛苦,好像犯了什么罪,好像在慢性自杀。
>
> ——季羡林:《〈罗摩衍那〉后记》

DONGFANG XUEREN
东 方 学 人

季羡林

1. 大杂学

2. 四大文化体系论和东西文化互补论

3. "拿来"主义和"送去"主义

4. 文化交流研究

第八章 学界泰斗

1. 大杂家

中国学术史上从汉代开始就有了"杂家"的概念,指的是战国至汉初一个博采各家学说的综合学派。

学派的提法,早在《史记》一书中就有。《史记·太史公自序》记载,司马迁的父亲司马谈第一次提出先秦至汉初学术上的六个主要派别:阴阳、儒、墨、法、名、道德。他认为"六家"所从之道不同,然殊途同归,皆"务为治者也"。班固在《汉书·艺文志》中进一步扩大为"九流十家":儒、墨、道、名、法、阴阳、农、纵横、杂、小说。而"十家"中"其可观者九家而已",这是因为小说家属于文学范围以内,是街谈巷语,道听途说者之所造,所以称"小说家"以外的"九家"为"九流"。这"九家""皆起于王道既微,诸侯力政,时君世主,好恶殊方,是以九家之术蜂出并作,各引一端,崇其所善,以此驰说,取合诸侯。其言虽殊,辟犹水火,相灭亦相生也"。而"九流"中的"杂家",其特点是"兼儒墨,合名法,知国体之有此,见王治之无不贯,此其所长也。及荡者为之,则漫羡而无所归心"。颜师古进一步的解释是"王者之治,于百家之道无不贯综",所以杂家学派大体上反映了封建"大一统"国家在创建过程中一种文化融合的趋势。

季羡林被称为"杂家",当然与古代学术史上的学派不同,此"杂家"不是兼儒墨、合名法于"九流十家"之道无不贯综,而是指学术研究兴趣广泛,涉猎面宽,不专一,但兴趣所及,又都有成就。就学术界普遍的看法来说,季羡林是兼容百家、学贯中外的人文社会科学界泰斗,是语言学家、民族学家、翻译家、历史学家、教育家、佛学家……其涉足学术领域之广,当世罕见;宗教、语言、哲学、文学、历史、经济……大凡人文社会科学的各个领域,几乎无不留下他探索的足迹。

探寻季羡林成为"杂家"的起因,是当代学术界最引人注目的课题之一,也是学人最感兴趣的话题之一。季羡林自己轻描淡写,把这归之于"偶然性",而偶然性其实就是除掉迷信成分的缘分。[1]

可那是一种什么样的缘分啊!

季羡林在书房

上小学时,季羡林在《四书》之外,《彭公案》、《济公传》、《西游记》、《三国演义》、《红楼梦》……几乎是无书不读,而且还开始对学习英语有了浓厚的兴趣。

中学时代,季羡林的英语和作文都成为班、校之冠,他甚至开始翻译英国作家吉卜林的短篇小说。

到大学里,季羡林选系科时想过学数学或经济,最后学了西洋文学,学的课程包括文艺复兴文学、中世纪文学、西方长篇小说、莎士比亚、欧洲文学史、中西诗之比较、英国浪漫派诗人、中古英语、文学理论批评等,还选修了文艺心理学、佛经翻译文学、陶渊明诗歌等课程,兴趣之广,语言、文学、历史、宗教几乎都涉及到了。他还写散文,又搞翻译,在天津

《大公报》副刊上发表书评,在叶公超主编的《学文》上发表散文,翻译的屠格涅夫的《玫瑰是多么美丽,多么新鲜呵……》、史密斯的《蔷薇》、杰克逊的《代替一篇春歌》也都发表了。在德国哥廷根大学留学期间,他又苦读五年,学习了梵文、巴利文、吐火罗文、阿拉伯文等,读吠陀、《大疏》、《十王子传》……

回国后,季羡林兴趣最大、用力最勤的佛教梵文和吐火罗文研究,由于缺少起码的研究资料,已无法进行。"适者生存",季羡林为此提出一句口号:"有多大碗,吃多少饭。"国内有什么研究资料,就从事什么研究工作,反正"巧妇难为无米之炊",不管多么不甘心,也只能这样做。于是,他只得来翻译文学作品。解放初期,他翻译了德国女小说家安娜·西格斯的短篇小说,以后又翻译迦梨陀娑的《沙恭达罗》和《优哩婆湿》以及《五卷书》和《佛本生故事》等。但此时他没有立志专门研究外国文学,用力最勤的还是中印文化关系史和印度佛教史,《唐代中印关系史》的提纲都已写好,可惜因循未果。"文革"以后,他迫不得已,为满足闲不住的习惯,翻译印度大史诗《罗摩衍那》。所以,季羡林成为"杂家",主观、客观因素都有。

> 我在大学里读的是西洋文学。毕业后,因为找不到适当的工作,滥竽充数,在高中教了一年国文。随后出国,开始学习梵文、巴利文、吐火罗文等等。回国以后,又由于种种原因,原来的研究工作,难以进行,我又东抓西抓,翻译过德国短篇小说和古代印度戏剧、大史诗、寓言童话集等等,也写过有关中印关系、印度历史、印度古代语言和佛教以及吐火罗文的文章。总之,我从一开始就变成一个地地道道的"杂家"。[2]

在另一个场合,季羡林又说:

> 我这一生是翻译与创作并举,语言、历史与文艺理论齐抓,对比较文学、民间文学等等也有浓厚的兴趣,是一个典型的地地道道的"杂家"。我原以为,我成为"杂家"是被环境逼出来的。现在看起来,似乎并非如此,我真好像是有一些"杂家细胞"。现在环境早已改变了,而我仍然是东抓西抓,还乐此不疲,这事实我能否认掉吗?我早已年逾古稀,至今仍无改变的迹象和意愿,我恐怕将以"杂家"终了。[3]

季羡林是中外知名的学者。知名,这"名"确是实之宾,与有些人舍正路而不由,也就真像是"抟扶摇而上者九万里"的不同。季羡林涉猎的太多,而且既精且深,就算是概貌吧,他的学问也大致有三个方面:一是语言,他通很多,母语即汉语之外,世上通行的英、法、德之类也可不在话下,他还通晓早已作古的梵文和吐火罗文。另一个方面可以算作重点,是研究、翻译有关印度的经典著作。这方面,他用力最多,贡献最大。这类必须具有为学术而献身的精神才能从事的工作,很少有人肯做,也很少有人能做。第三个方面是他兴趣广泛,有时也从象牙塔里走出来,走向十字街头,就是说,他也写杂文、随笔,甚至抒发幽情的散文。[4]

首先从语言学、翻译、宗教学、教育学、民族学、人学、模糊学等学科说起。

季羡林是国内外公认的著名语言学家,是中国语言学会会长、国家语言文字工作委员会委员,他所精通的语言,几乎可以和他的恩师陈寅恪相媲美。他在语言学研究方面的贡献,可以从他的几部代表论著中窥其一斑。

《印度古代语言论集》收入了季羡林用德、英、汉三种语言写成的论文13篇,出版于1982年。在13篇论文中,其中用德文发表的5篇中有3篇,即博士论文《〈大事〉中偈陀部分限定动词的变格》和其姊妹篇《中世印度语言中语尾-am向-O和-U的转化》、《使用不定过去式作为确定佛典年代和来源的标准》,用比较语言学的方法,对现存佛教经典进行对比、分析,从而描述、发现和证明古代印度语言,尤其是佛教语言各种形态的变化特点,为判定这些经典产生的地点、年代及它们在印度及中亚地区流传的历史状况提供了可靠的依据。他的论文在该领域多有创见,取得的一系列研究成果具有开拓意义。

季羡林的第二部语言学著作是《原始佛教的语言问题》,在1985年出版。这部著作收入季羡林从20世纪50年代到80年代所写的论文4篇,这些论文引证巴利文《小品》中的一个故事,说明原始佛教的一个较为重要的语言问题。佛教在初兴时是反对占统治地位的婆罗门教的,坚决反对婆罗门教的语言梵文,原始佛典中佛曾说过一句话:"我允许你们,比丘呀,用(你们)自己的语言来学习佛所说的话。"[5]这句话的记载既不是梵文,也不是纯粹的摩揭陀语。季羡林最后证明原始佛典的语言是佛佗自己出生和活动的印度东部的古代半摩揭佗语。他的结论是:

> 一部用东部方言,更具体一点说,就是用古代半摩揭陀语写成的佛典曾经存在过。这就是所谓原始佛典。后来佛教其他宗派的经典,巴利文佛典也包括在内,都是或多或少地从这一部佛典里演变出来的;最古的那一部分甚至可以说是翻译过来的。[6]

在这几篇论文中,季羡林对美国梵文学者弗兰克林·爱哲顿在《佛教混合梵文文法和字典》这部著作中的错误观点和方法论进行了批驳。

1976年在德国哥廷根举办的最古佛教传承的语言暨佛教研究座谈会上,贝歇特等人主张"既然佛的语言政策允许使用各自的方言,而方言又是多样化的,当时还没有可能规范化。说方言的人能互相了解。因此,不可能有一个原始佛典的语言"。季羡林的论文对这一观点进行了系统的批驳,尤其是对他们研究的方法论提出质疑,认为在贝歇特的心目中,语法现象完全被实用主义态度曲解,好像小孩玩积木一样可以任意摆弄,所以其方法论是根本站不住脚的。季羡林的这些论文还用翔实的资料、扎实的论证,匡正了一些所谓"国际权威学者"的错误结论,具有国际一流学术水平,对佛教尤其是原始佛典的研究有具体的指导意义。季羡林在论文中,把研究印度中世纪语言的变化规律和研究印度佛教历史结合起来,从中探寻出一些主要佛教经典的产生、演变及流传过程,借以确定佛教的重要派别产生、流传的过程。这对佛教研究的指导意义是毋庸置疑的。

季羡林从20世纪30年代开始发表翻译作品,已经有六十多年的翻译史,仅在国内外产生过重要影响的译作,就有卡尔·马克思著《论印度》(与曹葆华合译)、《安娜·西格斯短篇小说集》,迦梨陀娑著《沙恭达罗》、《五卷书》、《优哩婆湿》,八卷本的《罗摩衍那》。其中,《罗摩衍那》荣获1994年国家图书奖。季羡林在从事翻译工作开始的时候,就十分注意翻译的理论探讨。他反对间接翻译,比方说一本原来是用俄文写作的著作,译者不从俄文翻译成中文,却从日文翻译成中文,翻译已经倒了一次手,结果译文的意义似乎明白又似乎不明白,念一句就像念天书一般,一个长到两三行充满了"底"、"地"、"的"的句子念到一半的时候,已经如坠五里烟雾中。这种转译现象的原因很复杂,但主要原因是不懂原著的语言。20世纪40年代,季羡林认识一个人,他一个俄文字母都不懂,但从俄文译出来的作品却汗牛充栋。上海的一个大学者,以译俄国社会科学著作出了名,但他根据的却是日译本。季羡林主张倘若对一个外国诗人、戏剧家、小说家真有兴趣的话,就应该有勇气去学他使用的那一国的语言。季羡林还反对以译者冒充著者的缺德行为,丁福保"著"了一部《佛学字典》,原来却是日本织田得能的《佛教大词典》的翻译。对这样的盗窃行为,季羡林异常气愤。[7]

20世纪90年代,季羡林主编一套丛书。一个朋友向他推荐一部译稿,希望收入他主编的这套丛书。朋友说译者英文水平是高的,曾多次担任口译工作,在笔译方面也出过两部书。这样的朋友和译者应该说都是信得过的。译稿就要寄出版社付排了,但季羡林一时心血来潮,想看一看译稿。和原文一对照,发现了一些问题,他自己又拿不准,就央求周一良把译文同原文对照几页，结论也是译文有问题。为此，季羡林重申严复的"信、达、雅"原则，觉得"译事三难，信、达、雅"，仍然是可以信守的。他认为三个字中，以第一个"信"字为基础、为根本，这个"信"字做不到就根本谈不到翻译。探讨翻译问题，评论翻译作品，首先就是看他"信"不"信"，即是否忠实于原文。这一点做不到，就不叫翻译。他把译本分成三类："信、达、雅"都合于标准，是上等；能"信"，而"达、雅"不足，是中等；不"信"、不"达"、不"雅"，是下等。译而不"信"的原因有两方面：一是外语水平，一是工作态度。季羡林说学习外语，有如鲤鱼在黄河中逆水上溯，前一段也许并不困难，一旦到了"龙门"跟前，想要跳过"龙门"却万分困难。有的人一辈子也跳不过"龙门"，终生只能是一条鲤鱼。每一种外语都有一个"龙门"，天赋高而又勤奋者，"龙门"近一点，否则就远。跳过一个"龙门"，才勉强会有一点语感，这一门外语就算是被掌握、被征服了，而这一突变是用艰苦的劳动换来的。工作态度是认识问题。有的人当自己还是一条鱼的时候，便傲然认为自己已经成龙，连字典也懒得查了。当年赵景深将"天河"、"银河"译为"牛奶路"，受鲁迅讥讽，成为译界的笑话，但现在这样的例子不仅没减少，反而有所增加，几乎比比皆是，如把"牧师"译为"上帝的人"、"导论到此为止"译为"导论是这样远了"，都是由于缺乏自知之明或者由于懒惰而造成的笑话。更糟糕的是原文看不懂，却一不请教别人，二不查字典，便随便翻译一通或者干脆删掉，此属假冒伪劣一类。为此，季羡林提倡建立和健全翻译的监督机构，以克服这种"翻译危机"。[8]

季羡林自己在翻译过程中的认真负责，仔细推敲，《罗摩衍那》是最好的证明。他作为一位举世公认的语言大师，不论是在从外文翻译成汉文时，还是在从古代汉语翻译成现代汉语时，抑或是在自己从事散文创作、学术研究时，都强调一个"真"字，追求一个"真"字。他成功的窍门是：

> 事实上，我现在胆子越来越小，经常翻查词典；往往是心中想出一个词儿，如果稍有怀疑，则以词典为据；词典中没有的，决不写进文章。简直有点战战兢兢的意味了。[9]

这样认真的一种态度，是任何进行翻译、文学创作和学术研究的人应认真学习的。

季羡林教过一年高中，教过五十多年大学，当过三四十年系主任，六年大学副校长，积累了许多丰富的教育经验，他作为教育家是当之无愧的。他的兼职中有中国外语教学研究会会长、中国高等教育学会副会长等职务,这都是对他作为教育家的肯定。作为国务院学位委员会委员,季羡林关心学位与研究生教育,曾经撰文专门谈自己在这方面的观点和经验。他的外语教学法和培养研究生的经验,都受到过好评。然而,作为著名学者、教育家的季羡林,最关注的是高校学生的人文素质。针对我国教育界重工科轻理科、重理科轻文科的偏向,季羡林提出提高大学生人文素质的问题。他认为要建设有中国特色的社会主义,要有人才,要出人才,不能没有教育。社会上一股只重视科技的风气,对学生产生了极为不利的影响,两个文明实际上只抓了物质方面,而忽视了精神方面。他认为只抓物质,只抓科技而能兴国者,未之有也。

季羡林注意到,《齐鲁学刊》有一篇文章讲到人文社会科学也是生产力,但没有引起太多注意。1995年10月22日,《光明日报》报道江苏张家港的经验,有一篇《精神文明也出生产力》的文章,用了一个"出"字,引起广泛注意。抓大学生的人文素质教育,就是抓精神文明建设。人文素质教育是一个十分复杂的系统工程,绝非一个方面、一种方法所能胜任,必须各方面通力合作,利用一切能利用的方式来进行才能奏效。但是教育的重点在于两方面:一是爱国主义,一是骨气、气节。季羡林认为爱国主义是中国几千年的历史环境所决定的,但爱国主义有真假之别,有正义与邪恶之分。被侵略、被压迫国家和人民的爱国主义是真的、正义的爱国主义,侵略者、压迫者的"爱国主义"是假的、邪恶的"爱国主义"。只要想一想德国法西斯和日本军国主义的"爱国主义",就一清二楚了。骨气、气节属于道德范畴,在中国文化传统中伦理道德占的成分最大。讲是非、辨善恶更是核心之一。孟子的"富贵不能淫,贫贱不能移,威武不能屈,此之谓大丈夫",说得最为具体生动,对于"非"的东西,对"恶"的东西,必不能迁就妥协,虽牺牲性命也在所不辞,这就叫做气节或者骨气。爱国主义和气节,就是对大学生进行人文素质教育的本钱,必须善于利用。为配合人文素质教育,季羡林建议:

> 在大学所有的学科中,文、理、法、农、工、医,都普遍开大一国文课,分量不必太大,不及格,不能毕业;在所有的学科中设哲学课,以马克思主义哲学为纲领,讲一点中国哲学、印度哲学和自古希腊罗马开始的西方哲学,目的在于训练学生的思维能力和分析能力;文理学生互选对方的一门课,世界学术发展的趋势是文理接近或融合,可为文科学生编一部"自然科学概论";进行美术教育,包括书法、绘画、音乐、戏剧、曲艺等,不专门设课,以课外活动形式,由学生自由组合,由学校、学生会或团委加以协助与指导。[10]

季羡林和他的博士生在一起

季羡林就教育和人文社会科学问题不停地大声疾呼。他认为对教育的投入之所以严重不足，主要不在财政上有困难，而在思想上对教育是"立国之本"这一点认识不足。往往是口号多，行动少，连"教育法"中都不肯将对教育的投入按世界各国平均水平规定下来，这不免令人失望。人文社会科学没有受到应有的重视，季羡林觉得这更令人担忧，他曾认为中国科学院、国家科委都名不副实，因为不包括社会科学，应改为中国自然科学院、国家自然科委。他认为建国以来我们最大的失误，在于不承认社会科学是科学。从20世纪50年代时，就有"瞎指挥，胡折腾"的现象，有时把规律当做迷信来破除，最后弄到经济几乎全面崩溃。现在真想按规律办事，但仍习惯性地对社会科学不够重视，如仅把社会科学的作用局限于精神文明建设，不认为社会科学也关系到经济建设的成败、国家管理的好坏、民族素质的高低；对社会科学的财政投入极其可怜；自然科学恢复了院士制，工程学科增建了院士制，而社会科学院士制迟迟不能进行，并且阻力很大，等等。

季羡林的清华大学同学吴组缃对自然科学、社会科学打过一个精辟的比喻："如果用人体做比方，社会科学好像身上的骨架，自然科学好像身上的血脉，两者都不可偏废。脊梁骨有了病，轻则致残，重则瘫痪，甚至死亡。"季羡林则进一步强调：

> 社会科学其实起着帅的作用。它对国家的管理，社会的进步，经济的发展，民族的凝聚力，都有相当直接的关系。科技当然重要，它是强大的活跃的生产力，能够推进社会的变革。但科技不能脱离那个时代的社会科学水平和社会机能的制约而起作用。如果社会的管理水平低，吏治腐败，文盲遍地，那就会大大限制乃至抵消科技所能发挥的作用。第二次世界大战的经验更告诉我们，现代武器掌握在法西斯手中，实在非常可怕。要知道，掌握科技的毕竟是人，是一定社会制度下具有一定思想、一定文化素质的人。所以，只重视科技的那种"科学主义"是应该反对的。照我看，社会科学是"帅"，技术科学是"兵"。[11]

季羡林作为一个教育家所具有的战略眼光，提出的石破天惊的议论，令人深思。

季羡林接触佛教研究，已经有五十多年的历史了。在清华大学上学时，他听了陈寅恪的课后，就开始对佛经翻译感兴趣。到德国留学后他开始学习梵文、巴利文和吐火罗文，这是他走上研究佛教道路的开始。从那以后60年过去了，不管他的研究对象"杂"到什么程度，他对佛教的研究始终锲而不舍，兴趣也始终没有降低。季羡林研究宗教，但从来没有信过任何宗教,对佛教也不例外。他从几十年的研究中得到一条经验:对世界上的任何宗教,只要认真地用科学方法加以探讨,就会发现其教义与仪规都有一个历史发展过程,都有其产生的历史根源,都是人为地制造出来的。因此,研究越深入,则信仰越淡薄。如果宗教研究者竟然相信了一种宗教,那就说明他的研究不实事求是,不够深入,是自欺欺人。[12]

季羡林与赵朴初交谈佛教问题

季羡林之所以研究宗教,是他觉得任何社会现象都是极其复杂的,宗教作为上层建筑更是如此,优点和缺点有时纠缠在一起,很难立即做出定性分析,所以要摒除一切先入之见,细致地、客观地、平心静气地研究宗教。季羡林曾与著名哲学家冯定讨论过宗教前途的问题,他们俩一致认为:国家、阶级先消灭,宗教后消灭,即使人类进入大同之域——共产主义社会,在一定时期内,宗教或者类似宗教的想法,还会以某种形式存在着。因此,他认为对任何宗教,我们一方面决不能去提倡,另一方面也用不着故意去"消灭",因为这样做毫无用处。如果有什么地方宗教势力抬头了,我们一不张皇失措,二不忧心忡忡,张皇无用,忧心白搭。宗教是在人类社会发展到某一阶段产生出来的,它也会在人类社会发展到某一阶段时消灭。操之过急,徒费力气。我们的职责是对人民进行唯物

主义无神论教育,至于宗教是否因之而逐渐消灭,我们可以不必过分地去考虑。季羡林分析说:

> 宗教会不会成为社会发展、生产力发展的障碍呢?会的,但并非决定性的。研究宗教史,我们会发现一个很有趣的现象:宗教会适应社会的发展、生产力的发展而随时改造自己,改变自己。在欧洲,路德的宗教改革是一个例证。在亚洲,佛教小乘改为大乘,大小二乘在个别国家,比如说在日本,改为和尚能结婚,能成家立业,也是一个例证。在日本,佛教不可谓不流行,但是生产力也不可谓不发达,其间的矛盾并不太突出。……我们是否可以这样说:佛教在日本,不管是以什么形式存在,一方面能满足人们对宗教的需要,另一方面又不妨碍生产力的发展,所以才能在社会上仍然保持活力呢!我感觉到,我的这些议论颇有点怪论的味道。但是,我确实是这样想的,我不愿意欺骗别人,所以就如实地写了出来,以求教于方家。[13]

在季羡林看来,汉族不能算是中华民族中一个宗教性很强的民族。汉族信仰的宗教最大最古的只有两个:一个是土生土长的道教,一个是从外面传入的佛教。在利用宗教达到政治目的或其他目的方面,汉族在几千年的历史上表现出了非凡的本领,其他民族望尘莫及。然而对于宗教,比如说道教和佛教,除了道士和尼姑、和尚以外,老百姓信这两种宗教都信得马马虎虎,佛教寺庙里有时有道教的神,而且佛、道两种庙里,有时竟会出现孔子与关圣帝君文武二圣人。过去,有钱人家办丧事,既请和尚也请道士,各唱各的调,各吹各的号,一团和气,处之泰然。因此,整个中国历史上没有一次宗教战争。[14]如果不同宗教的信徒们能互相尊重,互不相仿,则中国社会必能安定团结,世界人民也必能安定团结。[15]

季羡林的日本朋友中村元在大学里是一个严谨的学者,客观地研究宗教问题,但一进入寺院就变成了一个信徒。他从口袋里掏出念珠,匍匐在大佛像前,肃穆虔诚,宛然另外一个人。这有没有矛盾呢?季羡林觉得他看不出来,看来二者完全可以和谐地结合起来。所以,他说人生的需要多矣,有一点宗教需要,也用不着大惊小怪。只要不妨碍他对社会和国家做出贡献,是可以听其自然的。[16]马克思讲过一句话,大意是宗教是有宗教需要的人们所创造的。"宗教需要"有多种含义:真正的需要,虚幻的需要,甚至麻醉的需要,都属于需要的范畴,其性质虽然大相径庭,但其为需要则一也。季羡林认为否认这一点,不是一个唯物主义者。[17]

季羡林与日本学者中村元在未名湖畔

季羡林对宗教问题总的态度是：

> 我们信仰马克思主义，我们是唯物主义者。宣传、坚持唯物主义是我们的天职，这一点决不能动摇。我们决不能宣传有神论，为宗教张目。但是，唯其因为我们是唯物主义者，我们就必须承认客观实际：一个是历史的客观实际，一个是眼前的客观实际。在历史上确实有宗教消灭的现象，消灭的原因异常复杂。总起来看，小的宗教，比如会道门一类，是容易消灭的。成为燎原之势的大宗教则几乎无法消灭。即使消灭，也必然有其替代品。……在人类历史

上,靠行政命令的办法消灭宗教,即使不是绝无仅有,也是十分罕见的。[18]

没有偏见,没有偏袒,要承认宗教的客观存在,要对宗教进行客观的实事求是的研究,这就是季羡林作为一个宗教学家对宗教所持的态度。他的著作《佛教与中印文化交流》、《季羡林佛教学术论文集》以及其他佛教研究的学术论文,都是这种唯物主义态度指导下研究的成果。

季羡林作为在佛教史、佛学史领域真正能够利用原始佛典进行研究的佛学家和语文学家,从而对宗教学研究做出了杰出贡献。他认为要想了解和研究佛教,至少应懂得梵文。他深深赞许一千多年以前玄奘那样的伟大学者,而以后却后继无人,连有名的高僧在解释音译梵字的时候,都出现了不少误解。现在竟有无知妄人公然主张学佛经当以中译本为主,这真不知道该说什么好了。[19]他研究佛教原典,分析语言的变化,对不同文本进行对比,进而在佛教史的研究领域内不断提出新问题,使真知灼见层出不穷。

作为民族学家的季羡林,是人们平常最不注意的,但在这方面他的成就却是非常突出的。季羡林对民族学的贡献,主要表现在两方面:一是提倡各民族平等说,二是对西域各民族进行具体细微的研究。季羡林认为在过去几千年的文明史上,全世界各个民族在不同的地域和不同的时间内,各自创造出水平不一、内容悬殊的文化,这是一个历史事实,不容否认,哪一个民族也无权垄断整个文明的创造。他认为一个民族或若干民族的文化延续时间长又没有中断,影响比较大、基础比较统一稳固、色彩比较鲜明,能形成独立的体系的文化,就是文化体系。世界文化中共有四个文化体系,即中国文化体系、印度文化体系、波斯阿拉伯伊斯兰文化体系、欧洲文化体系。这四个文化体系,三个属于东方,一个属于西方。埃及和巴比伦文化久已中断,而阿拉伯伊斯兰文化继承了它们的一些东西,因此可以把它归入阿拉伯伊斯兰文化体系。美国则可以归入欧洲文化体系,不能成为独立的文化体系。各文化体系之间、各民族之间都是平等的,不能说哪一个体系比哪一个体系优越、高明。季羡林主张我们反对那种民族自大狂,认为唯独自己是文化的创造者、是"天之骄子",而其他民族都是受惠者。他既反对历史上曾经有过的"中国中心论",又反对现在的"西方中心论"。季羡林对民族的文化发展规律进行了分析:

> 我觉得,一个民族的文化发展约略可以分为三个步骤:第一,以本民族的共同的心理素质为基础,根据逐渐形成的文化特点,独立发展。第二,接受外来的影响,在一个大的文化体系内进行文化交流;大的文化体系以外的影响有时也会渗入。第三,形成一个以

本民族的文化为基础、外来文化为补充的文化混合体或者汇合体。[20]

各个民族都是平等的,世界各民族是如此,一个国家内部也是如此。季羡林经常强调,中国文化是56个民族共同创造的,但是讲中国文化的人却往往只讲汉族的文化,而忽视其他55个少数民族的文化,这种现象应该改变。中国的历史包括56个民族的历史,不能只是汉族的历史。为此,季羡林本人十分重视对国内各少数民族历史的研究。对民族进行研究,季羡林十分重视语言和风俗的研究。他对语言的研究,是众所周知的。而对于民俗的研究,则不少人不十分清楚。这是因为在一般人心目中,一个民族的风俗习惯只不过是一些细枝末节,不足以登大雅之堂。季羡林批评了这种观点,他指出:

> 从大处来看,风俗习惯是一个民族文化的组成部分,可能还是重要的组成部分。这些风习有的是在极长的历史时期中形成的。研究一个民族的文化而不深入风习,则所得结果必然是不全面的,甚至是错误的。稍微对这个问题有点研究的人,都会承认这一点。
>
> 从小处来看,一件件一桩桩的民族风习,往往能代表一个民族区别于别一个民族的特点。要同别的民族交往,必须懂得这些特点,不然的话,难免产生一些误会。小之引起一些不快,大之则能导致严重的后果。历史上这种事情已经发生过不少次了,并不是我在危言耸听。[21]

～ 季羡林和钟敬文在一起交谈民俗学问题

季羡林对风俗文化的研究具体而细微,一个葫芦神话、一个喷嚏、一个民间故事、一点原始社会风俗的残余,都能引起他的兴趣,可以"小题大做"而成文章,而且产生了广泛的影响。他是中国民族古文字研究会名誉会长、中国民俗学会顾问。他在山东大学《民俗研究》创刊10周年时题词说:"民俗研究之重要意义隐而不彰者久矣,不意山大之《民俗研究》竟能长时间继续出刊,而又备受欢迎,谨以数语致以祝贺。"[22]这表明了他对民俗研究的重视。

1999年,印度国家研究院授予季羡林名誉院士称号。

从季羡林学术研究涉及的佛教梵文、吐火罗文、印度古代文学、印度佛教史、中国佛教史、中亚佛教史、糖史、中印文化交流史、中外文化交流史、中西文化比较、美学、中国古代文艺理论、西方文学、比较文学、民间文学、散文创作完全可以看出,他学术研究的特点还是一个字:"杂"。季羡林认为纵观中外几千年的学术史,学问家中真正"杂"而"精"的人极少。这种人往往出在社会昌明繁荣的时期,比如古希腊的亚里士多德、文艺复兴时期的达·芬奇,以及后来德国古典哲学中的大哲学家。他们是门门通,门门精。他认为自己在"杂"中还有重点,所谓"重点"就是毕生倾全力以赴、锲而不舍地研究的课题。并且他在研究这些课题之余,涉猎重点课题以外的一些领域。间有所获,就写成了文章。

季羡林认为清儒分学问为三门:义理、辞章、考据。最理想的是三者集于一人之身,但这确实是相当难的。桐城派虽然如此主张,但是,他们真正的成就多半在"辞章"一门,其他两门是谈不上的。他自己最不喜欢"义理",这些道理恍兮惚兮,他认为自己愚钝,看不出其中的什么,他喜欢实打实、摸得着、看得见的东西。这是由其禀赋所决定的,难以改变。他在三门学问中最喜爱"考据",亦称考证。"考据"严格说来,只能算是一个研究方法,其精髓就是无证不信,拿证据来,不容你胡思乱想,毫无根据。德国实证主义的研究方法,其精神与中国"考据"并无二致,其目的在拿出证据,追求真实,然后在确凿可靠的证据的基础上,抽绎出实事求是的结论。德国学术以其"彻底性"(Gründlichkeit)蜚声世界。季羡林的学术研究潜移默化中受到了中德两方面的影响。中国的陈寅恪、汤用彤都是考据名手。德国的 Sieg、Waldschmidt、H. Lüders 也都是考证巨匠。他一生小心翼翼地跟在他们后面行走。到了晚年,他的学术研究,由"考据"到兼顾"义理"。他"老年忽发少年狂",竟对"义理"产生了兴趣,发表了许多有关"义理"的"怪论"。

季羡林认为自己所发的"怪论"中首先是谈中西文化异同问题的。经过多年的观察与思考,他处处发现中西文化是不同的。他的基本论点是东西方思维模式不同:东方综合而西方分析。这种不同的思维模式表现在许多方面。举其荦荦大者,比如在处理人与大自然的关系问题上,西方对自然分析再分析,征服再征服。东方则主张"天人合一",用张载的话来说就是:"民,吾同胞;物,吾与也。"结果是由西方文化产生出来的科学技术,在为人类谋了很大的福利之后,其弊端日益暴露,比如大气污染、臭氧层出洞、环境污染、淡水资源匮乏、生态平衡破坏、新疾病层出不穷等等,哪一个问题不解决都能影响人类生存的前途。将近200年前英国浪漫派诗人雪莱就曾预言过这些,如今不幸而言中。这些东西难道能同西方科技的发展分得开吗?令人吃惊的是,到了今天竟还有少数学者,怀抱"科学"的尚方宝剑,说他的说法不"科学",没有经过"科学"的分析。

其次是季羡林认为中国通史必须重写。从近代以来,一些学者颇写了一些《中国通史》之类的著作。根据丰富的历史资料,观点则见仁见智,各不相同,这些书不同程度地受到了读者的欢迎。建国以后,提倡学习马克思主义,可是学习的马克思主义是苏联版的,带有斯大林的印记。在"一边倒"的影响下,人文社会科学研究,其中当然包括历史研究,都受到了感染。专以中国通史而论,历史分期问题议论蜂起,异说纷纭,仅"封建社会起源于何时"这个问题,就争论不休,意见差距超过千年,至今也没有大家比较公认的意见,只好不了了之。季羡林怀疑这样的争论究竟有什么意义。农民革命战争问题,史学家也是赞颂不休,说什么农民战争是推动社会前进的动力。历史事实证明,农民战争即使是胜利了,也不过是以暴易暴,哪里谈得上什么推动社会前进。如果不胜利,则不过破坏生产,破坏经济,使生灵涂炭而已。假如一定要说它有进步意义,则只有肯定史学家翦伯赞的"让步政策"的主张。在这样极"左"思想的指导下,颇写出了几本流行的《中国通史》,大中小学生学习的就是这样的历史。历史研究,贵在求真,决不容许歪曲历史事实。近年来考古工作的飞速进步,夏代的存在已经完全可以肯定。被称为最古老的文字的甲骨文已经相当成熟,它必然还有一段相当长的发展历史。随着考古发掘工作的发展,中国的历史必将会向前推进。至于中国文化发源地的问题,过去一般的意见是在黄河流域,现在考古发掘告诉我们,长江流域的文化发展决不可轻视,有的人甚至主张长江早于黄河,长江流域也是中国文化的发源地之一。这只要看一看《楚辞》便可明白。没有一个长期的文化积淀,《楚辞》这样伟大的作品是产生不出来的。长江流域以外,考古工作者还在南方许多地区发现了一些文化遗址。过去只看到黄河流域一个地方是不够的。今天再写历史决不能再走这一条老路,季羡林主张《中国通史》必须重写。

1986年5月,季羡林在日本进行讲演。

再次,季羡林认为中国文学史必须重写。同《中国通史》一样,《中国文学史》的撰写也受到了极"左"思潮的影响。中国的极"左"思潮一向是同教条、僵化、简单化分不开的。在"一边倒"的指导方针下,中国的文学史和文艺理论研究,也唯苏联的马首是瞻。20世纪50年代,聘请了一些苏联文艺理论专家来华讲学。他们带来的当然是贴着马克思主义标签的那一套苏联教条,我们却奉为金科玉律,连腹诽都不敢。苏联一个权威讲的,一部哲学史就是唯物主义与唯心主义斗争的历史,把极端复杂、内容繁多,却又是生动活泼的哲学学说,一下子化为僵死、呆板、简单化了的教条。可在一段相当长的时期内,这就是我们研究中国文学史以及中国古代文艺理论的唯一指针,这样的文学史和文艺理论研究焉能生动活泼、繁荣昌盛呢?翻看近四五十年来出版的部头比较大、影响比较大的《中国文学史》或者有类似名称的书,不难发现论述一个作家作品的政治性或思想性时,往往连篇累牍地侃侃而谈,主要是根据政治教条,论述这位作家的思想性。而一旦谈到艺术性,则缩手缩脚好像是在应付差事。季羡林认为如果缺乏艺术性,思想性即使再高,也毫无用处,这样的作品决不会为读者所接受。有一些文学作品思想性十分模糊,但艺术性极高,照样会成为名作而流传千古,李义山的许多无题诗就属于这一类。可惜的是近几十年来的文学史著作,都忽视了作品艺术性的分析。连李白和杜甫这样伟大的诗人,文学史的作者对他们艺术风格的差异也只能潦草地说上几句话,很少言之有物切中肯綮的分析,遑论其他诗人。这样的文学史是不行的,季羡林主张中国文学史必须重写。

2. 四大文化体系论和东西文化互补论

1989年,季羡林发表了《从宏观上看中国文化》的论文,引述了汤因比和池田大作的对话,针对国内一些人贬低中国文化的情绪,提出东西文化的关系从几千年的历史上来看是"三十年河东,三十年河西"。现在球已经快踢到东方文化的场地上来了。[23]1990年,他发表的《21世纪:东西文化的转折点》认为,辉煌了二三百年的西方文化已经是强弩之末,它产生的弊端贻害全球,并将影响人类的生存前途,20世纪末可能是由西向东的转折点。季羡林1992年发表了一篇谈"义理"的文章《做诗与参禅》,据他自己说这可以算是一篇想入非非的文章,因为他对做诗和参禅都不是内行里手,而且他对"义理"有不少偏见,不喜欢这种"公说公有理,婆说婆有理"的玩意儿。[24]1992年11月22日,季羡林写成长篇论文《"天人合一"新解》发表在《传统文化与现代化》创刊号上。这篇论文发表后,支持者有之,反对者亦有之。这时,他对"义理"是想法多于喜悦,

"爱好胡思乱想",有些想法自己觉得颇有道理,别人越是反对他越是反思,就越觉得自己有道理,有时他认为这类谈"义理"的文章,对自己一生的学术研究是重要的,"甚至狂妄地想到,有朝一日,我这些想法的意义和价值甚至会超过我在'考证'方面所做出的贡献"[25]。从发表这篇文章起,季羡林已经发表了多篇涉及到中国文化、东方文化内容的谈"义理"的文章,其中重要的有《关于"天人合一"思想的再思考》、《〈关于"天人合一"思想的再思考〉的一点补充》、《漫谈东西文化》……这些文章的主旨是在"上下五千年,纵横十万里"的大背景下,提出"不薄西方爱东方"、"三十年河东,三十年河西",东方文化将再现辉煌的"河东河西论"。

1996年,季羡林在书房。

季羡林"老年忽发义理狂"的动机其实很简单。在他看来"义理"这玩意非常悬乎,谈"义理"就跟做诗一样,往往是各人谈各人的,"公说公有理,婆说婆有理"。一个问题争论起来,或者是不知有多少结论,或者是没有结论。因此他在过去很少涉及哲学。但是有些人却认为,季羡林不涉及哲学,是因为他不懂哲学。他从小对中国传统文化就特别喜欢,《百家姓》、《千字文》是6岁以后在私塾里跟老师学的。以后阅读和背诵了大量儒家、道家的哲学著作。上初中时,他的叔父季嗣诚亲自给他编选了宋明理学的文章,集成《课侄文选》教给他。他现在写文章时,还经常大段地引用传统文化的经典和古典诗词,《老子》、《论语》、《庄子》、《孟子》、《易经》、《书经》、《诗经》都是经常引用的。至于唐宋八大家的散文，几乎能够大段背诵。在到北京大学担任教授后，他还完整地听完了汤用彤开设的魏晋玄学的课，做了系统的笔记，他有非常深的传统文化造诣。我们经常用的典籍季羡林都系统读过，如《二十四史》、《文心雕龙》、《梦溪笔谈》、《诗品》、《宋高僧传》、《四十二章经》、《一切经音义》、《般若经》等。就是我们不经常用的，有的甚至是我们不熟悉的书籍，如《宝德藏》、《佛祖历代通载》、《佛祖统纪》、《集古今佛道论衡》、《续高僧传》、《潜溪诗眼》、《壬辰录》、《广阳杂记》，更不熟悉的《梅磵诗话》、《说郛》、《清平山堂话本》、《外台密要》、《南海寄归内法传》等古书，他也都经常提到。在德国留学期间，他阅读了不少德国哲学家的原著，其中包括康德、黑格尔等人的著作。对于哲学他是不喜欢，并不是不懂。

季羡林读过不少西方哲学史和中国哲学史的著作，读这些著作的结果使他觉得有100个哲学家，就有100种哲学，有的哲学家竟沦为修辞学家。他非常赞赏伊壁鸠鲁这样的观点：哲学应当在某种方式上帮助人们生活得更好，如果不关怀人类的痛苦，不能祛除人类精神上的痛苦，那么，无论哪一种哲学家的论点都毫无价值。在西方哲学发展的早期，像伊壁鸠鲁这样的哲学家都比较淳朴，讲出来的道理也比较明白易懂。随着时间的推移，世界变化得越来越复杂，哲学家对概念的分析也越来越细致，越来越艰深，最后到了一般人望而却步的程度。[26] 从季羡林这个看法，我们可以清楚地看出，他不喜欢无用空谈的哲学，而喜欢有用的哲学。只有这样，才能理解一向不喜欢哲学的季羡林从1992年开始发表《"天人合一"新解》后一发而不可收，发表了多篇哲学文章。他希望自己的哲学能够有利于人生、有利于社会。季羡林自己对突然喜欢起"义理"来解释说：

> 对这个问题，我自己也说不清楚。毋宁说，我对"义理"，想法多于喜悦。我爱好胡思乱想，有些想法实在是想入非非，我自己也不敢喜欢；有些想法，则自己也觉得颇有道理。别人越是反对，我越是反思，却觉得自己越来越正确。报纸杂志上的一些文章和一些消息，别人也许不屑一顾，有的我却视如珙璧，因为它证明了我的看法和路子是正确的。"老年忽发'义理'狂"，对我一生的学术研究是重要的。我甚至狂妄地想到，有朝一日，我这些想法的意义和价值甚至会超过我在"考证"方面所做出的贡献。至于究竟怎样，只有等待未来事态的发展来证实了。[27]

季羡林首先接触的是"文化"这一概念。他听说这个概念全世界有好几百个，而他认为所谓文化就是包括人类通过自己的劳动，这劳动包括脑力劳动和体力劳动,所创造的一切精神的和物质的有积极意义的东西。或者说,凡人类在历史上所创造的精神、物质两个方面,并对人类有用的东西,就叫文化。文化与文明既有相同的一面,又有不同的一面。文明指的是从一个野蛮状态,随着社会的进步往前发展,人类的智慧增加了,这叫文明。文化就是人类力量的往前进一步发展,人类社会中的艺术、科学等的智力的发展。文明是对野蛮而言,文化是对愚昧而言。这两个词有时候能通用,如"东方文化史"也可以叫"东方文明史";但有时候不能通用,如"文明礼貌"不能说"文化礼貌";"学文化"不能说"学文明"。"文明"的对立面是"野蛮","文化"的对立面是"愚昧"。

季羡林特别欣赏庞朴在《文化结构与近代中国》一文中提出的一个观点,即文化可以包括人的一切生活方式和为满足这些方式所创造的事事物物,以及基于这些方式所形成的心理和行为,它包括物的部分、心、物结合的部分和心的部分。他认为庞朴搔着了"文化"的"痒处"。

季羡林研究文化,其实就是为了搔着"文化"的"痒处"。

季羡林的文化理论主要是多元文化观,它涉及到国内的文化,主要有齐文化、鲁文化、楚文化、长江文化、少数民族文化、在新疆会合的多元文化,他认为希腊罗马文化、印度文化、伊斯兰阿拉伯文化、中国文化会合的唯一的地方,就是新疆。在季羡林看来,过去我们只重视汉族的文化是不对的。汉族文化过去只重视黄河文化而不重视长江文化和其他地域文化,这也是不对的。中国传统文化我们过去只重视鲁文化,重视儒家文化,同样是不对的。季羡林认为在中国传统文化中,鲁文化起过非常大的作用,这是毋庸置疑的。过去在宋代有人说半部《论语》治天下,他说我看用不了半部,一句话就能治天下:"己所不欲,勿施于人",到共产主义也不过这个水平。但其他地域文化中也有许多好东西,仅以山东而论,过去笼统地称之为齐鲁文化,实则齐文化和鲁文化并不完全是一码事。无论是历史文献记载,还是考古发掘,都证明齐文化有丰富的资源。[28]季羡林注意到过去只偏重于写黄河文化,认为黄河文化是中国文化的主流,而忽视了其他地域文化。他认为黄河流域确实是中国文化的发源地,但是最晚到了周代,楚文化和南方文化已经达到了相当高的水平,至少可以和北方文化并驾齐驱,而且与域外的交流也有了一些。"像屈原这样伟大的诗人,如果没有丰厚的、肥沃的,而且又是历史悠久的文化土壤,是难以出现的。屈原的著作幻想瑰丽,描绘奇诡,同代表北方文化的《诗经》,文风迥乎不同。勉强打一个比方,北方接近现实主义,而《楚辞》则多浪漫主义色彩。"[29]季羡林注意到最近的考古发掘在南方各地发现了许多新东西,这证明南方文化、长江文化发展水平相当高。

楚文化、长江文化有很长的发展历史,因此才能产生像屈原这样伟大的诗人。如果北方文化、黄河文化和长江文化能够结合起来研究,中国古代文化史写起来就全面了。"[30]季羡林认为其他地域文化同样应该加强研究,对文化分地区来加以论证和探讨成为他近年来经常考虑的问题。他看到这些年对巴蜀文化、楚文化、云南一些少数民族文化进行了研究,觉得"这样做,自有其优点:容易细致和深入。本地人了解本地文化,真是近水楼台。如果每一个地区都这样做了,整个的中华文化的研究水平,必然会大大提高"[31]。

季羡林为什么会有这样的文化多元观呢?

这可能与其一生的经历有关。季羡林出生于山东临清,这里是运河文化的代表性地区,本来就是多元文化会合的地方。"临清地傍运河,历代为历史文化和经济名城。在铁路修通以前,实为南北交通枢纽。中国典籍中,有大量关于临清的记载。"[32]"在过去漫长的历史时期内,西倚黄河,东连德、济,北通京、津,南达苏、杭,是南北交通的枢纽,人文学艺的渊薮。""当年运河繁盛时期,航船如梭,帆影入画,文人、学士、武将、巨商,联翩驶过,留下了多少流风余韵。"[33]这里有中国传统文化、有伊斯兰教文化、有基督教文化、有佛教文化。他到济南以后受到叔父很大的影响,接触了不少中国传统文化的教育。他在中学时,受到王寿彭的一定影响。王寿彭是典型的鲁文化代表,尊孔读经。在每年的祭孔典礼上,穿长袍马褂礼拜孔子,给季羡林留下深刻的印象。王寿彭给季羡林题写的对联,对他也是有影响的。年轻时从穿长袍改穿中山服,费了很大的劲才改过来。他后来考到清华大学,又受到陈寅恪、吴宓等国学大师的影响,虽然开始接受新的学问,增加了不少新文化知识,但对传统的东西,他依然是情有独钟。他负笈赴德国留学,在哥廷根大学既接受了西方文化,又接受了印度文化、伊斯兰阿拉伯文化等东方文化,把自己的研究方向确定在东方学方面。正是有了这样深厚的文化积累和丰富的人生阅历,他才形成了这样的大文化观,形成了这样系统的多元文化观。另一个方面,季羡林接受的是东方的综合思维方式,这种思维方式教给他的是从多种角度看问题,这也是他形成多元文化观的一个原因。

总之,季羡林认为应该特别注意文化的起源问题。他主张,文化、文明的起源是多元的,不能说世界上的文化是一个民族创造的,文化的产生不是一元的,不能说一个地方产生文化。否定文化一元论,并不是否定文化体系的存在。所谓文化体系是指具备"有特色、能独立、影响大"这三个基本条件的文化。从这一前提出发,他认为世界文化共分为四个大的体系:中国文化、印度文化、波斯伊斯兰阿拉伯文化、欧洲文化。希伯来文化很难成体系,不是属于伊斯兰文化的先驱归入伊斯兰文化,就是和希腊文化合在一起,不是独立的文化体系。这四个文化圈内各有一个占主导地位的影响大的文化,同时各文化圈内各个国家和民族之间又都是相互学习的,各大文化圈之间也有一个相互学习的关系。承认文化的产生是多元的和承认有文化体系是不矛盾的。文化一旦产生,交流就是必然的。季羡林一向主张文化交流能促进双方文学、艺术、哲学的发展,能增进双方科学、技术的兴盛。总之,能推动双方社会的前进。就华夏文明而言,黄河流域与长江流域的文化交流,全中国56个民族之间的文化交流,以及中国文化与外国文化的交流,从古至今绵延不绝。京剧原来并不姓"京",是由地方戏徽剧逐渐改造成的。徽剧经过几代大师的锤炼和改进,去粗取精,去"徽"增"京",终于形成了京剧。后来梅兰芳又赴苏联、美国演出,获得了成功,戏剧大师斯坦尼斯拉夫斯基倍加赞赏。这就是文化的交流。一个民族创造了文化,同时在发展过程中它又必然接受别的民族的文化,要进行文化交流,这就是文化的时代性。民族性与时代性有矛盾,但又是统一的,二者缺一不可。继承传统文化,就是保持文化的民族性;吸收外国文化,进行文化交流,就是保持文化的时代性。文化的民族性与时代性是贯穿始终的。

季羡林提出的这些观点,起因是以混沌学的理论为前提的。

季羡林特别欣赏兴起于西方的混沌学,他认为混沌学实际上是一种综合的思维方式。2001年举办的经济全球化与中国文化走向国际学术研讨会上,他引述李政道的一个观点:20世纪是分析的世纪,是微观的世纪,21世纪微观与宏观应该相结合。然后季羡林说:"我理解,中国文化代表宏观文化,宏观与微观相结合,应是西方文化与以中国文化为代表的东方文化相结合,那样可以把文化提到更高的水平。"20世纪80年代,季羡林接触到混沌学。混沌学讲求模糊思维,有模糊性。1986年,他在尼泊尔加德满都看雾,觉得雾能把一切东西——美的、丑的,可爱的、不可爱的,统统罩上一层或厚或薄的面纱,让清楚的东西模糊起来,从而带来了另外一种美,一种在光天化日之下看不到的美,一种模糊的美。从这里他联想到,在这之前当他第一次接触"模糊数学"这个名词的时候,他还说过几句"怪话":数学比任何科学都更要求清晰,要求准确,怎么还能有模糊数学呢?他后来了解了模糊数学的内容,反而觉得模糊数学真是一个了不起的发现。在人类社会中,在日常生活中,在社会科学中,在自然科学中,都有大量模糊的东西。承认这个事实,对研究学术和制定政策都是有好处的。月下观景,雾中看花,不是别有一番情趣吗?人的幻想插上翅膀,上天下地,纵横六合,神驰于无何有之乡,倾注于自己制造的幻象之中,你想它是什么样子它立刻就成了什么样子。而这种模糊性正是东方人思维方式的表现,中国人普遍有这种思维方式。

季羡林认为美国学者扎德所说的"模糊语言的概念是模糊集合理论中最重要的进展之一",是有道理的。他进而认为没有形态变化的汉语,是世界上模糊性最强的语言。他举唐代诗人温庭筠《商山早行》中的两句诗"鸡声茅店月,人迹板桥霜"为例,认为这样描绘深秋旅人早起登程的寂寞荒凉之感,虽然已经一千多年了,却并没有失去其感人之处。两句诗十个字,列举了六样东西,全是名词,没有一个动词。六样不相干的东西平铺直叙地排列在那里,它们之间的关系一点也说

1999年,伊朗授予季羡林名誉博士学位。

东方学人 季羡林

不清楚,然而妙就妙在模糊,美就美在模糊。诗人没把它们排好位置,把安排位置的自由交给了读者。每个读者都可以根据自己的经验,去任意安排位置。每个人的经验不同,所安排的位置也决不会相同。每个人有绝对的自由放开自己的幻想,美就美在其中了。如果把六样东西的位置安排得死死的,就会限制读者的自由,使美感享受为之减少。这正是东方模糊思维方式在文学创作中的表现,其优越性是显而易见的。[34]季羡林认为中国自古以来就有模糊语言的传统,有"言不尽意"的习惯。中国人在文论方面喜欢说"不着一字,尽得风流","羚羊挂角,香象过河",这都是模糊语言。

季羡林正是在混沌学的思想前提下,集中思考了东西方文化的前途问题。他思考的结果是西方文化已经走到穷途末路,西方有识之士已经认识到了这一点,而在国内至今尚有人在提倡"全盘西化"论。为了振奋

民族精神,摆脱"贾桂习气",季羡林多次强调了这样一个观点:21世纪是东方文化的世纪,是中国文化的世纪。这样的观点是不是主张消灭西方文化呢?绝对不是的。从近些年来各种新闻媒体所宣传的效果来看,这种观点的作用无疑是积极的。

3. "拿来"主义和"送去"主义

为了保持文化的时代性,20世纪以来出现了一种提倡"全盘西化"的观点。季羡林认为,"全盘西化"和文化交流有联系,"西化"要"化",不"化"不行,创新、引进就是"化"。但"全盘"不行,不能只有经线,没有纬线。"全盘西化"在理论上讲不通,在事实上办不到。对中国与外国的文化交流,季羡林的基本观点是"拿来"与"送去"。就目前来说,我们对西方文化和外国文化,当然要重视"拿来",就是把外国的好东西"拿来"。这里涉及到有关文化的三个方面:物的部分、心物结合的部分、心的部分。物的部分,当然要"拿",咖啡、沙发、啤酒、牛仔裤、喇叭裤,这一系列东西,只要是好的,都"拿"。我们吃的、喝的、穿的、戴的、乘的、坐的、住的、用的,有哪一件完完全全是中国土生土长的?汽车、火车、飞机、轮船,我们古代有吗?可可、咖啡、纸烟、可口可乐、啤酒、香槟、牛排、面包,我们过去有吗?土豆、玉米、菠菜、葡萄……都是外来的。这菠菜的"菠"字,本身是音译,它叫菠薐、菠薐菜,是印度、尼泊尔一带出产的。"拿来",完全正确。心、物结合的部分,比方说制度也可以学习。最重要的还是心的部分,要"拿来"价值观念、民族性格。我们的价值观念、思想方式,不能马马虎虎,要把弱点克服,否则我们的生产力就发展不了。从长期的历史研究中,季羡林得出一个非常可贵的经验:在我们国力兴盛、文化昌明、经济繁荣、科技先进的时期,比如汉唐兴盛时期,我们就大胆吸收外来文化,从而促进了我们文化的发展和生产力的提高。到了见到外国东西就害怕,这也不敢吸收,那也不敢接受,这往往是我们国势衰微、文化低落的时代。

西方文化从文艺复兴以来,昌盛了几百年,但它同世界上所有的文化一样,是决不能永世长存的,迟早也会消逝。20世纪20年代前后,有些西方学者已看出西方文化衰落的端倪,如德国学者施宾格勒在1917年开始写作的《西方的没落》一书,预言当时如日中天的西方文化也会衰落。英国著名历史学家汤因比受其影响,也反对"西方中心论"。季羡林主张21世纪是东方文化的世纪,东方文化将取代西方文化在世界上占统治地位,而取代不是消灭。全面一点的观点是:西方形而上学的分析已快走到尽头,而东方文化寻求综合的思维方式必将取而代之。以分析为基础的西方文化也将随之衰微,代之而起的必然是以综合为基础的东方文化。这种代之而起是在过去几百年来西方文化所达到的水平上,用东方的整体着眼和普遍联系的综合思维方式,以东方文化为主导,吸收西方文化中的精华,把人类文化的发展推向一个更高的阶段。他的结论是:21世纪是东方文化的时代,这是不以人们的主观愿望为转移的客观规律。

2001年,季羡林和费孝通出席国际学术研讨会。

季羡林肯定中国传统文化的基本价值,认为是可以送出去的。但是并不是没有原则地肯定,他并没有忽视对中国国民性的批判。中国的国民性,鲁迅早有批判。季羡林认为鲁迅的这种批判直到现在仍有意义:其一,中国的封建思想包袱最重,应该下大力气批判中国的封建思想。中国文化中有精华,搞现代化要发扬这些精华,但眼前主要是反对封建糟粕,我们的封建思想包袱很重。应该强调的是,那些妨碍生产力和思想进步的封建主义的东西,应有胆量讲出来,大家都来改正,这才是拨乱反正。只有克服了这些封建主义的弊病,中国的生产力才能得到真正的发展。其二,我们的民族性出了问题。我们的民族性里面当然积淀了好的东西,但是不好的、有害的东西,其数量不少,其危害性极大。犯罪的情况是任何时代、任何社会都有的,用不着大惊小怪。但是,像现在这样大规模地制造假农药、假种子、假化肥,一旦使用,将流毒千百万亩耕地,影响千百万人民的生命,这绝非小事。而从社会风气来说,也存在不少问题。有的人争名于朝,争利于市,急功近利,浮躁不安,只问目的,不择手段等。中国民族性中的这些缺点,不自改革开放始,也不自建国以后始,更不自鲁迅时代始,恐怕是古已有之了。难道我们真要"礼失而求诸野"吗?这是我们每一个中国人所面临的而又必须认真反省的问题。季羡林认为,在处理外国文化与中国文化的关系时,应该注意大胆"拿来",把一切外国的好东西统统"拿来",物质的好东西要"拿来",精神的好东西也要"拿来"。我们特别强调要"拿来"的是第三个层次里的东西,属于心的东西。我们要改变我们的一些心理素质、价值观念、思想方法等。

2001年,季羡林与在北京大学学习的泰国公主诗琳通合影。

在新的一个世纪,季羡林衷心希望人类能聪明起来,能认真考虑"拿来"与"送去"的问题。为了论证"送去"主义,季羡林也谈到了"东学西渐"与"东化"的问题。他指出"东化"是他发明的,报纸上没有这个词。他认为汉唐的时候,是"东化"的,那时世界的经济中心、文化中心在中国。在明末清初以前确实有过"东学西渐",不能只重视"西学东渐"而忽视"东学西渐"。在中西文化交流史上,"东学西渐"从来就没有中断过。在文化交流方面,中国是一个很有特色的国家。从蒙昧的远古起,几乎是从一有文化开始,中国文化中就有外来文化的成分。中国人向来强调"有容乃大",不管是物质的,还是精神的,只要对我们有利就吸收。最大的两次是佛教的传入和"西学东渐",佛教传入的结果是形成了中国佛教,明末清初以来西方文化在我国广泛传播则是"西学东渐"。从此,我们才有了"中学"和"西学"这样的名称,才有了"东方文化"和"西方文化"这样的说法。"西学"的先遣部队是天主教。天主教传入中国,不自明末始。但像明末清初这样大规模地传入,还是第一次。唐代有所谓"三教"的说法,指的是儒、释、道。此时出现了一个新"三教"。道家退出,增添了一个天主教。我们中国不但能够"拿来",也能够"送去"。我们不知道有多少伟大的发明送到了外国。从世界的历史和现状来看,人类文明之所以能发展到今天这个样子,中国人功不可没。今天的中国,对西方的了解远远超过西方人对中国的了解。在西方不但有一些人对中国不了解,甚至还有人认为中国人现在还在裹小脚、吸鸦片。

东 方 学 人

季羡林

4. 文化交流研究

糖是一种微末的日用食品,平常谁也不会重视它。可是"糖"这个字在西欧各国的语言中都是外来语,来自同一个梵文字,这说明欧美原来无糖,糖的原产地是印度。这样糖一下子就同季羡林的梵文研究挂上了钩。他从留学德国时就注意这个问题,并搜集这方面的资料。一个偶然的机会,伯希和从敦煌藏经洞拿走的正面写着佛经背面写着印度造糖法的一张残卷,几经辗转,传到了他的手里。敦煌残卷多为佛经,像这样有关科技的残卷,真可谓凤毛麟角,绝无仅有。从伯希和起,不知道有多少中外学人想啃这个硬核桃,但都没有啃开,最后终于落到季羡林手中。他惊喜欲狂,终于啃开了这个硬核桃。他写了一篇《蔗糖的制造在中国始于何时》的论文。这篇论文的意义不在于它确定了中国制造蔗糖的时间,而在于它指出中国在唐代以前已经能够自制蔗糖了。唐太宗派人到印度去学习制糖法,不过表示当时印度在制糖技术的某一方面有高于中国之处。中国学习的结果是,自己制造出来的糖"色味逾西域远甚"。在以后的长时间内,中印在制糖方面还是互相学习的。到 1982 年,季羡林又写了论文《对〈一张有关制糖法从印度传入中国的敦煌残卷〉的一点补充》。1983 年,他又写了论文《古代印度砂糖的制造和使用》。1987 年,他又写了论文《cīnī 问题——中印文化交流的一个例证》,讲的是中国白砂糖传入印度的问题。糖本是一种小东西,然而在它身上却驮着长达一千多年的中印文化交流的历史。同年,他又有一篇论文《唐太宗与摩揭陀——唐代印度制糖术传入中国的问题》写成。这些论文后来又经过补充,形成一部两巨册的《糖史》,计 83 万字,在学术界引起强烈反响。季羡林深知,如果想开辟一个新领域,创造一个新天地,那就必须自找新材料,偷懒是万万不容许的。如果想凭空"抟扶摇而上者九万里",其结果必然是一个跟头栽下来,丢人现眼,而且还是飞得越高,跌得越重。搜集资料,捷径是没有的,现有的引得之类,作用有限,只有采用一个最原始、最笨,可又决不可避免的办法,就是找出原书,一行行,一句句地读下去,像沙里淘金一样,搜寻有用的材料。季羡林用了差不多两年的时间,除了星期日休息外,每天跑一趟北京大学图书馆,风雨无阻,寒暑不辍。他面对汪洋浩瀚的《四库全书》,插架盈楼的古代典籍,枯坐在那里,夏天要忍受书库三十五六摄氏度的酷暑,挥汗如雨,耐心地看下去。有时候偶尔碰到一条有用的资料,便欣喜如获至宝。但有时候却枯坐半个上午,把白内障尚不严重的双眼累得个"一佛出世,二佛升天",也找不到一条有用的材料,只得拖着疲惫的双腿返回家里。经过两年的研究,季羡林对"糖"字从英文、阿拉伯文、印第文、梵文到中文考证了个遍,搞清了为什么最初糖发明于印度,以及"糖"在传播过程中的来龙去脉。季羡林从糖的"小"中,见到的是文化交流之"大"。他写《糖史》的目的,是想让人们都认识到,人类是相互依存的,大事如此,小事也不例外。像糖这样一种微不足道的东西后面,却隐藏着一部错综复杂的长达千百年的文化交流史。通过糖背后的文化交流,季羡林认为,世界文化是世界上各个国家和民族共同创造的,而不是一元起源论。在糖史背后季羡林重视的是文化交流,在蔗糖制造方面的国际交往。

季羡林对佛教研究倾注了大量心血,早在清华大学读书时,他就被陈寅恪的佛经翻译文学课所吸引。而在德国留学期间,他开始学习梵文、巴利文和吐火罗文,以利研究佛教原典。到"文革"跌入人生低谷时,他之所以能于"炼狱"中坚持做学问,也算参透了禅机吧。当时,他成为"不可接触的人",被迫看大门、守电话、发信件……但他坚定人生的信仰,犹如达摩面壁参禅般地脱离纷繁尘世,进入自身的"净土",反倒使自己的思想异常活跃起来。近年来,季羡林主持编写多卷本的《中国佛教史》,"新疆卷"是他亲自撰写的,其中专门写了佛教传入中国的问题,修正了以前的一些观点。这里要特别提出的是"佛"字的来源。1947年,季羡林发表的论文《浮屠与佛》,阐明了这个字是从吐火罗文译过来的。汉代一般称"佛"为"浮屠"或"浮图",当时他原以为这个字是印度俗语Buddho的音译,所以说,佛教是直接由印度传入中国的。这篇论文留下一个悬案:吐火罗火的"浮屠"都是清音,而"佛"的古音则是浊音。季羡林又于1989年写成《再谈浮屠与佛》,用积累的大量新资料,解决了这一悬案,认为"浮屠"不是来自印度本土的Buddho,而是来自大夏语,而"佛"则译自其他伊朗语族文字。这不仅解决了清浊音问题,而且证明佛教传入中国有两个阶段:一个是由印度经大夏(大月氏)传入中国,使用

"浮屠";另一个是由印度经中亚诸小国传入中国,使用"佛"。他在篇末列了一个表:(1)印度→大夏(大月氏)→中国 buddha→bodo, boddo, boudo→浮屠。(2)印度→中亚小国→中国 buddha→butetc→佛。这个表对佛教流布的过程一目了然。佛教史学者几乎都承认,佛教传出印度西北部第一大站就是大夏,大夏后来为大月氏所征服。中国典籍中关于佛教入华的说法虽然很多,但皆与大月氏有关。这样一来,史实与语言音译完全合拍,这就是事实。季羡林修正了原来的假设,即佛教最初是直接从印度传来的,考证了佛教是间接传进中国来的。

1991年,季羡林80岁高龄时骑车到北京大学图书馆。

对于佛教研究来说,古今中外的资料已经是汗牛充栋,但在季羡林看来,真正"搔"着"痒处"的却绝无仅有,这就影响了对佛教的理解。季羡林研究佛教是从语言现象出发的,一开始就是以一个语言研究者的身份研究佛教,通过原始佛典的语言现象来探讨最初佛教的传布与发展,找出其中演变的规律。[35]季羡林着力分析了印度原始佛教的历史起源问题,他认为佛教兴起时的印度,同基督教在西方传播时的罗马是不一样的。罗马当时是经济、政治、精神和道德普遍瓦解的时代,而印度则不是。佛教继承了苦行僧的所谓沙门传统,但又加以发展、改进,形成了独立的一派。佛教形成以后,又有小乘、大乘、金刚乘(密宗)之分。小乘向大乘过渡是印度佛教史上的一次重大变化,其标志之一就是小乘只礼拜弥勒,而大乘则狂热地崇拜;小乘是无神论,大乘是一神论;小乘靠自力解脱,不用救世主,大乘则是靠救世主;小乘卖天国入门券,讨价高,出手比较吝啬,大乘则相对便宜……季羡林又把大乘的发展分为两个阶段:原始大乘和古典大乘。原始大乘的特点:使用语言——混合梵文;经典作者——无名无姓;教义内容——在小乘中逐渐孕育,由量变到质变。古典大乘的特点:使用语言——梵文;经典作者——一般有名有姓;教义内容——不同程度成熟的崭新的大乘思想。大乘到了后期,金刚乘(密宗)出现,大乘与金刚乘关系密切,是我中有你,你中有我。一直到今天,佛教仍是一半小乘,一半大乘,两分天下。[36]佛教在印度则渐趋式微,以至于消逝,被印度教所取代。

印度佛教在公元前传入中国,最早的是通过大夏(大月氏),以后是通过中亚某些古代民族,吐火罗人最有可能。通过中亚来的称"佛","佛"字来源于吐火罗文 A(焉耆文)。[37]佛教传入中国后,与中国精神文化有一个撞击——吸收——改造——融合——同化的过程。佛教为了适应新的环境,不得不采取一些比较隐蔽的手段,使撞击不至于激化。但也不断有小摩擦,如六朝时沙门不敬"王者论"的辩论,引起一些君王的排斥,如"三武灭佛"(北魏太武帝灭佛、北周武帝灭佛、唐武宗灭佛)就是。佛教在中国玄学化,是双方文化的双向吸收阶段。到两晋至隋唐,出现了两种文化的改造和融合阶段。宋元则出现两种文化的同化。季羡林分析说:

> 中印文化交流从后汉三国时期开始。回顾以佛教为主要载体的交流活动,从最早的撞击与吸收阶段,经过了两晋南北朝、隋唐时期的改造与融合阶段,到了宋元进入同化阶段,延续有千余年,真是完成了一个大的发展过程。……到了宋代的最后一个阶段,印度佛教在印度面临灭绝。此时,它已经失去活力,不可能再有新发展,无源之水,已不可能再影响中国佛教的发展了。只有在这样的情况下,佛教思想才能自由自在地为中国思想所同化,不会受到来自印度的任何的撞击与干扰。[38]

1985年,季羡林再次访问印度。

这种同化的结果,就是产生了禅宗和宋明理学。

印度禅法早就传入中国,后汉、三国时都有这方面的译经,南朝宋代时菩提达摩来华,成为中国禅宗一世祖,但这时的禅宗印度色彩仍然浓厚。唐代时禅宗分成不少小宗派:南宗、北宗、牛头宗、净土宗、菏泽宗、洪州宗等。五代时天台德韶成为国师,禅宗也最为兴旺,且进一步分化成"五宗":沩仰宗、临济宗、曹洞宗、云门宗、法眼宗。禅宗的印度味越来越淡,中国味越来越浓。唐至五代时,出现一批灯史,宋代时又出现许多灯史,目的在于明确禅宗传法灯的系谱。宋代时禅宗兴盛至极,"禅宗成时了宋代佛教界的元雄"。到元代时,在佛教诸派中"禅宗最为繁荣",在明代时,僧侣们"几乎都是禅宗系统的人"。清代至民国时,禅宗仍有活力。

禅宗为什么流行逾千年而经久不衰呢?我认为,这就是同化的结果。再仔细分析一下,可以归纳为两层意思。首先,一部分禅宗大师,比如百丈怀海,规定和尚必须参加生产劳动,认为"担水砍柴,无非妙道"。印度佛教本来是不让和尚劳动的。这种做法脱离群众,引起非议。中国禅宗一改,与信徒群众的隔阂就除掉了。这也符合宗教发展的规律。因此,在众多的佛教宗派中,禅宗的寿命独长。别的宗派几乎都销声匿迹,而禅宗巍然犹在。其次,这也是最主要的原因——禅宗越向前发展,越脱离印度的传统,以至完全为中国同化,有的学者就说,禅宗是中国的创造。话虽有点过分,却也不无道理。有的禅宗大师实际上是向印度佛教的对立面发展。他们呵佛骂祖,比如道鉴(慧能六世法孙,公元856年死)教门徒不要求佛告祖(达摩等),说:"我这里佛也无,祖也无,达摩是老臊胡,十地菩萨是担屎汉,等妙二觉(指佛)是破戒凡夫,菩提涅槃是系驴橛,十二分数(十二部大经)是鬼神簿、拭疮疣纸,初心十地(菩萨)是守古冢鬼,自救得也无。佛是老胡屎橛。"又说:"仁者莫求佛,佛是大杀人贼,赚多少人入淫魔坑。莫求文殊普贤,是田库奴。可惜一个堂堂丈夫儿,吃他毒药了。"这样咒骂还可以找到不少。这简直比佛教最狠毒的敌人咒骂还要狠毒,咬牙切齿之声,宛然可闻。说它是向佛教的对立面发展,难道有一丝一毫的歪曲吗?这哪里还有一点印度佛教的影子?说它已为中国思想所同化,不正是恰如其分吗?[39]

理学与禅宗有所不同,它是宋代时的正统儒学,宋代濂、洛、关、闽四大家理学,无不努力排佛。他们的学说中又几乎都有佛教的成分,受佛教或深或浅的影响。这个中外学者无不承认的事实,也是佛教与中国文化同化的结果。

通过印度佛演变成中国佛的一系列分析,季羡林认为,人类文化一萌芽,就有互相学习,也就是交流的活动。到了后来,一部人类文化史证明了一件事实:没有文化交流,就没有人类文化史,文化交流是人类文化发展的动力。今天,普天之下,没有哪一个国家或民族的文化完全是"国货",一点也没有受外来文化的影响。离开了文化交流,我们简直无法生活,我们的一切都是无法想象的。但是,文化交流并不是说自己的东西一点都没有了,本民族固有的东西依然存在,它是文化交流的基础。[40]

季羡林学习和研究吐火罗文60年的历史过程,大致可以分为3个阶段:在德国哥廷根的学习阶段;回国后长达30多年的"藕断丝连"的阶段;20世纪80年代初接受委托从事在新疆焉耆新发现的《弥勒会见记剧本》(缩写为MSN)的解读和翻译工作的阶段。

季羡林留学回国后,在吐火罗文研究方面手头只有从德国带回来的一点点资料,根本谈不到什么研究。20世纪五六十年代,在极"左"思潮肆虐时期,谈"海外关系",人人色变。他基本上断绝了同德国以及其他国家的联系,偶尔有海外同行寄来吐火罗文研究的专著或论文,他也是连回信都不敢写。当时他已下定决心,同吐火罗文研究断绝关系。但是,在思想上有时对吐火罗文还有恋旧之感,形成"藕断丝连"的尴尬局面。

20世纪80年代初,新疆博物馆馆长李遇春亲自携带1975年在新疆焉耆出土的吐火罗文残卷,共44张,两面书写,合88页,请季羡林解读。从此他对吐火罗文的热情又燃了起来,在众多的写作和研究任务中,吐火罗文的研究始终占有一席之地。1983年,他开始断断续续地用汉文或英文发表吐火罗文A《弥勒会见记剧本》的转写、翻译和注释。1997年12月,吐火罗文A《弥勒会见记剧本》应做的工作全部结束。一部完整的英译本1998年上半年在德国出版。这是世界上第一部大规模的吐火罗文作品的英译本,在吐火罗文研究方面有重大意义。

注释

[1] 季羡林:《我的心是一面镜子·自序》,延吉:延边大学出版社,1996年版,第1页。

[2] 季羡林:《我和比较文学》,见《比较文学与民间文学》,北京:北京大学出版社,1991年版,第157页。

[3] 季羡林:《季羡林学术论著自选集·自传》,北京:北京师范学院出版社,1991年版,第668页。

[4] 张中行:《季羡林先生》,见《人格的魅力——名人学者谈季羡林》,延吉:延边大学出版社,1996年版,第3页。

[5] 季羡林:《原始佛教的语言问题》,见《季羡林学术论著自选集》,北京:北京师范学院出版社,1991年版,第39页。

[6] 季羡林:《再论原始佛教的语言问题》,同上书,第56—57页。

[7] 季羡林:《谈翻译》,见《比较文学及民间文学》,北京:北京大学出版社,1991年版,第13—18页。

[8] 季羡林:《翻译的危机》,载《书与人》1994年第3期。

[9] 季羡林:《季羡林散文选·自序》,北京:北京大学出版社,1986年版,第6页。

[10] 季羡林:《提高高校学生人文素质的必要和可能》,载《教学与教材研究》1996年第1期。

[11] 严家炎:《石破天惊话科学》,见《人格的魅力——名人学者谈季羡林》,延吉:延边大学出版社,1996年版,第95—96页。

[12] 季羡林:《我和佛教研究》,见《人生絮语》,杭州:浙江人民出版社,1996年版,第3页。

[13] 同上书,第7—8页。

[14] 季羡林:《关于中国弥勒信仰的几点感想》,见《季羡林小品》,北京:中国人民大学出版社,1993年版,第292—293页。

[15] 季羡林:《季羡林漫谈人生》,天津:百花文艺出版社,2000年版,第49页。

[16] 季羡林:《室伏佑厚先生一家》,见《季羡林小品》,北京:中国人民大学出版社,1996年版,第280页。

[17] 季羡林:《我和佛教研究》,见《人生絮语》,杭州:浙江人民出版社,1996年版,第6页。

[18] 季羡林:《东方文学研究的范围和特点》,同上书,第6—7页。

[19] 季羡林:《从中印文化关系到中国梵文的研究》,见《比较文学与民间文学》,北京:北京大学出版社,1991年版,第71页。

[20] 同上书,第296—297页。

[21] 季羡林:《东方风俗文化辞典·序》,合肥:黄山书社,1991年版。

[22] 载《民俗研究》1995年第3期。

[23] 季羡林:《季羡林文集》(第6卷),南昌:江西教育出版社,1996年版,第352页。

[24] 季羡林:《学海泛槎——季羡林自述》,太原:山西人民出版社,2000年版,第257页。

[25] 同上,第263页。

[26] 季羡林:《季羡林漫谈人生》,天津:百花文艺出版社,2000年版,第143页。

[27] 季羡林:《学海泛槎——季羡林自述》,太原:山西人民出版社,2000年版,第262—263页。

[28] 季羡林:《季羡林文集》(第13卷),南昌:江西教育出版社,1996年版,第594页。

[29] 季羡林:《季羡林文集》(第14卷),南昌:江西教育出版社,1996年版,第327—328页。

[30] 季羡林:《研究〈楚辞〉应注意文化交流》,载《淮阴师范学院学报》2000年第5期。

[31] 季羡林:《季羡林文集》(第14卷),南昌:江西教育出版社,1996年版,第402页。

[32] 同上书,第370页。

[33] 同上书,第13页。

[34] 季羡林:《东方文化与东方文学》,载《文艺争鸣》1992年第4期。
[35] 季羡林:《我和佛教研究》,见《人生絮语》,杭州:浙江人民出版社,1996年版,第8页。
[36] 同上书,第25—39页。
[37] 季羡林:《季羡林学术论著自选集》,北京:北京师范学院出版社,1991年版,第1—17页。
[38] 季羡林:《中印文化交流史》,杭州:浙江人民出版社,1991年版,第120—121页。
[39] 同上,第121—122页。
[40] 季羡林:《比较文学与文化交流》,见《中国比较文学年鉴前言》,北京:北京大学出版社,1987年版。

心理没有负担，胃口自然就好，吃进去的东西都能很好地消化。再辅之以腿勤、手勤、脑勤，自然百病不生了。如果非要让我说出一个秘诀不行的话，那么我的秘诀就是：千万不要让脑筋懒惰，脑筋要永远不停地思考问题。

——季羡林：《老年谈老》

DONGFANG XUEREN
东 方 学 人

季羡林

1. "养生无术是有术"

2. 坐拥书城，绕膝双猫

3. 念念"消费经"

4. 人生座右铭

5. 朴厚的"土包子"

6. "老表走新时"

第九章 学人本色

1. "养生无术是有术"

季羡林自认为是一个感情充沛的人，也是兴趣不少的人。然而事实上过了95岁以后，到头来他自己反而感到枯燥乏味，干干巴巴，好像是一棵枯树，只有树干和树枝，却没有一朵鲜花、一片绿叶。自己搞的那一套学问，别人视之为神秘；自己写的一些学术著作，别人称之为"天书"。年届耄耋之时，他也曾想过在生活方面改弦更张，减少一点枯燥，增添一点滋润，在枯枝粗干上开出鲜花，长上一片绿叶。

季羡林过米寿以后，有一点慢性病，主要是老年哮喘和白内障，然而身躯自称顽健，直到90岁前后还是很硬朗，经常是十里八里抬腿就到，过去是早晨4点起床，这时候是3点起床，每天工作又增加了一个小时。直到住进解放军总医院还是想早起，但是医院规定，不准在早晨6点以前起床。有人问季羡林，你难道就不困乏，不愿意睡觉吗？他笑笑回答说，怎么不愿意睡觉，其实我很喜欢睡觉，也很愿意睡觉，但是一到时候，就好像有根鞭子在抽着我，让我非起来不可，起来好去干活呀。他每天能写上几千字论文，一篇4 000字的散文《赋得永久的悔》也是一天创作出来的，他的速度和效率是毫不含糊的，别人以此为怪，他自己却颇有点沾沾自喜。有人说他忘记了自己的年龄，他自己也觉得是说到了点子上，但却相信自己是有自知之明的。

有人问季羡林，你健康长寿，精力充沛，有什么秘诀没有？

季羡林的回答是：没有秘诀，也从来不追求什么秘诀。他有一个"三不"主义：不锻炼、不挑食、不嘀咕。所谓"不锻炼"，决不是一概反对体育锻炼，他只是反对那些"锻炼主义者"，对这些人来说好像除了锻炼,就没有别的事可做。他觉得人生的意义与价值就在于工作,工作必须有健康的体魄,可以进行一定时间的锻炼。他自己年轻时喜欢打打乒乓球、游游泳,但也不精于此道。但更为重要的是,工作必须有时间,如果把大部分时间都用于体育锻炼,而耽误了工作的时间,这还有什么意义呢?"不挑食"是很简单的,容易了解,不管是哪一国的食品,只要是合自己的口味,他张嘴就吃,什么胆固醇,什么高脂肪,统统见鬼去吧。他反对那些吃东西左挑右拣、吃鸡蛋不吃蛋黄、吃肉不吃内脏的人,这样挑来挑去,结果胆固醇反而越来越高。季羡林在日常生活中想吃什么就吃什么,平常以素食为主,偶尔吃点牛羊肉,到外边开会从来不挑食,结果胆固醇从来没有高过。"不嘀咕"实指没有什么想不开的事,从来不为自己的健康愁眉苦脸,他对有人无病装病,有人无病却幻想自己有病,十分厌恶,看了感到特别别扭。有的人吃东西禁忌多如牛毛,这也不敢吃,那也不敢尝。吃一个苹果要消三次毒,然后削皮,削皮的刀子还要消毒,削了皮的苹果还要再消一次毒,此时的苹果已经毫无味道了,只剩下消毒药水味了。从前化学系有一位教授,吃饭要仔细计算卡路里的数量,再计算维生素的多少,吃一顿饭用的数学公式之多等于一次实验。结果怎样呢?结果是每月饭费超过别人几十倍,而人却瘦成一只干巴鸡。一个人到了这种地步,还有什么人生之乐呢?季羡林心想,如果再戴上放大百倍的显微镜眼镜,则所见者无非细菌,他还能活下去吗?

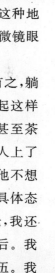

季羡林愿意观察和自己一样的老年人。他们中游手好闲者有之,躺在医院里不能动者有之,天天提鸟笼持钓竿者有之,他绝对看不起这样的人。他欣赏那些虽然已经寿登耄耋,年近期颐,已经向着白寿甚至茶寿进军,但仍然勤勤恳恳,焚膏继晷,兀兀穷年的人。季羡林认为人上了年纪,有点这样那样的病,是合乎自然规律的,用不着大惊小怪。他不想做"长生梦",对老年,甚至对人生,他采取的态度是道家的。他的具体态度和立场是:我已年届耄耋,但是,专就北京大学而论,倚老卖老,我还没有资格。在教授中,按年龄排队,我恐怕还要排到二十多位以后。我幻想眼前有一个按年龄顺序排列的向八宝山进军的北京大学队伍。我后面的人当然很多,但是向前看,我还算不上排头。这种对生命的态度完全是道家的。对待名利,季羡林也采取道家的态度,是超脱的。他是陶渊明的信徒,《神释》中的四句诗是他力求做到的:

  纵浪大化中,
  不喜亦不惧。
  应尽便须尽,
  无复独多虑。

季羡林与夫人彭德华合影

季羡林在对待工作和事业上,则采取儒家的态度,是进取的。这也可以算是儒道互补吧!

季羡林深知知识分子的担子并不是轻松的。在漫长的人生征途上,他尝够了酸甜苦辣,经历够了喜怒哀乐;走过了阳关大道,也走过了独木小桥。有时候光风霁月,有时候阴霾蔽天;有时候峰回路转,有时候柳暗花明。金榜上也曾题过名,春风也曾得过意,也有四处碰壁五内如焚之时。古人说,人生识字忧患始。一戴上"知识分子"这顶帽子,"忧患"就开始奔来。有诗说"儒冠多误身",一戴上儒冠就倒霉,以中国知识分子为例,这是一个很奇怪的群体,是造化小儿创造出来的一种"稀有动物",但中国知识分子又最关心时事,最关心政治,最热爱祖国。然而知识分子的感情又特别细腻、锐敏、脆弱、隐晦,学富五车,胸罗万象,有时自高自大,有时又自卑自弃。[1]总之,知识分子的优点和弱点都是非常明显的。

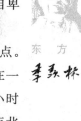

季羡林深知知识分子的弱点,时时严格要求自己,克服自己的弱点。他很重视修身养性,认为对个人来讲,格致、诚正、修齐、治平是联系在一起的,从一个人的修养到平天下,是儒家学说终极关怀的一部分。小时候,季羡林上过修身课,现在没有这门课,他感到非常可惜。最近几年北京大学学生自发组织起来,搞了修身运动,他非常高兴。为什么要修身呢?季羡林认为人和动物的区别是:动物只有本能,它不能够控制自己的欲望;而人是有理智的,比如吃东西,如果另外一个人比我更需要这份食物,那么在人性的支配下,人会把东西让给更需要的人吃。[2]而人之理智也需要靠修身养性来加以培养。

季羡林的忍让、宽厚是学术界熟知的,他真正具有一种大家的风范。一个简单的例子是,季羡林全家和睦,是朗润园里有名的"五好"家庭。家庭成员之间和睦相处,相亲相敬,从来没有吵过架。还是他婶母在世的时候,有一次晚间停水,忘了关好水龙头。家里人都熟睡之后,水漫金山。早晨起来季羡林用电话通知了助手李铮,李铮见季羡林正在水里一簸箕一簸箕地往脸盆里舀水,他已经倒了好多盆了。放在地上的报纸已经湿了一些,但还算万幸,并未波及书架上的珍贵书刊。一家人在李铮的帮助下,总算是收拾干净利索了。当天家里比较肃静,季羡林只是默默不语,没说过一句埋怨的话。第二天,全家又有说有笑了。

还有一次,季羡林应邀参加一次国际学术讨论会,会议在长江中的一艘豪华客轮上召开,并且安排在重庆参观一天。季羡林在北京有一个重要的外事活动,只匆匆参观了一项画展就在午餐后搭机回京了。正好邀请单位的一个负责人要回北京,也同机返京。季羡林、李铮和这位负责人都坐在头等舱里。可是下飞机时,普通舱乘客先下,头等舱后下。

因为是最后下飞机,机场专用大轿车里已经挤得满满的,等李铮和他上车时,车里几乎无立锥之地。来机场接季羡林的人和李铮都急得不得了,张开双臂保护季羡林,生怕别人挤着老人,也怕老人站不稳。李铮一眼看见那位负责人乘上小汽车飞驰而去,他自然十分气愤,而季羡林则自始至终沉默不语,别人说些气话,他也只微微一笑。是不是季羡林就脾气好到这程度,一点脾气也没有呢?不是的。有一次李铮陪他去广州开会。会后组织参观,大家兴致正高,只见来了一些外宾,这时一个年轻人挤到前边,想推开靠近展品玻璃柜台的季羡林。这时他一改往日那慈祥和善的面容,厉声质问这位莽撞的年轻人:"推什么?洋人来了,我就该躲到一边去吗?"他维护的是一个中国人的尊严。同样的事还发生在澳门的一次国际会议上,会议的参加者来自四面八方,主持者对外宾的过分热情引起了季羡林的强烈反感。会议开幕式那天,全体与会者都着西装,季羡林却偏偏一身中山装坐在主席台中间,大讲"三十年河东,三十年河西"。不知底里的人面面相觑,季羡林的解释是我识人识事是非常仔细的,我这是有意而为之。[3] 从这里可以看出,季羡林的忍让和宽厚,并不是无原则的。能做到这一步,确实是长期修身养性的结果。

季羡林在朗润园

季羡林的宽厚并不限于对家人和友人,有些陌生人找到他,求这求那,他也是宽厚相待。

我正在与季老谈事的时候,闯进一个东北来的年轻人。他的热络,对季老的亲近,弄得我不好意思将未说完的话说完。我只好静静地坐在一边。机灵的年轻人毫不客气地让我拿着他的相机,替他与季老留影。我当时有些木讷,在他不容置疑的指挥下,按了好几下快门。随后,他又缠着季老,要季老对录音机说几句。季老推托再三,场面有些尴尬,但拗不过这个年轻人的坚持,季老只好对着塞上来的微型话筒说:"我对中国文化的认识也是很粗浅的……"终于,季老拒绝了这个过分热心的青年题词的要求。我开始对这个来路不明的"记者"怒目而视了,最后他悻悻地走出了门。季老其实并不认识这个人,他只不过曾经来过一封信,说他是中国文化书院第几期的学员。季老说,这样的外地青年,愿意学中国文化,我又是文化书院的导师,不好推辞啊![4]

季羡林对陌生人的这种宽厚,不知发生过多少次。而这无数次的宽厚,又占去了他多少宝贵的时间啊!但愿这些陌生人不要辜负了他的宽厚和恩泽,也能为中国文化贡献出自己的力量。

2. 坐拥书城,绕膝双猫

季羡林生活中最大的乐趣是看书。他的书斋是非常大的,大小房间,加上过厅、厨房,还有封闭起来的阳台,大大小小,共有8个单元。书的册数没有人真正统计过,他自己说总有几万册吧,有人估计大概有6万多。在北京大学教授中,"藏书状元"他是当之无愧的。在梵文和西文书籍中,他的有些书堪称"海内孤本"。所以他虽然不以"藏书家"自命,但坐拥如此大的书城,心里总有满足的愉悦感。常有些青年人问季羡林,这些书你都看过吗?季羡林坦白地回答他们,他只看过极少极少的一点。那么要那么多书干什么呢?季羡林相信"开卷有益"这句话。他非常欣赏鲁迅所说的"随便翻翻",鲁迅之所以能博闻强记,博古通今,与"随便翻翻"是有密切关系的。在当今信息爆炸的时代,我们必须及时得到信息,只有这样人才能潇洒地生活下去。读什么样的书呢?季羡林主张专业书要读,专业以外的书也应该"随便翻翻"。知识面越广越好,得到的信息越多越好,否则很容易变成鼠目寸光的人,而鼠目寸光的人不但不利于自己专业的探讨,也不利于生存竞争,不利于自己的发展,最终会为时代所抛弃。

2001年,季羡林与伴萍在北京大学。

季羡林从小就喜爱小动物,觉得同小动物在一起,别有一番滋味,它们天真无邪,率性而行;有吃抢吃,有喝抢喝;不会说谎,不会推诿;受到惩罚,忍痛挨打;一转眼间,照偷不误。同小动物在一起,他心里感到坦然、怡然、安然、欣然,不像同人在一起那样,应对进退,谨小慎微,斟酌词句,保持距离,感到异常的别扭。大约在1978年季羡林开始养猫,距今已近三十多年。第一只猫起名为虎子,是一只最平常的狸猫,身上有虎的斑纹,颜色不黑不黄,并不美观。它有两只炯炯有神的眼睛,虎虎而有生气,因此起名为"虎子"。虎子脾气暴烈,不怕人,谁想打它,不仅不回避,而且要反攻,声色俱厉,谁得罪了它,永世不忘。后来,除了家中的人外,无人不怕它。1981年,季羡林又养了一只雪白长毛的波斯猫,因为是洋猫,起名为"咪咪"。咪咪一进门,就被虎子看作是自己的亲生女儿,虽没有什么奶,却坚决要给它喂奶。季羡林吃饭时,弄点鸡骨头、鱼刺,虎子自己蹲在旁边,瞅着咪咪吃,从不与它争食。虎子还会从外面抓些蚱蜢、蝉、蛐蛐之类给咪咪吃。季羡林同虎子、咪咪都有深厚的感情,每天晚上两只猫抢着到他床上去睡觉。到了冬天,他在棉被上面特别铺上了一块布,供它们躺卧。有时候,他半夜醒来,神志一清醒,觉得有什么东西重重地压在身上,一股暖气仿佛透过两层棉被,扑到他的双腿上。这时候,即使双腿由于僵卧过久,又酸又痛,他也总是强忍着,决不动一下,免得惊了小猫的轻梦。到了虎子十一二岁时,咪咪也八九岁了。虎子依然如故,脾气暴烈,威风凛凛,见生人就咬,而咪咪却有下世的光景,常常到处小便,桌子上、椅子上、沙发上,几乎无处不便。

东 方 学 人

李羡林

季羡林在文章中是这样描绘咪咪的陋行的:

> 最让我心烦的是,它偏偏看上了我桌子上的稿纸。我正写着什么文章,然而它却根本不管这一套,跳上去,屁股往下一蹲,一泡猫尿流在上面,还闪着微弱的光。说我不急,那不是真的。我心里真急,但是,我谨遵我的一条戒律:决不打小猫一掌,在任何情况之下,也不打它。此时,我赶快把稿纸拿起来,抖去了上面的猫尿,等它自己干。心里又好气,又好笑,真是哭笑不得。家人对我的嘲笑,我置若罔闻,"全等秋风过耳边"。

后来,咪咪随意拉屎撒尿的频率增加了,范围也扩大了。桌上、床下、澡盆中、地毯上、书上、纸上,只要从高处往下一跳,尿水必随之而来。季羡林便以耄耋衰躯,匍匐在床下桌下向纵深的暗处去清扫猫尿,待钻出来之后,往往得喘上半天粗气。他不但不气馁,反而大有乐此不疲之势,心里乐滋滋的。年近九旬的婶母这时就笑着说,你从来没有给女儿、儿子打扫过屎尿,也没有给孙子、孙女打扫过,现在却心甘情愿服侍这一只小猫。他这时也是笑,但不回答,不以为苦,反以为乐。他自己也解释不清楚原因何在。后来家人终于忍无可忍,主张把咪咪赶走。咪咪被送出门去,关在外边。但晚上睡觉,季羡林躺在床上,辗转反侧,再也睡不着了。过了几天,咪咪病了,而且越来越严重,给它东西吃也没有胃口,季羡林看了直想流泪。于是,他拖着疲惫的身子走几里路到海淀肉店,买回猪肝和牛肉,想给它吃。一开始,咪咪有点想吃的样子,但一沾嘴唇,又把头缩回去,闭上眼,不闻不问了。后来,咪咪不见了,他到山上、塘边、草丛、树后、石缝,都找遍了,"屋前屋后搜个遍,几处茫茫皆不见",咪咪还是永远地消失了。

  季羡林简直像是失掉了一位好友、一个亲人,回想起来他内心就颤抖不止。季羡林后来从别人那里得知,猫有一种特殊的本领,知道自己什么时候寿终,到此时此刻它决不待在主人家中,以免让主人看到自己死去的样子感到心烦悲伤。它们总要找一个最僻静的地方离开人世。从这件事季羡林悟出,新陈代谢是普遍规律,人应该向猫学习处理死亡的办法。人老了要死,像猫那样应该算是一件喜事。世界是青年的,老年人应该为青年人活着,而不是相反。老年人的天职是尽仅存的精力,帮助青年人前进,必要时甚至可以躺在地上,让后人踏着自己的躯体前进。咪咪的死毕竟让季羡林非常悲哀,他发誓一定再找一只同样毛长尾粗的白色波斯猫。苍天不负有心人,后来他终于找到了,新猫被称为"咪咪二世"。后来又有了"三世",现在又有了"四世",都是眼睛一黄一绿的波斯猫。"咪咪四世"是新生小猫,是从山东临清来的。它小小年纪,却极端调皮,有时候简直是无恶不作,什么时候什么地方不需要它,它就偏在那时候那地方窜出来,搅得人心神不安,它却怡然自得。而"咪咪二世"已是个老猫了,脑袋里似乎有一个表。每天凌晨4点前后,主人一开灯,它就会在窗台上抓纱窗,好像在催他起床,让它进早餐。这时,季羡林总是悚然而醒,飞快下床,开门一跺脚,声控电灯一亮,只见一缕白烟从黑暗中飞了进来。此尤物先踩他的脚,后蹭他的腿,好像是在道早安。几年来几乎天天如此,季羡林对它情有独钟。在老祖、老伴、女儿去世之后,在他精神最苦闷的时候,给了他极大安慰的,就有"咪咪二世"。

3. 念念"消费经"

  季羡林作为哲学博士,研究方向是语言文学,他不喜欢义理,所以写的哲学文章很少。但到晚年却又一反常态,甚至还谈起了另一种哲学——消费哲学。中年人中有说他是老保守、老脑筋、不合时宜的,青少年就不知道怎么说了。

季羡林在家中

话得从头说起。因为季羡林是名人,所以约稿者纷至沓来,就有人请他来谈个人消费,也就有了他的消费哲学。消费是与经济基础联系在一起的。季羡林的经济基础如何呢?从账面上来看,季羡林的工资是北京大学教师中最高的,因为他是20世纪50年代第一批确定的一级教授。他每月的工资经过七折八扣,领到手以后平均约700到800元钱。这些钱他还要给保姆张淑贞一半。除了她的工资,她还有一个男孩在北京大学第二附属中学上学,学费、杂费、生活费全由季羡林负担。这样做的原因有两个:一是季羡林心肠好,善良,待人宽厚慷慨;二是让小保姆的孩子在身边上学,也免去了她要回四川老家探亲的后顾之忧。可这样一来,他再交完房费、天然气费、电费、电话费等,实际上拿到手的也只有300元左右了。用它来支付全家的生活费怎么会够呢?这里就有了一个对比。20世纪50年代季羡林被定为一级教授,在六类工资地区的北京,每月拿的工资是345元,再加上中国科学院哲学社会科学学部委员每月津贴100元。这是一个"不菲"的工资数目。因为当时物价奇低,去莫斯科餐厅吃饭,一顿大约1.5元到2元,汤菜俱全,还有黄油面包,外加啤酒一杯。如果吃烤鸭,六七元钱足矣,还能吃只挺大的。这样的物价,有每月450元的固定工资,简直是"阔死了"。而十几年以前,他是全国最有资格的老一级教授了,因为比他资格更老的老教授陈岱孙已经去世。而他的全月基本工资加各种补贴,也就一千二三百块钱,这就是他每月实际上留在手里只有三百多块钱的原因。这样的老教授工资这样低,可怎么维持生活呢?不少人自然会问他,季羡林笑笑说:"我的生活水平,如果不是提高的话,也绝没有降低。"人们问他,难道你有"点金术"吗?他回答说,非也。季羡林道出的奥秘是,20世纪50年代大学教师主要靠工资生活,不懂什么"第二职业",也不允许有"第二职业"。而今天却大改其道,学校里也有种种形式的"第二职业",甚至"第三职业"。季羡林也有了"第n职业",就是"爬格子"。他爬了六十多年格子,名气大,稿费多,时不时地就收到稿费。这样,他手头虽只剩300元的工资,却从来不感到拮据,原因就是有源源不断的稿费做后备军。

手头虽然有钱,但季羡林在生活上却没有太高的追求。对吃,一如既往,从来没有什么特殊要求,早晨仍然是烤馒头片或面包,一杯清茶,一碟炒花生米。他从来不让家人或保姆陪他凌晨4点起床做早饭,早餐是几十年的一贯制,从来不变化。午晚两餐,素菜为多,很少吃肉。饮食如此简单,他全家的伙食费不过500元多一点。至于穿,季羡林简直是个清教徒。他的衣服多是穿过十年八年或者更长时间的,有一件雨衣,是他在1946年从德国回到上海时买的,至今仍然在穿。有一天一位专家对他说,你的这件雨衣,款式真时髦!他听后大惑不解。专家一解释,他才知道原来50年前流行的款式,经过了漫长的沧桑岁月,在不知经过多少变化之后,在螺旋式上升的规律指导下,现在又回到了50年前的款式。他听后大为兴奋,没想到自己守株待兔,终于守到了。他也没有想到,人类在衣着方面的一点小聪明,原来竟如此脆弱!他的老主意是:以不变应万变。他想一个人穿衣服,是给别人看的。如果一个人穿上十分豪华的衣服,打扮得珠光宝气,天天照镜子自我欣赏,那他不是疯子,便是傻子。穿衣服给别人看,观看者的审美能力和审美标准千差万别,那么你就满足了这帮人,必然开罪于另一帮人,反正不能让人人都高兴,皆大欢喜是不可能的。季羡林的穿衣哲学是我行我素,我就是这一身打扮,你爱看不看,反正我不能让你指挥我。在穿衣方面,他是个完全自由自主的人。有了这样一种穿衣哲学,我们也就看到他的一身蓝色卡其布中山装,春、夏、秋、冬,永不变化。他的日用品,也是如此。只要能用,他决不丢弃,敝帚自珍是他的用物哲学。我们看到他用的一只手提包,是一种最简单的敞口式的,十几年一点变化没有。而他的穿戴和用品,也因为观看者的审美能力和审美标准不同,有了两种针锋相对的评论:赶潮流者说他是老古董、老保守、老顽固,而学者层却认为他是一个典型的儒者。儒雅的风度,从其学识和人品中来,而不是从其衣着中来。

季羡林消费哲学的核心是:如果一个人整天想吃想喝,仿佛人生的意义与价值就在于"吃喝"二字,他觉得无聊,"斯下矣"。他的潜意识永远是:食足以果腹,不就够了吗?衣足以蔽体而已,何必追求豪华。季羡林绝非"大款",但他在自己的消费哲学指导下,素衣淡食,生活简单,却把大把大把的钱送给身边急需的人,或者捐给家乡的学校。这样的消费哲学,但愿能有更多的人会理解。

4. 人生座右铭

人生确实是个大舞台,有各种各样的人在这个舞台上进行着各种各样的表演。拿学者层面来说,就有多种多样,用最简单的方法就可以分为"真""伪"两类。商品有真有假,学界也差不多,确有真学者,他们往往是默默耕耘,晦迹韬光,与世无忤,不事张扬,但他们不像禅宗"不立文字",也写文章。与真学者相对的就是伪学者,这种人会抢镜头,爱讲排场,不管耕耘,专事张扬。他们当然会写文章,但他们的文章晦涩难懂,不知所云,有的则塞满了后现代主义的词语,同样是不知所云。他们实际上都是以艰深文浅陋,以"摩登"文浅陋。对这样的伪学者季羡林当然不曾赞誉一词,他们的文章他不敢读,不愿读,读也读不懂。[5]拿老年人来说,有些人愁这愁那:一方面为自己的身后着想,修造坟场,筹建祠堂,这是有钱人的事。没钱的老年人心事也不少,想为子孙积攒钱财,又力不从心,捉襟见肘。财积不成,又良心难安,待到大限来到之时,还是两手空空,抱着无限负疚的心情,去见阎罗大王。[6]

季羡林既是知识分子,又是老年人,所以他时时剖析自己,直面自"我"。

季羡林首先剖析知识分子这个群体。在他看来中国知识分子一方面吹嘘想"通古今之变,究天人之际",气魄贯长虹,浩气盈宇宙。有时候,却又为芝麻绿豆大的一点小事而长吁短叹,这就是中国特有的"国粹"——面子问题,知识分子是面子的主要卫道士。与面子有关的是隐居或出仕,有人标榜自己无意为官,实则相反。"大名垂宇宙"的诸葛亮高卧隆中,表面是隐居,实则是关心国家大事,"信息源"非常多,《隆中对》表明他经世之心,昭然在人耳目,却又偏让刘备三顾茅庐然后才出山"鞠躬尽瘁",就是因为一个面子。知识分子贫穷落魄的多,本来贫无立锥之地却偏喜欢拼命,拼这一身老骨头,称这为"骨气"。中国知识分子脾气往往极大,仗着"骨气"这个法宝,敢于直言不讳,一见不顺眼的事,就发为文章,呼天叫地,痛哭流涕,大呼"人心不古,世道日非","黄钟毁弃,瓦釜雷鸣"。历史上他们根本不给当政的统治者一点面子,有时候甚至让他们下不了台。鉴于此,季羡林产生了一个大胆的"理论":一部中国古代政治史至少其中一部分就是最高统治者皇帝和大小知识分子互相利用又互相斗争,互相对付和应付,又有大棒,又有胡萝卜,间或甚至有剥皮凌迟的历史。[7]但中国知识分子始终有一个爱国主义的传统,是世界上哪一个国家也不能望其项背的。

季羡林出席《季羡林文集》出版发布会及米寿座谈会

剖析完中国知识分子,季羡林又剖析自己。在他看来,每一个人都有一个"我",二者亲密无间。季羡林觉得自己是认识自己的,但剖析自己有点过头,有时候真感到自己一无是处:专就学术文章而言,不认为"文章是自己的好",真正满意的学术论文不多,反而是觉得别人的文章好。在文学作品方面,自己满意的也屈指可数,连散文真正觉得好的也十分有限。在品行方面,他有自己的看法,对什么叫好,什么叫坏,他的标准是:

> 我认为,只替自己着想,只考虑个人利益,就是坏。反之能替别人着想,考虑别人的利益,就是好。为自己着想和为别人着想,后者

能超过一半,他就是好人。低于一半,则是不好的人;低得过多,则是坏人。[8]

拿这个尺度来衡量一下自己,我只能承认自己是一个好人。我尽管有不少的私心杂念,但是总起来看,我考虑别人的利益还是多于一半的。至于说真话与说谎,我也说过不少谎话,因为非此则不能生存。但是我还是敢于讲真话的。我的真话总是大大地超过谎话。因此我是一个好人。[9]

季羡林之所以是一个"好人",原因是他不断地进行思想改造。他认为作为知识分子,不管是从旧社会过来的,还是新社会培养出来的,思想都必须改造。思想改造是非常有意义的。今天,人们很少再谈思想改造了,好像一谈就是极"左",而他则认为,思想改造还是必要的。客观世界飞速前进,新事物层出不穷,思想如果不改造,怎么能跟得上时代的步伐呢?[10]思想改造必须结合道德修养一块儿进行。季羡林认为,道德应该从责任感、是非感两方面来谈。是非,责任,不是小是小非,而是大是大非。大是大非就是关系到祖国,关系到人民,关系到世界,也就是要拥护社会主义,拥护共产主义。这是大是大非,责任也在这个地方。[11]为此,季羡林一再提倡弘扬爱国主义的问题。而正义的爱国主义又分为两个层次:一种是爱我们的国家,中国受别人的侵略,起来反抗,这是一般的爱国主义,是应该歌颂的、赞扬的,但层次不高;层次更高的是与文化联系起来,爱我们祖国的文化。[12]季羡林本人这两种爱国主义是都具备的,且深入到具体细微之处。1995年4月13日,一次罕见的大旱后下起一场春雨,季羡林一大早就坐到隔成一个小房间的阳台上,准备同一种"死文字"拼命了,这本来需要极静极静的环境,才能安下心来进入角色,解读这天书般的吐火罗文、梵文、巴利文。阳台顶上有块大铁皮,雨敲铁皮的声音是极为讨厌的,是必欲去之而后快的。

然而,事实却正相反。我静静地坐在那里,听到头顶上的雨滴声,此时有声胜无声,我心里感到无量的喜悦,仿佛饮了仙露,吸了醍醐,大有飘飘欲仙之慨了。这声音时慢时急,时高时低,时响时沉,时断时续,有时如金声玉振,有时如黄钟大吕,有时如大珠小珠落玉盘,有时如红珊白瑚沉海里,有时如弹素琴,有时如舞霹雳,有时如百鸟争鸣,有时如兔落鹘起。我浮想联翩,不能自已,心花怒放,风生笔底。死文字仿佛活了起来,我也仿佛又溢满了青春活力。我平生很少有这样的精神境界,更难为外人道也。

原因何在呢?

可我为什么今天听雨竟也兴高采烈呢?这里面并没有多少雅味,我在这里完全是一个"俗人"。我想到的主要是麦子,是那辽阔原野上的青春的麦苗。我生在乡下,虽然6岁就离开,谈不上干什么农活,但是我拾过麦子,捡过豆子,割过青草,劈过高粱叶。我血管里流的是农民的血,一直到今天垂暮之年,毕生对农民和农村怀着深厚的感情。农民最高希望是多打粮食。天一旱,就威胁着庄稼的成长。即使我长期住在城里,下雨一少,我就望云霓,自谓焦急之情,决不下于农民。北方春天,十年九旱。今年似乎又旱得邪行。我天天听天气预报,时时观察天上的云气。忧心如焚,徒唤奈何。在梦中也看的是细雨蒙蒙。[13]

1988年,季羡林在长城上。

这显然是爱国主义情怀所致,在季羡林看来乡土之情是非常重要的。山东有山东的乡土,具体到一县有一县的乡土。这同爱国主义有紧密联系,你要知道本县、本省、本国可爱在什么地方,我们讲爱国主义就应该从乡土讲起,了解我们中华民族确实伟大,确实值得爱,到这时候爱国主义才是真的。[14]所以，当季羡林坐在这长宽不过几尺的阳台上，听着头顶上的雨声，不禁神驰千里，心旷神怡。在大大小小高高低低，有的方正有的歪斜的麦田里，每一个叶片都仿佛张开了小嘴，尽情地吮吸着甜甜的雨滴，有如天降甘露，本来有点黄萎的，现在变青了，本来是青的，现在就更青了。宇宙间凭空添了一片温馨，一片祥和。[15]在这样的心境之中，他钻研着古老的文字，决心为国争气争光，两种爱国主义达到了高度的一致。

　　日本梵文研究界泰斗、思想家中村元在为《季羡林散文集》的日译本《中国知识人の精神史》写的序言中说，中国的南亚研究原来是相当落后的，可是最近几年来突然出现了一批中年专家，写出了一些水平较高的作品，让日本学者有"攻其不备"之感。中国学者坐在冷板凳上辛苦耕耘，取得了梵文、南亚研究的显著成就，日本人觉得过去对我国的南亚研究评价已经过时了。怎么能说这一套无补于国计民生呢？这正是深层次地弘扬爱国主义。[16]正是出于这样的考虑，当邓文宽、荣新江共同校勘的《敦博本禅籍校录》出版之际，季羡林予以极高评价，他认为此书是国内外众多学者在长达几十年内对敦煌禅籍校录的基础上的集大成之作，严肃认真，方法精密，既继承了中国朴学考证校勘的传统，又参照了西方的校勘方法，融会中西，贯通古今，阐幽发微，细入毫发，为敦煌学研究做出一大贡献。"我由于有此书而感到愉快，感到骄傲。如果要讲爱国主义的话，写出这样的书，能在国际学林中占一席地，这就是最具体的爱国主义行动，比一千句一万句空话都更有用。"[17]

　　季羡林也不限于在大是大非方面进行道德锤炼，直面自"我"。他不仅要求做到"大德敦化"，也要求做到"小德川流"。[18]他个人观察到，老年人喜欢讲话，喜欢长篇发言。开一个会两个小时，他先包办一半，甚至四分之三，别人不耐烦看表，他老眼昏花，不视不见，结果如何？一想便知。他听说某大学有一位老教授，开会时他一发言，有经验的人士就回家吃饭。酒足饭饱，回来一看，老人家的发言还没有结束，还在那里"悬河泻水"哩。因此，他对老年人主要是对自己，提出了几句箴言：老年之人，血气既衰，煞车失灵，戒之在说。[19]人生经验丰富，见多识广本是老年人的优点，但是以此为包袱，便会自以为是，执拗固执。动不动就是，我吃的盐比你吃的面还多，我过的桥比你走的路还长。个别人仕途失意，牢骚满腹，"世人皆醉而我独醒，世人皆浊而我独清"，结果唠唠叨叨，惹得大家都不痛快。[20]平常和人谈话，他一般总是保持1米的距离。道德修养之细致入微，非一般人所能比拟。

　　进入90岁以后，季羡林屡次闹病，先是耳朵，后是眼睛，最后是牙齿,至今未息。耄耋之人闹点不致命的小病,本来是人生常事,他向来不惊慌。但却不能不影响自己的写作,进度被拖了下来,不能如期完成。他自觉自己性与人殊,越是年纪大,脑筋好像越好用,于是笔耕也就越勤。有一位著名作家写文章说,季羡林写文章比他读得还快。这当然有点溢美。季羡林80岁以后,从1993年到1997年这四年中他用中外文写成的专著、论文、杂文、序、抒情散文等,其量颇为可观,至少超过过去的10年或更长的时间,他常说自己一生都在教育界和学术界里"混"。这是通俗的说法。用文雅而又不免过于现实的说法,则是"谋生"。这也并不是一条平坦的阳关大道,有"山重水复疑无路",也有"柳暗花明又一村"。回忆过去60年的学术生涯,不能说没有一点经验和教训。迷惑与信心并举,勤奋与机遇同存。他有自己的座右铭,他讨厌说空话、废话、假话、大话,一无灵丹妙药,二无锦囊妙计,只有一点明白易懂简单朴素迹近老生常谈,又确实是真理的道理。

季羡林最讨厌说假话,自己则知错必改。他写于1999年7月27日,发表在10月16日《人民日报》的散文《两个小孩子》,说到"相传唐代大诗人白居易3岁识'之'、'无',千古传为美谈。如今这个仅仅两岁半的孩子在哪一方面比白居易逊色呢"?文章发表后,读者张竺夫表示质疑,说白居易的《与元九书》说自己是在出生后六七个月就识"之"、"无"两字,并非3岁。季羡林知错就改,撰写了《关于〈两个小孩子〉的一点纠正》一文,对这一错误予以公开正式更正,所言毫无遮丑之意,对一位普通读者深表感激,"张先生提出纠正,对我来说是改正了错误,增加了见识;对读者来说是得到了正确的信息,有百利而无一害"。大胆承认错误,虚心接纳指正,这是真正的大家风范。季羡林被读者称为"光明磊落真学者,真诚交流是大家"。他喜欢引宋代大儒朱熹的诗:"少年易老学难成,一寸光阴不可轻。未觉池塘春草梦,阶前梧叶已秋声。"他认为这首诗的关键有二:一是要学习,二是要惜光阴。晚年的季羡林成了陶渊明的志同道合者,他非常喜欢读陶渊明的作品,尤其是一些陶诗他更是情有独钟,难以释怀。唐代大诗人白居易的一首自警诗,他也很欣赏:"蚕老茧成不庇身,蜂饥蜜熟属他人。须知年老忧家者,恐似二虫虚苦辛。"季羡林本来就是宽宏大量的人,对人生的态度既采取儒家的,更采取道家的。他对老年采取的态度,应该说是道家的。

谈到看待自己,季羡林有一篇《我写我》,里面说的就是对自己的认识。他称外界对自己的评价过高,应该三七开,只信其三。他认为自己不是天才,勤奋可以算得上。他的勤奋包括把开会的时间都充分利用起来,他诙谐地说:"我开会有一个窍门。本来汉语是世界语言里最简短的。英文要一分钟,我们有五秒就够。可是我们有很多人对不起这个特点,讲话啰里啰唆,一句话重复来重复去,还加上'哼、哈、唉'。就像一个人在敲鼓板一样,所以他讲话我用不着注意听。我半个耳朵完全能掌握,当别人鼓掌的时候,我跟着鼓掌。那四分之三我就考虑别的问题,想一篇学术文章怎么写、资料怎么搜集。有一次我讲,将来问我是哪一门的专家,我说我可以开一门'开会学',我可以写一个几十万字的讲义,可以开课招研究生。"真正的天才他说没看到过,反正自己绝对不是一个天才,是中才,中等的"才"。他承认有天才,也有偏才,四平八稳的人成不了天才,觉得自己这个人就有点四平八稳。他年轻时有点淘,也打架,什么都干了。后来在社会上磨炼久了,进步了。季羡林认为他是认识自己的,他经常剖析自己,而且剖析得有点过头。

5. 朴厚的"土包子"

不管是圈里人,还是圈外人,抑或是季羡林本人,都不否认季羡林的"土气"。

～ 季羡林在冬天里

在中国人的词典里,"土"字的含义简直多极了,土包子、土气、土人、土著、土专家、土话、土仪、土产、土货、土皇帝等,这些词虽然没有太多的贬义,但也没有太多的褒义。

早在20世纪40年代,季羡林看到沈从文用牙齿把捆东西的麻绳咬断,从中他看到的是沈从文的个性。季羡林却正欣赏这种劲头,而且把自己也看做是这样的一个"土包子",但是这样的"土包子"同那些只会吃西餐、穿西装、半句洋话也不会讲,而偏又自认是"洋包子"的人比起来,丝毫也不比他们低一等。[21]从那时起到现在,五十多年过去了,季羡林始终以这样的"土包子"自居,且以此为自豪。

从季羡林这样的"土包子"身上透露出来的个性,是他的朴厚。这一点,曾经在朗润园住过一段时间的张中行,有着切身的感受。20世纪80年代初期,不知道是由谁介绍,张中行和这位早已闻名的知名学者,在他家门口相识。在这次结识之前,张中行听到的有关季羡林的传闻,用评论性的话来说不过两个字,就是"朴厚"。这次晤面之后,张中行对他朴厚的印象就更深刻了。张中行有清晨散步的习惯,而散步的路线,有时就是后湖边上的幽境,要从季羡林住的13公寓前边走过。这时,季羡林在工作一段之后,往往也要到门口站一站,稍事休息。张中行路过时,如果正好赶上他在家门口就打个招呼,或者说上几句闲话。

> 打招呼用和尚的合十礼,也许因为,都觉得对方同佛学有些关系。闲话也是走熟路。消极的是不沾学问的边,原因,我想少一半是研究的那些太专,说,怕听者不懂,至少是没兴趣;多一半仍是来于朴厚,讲学问,掉书袋,有玄学之嫌,不愿意。再说积极一面,谈的话题经常是猫。[22]

张中行感受到的,就是这难得的朴厚:从来也不会炫耀自己的朴厚。是的,不炫耀本身就是朴厚的一部分。

1985年,上海外国语学院筹办《中国比较文学》杂志举行座谈会,邀请季羡林、贾植芳为主要嘉宾,安排他们住在校内的外国专家招待所。会议之余,主办者组织专家参观。其中一项内容是参观上海一座著名的寺庙,游禅堂、观大殿,会见颇有地位的住持长老,还应邀吃一顿闻名上海的高级午间素餐。季羡林深有佛学功底,在如此众多的活动中,正是他发宏论高见,甚至即兴连类而及,道掌故,说逸闻之处是太多了,特别是在与住持长老会面时,盘道论经,进行高层次对话,是可以显学识、露经纶、表现学问高深、知识广博的一个大好时机,然而他没有去高谈阔论、指手画脚,更没有做出显示学问家的样子,而是处处以一个普通人自居。这种不见学问的学问正是朴厚的表现,从这朴厚中人们经常能看到他脸上总是含着平和的浅笑,一切都深蕴不露,然而又不是故意做作而为,更非胸有城府,而是实实在在的、朴素自然的,是融会包容在深层文化、高度修养、自在人格中的一种"天然自成"的形象。[23]在朴厚中,季羡林还透露出几分执著,像一个老农对农事的执著一样,季羡林对学术事业的执著让人更为动情。在这方面,张中行又有很深的体会。

季羡林与张中行(右一)等人在一起

是不久前，人民大学出版社印了几个人的小品，其中有季先生和我的。我有个熟识的小书店，是一个学生的儿子经营，为了捧我之场，凡是我的拙作，他都进一些货。爱屋及乌，这次的系列小品，他每种都进一些货。旧潮，先秦诸子，直到《文选》李善注，因为其时没有刻印技术，也就没有"签名本"之说。有刻印技术之后，晚到袁枚的《随园诗话》，顾太清的《东海渔歌》，也还是没有"签名本"之说。现在是旧潮换为新潮，书有所谓"签名本"，由书店角度看利于卖，由读者角度看利于收藏。于是而有签名之举，大举是作者亮相，到书店门口签；小举是作者仍隐于蜗居，各色人等叩门求签。我熟识的小书店当然要从众，于是登我门，求签毕，希望我代他们登季先生之门求签。求我代劳，是因为在他们眼里，季先生名位太高，他们不敢。我拿着书，大约有10本吧，去了，让来人在门外等着。叩门，一个当小保姆的年轻姑娘打开门，我抢先说："季先生在家吗？"小保姆的反应使我始则吃惊，继则感佩。先说反应，是口说"进来吧"，带着我往较远一间走，到大敞的门，用手指，同时说："不就在这里吗？"这话表明，我已经走到季先生面前。季先生立着，正同对面坐在床沿的季夫人说什么。再说为什么吃惊，是居仆位的这样侍候有高名位的一家之主，距离世间的常礼太远。……这常礼由主人的名位和矜持来，而季先生，显然是都不要，所以使我由小保姆的直截了当不由得想到司马温公的高风，也就不能不感而佩之。言归正传，是见到季先生，说明来意，他毫不思索就说："这是好事，那屋有笔，到那里签吧。"所谓那屋，是东面那个书库。有笔的桌上也堆满书，勉强挤一点地方，就一本一本写，一面写一面说："卖我们的书，这可得谢谢。"签完，我说不再耽搁，因为书店的人在门外等着。季先生像是一惊，随着就跑出来，握住来人的手，连声说谢谢。来人念过师范大学历史系，见过一些教授，没见过向求人的人致谢的教授，一时弄得莫知所措，嘴里咕噜了两句什么，抱起书跑了。[24]

季羡林朴厚的事本够感人，用张中行这朴厚的笔一写，就更为感人了。张中行与季羡林交往，感到他是一身而具有三种"难能"：一是学问精深，二是为人朴厚，三是有深情。三种"难能"之中，张中行以为最难能的还是朴厚，因为在见过的诸多知名学者中，像他这样的就难找到第二位。

这样的朴厚，被认为保持着北方原野那份质朴、单纯。他的普通如同一滴最平凡的水珠，无声地消融在大江大河的激流之中，如同一粒最平凡的泥土，加入了无比深厚的黄土地的浑重之中。由此让人悟到，一切伟大只因它来自平凡,并由平凡所构成,伟大无须装饰,也不可形容。他是那样的单纯,单纯到不染纤毫的自然,对于枝枝节节往往不甚经心,师生、朋友的情谊也都简化到最平淡处,但正是从这朴素中,使人感受到他那种崇高人格的震撼力。[25]季羡林的朴实力量,使人和他在一起,矜可平,躁可释,一切多余的雕饰的东西都成为不必要,当工作有了成绩想向他表白时,到了他那里忽然就觉得不必诉说,他的沉着、他的稳重,连同他的朴实,使接近他的人只能脚踏实地地埋头苦干。[26]对季羡林的朴厚,和他交往达半个多世纪的好友臧克家,也是十分赞佩不已的。臧克家曾在20世纪80年代写过一首《赠羡林》的诗,说:

年年各自奔长途,
把手欣逢惊欲呼。
朴素衣裳常在眼,
遍寻黑发一根无。

到1996年,季羡林85华诞前夕,臧克家又赋诗《长年贡献多——贺羡林老友八五华诞》:

满头白发,根根记录着你的寿长,
标志着你的业绩受到众多的赞扬。
你兼有诸家的同能;
你的独秀孤芳,
有几个能够赶上?
海外十年,心系祖国,艰险备尝,
写下的日记何止万行?
你的人,朴素非常,
你的衣着和你的人一样。
天天跑图书馆,习以为常,
你珍惜每一寸时光。
你学识渊博,对中西文化,
最有资格比较衡量。
你潜心学海,成绩辉煌,
探及骊珠,千秋万岁放光芒![27]

熟悉季羡林的人,都会注意到他的衣着几乎是没有变化的。1994年5月,季羡林去泰国曼谷访问,在泰国华人郑午楼举办的盛大宴会上,见到了在清华大学读书时崇拜的摄影家郎静山。郎静山已经104岁,慈眉善目,面色红润,头发花白,但没有掉多少,腰板挺直,步履稳健,耳聪目明,最吸引他的是郎静山的衣着,他仍然穿着长衫。他心里清楚,在解放前长衫是流行的,它几乎成了知识分子的象征,因此看了郎静山的长衫,他心中大感欣慰,也联想到了自己:

> 我身上这一套中山装,久为风华正茂的青年男女们所讽刺。我表面上置若罔闻,由于某种心理作用,我死不改悔,但心中未免也有点嘀咕。中山装同长衫比起来,还是超前一代的,如果真进博物馆的话,它还要排在长衫的后面。然而久已绝迹于大陆的长衫,不意竟在曼谷见到。我身上这一套老古董似乎也并不那么陈腐落后了。这一种意外的简直像天外飞来的支援,使我衷心狂喜。[28]

从这里不难看出,季羡林几十年"顽固不化",穿着中山装,是有某种心理作用的,实际上他是把中山装看作了刚直不阿的知识分子的象征时时警惕着,决不和世俗的不良风气同流合污。他注重的不是衣着的华丽,而是心灵和精神境界的超升。

不仅对衣着,就是对家中的陈设,季羡林也绝对不去刻意追求现代气息,甚至给人的印象是陈旧,简直是没有一点现代气息。朴实之外,是什么也没有。就连老伴彭德华,在大都市里住了多年,还是全身乡土气,为人也是充满古风,以忠厚待人,人缘特别好。张中行到季羡林家里去,最感吃惊的就是室内缺乏现代气息。

> 室内也是这样,或说更是这样,墙、地,以及家具、陈设,都像是上个世纪平民之家的。唯一的不同是书太多,学校照顾,给他两个单元,靠东一个单元装书,总不少于三间吧,架上、案上,都满了,只好扩张,把阳台封上,改为书库,书架都是上触顶棚的,我隔着玻璃向里望望,又满了。[29]

季羡林的饮食也是非常朴素的,他一日三餐,吃的全是家常饭菜,再普通不过了。他从来不挑食,不吃补品,不忌口,什么饭菜都能吃一些。他的饮食品多类杂,吸取的东西往往注重综合性。他虽然在大城市生活了几十年,但始终钟情于少年时代家乡的饮食习惯,绿豆小米粥,几乎与他的中山装一样,也是几十年一贯制,成为他永远不换的美食佳肴。以至于人们分不清,这到底是他长寿的良方,还是由于他一介书生的清贫?是对乡土的眷恋,还是修身、齐家的一种自我约束?[30]

北京大学亚非研究所教授耿引曾现在还清楚地记得20世纪70年代初,在中国历史博物馆工作时被季羡林所感动的情景:

> 10月20日,北京已进入深秋季节,天气略有寒意。年过花甲的季羡林先生从燕园出发,辗转几趟公共汽车,按邀请时间准时抵

达博物馆展所。从上午9时到下午5时,中午稍做小憩,以博物馆食堂提供的4只猪肉白菜包子和一碗稀粥为食,先生以极大的兴趣和热情,浏览了上下两层8 000平方米的展室,边看边谈出自己对中国通史陈列的意见。[31]

当时季羡林还被当做"资产阶级反动学术权威",是工宣队批判的对象之一,中国历史博物馆邀请他参加中国通史陈列的审查,是明令让"控制使用"的。而中国通史陈列新变更的内容是突出农民起义,趋炎附势者这时是容易讨好的,但季羡林又一次用自己朴厚的性格顶住了摆在面前的巨大诱惑,决不牺牲学术为自己捞好处,他不附合极"左"思潮,仍然承认"让步"政策的重要意义,"富贵不能淫,贫贱不能移,威武不能屈",齐鲁大地崇尚的"大丈夫"品格在他身上有非常集中的体现。

几十年的无数事实告诉我们,季羡林自己粗衣淡食,生活简朴,不注重物质享受,不追求物质利益,却有一个极为富有的精神世界。对于季羡林来说,不仅仅是"朴素衣裳常在眼",也不仅仅是朴素的陈设、朴素的饮食,因为"朴素"两字已经成为他精神世界的一部分,已经渗透到他的血液中了,很容易就化为具体的行动。北京缺水的季节,季羡林家非常窄小的卫生间里增添了一只红色的塑料桶,桶里装着满满的颜色有些发黑的水。外人不知道这桶水有什么用处,只是发现有时只剩下半桶,有时候又是满的。住在他家的亲戚十分纳闷,这些黑水到底是干什么用的?后来他们才知道,因为北京缺水,季羡林就从楼前的湖中提水用来冲洗马桶、墩布。一个老知识分子的这种精神,让亲戚们感动不已。[32]人们如果都有这样的节水意识,就不会闹水荒了。

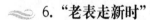 6."老表走新时"

季羡林在解放军总医院前后住过四次院。

2001年11月12日,季羡林从山东回到北京后不久开始尿血,看急诊后住进了解放军总医院。这是他第一次进解放军总医院。泌尿外科专家李炎唐经过缜密检查确诊,认为没有大问题,季羡林在医院住了两个多星期就出院回家了。2002年7月,季羡林患皮肤病天疱疮,他还是不愿住院,北京大学校领导和李玉洁硬是将老人给"押"到医院,这是第二次进解放军总医院,这次他在医院一住就是一个多月。过国庆节季羡林"闹"着要出院,工作人员商量后,决定让老人先回家观察两天。谁知回去第一天就开始发烧,第二天早上高烧达38摄氏度多,到晚上高烧39摄氏度多,第三天凌晨学校又用救护车把他送到解放军总医院抢救。这次季羡林的病情非常严重,他一连昏迷了好几天,醒来后连身边的李玉洁也不认识了。在医院住了一段时间,他恢复得不错,12月30日就出院了。季羡林回家后感觉很好,也很开心,还写了篇散文《回家》,告诉关心他的朋友和读者自己已恢复健康,而且还能写文章。

2003年2月21日,季羡林因心肌衰竭第四次住进解放军总医院。后来又发现左腿患骨髓炎,医院请擅长为高龄老人做骨科手术的梁雨田为他主刀,手术很成功,他不再疼痛,也能自行站立、走路。只是从那时到现在,已经三年多了,季羡林再也没有离开解放军总医院,再也没有离开病房大楼。医护人员把他的病房布置成了"家",书房、卧室、办公室三位一体。阳台上是几十个大塑料盒,全是李玉洁按照顺序放置的书籍、资料;办公桌上是应时的盆花,一年四季随时更换;桌子和床头上方是许多造型新颖的布制小狗、小猫、小松鼠、博士熊等小动物。为了方便季羡林写作、看书,医院特制了一个小桌子放在沙发前面。病区护士们把季羡林当成自己家的老人,凡是他生活上需要的,她们都提前想到,尽量办到。护士长刘珍蓉简直就像季羡林的亲孙女,把老人照料得无微不至。配膳房的小云、小贾两位小姑娘,知道老人爱吃皮蛋粥,平时总想着多做点给老人送过来,并且三天两头到病房询问他想吃些什么。护士认为心理治疗,对于季羡林来说也是不可或缺的。副主任医师宋守礼三年如一日,几乎每天都到季羡林的病房与他"谈心",国家大事、天文地理、人情趣事等,他是医生也似儿子,令季羡林十分开心。季羡林专门写了篇以《宋守礼》为题的文章,表示感谢。

季羡林对医务人员亲人般的照顾非常感动,专门为所住病区写了《白衣天使》一文,颂扬医务人员的美好心灵和高尚情怀,还题写了"白衣天使行善,毫不利己专门利人"的条幅挂在病区办公室,以自勉和励人。女医师卢文宁热爱专业,喜欢读书,季羡林鼓励她要胸有大志,目光远大,在学业上再上一层楼。医学是个浩瀚的海洋,大学毕业只是基础,硕士毕业也只能算中等水平,只有迈上更高的知识层次才能有所作为。小卢不负所望,终于以好成绩考取了医学博士研究生。对清洁工,季羡林也总是问长问短:"什么学历?""为什么不读书了?"不久,两个清洁工一个回家继续读书,一个在北京的一所成人技校上学。一个年轻护士为学习英语发愁,到病房请教他用什么办法快速提高英语水平?报刊上刊登的英语速成广告可信不可信?他笑笑,顺口吟出一句名联:"书山有路勤为径,学海无涯苦作舟。"他说学好英语记住两个字:勤奋。速成也快,速忘也快,成就事业要勤奋、刻苦,别无他途。他出了书,问李玉洁科里的年轻医生、护士都送了没有?没有的赶紧送。他说:"出书是给人看的,哪怕有几句话对年轻人有用了,也值得。"有个护士提出想看看他的著作《留德十年》，他马上让李玉洁买了600本，逐一签名送给医生、护士们。对年轻的医生、护士，季羡林总是给予精神上的鼓励和无声的支持。刚做完手术那段时间，每次换药时都刺骨般疼痛，但他总说笑不停，调节气氛。季羡林把照顾他的护工也当成家庭成员，不但付工资，还额外管吃管喝管水果，让护工从心里感觉跟他是一家人。季羡林虽然住在医院，但工作还如同平时上下班一样。在医生的指导下，他对一天作息时间做了非常科学的安排，并坚持了三年，保证每天上下午有两个小时的工作时间。季羡林的写作有个特点，在吃饭、输氧和休息时，对写作内容先行构思，动笔时思路如泉涌，一气呵成，两个小时能写2000字左右，基本不需修改。他依然起得很早，北京大学教授王岳川跟他说，您老每天闻鸡起舞。季羡林正色说，是鸡闻我起舞。

2005年春天，季羡林心脏不太好，解放军总医院给他安装了个心脏起搏器。现在，除了左腿患骨髓炎外，他身体基本没有大的毛病，能吃饭，能工作，精神好，思维敏捷。季羡林在医院的身体状况非常好，年纪大了行走方面不太方便，但是脑子非常清楚，思路极其清晰，目光还是非常清澈，最近他给自己起了个非常有意思的号，自称自己为"四半老人"：半聋、半瞎、半瘸、半拐。这虽然是开玩笑的话，但却能看出他是非常乐观地对待疾病的。季羡林说自己活到100岁是有信心的，这令大家都非常高兴。他常说希望自己能活到108岁，108岁是茶寿。到今天他的基本生活还是很有规律的，看的书报不是很多，主要是李玉洁在给他念。但是有时候仍然趁别人不注意的时候，他就偷偷看些东西。2005年的一个下午，季羡林的学生去医院看望他，医院明确说不让进病房，这位学生只能在走廊远处看一下他，当时李玉洁出来接待，而他就顺手抄过一张大报看起来。李玉洁是个有心人，她有时候会故意把许多古诗词念错，结果季羡林一下就听出来了，其实这是李玉洁的一种非常用心的做法，这样可以激发他的记忆力。对老人的记忆力不断地给予一种刺激，对老人家的脑筋有好处。李玉洁说有些诗词她是故意挑的，相当冷僻，但季羡林都有记忆，说明他当年的根底是相当深厚的。

注释

[1] 季羡林：《一个老知识分子的心声》，载《收获》第1995年第5期。

[2] 季羡林：《在儒家文化与现代企业管理研讨会上的发言》，见《人生絮语》，杭州：浙江人民出版社，1996年版，第167页。

[3] 许　明：《心宇浩茫示苍生》，载《收获》1995年第5期。

[4] 同上。

[5]　季羡林:《我眼中的张中行》,见《赋得永久的悔》,北京:人民日报出版社,1995年版,第408页。

[6]　季羡林:《老年》,见《人生絮语》,杭州:浙江人民出版社,1996年版,第202—203页。

[7]　季羡林:《一个老知识分子的心声》,载《收获》1996年第5期。

[8]　季羡林:《我写我》,见《人生絮语》,杭州:浙江人民出版社,1996年版。

[9]　同上。

[10]　季羡林:《季羡林散文集·自序》,北京:北京大学出版社,1986年版,第5页。

[11]　季羡林:《我的朋友臧克家》,载《群言》1995年第1期。

[12]　季羡林:《陈寅恪先生的爱国主义》,见《人生絮语》,杭州:浙江人民出版社,1996年版,第218—224页。

[13]　季羡林:《听雨》,见《我的心是一面镜子》,延吉:延边大学出版社,1996年版,第340—342页。

[14]　季羡林:《在儒家文化与现代企业管理研讨会上的发言》,见《人生絮语》,杭州:浙江人民出版社,1996年版,第166—167页。

[15]　季羡林:《听雨》,见《我的心是一面镜子》,延吉:延边大学出版社,1996年,第342页。

[16]　同上书,第240—241页。

[17]　季羡林:《〈敦博本禅籍校录〉序》,见《人生絮语》,杭州:浙江人民出版社,1996年版,第100页。

[18]　见《中庸》。

[19]　季羡林:《老少之间》,见《人生絮语》,杭州:浙江人民出版社,1996年版,第216页。

[20]　同上。

[21]　季羡林:《悼念沈从文先生》,见《季羡林小品》,北京:中国人民大学出版社,1993年版,第271页。

[22]　张中行:《季羡林先生》,见《人格的魅力——名人学者谈季羡林》,延吉:延边大学出版社,1996年版,第5页。

[23]　同上书,第51页。

[24]　同上书,第7页。

[25]　同上书,第80—81页。

[26]　同上书,第119页。

[27]　同上书,第1页。

[28]　季羡林:《郎静山先生》,见《怀旧集》,北京:北京大学出版社,1996

年版,第 169 页。

[29] 《人格的魅力——名人学者谈季羡林》,延吉:延边大学出版社,1996年版,第 5 页。

[30] 同上书,第 188 页。

[31] 同上书,第 106 页。

[32] 同上书,第 257 页。

至于名，我现在不虞之誉纷至沓来；利的方面，爬格子爬出了点名堂，稿费也是纷至沓来。可以说，在名利两个方面我都够用了，再多了，反而会成为累赘。那么，我这样干的目的究竟是为了什么呢？我不愿意说谎话，讲些为国为民的大道理。我只能说，这样做能使自己心里平静。如果有一天我没能读写文章，清夜自思，便感内疚，认为是白白浪费一天。习惯成自然，工作对我来说已经成了痼疾，想要改正，只有等待来生了。

——季羡林：《季羡林自传》

DONGFANG XUEREN
东 方 学 人

季羡林

1. 山东故乡情深

2. 回报北京大学、清华大学

3. 主持文化工程

4. 有求必应

5. "人之楷模"

第十章 我有两个母亲

1. 山东故乡情深

季羡林说自己"平生爱国不敢后人,即使把我烧成灰,我也是爱国的"。他在德国发愤学习希腊文、拉丁文、俄文、阿拉伯文、法文、梵文、吐火罗文、巴利文等多种语文,研读梵语佛教经典,成绩非凡。他的博士毕业论文顺利通过时,他觉得"我没有给中国人丢脸,可以告慰亲爱的祖国"。

季羡林在故乡虽然仅生活了短暂的六年,但他始终眷恋着故土。就是到了老年,他对故乡的感情也不稍懈怠,而是越来越深,越来越浓。他在《还乡十记》中写道:"一想到自己的家乡的穷困,一想到中国农民之多之穷,我就忧从中来,想不出什么办法,让他们很快地富裕起来。我为此不知经历了多少不眠之夜。"他在《听雨》这篇散文中也写道:"农民最高希望是多打粮食。天一旱,就威胁着庄稼的生长。即使我长期住在城里,下雨一少,我就望云霓,自谓焦急之情,决不下于农民。北方春天,十年九旱。……我天天听天气预报,时时观察天上的云气。忧心如焚,徒唤奈何。"他看见天旱就为故乡人民着急,他听见下雨就心旷神怡,他说:"我是乞借春雨护禾苗。"季羡林时时刻刻关心着家乡,期盼故乡人民尽快富裕起来。1982年9月,季羡林回到故乡。他看到实行家庭联产承包责任制以后的故乡人民"陡然富了起来","浓烈的幸福之感油然传遍了全身","我觉得自己的家乡从来没有这样可爱过","我真觉得,我的家乡是非常可爱的"。他觉得这次回故乡,"真是闻所未闻,见所未见;所见所闻,触目快意"。

季羡林的钱不少都捐给了家乡。他尽其所能为故乡出力,帮助家乡把舍利宝塔的修复工作完成。临清舍利宝塔建于明代中期,位于临清西北部卫运河畔,为砖木结构楼阁式建筑,原是京杭大运河上"四大名塔"之一。但由于年久失修,塔体开始倾斜、局部开裂,塔外各层檐口残损严重,塔内楼层几乎全部坍毁,无法登攀。1991年9月23日,季羡林在聊城参加完傅斯年学术研讨会后到临清参观。他了解到临清古塔的维修一直没有完成,回北京以后立即给胡乔木写了一封信。信的内容是我这次回故乡临清,当地的领导向我提出临清舍利宝塔的修复事宜。我是一介书生,两袖清风,心有余而力不足,没有办法,只好求您帮忙说话了。季羡林一生从来不愿意麻烦别人,不愿意求人,为了保护文物古迹,他竟破例求了人。后来在胡乔木的关心下,国家文物局终于拨款修复了舍利宝塔。

1997年,季羡林在山东临清官庄小学。

1994年,季羡林获得北京大学特别贡献奖。他从其中拿出1万元人民币捐给家乡,用来发展教育事业。官庄很多村民都很激动,季羡林这么大年纪了,心里还牵挂着家乡,真了不起!1996年春节第一次发放奖金时,一位获奖的小学教师激动地哭了。她本人因教学成绩突出获得200元奖金,她的孩子因考上大学本科,获得500元奖金。她说:"这700元解决了我们家的大问题,我永远忘不了季老的恩德。"考上大中专学校的学生领取奖学金时表示,得到著名学者季羡林的奖励一辈子都会引以自豪,自己一定要刻苦学习,不辜负老人的期望,并且把这种奖励化为他们的学习动力。

季羡林对山东有一种浓浓的乡情,这种乡情不仅表现在爱临清,还表现在爱山东的一草一木。泰山在中国的地位,从历史、政治、文学、艺术等方面来看,是任何山也比不了的。季羡林说:"泰山的博大壮美和特有的文化内涵能激励人生、启迪人生,培养崇高的人生境界。"季羡林对泰山情深如海,他对泰山人民也做出了自己的一些贡献。他为《岱宗学刊》题词,为大型电视系列片《中华泰山》作序,2005年又应邀创作了《泰山颂》。

《泰山颂》是季羡林2005年8月30日在病房中写就的:

巍巍岱宗,众山之巅。
雄踞神州,上接九天。
吞吐日月,呼吸云烟。
阴阳变幻,气象万千。
兴云化雨,泽被禹甸。
齐青未了,养育黎元。
鲁青未了,春满人间。
星换斗移,河清海晏。
人和政通,上下相安。
风起水涌,处处新颜。
暮春三月,杂花满山。
十月深秋,层林红染。
伊甸桃源,谁堪比肩。
登高望岳,壮思绵绵。
国之魂魄,民之肝胆。
屹立东方,亿万斯年。

2005年4月,季羡林已为泰山创作了"巍巍岱宗,群山之首。吐纳日月,呼吸风云。青青未了,养育黎民。世界之窗,中华之宝。加以护持,期以永存"的诗句。

季羡林的这首病中之作意外地得到很高的评价,是他始料不及的。季羡林、高占祥、李国彝三人在2005年11月1日举办的第19届世界诗人大会上当选为"世界桂冠诗人"。季羡林创作的《泰山颂》、高占祥的《和平颂》以及李国彝近年来创作的大量诗篇在大会上获得好评,三位诗人在十几位提名候选人中脱颖而出。[1]当天晚上,李玉洁知道了这件事。她说季羡林得知自己当选为"世界桂冠诗人"的时候,感到啼笑皆非。他从来就不是诗人,只是一时心血来潮,在2005年写了几稿的《泰山颂》,结果赶上这届世界诗人大会,被评为"世界桂冠诗人"。这件事使他感到意外,这是他完全无法接受的现实,他以为现实又和自己这位"世纪老人"开了一个玩笑。

2001年山东大学建校100周年,季羡林不仅为母校贺岁,还亲临济南参加校庆活动,并且几乎累病了。他在《祝贺母校山东大学百年华诞》的纪念文章中深情地说:"母校山东大学今年100岁了。但是,我成为山东大学的校友却已经有75年了,是校龄的四分之三。这样的人如今恐怕很少见了。"

季羡林回忆说:

东方学人
季羡林

当时高中文科设在济南北园白鹤庄,清流环绕,绿柳成阴,风景绝佳。教员水平甚高,可以说是极一时之选。教历史和地理的是祁蕴璞老师,他勤奋好学,订有多份日文杂志,对世界政治和经济的发展了若指掌。他除了上课外,还常做公开报告,讲解世界大势。国文教员是王崑玉老师,文章宗桐城派,个人有文集,但我只读过稿本,没有出版。教英文的老师姓刘,北大毕业生。我只记住了他的绰号,名字则忘记了。教数学的教师姓王,名字也不记得了。几位老师的学问和教学水平,都是极高的,名扬济南教育界。另外还有一位教经学的老师,姓名都已忘记,只记得他的绰号叫"大清国"。他的口头禅是:"你们民国,我们大清国。"绰号由此而来。但是他学问是有的,上课从来不带书。据说,《五经》《四书》,连同注疏,他都背得滚瓜烂熟,甚至还能倒背,不知道有什么用处。这恐怕只是道听途说而已。

在这样十分优越的自然环境和教学环境中,我埋头苦干,扎扎实实地读了两年书,为以后的发展打下了良好的基础。1928年,日寇占领了济南,我被迫辍学一年。1929年,日寇撤走,山东省立济南高中成立,我继续就读。这事与山大无关,我就不详细叙述了。从我成为山大校友以后漫长的75年中,山东大学同国内许多著名的大学一样,走过一条悠长而又曲折的道路。这条道路并不平坦,也并不笔直,有时布满了鲜花,五彩斑斓,光彩照人;有时却又长满了荆棘,黑云压城。校址也迁来迁去,有时在济南,有时又在青岛,最后终于定居在济南。在新中国建立前有一段时间,大概是在30年代吧,山大当时还在青岛,许多全国著名的学者和作家在那里任教。许多人都认为,那是山大发展史上的一个高峰或者高峰之一。

无论中国或外国,一个大学不能永远处于高峰时期,一个系尤其显著,山大自不能例外。从那以后,一直到现在,山大高峰迭出,现在已成为全国著名的高校之一了。

我虽然一辈子没有离开过学校,从国内到国外,都在教书,但是我决不敢承认自己是一个教育家。感性认识我是有的,却没有提高到理论的高度。根据我的观察和体会,一个大学,特别是一个系是否是处在高峰时期,关键全在于有没有名师。中国俗话说:"名师出高徒。"这话一点也没有错。学生年纪轻,可塑性强,影响他们最大的还是老师。我在上面已经说过,一个大学,一个系,不能永远处于高峰时期,关键也在于老师。我举一个最彰明昭著的例子。我的洋母校德国哥廷根大学的数学系,从19世纪末到20世纪20年代,因为出了几位世界级的数学大师,比如F·K lein、D·Hilbert等,名震全球,各国学子趋之若鹜,一时成了世界数学中心。这些大师一旦离开人世或退出教席,而后继者又不能算是大师,世界数学中心的地位立即转移。这个例子很能说明问题。另外一个例子就是清华国学研究院,虽然只办了几年,但是毕业生几乎都成为名教授,原因也在于国学研究院有著名的"四大导师"。这个例子是众所周知的。

～季羡林与季羡林研究所成员在一起,右一为本书作者、山东大学教授、季羡林研究所副所长蔡德贵。

季羡林认为,山东大学在过去和现在都有大师级的学者。这是山东大学之所以能够成为今天的山东大学最重要的原因。对一个人来讲,100年是高寿了,但是对一个大学来讲,同国外许多有几百年历史的大学比较起来,还只能算是一个小弟弟,有如初升的旭日将越来越发出耀眼的光芒,母校将会有光辉的前途。他这个做了75年校友的老校友,从内心深处向母校奉献出诚挚的祝福。

2. 回报北京大学、清华大学

季羡林对北京大学的感情特别深,近几年他几乎把自己的所有东西全部都捐给北京大学了。

2001年,季羡林给北京大学捐赠图书、字画、手稿等藏品。

2001年7月6日下午,季羡林向北京大学图书馆捐赠图书、手稿、字画等个人藏品仪式在北京大学办公楼礼堂举行,参加捐赠仪式的有北京大学校长许智宏、副校长何芳川、北京大学图书馆馆长戴龙基,以及部分图书馆工作人员。捐赠仪式由何芳川主持,他简短致辞后,捐赠双方分别在协议书上正式签字,许智宏、戴龙基分别致辞,肯定了此次捐赠的重大意义,认为这些捐赠品进一步丰富了北京大学图书馆的馆藏,对于北京大学师生的学习研究具有重要的学术参考价值,同时,这些藏品也是研究季羡林学术和生平最为重要的资料,将激励北京大学师生为繁荣北京大学学术而继续努力。季羡林的捐赠在北京大学教授中是规模最大、种类最多的一次,此次捐赠将带动一批北京大学著名教授的图书捐赠,有利于保存珍贵资料,以便开展相关研究。

季羡林和北京大学图书馆有着很深的渊源,他在北京大学图书馆简介资料片中说,他在北京大学五十多年的学术生涯与北京大学图书馆密不可分,他学术成就的取得得益于图书馆丰富的文献资料。季羡林希望将自己的藏品捐赠给北京大学图书馆的心愿由来已久,这不仅出于对图书馆的深厚感情,也是出于对北京大学图书馆的由衷信任,他认为只有经过"文革"考验的北京大学图书馆才能妥善保存这些珍贵的资料。北京大学图书馆也积极为季羡林的学术研究创造条件,于2000年年底专门设立季羡林特藏书。能够得到季羡林如此珍贵的捐赠,图书馆深感荣幸。季羡林的捐赠包括藏书、个人著作、手稿、往来信札、古今字画、日记、印章、有关音像资料、照片、证书等,具有非常珍贵的学术研究价值和文物收藏价值。北京大学图书馆将严格按照协议的规定珍藏这些宝贵资料,同时有限制地提供给读者使用,做到资料保存和利用的统一。据说,这些捐赠品价值连城。谈到自己捐赠的古字画时,季羡林还建议学校建立一座用于教学的艺术博物馆,让大家都有机会欣赏到中华民族优秀的艺术作品,从而激发起内心深处的爱国之情。这也是人文教育的立足之本。季羡林在捐赠仪式上还透露,以后将陆陆续续把自己一生的积蓄通过奖学金的形式返回给学校,以此来表达自己帮助国家教育腾飞的坚定信念。

《清华校友通讯》在一则很不起眼的消息中,报道了2003年岁末季羡林在住院的病房里,向清华大学捐赠了15万美元,用来在母校设立季羡林文化促进基金。季羡林深情地对清华大学校长顾秉林说:"捐赠的事决定很长时间了,赶上'非典',又住院,一拖就是一年,今天总算可以兑现了……钱不多,不过来路清楚,都是自己'爬格子'所得,希望能够抛砖引玉,为母校做点贡献。"媒体对这件事均未报道,李玉洁说这是季羡林本人的意思,不要去进行宣传。李玉洁说,季羡林平时非常重视节电节水,晚上每到另一房间,必定先关掉原先房间的电灯,有好多次他已安歇了,但听见滴水声,总要亲自起床去拧紧水龙头。季羡林省下的钱,不是资助穷学生,就是捐献给山东家乡或其他地方了。在这种情况下,季羡林又挤出15万美元捐给清华大学,显然是相当不容易了。更可贵的是,这分明是高尚的事,他却拒绝张扬,不图任何回报,这就表现出一种更加崇高的境界。

3. 主持文化工程

季羡林在一定程度上可以说是一个"百科全书式"的学者。事实上,他对《中国大百科全书》的编撰,是贡献了相当大的力量的。《中国大百科全书》的启动,始于1978年。在一开始季羡林就大力支持首任总编辑姜椿芳的工作,并且自己出任《中国大百科全书·外国文学卷》编委会副主任委员,那时他已身兼数职,《罗摩衍那》的翻译还未竣工,但仍毅然为姜椿芳分忧。1979年7月召开第一次编辑会议时,他又兼任了南亚文学部分的主编。与季羡林联系的编辑人员,从来没遭到过他拒绝,要求他办的事他无不答应,甚至一些琐碎的小事他也乐于帮助解决。

季羡林自己并不这样看,他坦诚地解剖自己说:

我对大百科全书的意义不能说一点认识也没有,但是应该承认,我最初确实认识很不够。大百科出版社成立时,我参加了许多与大百科没有直接关系的学术会议。我记得在昆明,在成都,在重庆,在广州,在杭州,当然也在北京,我参加的会内容颇为复杂,宗教、历史、文学、语言都有。姜老是每会必到,每到必发言,每发言必很长。不管会议的内容如何,他总是讲大百科,反复论证,不厌其详,苦口婆心,唯恐顽石不点头。他的眼睛不好,没法看发言提纲,也根本没有什么提纲,讲话的内容似乎已经照相制版,刻印在他的脑海中。我在这里顺便说一句:朱光潜先生曾对我讲过,姜椿芳这个人头脑清楚得令人吃惊。姜老就靠这惊人的头脑,把大百科讲得有条有理,头头是道,古今中外,人名书名,一一说得清清楚楚。

但是,说句老实话,同样内容的讲话我至少听过三四次,我觉得简直有点厌烦了。可是,到了最后,我一下子"顿悟"过来,他那种执著坚忍的精神感动了我,也感动了其他的人。我们仿佛看到了他那一颗为大百科拼搏的赤诚的心。我们在背后说,姜老是"百科迷",后来我们也迷了起来。大百科的工作顺利进行下去了。[2]

《中国大百科全书·外国文学卷》在进入撰写阶段后碰到了不少困难,有人表现出信心不足,甚至有人主张推迟编写,觉得条件尚不具备。1980年7月,编委会在莫干山开会。冯至是主编,季羡林是副主编。季羡林力主编写工作不能推迟。他不仅审稿,而且还自己写稿,《跋弥》、《佛本生故事》、《迦梨陀婆》、《罗摩衍那》、《印度巴利语文学》、《印度俗语文学》、《五卷书》都出自他的手笔,而这些词条都是在1980年就完成了的。

1982年《中国大百科全书·外国文学卷》(第2册)出版,季羡林又写了一篇《〈中国大百科全书·外国文学卷〉评价》的文章,发表在《世界文学》杂志上。他肯定了这部360万字的大辞书是对我国外国文学研究的一个重大贡献,而参加编写的人员来自全国各地,大学与科研机构相结合、专业与业余相结合、老中青相结合,是空前的壮举,值得大书特书。季羡林提出了他的"百科全书观":第一,论述应当客观、全面,应以发展和联系的观点看问题,不以"政治态度"定优劣,论取舍;第二,资料必须准确、丰富,要有最新资料,反对故步自封;第三,东方与西方,大国与小国,要正确对待,既重视第三世界,破除"欧洲中心论",又不轻视西方;第四,按成就和贡献大小确定是否立条及条目字数,各国的条目和字数要保持相对平衡;第五,文体力求一致;第六,译名务须统一。这些观点被认为丰富了大百科全书的编辑方针和编写体例,特别是前四条,完全是他亲身实践的总结,没有一本现成的书可以借鉴。[3]

1982年,季羡林出任《中国大百科全书·语言文字卷》编委会主任委员,并被聘为《中国大百科全书》总编辑委员会委员。这时他在北京大学的工作更为繁忙,对大百科全书的工作却依然热心如故。

季羡林与许国璋(右一)、周祖谟(右四)、吕叔湘(右二)在一起

对《中国大百科全书·语言文字卷》的编写工作,季羡林和吕叔湘都全力支持,并加以鼓励。季羡林对编写人员动情地说:"椿芳同志在前面冲锋陷阵,我们不能后退。"[4]他自己身先士卒,写了《吐火罗语》、《印度伊朗语族》、《窣利文(粟特文)》、《巴利文》、《梵文》、《达罗毗荼语系》等

词条。1985年12月,为了修改许国璋写的两个词条,季羡林亲自出面。出门那天,天气阴冷,北风呼啸,似乎有意阻止他出门。但他毫不在意,只穿着中山装,戴一顶鸭舌帽,不加风衣,也不披大衣,要不到车,便与编辑人员乘公共汽车去北京外国语学院。汽车上没有人让座,他就一直站着。到了许国璋家里,他恳切陈词,与许国璋谈得十分融洽。告辞时,许国璋叫了一部车把季羡林送回家。在这之前,季羡林虽然与许国璋有交往,但并不算很多,通过大百科全书,他们之间的关系更为密切了。这也可以说是大百科全书的一个副产品吧。

20世纪80年代中期,中国社会在改革开放之后,有头脑的知识分子对中国文化进行反思,研究中国文化的风气,已稍有兴起之势,但还没有真正形成气候,"文化热"还没有到来。在这样的情况下,北京大学哲学系的几位年轻教师,在著名老教授季羡林、冯友兰、张岱年、汤一介、楼宇烈、朱伯崑、庞朴等人的支持下,毅然创建了中国文化书院。中国文化书院与中国历史上的书院一样,是学者的讲学之所,与官方所办的正规学府有一定的区别。中国从唐代始兴书院,唐玄宗开元六年(718年),以乾元院为丽正书院,当时的任务是校刊、收藏古今之经籍,以帮助皇帝了解经典史籍,并荐举贤才和提供建议,供皇帝参考和选用。这是官办的书院。私人办的书院则是唐贞观九年(635年)在遂宁所办的张九宗书院。宋朝初年,大力兴办书院,书院规模也逐渐扩大。当时的著名书院白鹿洞、石鼓、应天府、岳麓,号称"四大书院"。每一书院各有自己的特色,是某一学派传授生徒的据点。如白鹿洞书院是朱熹讲学处,石鼓书院是李上真讲学处,应天府书院是戚舜宾的讲学处,岳麓书院是周式讲学处,后来由朱熹仿白鹿洞书院,设立学规。元、明、清三代,书院或兴或废,持续不断。中国文化书院的建立,旨在对社会主义文化建设有一定的裨益。但它并不是像历史上的书院那样是某一学派的讲学之所,而是继承北京大学的传统,提倡"兼容并包",学术自由,思想观点不一致也可以在这里讨论,甚至交锋。一群包括老、中、青三个年龄层次的学人,真正是不靠天,不信邪,有远见,有卓识,敢于筚路蓝缕,以启山林,"山林"终于被他们开辟了。中国文化书院创办之时,季羡林便被聘为导师,后来一直是该书院的名导师之一,并被聘为书院院务委员会主席。

1994年是中国文化书院创建10周年,10年来取得了十分辉煌的成就,季羡林兴奋地说:

> 到了今天,在并不能算是太长时间的10年内,他们团结了不少国内大学和科研机构从事中国文化研究的著名的学者,还有台湾省的学者、美国的华侨和华裔学者,还有一些外国学者。举办和参加

了许多学术活动,出版了一批学术著作,在国内外已经颇有点名声,借用一句古老的俗语,中国文化书院已经"够瞧的"了。[5]

季羡林为中国文化书院所做的贡献,一方面是为举办的学术活动做学术演讲,谈治学经验;另一方面,又主持学术著作的编撰与出版。仅是在最近的几年,由季羡林任主编的大型丛书,就有《神州文化集成》丛书,丛书计划先出 100 本,还将配以电视录像,读者对象不限于大陆,也包括大陆以外的华人华裔,台湾自然包括在内,连在历史上同中国文化交流密切的东亚和东南亚国家也包括在里边,原则是"韩信点兵,多多益善",读者越多越好。季羡林亲自撰写了《中印文化交流史》一书。

季羡林为中国文化书院付出的劳动是宝贵的,其工作之艰辛也是可想而知的。这一点,从季羡林为纪念中国文化书院创建 10 周年编成的《文化的回顾与展望》一书的序中,可以略知一二。

10 年,不算是太长的时间。但是,我们中华民族是崇拜整数的民族。10 年是一个整数,因此 10 年大庆就是理所当然的了。

我们怎样来庆祝呢?我们都不是"大款"或"大腕",我们不是石崇,不是洛克菲勒,我们无法一掷几十万,摆一桌专门吃金粉的华筵。我们也都不是孙悟空,无法去偷王母娘娘的蟠桃来祝寿。我们是一介书生,是一群秀才。俗话说:"秀才人情半张纸。"我们只有半张纸的能力,半张纸就是我们能力的极限。

我们决不会轻视这半张纸,人世间有识之士也不会轻视。我们都能了解这半张纸的分量。它是从我们的心灵最深处流出来的,其中隐含着不知几多心血,几多辛苦。开电灯以继晷,恒兀兀以穷年,我们无一例外。衣带渐宽终不悔,我们无一例外。这半张纸是一行行的字组成的,行间烟霞,笔底风云,它覆盖着宇宙万有,为先民继传统,为万世开太平。这半张纸正是中华文化寄托之所在。[6]

正因为创业之艰难,所以经过 10 年的努力,对中国文化书院取得的成就,书院人都是很珍惜、很自豪的。在 21 世纪到来之际,书院人都深知自己肩头担子之重,因为新世纪将为人类的前途开辟新路,给中华文化、东方文化带来腾飞的机遇,而在它来临之前,书院要为此做好准备。他们深知,爱国不敢后人,年龄不管老少,共同目标把他们拉到一起,年老的"苍龙日暮还行雨,老树春深更着花",年轻的则"激扬文字,挥斥方遒"。面前虽然还有困难,但季羡林认为老、中、青三代团结起来,目标一致,广交天下仁人志士,同心协力,就会克服困难,对书院的前途季羡林个人有一个感觉,就是"真理毕竟胜利",借用宋人的诗句就是"严霜烈日都经过,次第春风到草庐",再借用陆游的一句诗,是"柳暗花明又一村"。[7]

在为中国文化书院主持项目的同时,季羡林还在为北京大学东方文化研究所组织撰写《东方文化集成》,并且亲自担任总主编。工程已于1995年启动,这个工程组织全国研究东方文化的力量,用10年时间撰写出版500种著作,涵盖东方各国文化,内容浩博,规模宏大。它的出版必将对弘扬东方优秀文化传统、促进人类文明发展,起到积极作用。

几乎在为中国文化书院、北京大学东方文化研究所主持重大项目之时,另一个大型图书出版工程也在第三个战场进行着,这就是由诚成企业集团(中国)有限公司策划、组织并全额投资1.5亿元人民币制作的古籍整理工程《传世藏书》。《传世藏书》是国家"八五"跨"九五"重点图书出版项目,是清朝乾隆年间修《四库全书》之后二百多年来,最大最系统的古籍整理工程。项目启动于"八五"计划期间,由季羡林任总编,张岱年、徐复、王利器、钱伯城、戴文葆等著名学者任主编,并组成学术委员会、工作委员会。工作委员会主任由陈克勤、刘波、李频出任。全国2 000多名古籍整理工作者参与整理工作,收入自先秦至清末要藉1 000种,分经、史、子、集四库,每库之下又分若干部类,共计123册。该工程的初衷是感叹中华典藏丰伟,但多为御藏、官藏,读之不易,借之尤难。便想汇为一书,变官藏为民藏,让喜爱读书的普通人,足不出户,便能随时阅读,汲取知识,充实思想。这样一个大工程,困难多矣。在关键的时刻,季羡林为工作委员会打气,鼓之以真情实感:要办事,便有难,若人人取巧怕难,社会何以发展! 于是,编写人员有了劲头,他们下决心给后世读书人行个方便,坚信"人终为灰土,书终以传世"[8]。在工程启动之后,编撰人员少娱乐,少贪睡,不闲适,多工作,无白发的,添了白发,有白发的,多了秃发。有时候,一本书标点了,编辑了,校勘了,会忽然因为电脑或别的什么地方出了毛病,前功尽弃,令人欲哭无泪,只得一切从头重来。

东方学人

李羡林

这样一件出版界的大好事,偏偏有人无端非议,指责设计时专主在"藏",但并不实用,不收选本,不收注释,很可能成为有钱人摆在书柜里的装饰,于弘扬中华文化用处不大。也有人指责季羡林好大喜功。其实,季羡林早就功成名就,学界泰斗的地位早已确定,即使现在什么也不干,这个地位也不可动摇。

全书出版工作告竣之后,季羡林于1996年10月11日晚9点半,乘飞机从北京到济南,10月12日在山东大学举行了北京大学教授季羡林、中国建设银行山东分行为山东大学95周年校庆献礼的《传世藏书》

捐赠仪式,季羡林为母校捐赠了一套,中国建设银行山东分行捐赠了一套,每套价值6.8万元人民币。这两套书已经编码启用,以文、史、哲见长的山东大学莘莘学子,已经享受到季羡林献给中华民族这份厚礼的精神营养,一批学术研究成果将依赖这套丛书而诞生。

  一个项目接着一个项目,一个更庞大的项目又来临了,这就是编修《四库全书存目》丛书。丛书主持人、总编撰是季羡林,因为此工程的策划者《四库全书存目》丛书编撰出版工作委员会认为,担此重任者,非季羡林莫属！修撰这套大型丛书的起因,是因为《四库全书》虽网罗典籍3 461种,70 309卷,号称中国传统文化之总汇,但此书并不全,这也是学术界众所周知的,因为大量不合清王朝利益的书籍,或列为存目,或遭禁毁。仅列存目的就有6 793种、93 551卷,约占当时传世典籍的一多半。加之清朝中叶以来,多有国难,文献散佚,存目者十丧三四,如再不及时抢救,不但无法开发利用,且有继续亡佚之虞,后果是不堪设想的。鉴于这一理由,策划者决定出版存目丛书,准备收录散藏在全国和欧、美、日等国家的200余家图书馆四库存目书4 000种、6万余卷,分成约1 200册,由首卷(总目)、经、史、子、集四部,尾卷(索引)三部分组成。这部丛书收录的典籍,其中有三成是孤本,许多具有极高的学术价值、史料价值和版本价值,实为研究中国文化所必备,堪称保存古代文献之盛举。"四库存目书可以说是珍品杂陈,琳琅满目,难以尽数"[9]。对这样有价值的大型丛书,也有人出来横加指责,大就一定好吗？什么既不经济,也无必要啦；什么在文化史上将流为笑谈啦。好事者批评说"好大未必能成其大,急功未必能成其功。大的不一定就是好的,正不必一见'大',便为吹嘘,替它做广告",甚至作打油诗说:文化弘扬事可歌,急功近利反蹉跎；真知灼见千般少,充数滥竽一个多。[10]对这样的讽刺、挖苦,急于想读书的读者忍受不了,编委会、工委会自然更忍受不了。在这样的情况下,以宽厚出名的季羡林不得不出来说话。他不理解为什么做几件对弘扬中华民族优秀文化极为有利的事,偏偏会有人出来反对,他写信给发表讽刺画和文的《读书》编辑部说:

  我本来想充当一次哑巴,现在已经逼到哑巴头上,不说话不行了。我且以小人之心度君子之腹,我总怀疑,你们并不知道什么叫《四库全书》。你们不妨驾临图书馆去翻阅几分钟,这样总比闭着眼睛瞎说要好,这样也能保护你们自己的面子。

  我只是感觉到文化学术界这样的一件大事,事关我们全体的名声,我不能不说几句话,私心不能没有一点,但是主要出之公心。[11]

季羡林写作《糖史》这部专著,主要的吸引力就是《四库全书》,《糖史》中的很多资料就来自《四库全书》。连着两天,季羡林给《读书》写了两封长信,道出了读者和编者的心声,使他们有了信心,感到这样的话由他说出来,分量就不一样。[12] 没有人能阻挡住这一大型文化建设工程的推进,从1994年开始编撰,1995年首批《四库全书存目》丛书出版,国内外名报《人民日报》、《文汇报》、《快报》、《世界日报》、《星岛日报》、《世界周刊》、《澳门日报》、《商报》、《大公报》、《联合报》等均以显著位置作了报道。

《四库全书存目》丛书还未杀青,季羡林又担任了准备出版的《胡适全集》的主编。季羡林就这样不断有新的追求、新的开拓,这正是"老骥伏枥,志在千里,烈士暮年,壮心不已"。

季羡林在《胡适全集》出版发布会上

北京大学有关文科的许多重大事情,都要请季羡林出主意。他都尽量满足学校和系所的要求。但是他对所有的工作从来不敷衍,从来都是认真对待。在担任北京大学《儒藏》编辑顾问以后,季羡林非常认真,经常和有关人员讨论《儒藏》的编辑问题。他指出,现在海内外都有一种观点,说21世纪将是中国文化重现辉煌的时期。在国内,权威人士传递的信息是我亲耳听闻,不可能不真实,党中央将致力于弘扬人文社会科学,这真是"二美具,吉星照",我们正在此时筹措编纂《儒藏》。关于《儒藏》的学术意义,季羡林提了几点意见:一是从人力上来讲,北京大学有能力完成这一艰巨任务,但倘能与有关的真正对国学有研究的机构、大学,甚至个人合作,这样编出来更带有普遍意义,能成为中国学术界甚至世界学术界公认的有价值的著作。二是书目编成后,尽量用不同的形式征求各方面的意见。三是书编成后出版形式不出两途,即影印和标点重排。前者可见原书形象,有利于收藏;后者便于利用。在2002年11月27日写出的一封信中,季羡林从近期目标与远期目标两个方面阐述编著《儒藏》的重要性,他指出近期目标实现传统文化与现代文化的结合、人文与社科的结合、中西文化的结合,远期目标就是弘扬中华文化。

4. 有求必应

看到季羡林社会活动多、兼职多,来访客人又陆续不断,占用了大量时间,他的邻居张学书在与他聊天时脱口说了一句:"干脆来个关门大吉。"他的意思是说客人来时干脆不予理睬,让他们吃闭门羹。季羡林简短的一句回话,但却含有两层意思:"做不到,那样也不好。"所谓"做不到",是说季羡林始终认为自己是一个普通人,他最看不起那些官不大、僚不小的"架子老爷"。他曾意味深长地说:

> 我最讨厌人摆官架子,然而偏偏有人爱摆。这是一种极端的低级趣味的表现。我的政策是:先礼后兵。不管你是多么大的官,初见面时,我总是彬彬有礼。如果你对我稍摆官谱,从此我就不再理你。见了面也不打招呼。知识分子一向是又臭又硬的,反正我决不想往上爬,我完全无求于你,你对我绝对无可奈何。官架子是抬轿子的人抬出来的。如果没有人抬轿子,架子何来?因此我憎恶抬轿子者胜于坐轿子者。如果有人说这是狂狷,我也只当秋风过耳边。[13]

俗话说,人怕出名猪怕壮。有的人一出名,就自以为老子天下第一,全世界都应该被踩在脚下,于是想方设法把自己和普通人拉大距离,为此甚至不惜在自家门上贴上来访者禁戒:什么时候不能拜访,什么样的人不能拜访……季羡林最看不起这样的人,因此说自己做不到。所谓"那样也不好",是说季羡林从来没把自己划在平凡人之外,他认为自己是个平凡的人,自己的经历属于平凡人的平凡的经历。他喜欢与普通人接触,往往能从学生甚至来访者身上发现值得学习的地方,他从来不把来人拒之门外。熟悉季羡林的人都知道他忙,所以都不愿意打扰他,浪费他那宝贵的时间,有非找他不可的事也预先和他约好,在约定的时间去拜访他。但是有人却不顾这些,还有一些从远方来的拜访者,觉得反正季羡林没有架子,所以就硬往季羡林家里闯,什么气功师、武术师、名人崇拜狂,都去找他,其中不乏动机不纯者,季羡林也大多能宽厚地对待他们,对他们晓之以理,讲一些应该持的科学态度。有一次,一个武术师也闯进季羡林家里,硬要季羡林为他主编的一本武术杂志写篇东西,并出任顾问,季羡林一再向他解释,自己不懂武术,写不出这样的文章。但来人死缠着季羡林,弄得他一点办法都没有,幸亏又有客人来,才算是解了围,武术师悻悻地走了。

季羡林有一个叫商金林的小邻居,1983年他34岁时被分到13公寓这个"特区"去住。他是"小字辈",所以要三家合住一套三居室的房子。搬进来的第二天,商金林在楼下见到季羡林、彭德华。季羡林走过去和这位新邻居握手,笑着说:"我们做了邻居。"商金林从他和蔼的表情里,看到老学者对年轻人的慈爱和关怀。彭德华则称小商为"商同志",问他的爱人在哪儿工作,孩子几岁了,是用煤气罐还是用蜂窝煤?煤气罐在13公寓这一高级知识分子的"特区"已经普及,但新来的小字辈还要烧蜂窝煤,小商正在为买煤的事犯愁。彭德华告诉小商,她家虽有煤气罐,但为了用热水方便,还得生个煤火炉子,并说可以帮小商买煤。小商听着这浓重的山东口音,感到特别平易、亲切。季羡林又问他,生炉子的技术好不好,还说如果炉火灭了,可以到他家里挟块烧着的煤,比现点火要省事些。13公寓当时没有公用电话,商金林打电话要绕到校东门外的成府路去打,来回少说也得有两站地。有一次,小商匆匆下楼要去打电话,正好在楼门口遇到季羡林,知道他是出去打电话,季羡林连忙叫住他,叫他去自己家里打电话。打完电话,季羡林说:"不用客气,要打电话就到我家来。"这些实实在在的帮助和关怀,不仅帮小商解决了许多具体困难,而且还让他从中懂得了做人的道理:人者仁也!

东方学人

季羡林

商金林既然做了季羡林的邻居,他的朋友自然就常让他陪着去见季羡林,这些朋友年长的60多岁,年轻的只有20多岁,都是晚辈。一听说有客人来了,季羡林连忙放下手头的工作走出来相迎,让座、泡茶,然后还拿出一个本子请来客签名留念,笑盈盈的神态中大有可以"偷得半日闲"的欢愉,客人们自然会感到从容不迫,自由而不拘谨。客人要走了,季羡林总是执意地把他们送到门外,站在楼前的平地上目送他们远去。客人们自然地会从与老人心灵的交融中,得到启迪、感悟,获得精神上的享受。[14] 季羡林以礼待人,热情迎送客人,连几乎天天见面的邻居也不例外。

在各种会议上,季羡林从来不抢先发言,或打断别人的发言。他总要耐心地听别人讲完,才慢条斯理地提出自己的意见。和季羡林交往多的人不难发现,他和人站着谈话,总要保持1米左右的距离,垂手而立,这是有修养的人形成的一种很好的习惯,既有礼貌,又讲卫生。

1983年,季羡林出席第六届全国人民代表大会时,在人民大会堂前留影。

魏林海是海淀区的一名掏粪工人,家住六郎庄乡,喜欢学问,也爱书画,久慕季羡林大名,但无缘相见,引为憾事。1997年迎香港回归时,魏林海终于觅到了一个拜访季羡林的机缘。魏林海与几位乡间书画之友拟在自家西屋搞一个书画展,以表香港回归祖国的喜悦,并想请一位名人写个条幅以壮声色。最初找了一个小有名气的画家,不料此人傲气十足看不起掏粪的。魏林海一气之下,发誓非找一位大名人题写不可,于是斗胆找到了季羡林。季羡林听说是掏粪工人求题,十分高兴,二话没说,很快就写好了"六郎庄农民书画展"的横幅。字苍劲有力,韵味高古,挂在展室中颇有高雅之气。为此之故,二人竟然成了忘年交。[15]

季羡林小时候练过书法,但是后来长期在德国留学,没能继续下去,他总认为自己的字是见不得人的,自己从来也不是什么书法家。但如果对家乡有利,对文化事业有利,他也可以"献丑"。青岛康成书院、湖南文艺出版社、《文史哲》杂志、《山东大学校刊》山东人民出版社、《中国儒学年鉴》、《岱宗学刊》……不知道有多少单位和个人请他题过字。求他写序的,也是不可数计。只要不是看出有明显的动机不良,他从来都是尽量满足来求者,从来不拒人于千里之外,他为别人写出的序言集稿盈尺。这样的事情,他从来不让别人代笔。有一次,泰国的郑彝元先生找到季羡林,请他为自己的著作《道统论》写一篇序言。他很快写出了一篇非常典雅的文言序言:

东　方　学　人

季羡林

> 我平生为不中不西而又亦中亦西之学,偏"考据"而轻"义理",此盖天性使然,不敢强求也。迨至耄耋之年,忽发少年之狂,对"义理"问题,妄有所论列;但局促门外,有若野狐,心情介于信疑之间,执著则逾意料之限。数年前曾写一长文《"天人合一"新解》,意在唤起有志之士正确处理人与大自然之关系。盖谓西方科技文明,彪炳辉煌,为时已久。造福人类,至深且巨。然时至今日,际此上世纪之末,新世纪之初,其弊害渐趋明显,举其荦荦大者,如环境污染,臭氧出洞,人口爆炸,疾病丛生,淡水匮乏,生态失衡,如此等等,不一而足。此皆大自然对人类征服之报复,而芸芸者众,尚懵懵懂懂,使人不禁有"错把杭州作汴州"之慨叹。此诸弊害,若其中任何一方阻止无方,则人类生存前途必处于极大危害之中,事实如此,非敢危言耸听也。

新华社著名摄影记者唐师曾贸然去请季羡林为他冒险写出的《重返巴格达》一书题写书名,使他没有想到的是季羡林在第二天居然给他写了序言,洋洋洒洒千把字,称"唐老鸭师曾仅仅是改革开放后考进北大的一个小弟弟。他是一个普普通通的记者,人们可能称他为'小人物'。然而,他的冒险精神却不小,他是'胆大包天'的。他一方面继承了中国历史上的冒险精神,一方面又继承了北大的'叛逆'精神。他徒步走过万里长城,他曾在秦岭追踪拍摄大熊猫,他曾到可可西里无人地区探险,他曾只身采访海湾战争,他曾独自开车环绕美国,他曾赴南极进行科学考察,等等。其中任何一项都能令人舌挢不下,师曾却能集众奇于一身。我们要为唐老鸭大唱颂歌"。

李浬被人戏称为"长衫先生",他从小痴迷于中国传统文化,觉得那就是最好的东西,他继承外祖父的艺术天赋,从小就有过人之处,他3岁习画,作品先后在英美法等国家展出,9岁时作的《西游记》长卷画还被美国博物馆收藏,小学期间已读完《石头记》、《论语》、《孟子》、《大学》等书籍,27岁开始潜心写作《国学通传》,被人称为"才子"。他没有什么学历,但是读了不少书。2001年夏天,李浬到北京三次拜访九十高龄的季羡林。第一次登门拜访时,正值午饭时间,李浬怕影响季羡林的午膳和午休,只是在他的住所外徘徊,跟他家的白猫玩,三个小时后,他前去敲门时保姆却告诉他说,季羡林回济南参加山东大学百年校庆活动了。又过了几天,他再次拜访季羡林。他去之前依孔子教诲:"自行束脩以上,吾未尝无诲焉。"特意买了一盒包装好的腊肉,并附文言书信一封。遗憾的是季羡林仍未回来,但季羡林的私人秘书收下了他送的礼物。他第三次去拜访时,季羡林已经站在门口等候他的到来了。季羡林看到这个孩子懂古礼,显然喜欢他。季羡林得知他在初中毕业后一直自学国学,对他非常欣赏,他鼓励他不要羡慕那些硕士、博士,要走自己的路。季羡林还说,相信他的天赋和刻苦,一定能够脱颖而出。季羡林如此礼贤下士,感动不已的李浬倒头便拜。虽然这盒腊肉现在还在季羡林家里完好如初,但其象征意义却超越了物质意义,而有了精神的独具内涵。季羡林的鼓励,李浬至今铭记于心,几经努力他已经成为四川师范大学视觉艺术学院古典文学教师。

和普通人交往,季羡林从来没有失礼的时候;与亲朋好友交往,季羡林难免就有例外了。

这源于他对摆"官架子"的人的厌恶,更源于他对那些滥用手中权力的人的厌恶。当有亲朋好友想利用他手中的权力时,他遵守的原则是:原则面前人人平等,能帮上忙的尽量帮忙,帮不上忙的,就不怕得罪人,决不会拿原则做交易。

在这方面,有两个例子具有典型意义。臧克家是季羡林从20世纪40年代就保持密切交往的最好的朋友。臧克家与夫人郑曼有一小女,名苏伊。20世纪80年代初,季羡林在北京大学副校长任上。苏伊因为受不了工厂车间的噪音干扰,进厂半年就得了高血压症。她实在坚持不下去了,就由郑曼出面,想托季羡林把她安排在他主持的南亚研究所里当一名职员。这样,换换环境,调节一下紧张的神经,还可以接触一下浓厚的文化气氛,正可谓两全其美。季羡林听说了,马上约苏伊来谈话。郑曼陪苏伊去见季羡林。他们见了面,季羡林问苏伊:"你读过《大唐西域记》没有?这可是南亚所的入门书,到我们所都得先考这本书。"苏伊的学历是高中,一个普通高中生,哪里会读过什么《大唐西域记》这样的学术著作?郑曼和苏伊原以为季羡林只考考一般常识,一听要考《大唐西域记》,俩人都傻眼了,赶紧从图书馆借来了一本《大唐西域记》进行突击。那时,季羡林主持的《大唐西域记校注》和《大唐西域记今译》还都没有出版,一个高中生读古文原著,会碰上多少困难,自然是可想而知的。过了一段时间,郑曼所在的人民出版社招考校对,苏伊被录取做校对。她在人民出版社干了一年校对,又被调往中国作家协会,派给她父亲臧克家当秘书。苏伊虽然没有去南亚研究所应考,她们母女认为季羡林按规章办事是完全应该的,这正是季羡林严守职责的高尚品格。季羡林的言语、行动,都是一是一,二是二,决不拐弯抹角,不来什么客套,怎么想就怎么说。[16]

还有一件事是为《宗白华全集》申报第二届国家图书奖,这是在季羡林卸任北京大学副校长后的1995年。宗白华是中国现代著名的美学家,而早年又是著名诗人,有诗集《流云》流行于世,他和郭沫若、田汉三人探讨文艺和社会问题的信函被编辑成《三叶集》,以其特有的艺术品位震撼文坛。后来,宗白华致力于西方哲学和美学研究,先后开设的课程有美学、艺术论、形而上学、人生哲学、康德哲学、叔本华哲学、尼采哲学等,著作和译著有《美学散步》、《美学与意境》、《意境》、《判断力判断》(上)、《欧洲现代画派论选》、《宗白华美学文学译文集》等,除去重复的,全部著作也不过40多万字。宗白华在一般人的心目中,属于"厚积薄发"一类人,文化积累很丰厚,但作品则寥若晨星。出版社不甘心只出这40多万字的全集,便不惜人力、物力、精力,在宗白华的遗物中,在一大堆准备处理掉的"废纸堆"中,发现了他在20世纪20至50年代的一大批文稿和讲稿,从中整理出100多万字的论著,分成4卷,于1995年正式出版。《宗白华全集》出版后,出版社编辑带着这4本书,到北京大学找季羡林,说《宗白华全集》拟申报第二届国家图书奖,请他写封推荐信。

季羡林抚摩着这厚厚的四卷本《宗白华全集》,惊喜不已,忙说:"好,我给你们当拉拉队长。"事有凑巧,第二天季羡林便接到国家新闻出版署打来的电话,请他出任第二届国家图书奖评委会副主任兼文学组组长。季羡林考虑到《宗白华全集》有可能放在文学组评审,就有点为难了:已经答应给《宗白华全集》写推荐信,如果不写,有失信用。但是写呢?自己是文学组组长,写了推荐信不就等于定了调子吗,其他评委还怎么畅所欲言?考虑再三,他还是决定"戒说",不写推荐信,写了封收回承诺的信给出版社。几天后,出版社编辑又去找季羡林,告诉他国家新闻出版署已将《宗白华全集》安排在社会科学组了,季羡林这才特地开夜车,写了满满三页纸的推荐信,肯定宗白华的美学思想应当重新研究,在中国美学史上的地位应当重新评定。这部全集收有宗先生百分之六十以上首次面世的著作,这些新面世的著作在出版以前是鲜为人知的,从而肯定出版社出版堪称文坛佳话。

季羡林和学生们在一起

季羡林对弘扬中国传统文化的热心,更是学界尽人皆知的事情。2004年9月5日他和许嘉璐等70余位著名人士发表的《甲申文化宣言》,主张文明对话,以减少偏见、减少敌意、消弭隔阂、消弭误解,反对排斥异质文明的狭隘民族主义,更反对以优劣论文明。确信中华文化注重人格、注重伦理、注重利他、注重和谐的东方品格和释放着和平信息的人文精神,对于思考和消解当今世界个人至上、物欲至上、恶性竞争、掠夺性开发以及种种令人忧虑的现象,对于追求人类的安宁与幸福,必将提供重要的思想启示。季羡林一直大力支持中国文化书院的建设和活动,支持民办学校,支持推广儒家伦理,提倡儿童读经,呼吁重视人文社会科学……

这一切正表现出一个通儒积极入世的精神。

5. "人之楷模"

最近人民网评出了2005年年度"十大文化人物",巴金、李敖、陈逸飞、费孝通、金庸、崔永元、季羡林、启功、刘白羽、刘心武入选。季羡林入选的理由是:2005年7月29日,在季羡林94岁华诞之前,国务院总理温家宝亲切看望了这位誉满国内外的学术大师。

东 方 学 人

季羡林

2005年7月29日上午9时许,国务院总理温家宝来到解放军总医院康复楼病房。温家宝握住季羡林的手,深情地对他说:"下个月就是先生的94周岁生日,我向您表示祝贺!"

"我94周岁了,并不打算'走'。我要活到108岁。"季羡林对温家宝说。

"您的《留德十年》和《牛棚杂忆》我都学习过。去年我访问德国时还专门引用您的一段话:'我一生有两个母亲,一个是生我的那个母亲,一个是我的祖国母亲。'"

"两者缺一不可。"

"我给华侨讲时,很多人都热泪盈眶。"

季羡林的精神和思维都很好,温家宝与他交谈了许多问题。这位"国宝"级长者的健朗,似乎在告诉我们,在日月如梭的时光中,那些沉甸甸的传统文化依然还在。

2005年10月17日,中国一代文学巨匠巴金在上海逝世,人们不想把这个噩耗告诉季羡林,然而,当上海《新民晚报》通过李玉洁向他约怀念巴金的稿件时,李玉洁不得已才向季羡林说了。季羡林沉吟着说,文坛的一盏灯熄灭了。他写了一篇《悼巴老》的文章与王元化、王蒙的文章一起刊发出来:

> 巴金老人离开我们,走了,永远永远地走了。此事本在意内,因为他因病卧床不起有年矣。但又极出意外,因为,只要他还有一口气活着,一盏明灯就会照亮中国的文坛,鼓励人们前进,鼓励人们向

上。

论资排辈，巴老是我的师辈，同我的老师郑振铎是一辈人。我在清华读书时，就已经读过他的作品，并且认识了他本人。当时，他是一个大作家，我是一个穷学生。然而他却一点架子都没有，不多言多语，给人一个老实巴交的印象。这更引起我的敬重。

我觉得，一个作家最重要的品质是爱祖国，爱人民，爱人类。在这"三爱"的基础上，那些皇皇巨著才能有益于人，无愧于己。

巴老一生创作了大量的作品，在国内外广泛流传，特别是他晚年的那些随笔，爱国爱民的激情，炽燃心中，而笔锋又足以力透纸背，更引起了广泛的注意和反响。

巴老！你永远永远地走了。你的作品和人格都会永远永远地留下来。

在学习你的作品时，有一个人决不会掉队，这就是95岁的季羡林。[17]

2006年，季羡林迎来了自己的95岁华诞。他虽然说自己的工作效率已经明显下降，但是他的工作一直都很紧张。他无时无刻不牵挂着国计民生问题，每天都要从十几种报纸上获得大量信息。文化、教育、学术等方面的事情，他尤为关注。2006年2月北京大学朗润园、镜春园拆迁的消息传出后，季羡林非常关注这件事，他总是想念朗润园那满塘的"季荷"，盼望朗润园能早一点重新"朗润"起来。尽管各种病患在轮番折磨着他，但季羡林的身体和精神状态很好。除左腿不灵便之外，他的行动已无大碍。这得力于医院的悉心治疗和护理，起关键作用的还是他的顽强毅力和精神力量的支持。病房阳台上放着大量的他日常要用的书籍资料，办公桌上定期更换的盆花仿佛还绽放着朗润园的生机。季羡林在医院的生活极有规律，虽然医院规定每天必须睡足8个小时，但他辛勤笔耕不止，每天坚持写2000字左右，每天都要写一点《病榻杂忆》。即便是在输液的时候，他还是左手上插着针管，右手握笔写字，字迹竟然清晰工整，不越出稿纸格子一点。由于不到点不能开灯，他也不能入睡，就默默地躺在床上思考问题。

2006年4月16日，北京奥组委举行第29届奥运会开闭幕式主要工作人员聘书颁发仪式，正式揭晓北京奥运会开闭幕式创作团队，著名导演张艺谋将担任总导演，著名国学大师、北京大学教授季羡林，美国著名电影导演史蒂文·斯皮尔伯格等多位中外名家担任文化艺术顾问。[18]

2006年5月14日上午，在北京大学举行了北京大学东方学学科建立60周年,季羡林教授执教60周年暨95华诞庆祝大会。大会上首先宣读了国务院总理温家宝在季羡林94岁诞辰时写给他的贺信,温家宝在信中称季羡林为"人中麟凤"、"人之楷模"。为季羡林的健康考虑,医院绝对禁止他出席大会,他为自己不能亲临大会而感到不安。他在为大会录制的致辞中深情地回顾了北京大学东方学学科草创时的情形,并勉励广大师生不断进取,在东方学研究领域取得更大的成绩:"今天的大会,我很感激,也很惭愧。直到现在,我也觉得自己的任务还没有完成,希望年轻人能努力工作,努力学习。"他认为"和"是中华民族的一种精神,目前的中国处在"人和政通,海晏河清。灵犀一点,上下相通"的腾飞阶段,"现在谁也不能阻止中国的腾飞,上帝也不行"。他坚定地认为,我们这个大国能够和谐、团结,会影响世界和全人类。

羡林先生:

承赠大著多种,都收到了,十分感谢。没有什么奉答先生,惟有给国家和人民多做些工作,以谢厚意。先生十分细心,多本书都为我签名,这是极为珍贵的。先生苦学不倦,笔耕不辍,著作丰厚,学问深刻,实为我辈楷模。先生的人品真诚、行事正直、脚踏实地、实事求是,尤为人之楷模,先生的人品深为我所景仰。当你九十四岁生日的时候,写这封信祝贺你,愿你健康,愿你长寿,愿你多出新著。肃此。敬颂

大安

温家宝
二〇〇五年八月十四日

国务院总理温家宝给季羡林的贺信

在中央电视台播出的《一代鸿儒季羡林》中,季羡林被誉为"国宝"级学者、知识分子的楷模。季羡林一生与文字结伴,各类学术著作达

千万字,中文以外,他精通英文、德文和法文,曾涉猎俄文、斯拉夫文和阿拉伯文。他的专长研究是冷门的印度古典梵文和中亚细亚的吐火罗文,对中国哲学和思想史的研究贡献卓著。纵观季羡林的学术生涯,用他自己的话说,"翻译与创作并举,语言、历史与文艺理论齐抓,对比较文学、民间文学等等也有浓厚的兴趣,是一个典型的地地道道的'杂家'"。

季羡林已经达到一种超越的人生境界,他对各类赞美之词都付之一笑,并且自嘲说:"什么'国宝'啊,光吃饭不干活,地球缺了我不照样转啊。"

注释

[1] 载《人民日报(海外版)》2005年11月3日。

[2] 季羡林:《悼念姜椿芳同志》,见《怀旧集》,北京:北京大学出版社,1996版,第74—75页。

[3] 李鸿简 刘麟:《季羡林先生与〈中国大百科全书〉》,见《人格的魅力——名人学者谈季羡林》,延吉:延边大学出版社,1996年版,第62—63页。

[4] 同上书,第64页。

[5] 季羡林:《柳暗花明又一村》,见《文化的回顾与展望》,北京:北京大学出版社,1994年版,第3页。

[6] 季羡林:《文化的回顾与展望·序》,北京:北京大学出版社,1994年版。

[7] 季羡林:《柳暗花明又一村》,同上书,第5页。

[8] 季羡林:《〈传世藏书〉出版告白》。

[9] 季羡林 任继愈 刘俊文:《〈四库全书存目丛书〉编撰缘起》,载《文史哲》1997年第4期。

[10] 《诗画话·大就好吗?》,载《读书》1995年第1期。

[11] 季羡林:《关于〈四库全书〉》,载《读书》1995年第5期。

[12] 黄伟经:《我识季羡林先生》,见《人格的魅力——名人学者谈季羡林》,延吉:延边大学出版社,1996年版,第114页。

[13] 季羡林:《怀念乔木》,见《怀旧集》,北京:北京大学出版社,1996年版,第146—147页。

[14] 商金林:《无己无私 亦慈亦让——我所见到的季羡林先生》,见《人格的魅力——名人学者谈季羡林》,延吉:延边大学出版社,1996年版,第191—194页。

[15] 载《人民日报(海外版)》2006年6月27日。

[16] 郑　曼:《我崇敬的羡林先生》,见《人格的魅力——名人学者谈季羡林》,延吉:延边大学出版社,1996年版,第24页。

[17] 载《新民晚报》2005年10月18日。

[18] 载《人民日报》2006年4月17日。

后　记

　　北京大学教授季羡林先生是我国当代学界泰斗,他对印度古代语言、原始佛教语言、吐火罗语语义、梵文文学等研究有杰出贡献,他精通英语、德语、梵语、法语、吠陀语、巴利语、吐火罗语等语言,在中国传统文化、语言学、文化学、历史学、宗教学、印度学和比较文学等方面卓有建树。季羡林研究已经成为学界的一个热点,在学术界产生了广泛影响。由中国孔子基金会发起成立的季羡林研究所,2005年8月6日在北京正式成立。这标志着季羡林研究有了专门的机构和组织,告别了"零敲碎打"的阶段。闻知季羡林研究所成立的消息,著名学者王元化先生虽然卧病在床,仍然题写了"季羡林研究所"的大字匾额。

　　李玉洁老师始终支持季羡林研究工作,对成立季羡林研究所贡献很大,对季羡林研究所编辑有关书籍也大力支持,并想尽一切办法收集季羡林先生的照片,这是特别值得我们感谢的。北京大学出版社王炜烨先生为策划、出版这部《东方学人季羡林》,出力颇多,一并表示感谢。

蔡德贵
2006年5月于季羡林研究所